U0943371

"十 二 五" 职 业 教 育 国 家 规 划 教 材
经 全 国 职 业 教 育 教 材 审 定 委 员 会 审 定
国家精品课程教材

文献信息检索实用教程

第 2 版

主 编 陈萍秀

机 械 工 业 出 版 社

本书是在研究和借鉴全国已出版的同类教材和专著的基础上，在编者自身多年从事文献检索应用、教学实践和研究的基础上，结合高等职业技术教育对人才培养目标的要求以及课程自身的特点编写而成的。

全书共有 10 章，主要内容包括：文献信息检索绪论、计算机信息检索、网络信息检索工具、常用搜索引擎、联机书目检索系统、中文网络数据库检索系统、行业信息资源系统、电子图书系统、特种文献信息检索及国外常用检索工具。

本书可以作为高职高专院校科技信息检索课程的配套教材，也可以作为科技人员和图书馆工作人员检索科技信息资源的指南。

为方便教学，本书配备电子课件等教学资源。凡选用本书作为教材的教师均可登录机械工业出版社教材服务网 www.cmpedu.com 免费下载。如有问题请致信 cmpgaozhi@sina.com 或致电 010-88379375 咨询。

图书在版编目（CIP）数据

文献信息检索实用教程/陈萍秀主编. —2 版. —北京：
机械工业出版社，2012.7（2020.3 重印）
国家精品课程教材
ISBN 978-7-111-38950-7

Ⅰ. ①文… Ⅱ. ①陈… Ⅲ. ①情报检索—高等职业教育—教材 Ⅳ. ①G252.7

中国版本图书馆 CIP 数据核字（2012）第 138173 号

机械工业出版社（北京市百万庄大街 22 号 邮政编码 100037）
策划编辑：王玉鑫　　责任编辑：王玉鑫　孙晶晶　　责任校对：王　欣
封面设计：张　静　　责任印制：常天培

北京九州迅驰传媒文化有限公司印刷

2020 年 3 月第 2 版第 11 次印刷
184mm×260mm · 16.25 印张 · 406 千字
19501—20100 册
标准书号：ISBN 978-7-111-38950-7
定价：39.80 元

电话服务　　网络服务
客服电话：010-88361066　机　工　官　网：www.cmpbook.com
010-88379833　机　工　官　博：weibo.com/cmp1952
010-68326294　金　书　网：www.golden-book.com
封底无防伪标均为盗版　机工教育服务网：www.cmpedu.com

第 2 版前言

本书第 1 版于 2007 年 1 月有幸由机械工业出版社出版，随后作为众多高职院校“文献信息检索”课程的教材，先后累计 4 次印刷。其间，承蒙广大读者的关心和支持，使编者收获了很多宝贵的建议和意见，本书的内容才得以不断积累、完善和提高。在此基础上，编者所主持的“文献信息检索”课程被评为 2008 年国家精品课程，使得编者和读者可以随时随地通过网络分享课程资源和教学经验。随着信息技术的飞速发展、知识经济时代的来临和我国经济发展方式的转变，高等职业教育的改革与发展风起云涌，只为追逐新时代人才需求的滚滚浪潮，如沧海一粟，本书第 2 版水到渠成。

本书第 2 版仍然秉承第 1 版“侧重于技术原理和技术实施层面，注重理论联系实际，力求做到原理新颖、技术先进、工具系统、方式全面”的宗旨，以“必需、够用”为原则，在第 1 版的基础上作了修改和完善，删除了第 1 版中比较陈旧的内容，精炼了检索原理部分，整合了部分章节，增加了 3 个电子图书数据库，并对保留的大部分数据库等检索系统作了不同程度的修改。

本书根据信息检索的最新发展趋势，以最新的检索原理和检索技术为主线调整内容结构，除在第一章主要介绍了通用性的检索理论知识，其他各章在分别具体介绍某种类型文献检索所应用的检索工具之外，均单独列出与该相关检索工具相关的检索原理和最新的检索技术，并对检索实例加以说明、剖析和应用，以体现高等技术应用型人才的培养要求。

在本书编写过程中，参考了大量文献资料，由于篇幅有限，没能一一列出，特向有关作者致歉并表示衷心感谢！由于编者水平和时间所限，本书不妥之处在所难免，诚望广大读者不吝指正。

编　者

第1版前言

本书是在研究和借鉴全国已出版的同类教材和专著的长处，以及作者多年从事文献检索应用、教学实践和研究的基础上，结合高职高专院校对人才培养目标的要求以及课程自身的特点编写而成的，可作为高职高专院校学生学习科技信息检索的教材及科技人员、图书馆工作人员检索科技信息资源的指南。

本书内容侧重于技术原理和技术实施层面，注意理论联系实际，共分 4 篇 14 章。全书结合最新信息技术，全面、详细地介绍了各种文献信息资源与文献检索知识，主要包括信息检索的概念及发展、检索语言、检索算法、信息检索技术、网络信息检索原理、搜索引擎、信息检索系统的组织、信息检索系统的分析与设计、信息检索系统评价等。其中，着重介绍了各种光盘数据库、网络数据库及各类全文数据库等信息资源的收集范围、检索系统的功能、检索规则以及使用方法。

在编写的过程中，笔者力求做到原理新颖、技术先进、工具系统、方式全面，突出三大特色。一是实用性。在编写中，以“必需、够用”为原则，始终把“简化理论阐述、着重实际检索”放在首位。全书除必要的检索的基础理论部分外，其他各章，在分别具体介绍某类型文献检索所应用的检索工具之后，均单独列一节某类型文献检索的示例，对检索策略、检索步骤等详加剖析，以保证对学生实践能力的培养，体现高等技术应用型人才的培养要求。二是新颖性。当前，飞速发展的信息技术、日益发展的网络环境和不断涌现的新型数据库及其检索系统，使得新的检索内容、检索手段不断更新，从而对信息检索理论和方法提出了更新、更高的要求。本书根据信息检索的最新发展趋势，以最新检索理论、检索技术为主线调整内容结构，比如减少印刷型中外文检索工具书的比重，增加了光盘数据库、中外著名互联网检索系统、互联网信息资源检索等内容的比重。三是通用性，即文、理科通用。全书所列举的检索工具力求做到覆盖文、理各科。

本书在编写过程中，参考了大量文献资料，由于篇幅所限，没能一一列出，特向有关作者致歉并表示衷心感谢！同时还要向为本书的编写提供了大力支持的成都航空职业技术学院的时雪峰、刘艳磊老师致谢！由于本书的编著者水平所限，错误和欠妥之处难免，诚望广大读者指正。

编　者

目　录

第一章　文献信息检索绪论

第一节　文献信息源概述

一、信息源概述

信息源（Information Sources）是人们在科研活动、生产经营活动和其他一切活动中所产生的成果和各种原始记录，以及对这些成果和原始记录加工整理得到的成品，这些都是借以获得信息的源泉。信息源的内涵丰富，它不仅包括各种信息载体，还包括各种信息机构；不仅包括传统印刷文献资料，还包括现代电子图书、电子报纸、电子杂志；不仅包括各种信息储存和信息传递机构，还包括各种信息生产机构。

信息源按照不同的方式可以划分为多种类型：

1）按照信息的加工和集约程度，信息源分为一次信息源、二次信息源、三次信息源和四次信息源。

一次信息源是指直接来自作者原创，没有经过任何加工处理的信息；二次信息源为感知信息源，是从一次信息源中加工处理提取的信息；三次信息源为再生信息源或工具书，如百科全书、辞典、手册、年鉴等；四次信息源主要来自图书馆、档案馆、数据库、博物馆等。

2）按照信息源产生的时间顺序，信息源分为先导信息源、即时信息源和滞后信息源。

先导信息源是指产生于社会活动之前的信息源，如天气预报等；即时信息源是指在社会活动中产生的，如工作记录、实验报告等；滞后信息源则如报纸、杂志和专利说明书等。

3）按照信息存在的形式，信息源分为文献信息源和非文献信息源。

文献信息源存在于文献中，人们可以通过阅读、视听学习等方式交流传播，包括印刷型信息源和电子信息源等；非文献信息源包括口传信息源、实物信息源和广播电视信息源等。

二、文献概述

文献信息源是正式信息交流的利用对象，是人们获取全面、系统信息的主要保障。而文献是在空间和时间上积累和传播信息的最有效手段，是获取信息的最基本、最主要的来源。

1．文献的定义

文献一词，在中国古代历史上早有解释。一般而言，“文”是指“典籍”，“献”则是指“贤人”。文献今为“记录有知识的一切载体”的统称，即用文字、图形、符号、声频、视频等手段记录下来的人类知识都可以称之为文献。

2．文献三要素

文献要素是认识文献的关键。通过分析文献定义可以得出构成文献的三个基本要素：一是载体本身；二是载体所载信息、知识内容；三是载体内容的记录方式或手段。

（1）载体　载体是指可供记录信息符号的物质材料，文献载体大体经历了从泥板、纸草、

羊皮、蜡版、甲骨、青铜器皿、石头、简牍、缣帛等早期载体，到纸的出现，再到现代各种电子存储载体等新兴文献的发展过程。

（2）信息、知识内容　信息、知识内容是指文献中所表达的思想意识和知识观念，具有知识和情报价值。

（3）记录方式或手段　文献记录方式具体包括刻画、书写、印刷、拍摄、录制、复印和计算机录入等。记录手段也称信息符号。

以上三要素之间的关系可以描述为：信息、知识内容是文献的知识内核，载体是文献的存在形式和外壳，而记录方式或手段则是二者联系的桥梁和纽带。

3．文献的等级

了解文献类型，可以减少检索的盲目性，使结果更准确、更直接。根据文献传递知识（信息）的质、量不同以及加工层次的不同，文献分为四个等级：零次文献、一次文献、二次文献和三次文献。

（1）零次文献　零次文献是指未经出版发行或未进入社会流通领域的最原始的文献。它是一种特殊形式的情报信息源，是最原始、最不正式的记录。例如，人们的口头交谈、私人笔记、底稿、手稿、个人通信、新闻稿、工程图纸、考察记录、实验记录、调查稿、原始统计数字、技术档案、备忘录等一些内部使用，通过公开正式的订购途径所不能获得的书刊资料等。

零次文献的获取途径一般是通过口头交谈、参观展览、参加报告会等方式。

（2）一次文献　一次文献也称为一级文献。它是以作者本人取得的成果为依据而创作的论文、报告等经公开发表或出版的各种文献，习惯上被称为原始文献。例如，期刊论文、学术论文、学位论文、科技报告、会议论文、专利说明书、技术标准等。

一次文献是人们学习参考的最基本的文献类型，也是最主要的文献情报源。同时，一次文献是产生二次、三次文献的基础，是检索的最终对象和利用的主要对象。

（3）二次文献　二次文献也称为二级文献。它是按一定的方法对一次文献进行整理加工，以使之有序化而形成的文献。它是报道和查找一次文献的检索工具书刊。二次文献主要包括目录、索引、文摘等。

二次文献具有明显的汇集性、工具性、综合性、系统性、交流性和检索性，提供的文献线索集中、系统、有序。它的重要性在于使查找一次文献所花费的时间大大减少。

（4）三次文献　三次文献也称为三级文献。它是根据二次文献提供的线索，选用一次文献的大量内容，经过筛选、分析、综合和浓缩而再度出版的文献。三次文献主要包括三种类型：

1）综述研究类。例如，专题述评、总结报告、动态综述、进展通信、信息预测、未来展望等。

2）参考工具类。例如，年鉴、手册、百科全书、词典、大全等。

3）文献指南类。例如，专科文献指南、索引与文献服务目录、供查询书目的书目指南、工具书目录等。

一般来说，零次文献由于没有进入出版、发行和流通这些渠道，收集利用十分困难，一般不作为所利用的文献类型。而后三种文献是一个从分散的原始文献到系统化、密集化的过程：其中一次文献是基础，是最基本的信息源，是检索和利用的对象；二次文献是一次文献的集中提炼和有序化，是文献信息检索和利用的主要对象，也称之为检索工具；三次文献是把分散的一次、二次文献按专题或知识的门类进行综合分析研究加工而成的成果，是高度浓缩的文献信息，既是文献信息检索和利用的对象，又可作为检索文献信息的工具。

4．文献的类型

文献的类型众多，下面介绍几种常见的文献信息类型。

（1）按照文献信息内容的公开程度划分　为白色文献、灰色文献和黑色文献三种。

1）白色文献。白色文献是指一切正式出版并在社会上公开流通的文献。它包括图书、报纸、期刊等。这类文献通过出版社、书店、邮局等正规的渠道公开发行。

2）灰色文献。灰色文献是指非公开发行的内部文献和限制流通的文献。它包括社会公开传播的内部刊物、内部技术报告、内部教材、会议资料等。

3）黑色文献。黑色文献包括两个方面，一是人们为破译和未辨识其中信息的文献，如考古发现的古老文字未经分析厘定的文献；二是处于保密状态和不愿公布其内容的文献，如未解密的政府文件、内部档案、个人日记和私人信件等。

（2）按照文献信息内容与专业相关程度划分　分为核心文献、相关文献和边缘文献。

1）核心文献是指与本学科发展水平、发展动向密切相关的一些文献。

2）相关文献和边缘文献是指所含内容与学科的关系相对疏远一些的文献。

（3）根据出版物载体的不同划分　分为纸介型文献、缩微资料、声像型文献、电子出版物和网络出版物。

1）纸介型文献。纸介型文献是以纸张为载体的文献。它又可分为手抄型和印刷型两种，如图书、期刊以及各种印刷资料等目前都是文献的主体。它的主要优点是便于阅读和流传；缺点是体积大，信息密度低，不便于保存。

2）缩微资料。缩微资料又称为缩微复制品。它是以印刷型文献为母本，采用光学摄影技术，把文献的影像缩小记录在感光胶卷和胶片上，然后借助于专门的阅读设备进行阅读的一种文献形式。它分为缩微胶卷、缩微胶片和缩微卡片。这种文献的优点是体积小，信息密度高，重量轻，便于收藏；而且生产迅速，成本较低；同时，提取传递、放大复制、翻印复制都较方便；在适宜的温度、湿度条件下，可以永久保存。其缺点是阅读必须借助阅读器或利用缩微复印机。

3）声像型文献。声像型文献也称为视听资料。这是一种非文字形式的文献。它通过特定设备，使用声、光、磁、电等技术将信息转换为声音、图像、影视和动画等形式，给人以直观、形象感受的知识载体，如唱片、录音带、录像带、CD、VCD、DVD 等。

4）电子出版物。电子出版物也称为计算机阅读型文献，是指以数字代码方式将图像、文字、声音等信息存储在磁光点介质上，通过计算机或具有类似功能的设备阅读使用的文献。按照其载体材料和存储技术，电子又可分为磁质机读型和光盘机读型。常见的有各种记录有内容的磁带、磁盘和光盘。

5）网络出版物。随着计算机技术特别是网络技术的迅猛发展和普及，近年出现的超文本、超媒体（Hyper-multimedia），集文字、声音、图像于一体的网络出版物是通过计算机网络出版发行的正式出版物。通过互联网，人们可以从任一节点开始，检索、阅读各种数据库、联机杂志、电子杂志、电子版工具书、报纸、专利信息等相关信息。

网络出版物的主要特征是：①传递网络化，用户可以通过网络方便地存取、检索与下载，而且不受时间、地点、空间的限制；②检索功能强，检索途径多，检索速度快；③发行周期短、内容更新快、信息获取及时；④安全性差，易受计算机病毒及网络“黑客”的攻击；⑤费用较高。

（4）其他文献信息类型

1）按照文献出版形式，文献大致可分为三大类：图书、连续出版物和特种文献。

2）按流通范围，文献分为公开文献、内部文献和秘密文献。

第二节 重要文献信息源

如前所述，文献信息按照出版形式分为三大类，其中特种文献又分为科技报告、会议文献、标准文献、专利文献、学位论文、产品技术资料、档案文献、政府出版物等，加上常用的图书与期刊被称为十大文献信息源。下面就各种文献类型的特点及著录标志分述之。

一、图书（Book）

1．概念

我国《著作权法》中所指的图书，是由国家正式批准的出版单位出版，标有中国标准书号的出版物。

ISO 将图书定义为："49 页及 49 页以上构成一个书单元的文献（不包括封面和扉页）"。它是论述或介绍某一学科或领域知识的出版物。图书阅读量占文献总量的 15%左右。

2．种类

图书按其内容和用途可划分为如下几类：专著、教科书、丛书、参考工具书。其中，参考工具书是常用的检索工具。

3．特点和作用

（1）特点　图书具有论述的内容系统、全面、成熟、可靠，涉及面广，品种多，出版量大、作者群与读者群大等特点。

（2）著录项目　图书的著录项目包括书名，著者，出版项（出版地、出版社、出版年），总页码等。

（3）识别标志　图书的识别主要依据出版项（出版地、出版社、出版年）、ISBN（13 位）、总页码等著录项。

4．中国标准书号

中国标准书号是适应文献出版工作的国际标准化趋势而产生的。它是在采用国际标准书号（ISBN）的基础上，增加了我国的分类种次号之后而形成的。

如：ISBN7-81007-592-6/G・88

ISBN——国际标准书号代码（International Standard Book Number）

7——组区号（地域编号）。代表一个语言或地理区域。其中，0——英语区，2——法语区，3——德语区，4——日语区，5——俄语，7——中国。

81007——出版者号（出版社编号）。

592——出版序号。代表该出版社出版的一种书的顺序编号。

6——检验码（计算机检验位）。

G——中国图书资料分类号。

88——种次号。代表该出版社出版的某类书的一种特定书的顺序号。

二、期刊（Periodical）

1．概念

期刊（Periodicals）也称杂志（Magazines），它一般是指名称固定、开本一致，汇集了多

位著者的论文，定期或不定期出版的连续出版物。“期刊”一词，着眼于它的周期性特征；“杂志”一词，侧重于它的内容性质的博杂。

2．类型

（1）按出版周期划分　期刊分为周刊、双周刊、半月刊、月刊、双月刊、季刊、半年刊和年刊等。

（2）按报道范围划分　期刊分为综合性期刊、专业性期刊。

（3）按内容、性质和用途划分　期刊分为学术性、技术性期刊；检索性期刊；通信性期刊；评述性期刊；数据资料性期刊。

3．期刊的特点和作用

期刊是传递科技信息，交流学术思想最简便、最基本的手段，是获取信息最主要的信息源，占阅读量的70%。与图书相比其主要具有以下特点：①期刊出版周期短，发表文章快；②内容新颖，能迅速反映国内外的各种学科专业水平和动向；③品种多，数量大；④内容涉及领域广泛；⑤作者队伍及检索者队伍均非常庞大。

期刊的著录：刊名（一般用缩写）、出版年月、卷号、期号、起止页码等。

期刊论文的著录：篇名、作者、出处（刊名、卷号、期号、起止页码、出版年月）、国际标准刊号。

期刊的识别：卷号或期号（vol. no. or v. n），刊名缩写（如PE&RS），ISSN号（8位）。

4．核心期刊

核心期刊是指对某学科或专业领域而言，登载该学科或专业大量相关论文的少数权威性期刊。

根据B.C.Brookes等人的研究，一个学科或专业领域的核心期刊一般占该领域相关期刊总量的10%左右，但这些核心期刊所提供的相关文章数却占相关文章总数的50%～60%。

5．期刊代号

（1）国际标准刊号（国际标准连续出版物代码）（ISSN）　ISSN是国际连续出版物数据系统（ISDS）为每种经过申请的连续出版物给定的标准号码，ISSN由8位数字组成，前7位数是标准序号，最后一位数是校验码。

（2）国内统一刊号　它是为国内正式出版的期刊编制的，由“CN+6位数字+类别代码”构成。例如，《电脑爱好者》的国内统一刊号是CN11-3248/TP，其中前2位数字代表各省、市、自治区；后面4位数代表刊种号。

（3）邮发代号　它是我国邮政部门为通过邮局发行的期刊编制的代号。它由两部分构成，前一部分是中国地区号，后面部分是刊种号，两部分之间用“-”分开。例如，《电脑爱好者》的邮发代号是82-512。

三、科技报告

1．概念

科技报告（Scientific and Technical Report），又称研究报告和技术报告。它是国家政府部门或科研生产单位关于某项研究成果的总结报告，或是研究过程中的阶段进展报告。科技报告的出版特点是各篇单独成册，统一编号，由主管机构连续出版。在内容方面，科技报告比期刊论文等专深、详尽、可靠，是一种不可多得的情报源，是获取最新信息的重要文献信息源。

2．类型

科技报告按产生过程和形式分为 5 种。

（1）技术报告书（R-Technical Reports） 它是在研究结束后产生的较为正式的文件。

（2）札记（N-Notes） 它是在研究过程中的临时性记录或小结，往往是撰写报告书的素材。

（3）论文（P） 它是指打算在会议上或刊物上发表的文章，一般是报告的一个部分。

（4）技术备忘录（M-Technical Memorandums） 它是供同一专业或机构内部研究人员之间沟通情况的材料。

（5）通报（B-Bulletins） 通报一般是对外公布的内容成熟的摘要性材料。

有些科技报告因涉及尖端技术或国防问题等，所以又分绝密、秘密、内部限制发行和公开发行几个等级。

3．特点和作用

（1）特点 科技报告研究内容专业、深入、具体，层次水平高，往往涉及尖端学科的最新研究领域；成文叙述详尽，数据完整；时滞短；是科研人员的重要参考资料，具有很高的信息利用价值。科技报告的理论性强，保密性强，难以获取。

（2）著录项目 著录项目包括篇名，著者和著者工作单位，报告号，出版年月。

（3）识别标志 根据报告号识别标志。

（4）研究报告（Report） 研究报告包括：①PR（Progress Report），进展报告；②AR（Annual Report），年度报告；③FR（Final Report），年终报告；④CR（Contract Report），合同报告；⑤TR（Technical Report），技术报告。

四、会议文献

1．概念

会议文献是指各种科学技术会议上所发表的论文、报告稿、讲演稿等与会议有关的文献。会议文献按照其产生的时间分为会前文献（论文预印和论文摘要）和会后文献（会议记录）；按照出版形式，会议文献又可分为期刊类、专题论文集、连续性会议文献和以系统性科技报告形式出版的文献。

2．特点和作用

会议文献学术性强，往往代表着某一领域内的最新成就，反映了国内外科技发展水平和趋势，是获得最新情报的一个重要来源。

3．著录项目

著录项目包括论文名称、著者和著者工作单位，会议记录名称、会议地点、会议时间，会议记录出版情况，论文页码。

4．识别标志

识别标志包括会议记录名称、会议地点、会议时间和会议届次。

会议记录名称常含有：Congress（会议）、Convention（大会）、Symposium（专题讨论会）、Workshop（专题学术讨论会）、Seminar（学术研讨会）、Conference（学术讨论会）Colloquium（学术讨论会）、Proceedings（会议录）。

五、标准文献

标准文献是指标准化工作的文件，是技术标准、技术规格和技术规则等文献的总称。一个国家的标准文献反映该国的生产工艺水平和技术经济政策，而国际现行标准则代表了当前世界水平。国际标准和工业先进国家的标准常是科研生产活动的重要依据和情报来源。详述请参见本书第九章第一节的专题介绍。

六、专利文献

专利文献主要是指专利说明书，即专利申请人为取得专利权，向专利主管机关提供的该项发明的详细说明书。广义的专利文献还包括专利公报（摘要）及专利的各种检索工具。

专利文献的特点是：数量庞大、报道快、学科领域广、内容新颖，具有实用性和可靠性。

专利文献的著录项目包括：专利题目，著者、受让人或单位以及专利发表时间，专利国别及专利号。

专利文献的识别标志包括：专利证，专利国别及专利号。专利国别代码是由国际标准化组织（ISO）规定的，专利文献由各国专利局出版发行，因此，无出版地、出版社等项目。

详述请参见本书第九章第二节的专题介绍。

七、学位论文（Dissertation）

1．概念

学位论文是指为申请硕士、博士等学位而提交的学术论文，因此学位论文有学士论文、硕士论文、博士论文等之分。学位论文的质量参差不齐，但都是就某一专题进行研究而做的总结，阐述比较系统详尽，对科研生产的相关领域具有重要的借鉴作用。多数学位论文有一定的独创性。学位论文是非卖品，除极少数以科技报告、期刊论文的形式发表外，一般不出版，属难得文献。

2．著录项目

著录项目包括论文名称，著者，学位，授予学位的大学名称，时间、论文页码，导师或答辩委员会顾问的姓名。

3．识别标志

包括学位名称和大学名称。例如，“Dissertation”、“Thesis”。

八、产品技术资料（产品样本）

1．概念

产品技术资料通常是指国内外生产厂商或经销商为推销产品而出版发行的一种商业性宣传产品。它包括产品目录、产品样本和产品说明书，一般是指产品样本，即产品说明书，用来介绍产品的品种、特点、性能、结构、原理、用途和维修方法、价格等。

2．类型

（1）各厂商的出版物　产品技术资料包括产品目录、单项产品样本、产品说明说、企业介绍和广告性厂刊等。

（2）各协会或行会、出版社等的出版物　产品技术资料包括单项产品样本汇编、全行业产品一览表及工业展览会目录等。

3．特点和作用

1）产品技术资料介绍的是已投产和推销的产品，反映的技术较为可靠、成熟。

2）图文并茂，直观形象，数据资料丰富具体，便于识别和参考使用。

3）时间性强，出版迅速，免费赠送，便于收集。

4）产品技术资料能从一定程度上反映同类产品的技术水平和发展动向。

5）越来越多的企业通过网络的方式来分发产品技术资料的电子文档，一般多以 PDF 格式为主。

九、档案文献

1．概念

档案是国家机构、社会组织和个人从事政治、经济、科学文化等社会实践活动直接形成的文字、图表、声像等形态的历史纪录。

2．类型

1）从档案形成领域的公、私属性角度分类，可分为公务档案和私人档案。

2）从档案形成时间的早晚以及档案作用角度分类，可分为历史档案和现行档案。

3）从档案内容属性角度分类，可分为文书档案、科技档案、人事档案、专门档案等。

十、政府出版物

1．概念

政府出版物是指各国政府部门及其设立的专门机构发表、出版的文件，可分为行政性文件（如法令、方针政策、统计资料等）和科技文献（包括政府所属各部门的科技研究报告、科技成果公布、科普资料及技术政策文件等）两部分，其中科技文献约占 30%～40%。

2．特点

政府出版物内容可靠，与其他信息源有一定的重复性。借助于政府出版物，可以了解某一国家的科技政策、经济政策等，而且对于了解其科技活动、科技成果等，都有一定的参考作用。

综合以上各类文献的识别标志，总结出 7 种文献识别标志（见表 1-1），便于我们更好地识别文献类型。

表 1-1　文献识别标志

文献类型	特征项	显著标志	示例
期刊	刊名（缩写的斜体）、卷、期、页次、出版时间等	ISSN	APPL.Soiar Energy V.15　No.6，1998
图书	书名、著者、出版社、出版地、出版年份、图书总页数、ISBN 号	ISBN，Springer_Verlag，Berlin，Federal Republic of Germany	ISBN7-5062-3507-2
会议文献	会议或会议记录名称、主办单位名称、会议召开时间和地点等	Proceedings（会后出版物特征词）、Conference（会议）、Meeting、Symposium、Workshop、Colloquium、Convention、Paper（会前出版物特征词）	
专利文献	发明名称、专利号、专利国别代码、批准日期等	patent	CN1002356.1 US4321943
标准文献	标准机构代号等	Standard，Recommendation	GB3598-88，ISO1087：1990

（续）

文献类型	特征项	显著标志	示例
科技报告	报告字样、报告号、收集科技报告的机构或编写科技报告的单位代号	Report	Report A-9286-MS
学位论文	学位名称、授予学位的机构名称、地点、年份、导师姓名等	Ph.D. Dissertation（哲学博士论文） Master Thddsis（硕士论文）	West Virginia University, 1990.266 pp. Chair: S yd S.peng, Order Number DA9121891.

第三节　文献信息检索概述

一、文献信息检索的原因

案例一

美国普林斯顿大学物理系一个年轻的大学生，名叫约瀚·菲利普，在图书馆里借阅有关公开资料，仅用 4 个月时间，就画出一张制造原子弹的设计图。他设计的原子弹，体积小（棒球大小）、重量轻（7.5 公斤）、威力大（相当广岛原子弹 3/4 的威力），造价低（当时仅需 2 000 美元），致使一些国家（法国、巴基斯坦等）纷纷致函美国大使馆，争相购买他的设计图样。

案例二

20 世纪 70 年代，美国核专家泰勒收到一份题为“制造核弹的方法”的报告，他被报告精湛的技术设计所吸引，惊叹地说：“至今我看到的报告中，它是最详细、最全面的一份。”但使他更为惊异的是，这份报告竟出于哈佛大学经济学专业的青年学生之手，而这个 400 多页的技术报告的全部信息来源又都是从图书馆那些极为平常的、完全公开的图书资料中所获得的。

案例三

美国在实施“阿波罗登月计划”中，对阿波罗飞船的燃料箱进行压力实验时，发现甲醇会引起钛应力腐蚀，为此付出了数百万美元来研究解决这一问题。事后查明，早在 10 多年前，就有人研究出来了，该方法非常简单，只需在甲醇中加入 2%的水即可，检索这篇文献的时间是 10 多分钟。在科研开发领域里，重复劳动在世界各国都不同程度地存在。据统计，美国每年由于重复研究所造成的损失，约占全年研究经费的 38%，达 20 亿美元之巨。日本有关化学化工方面的研究课题与国外重复的，大学占 40%、民间占 47%、国家研究机构占 40%，平均重复率在 40%以上。

从以上案例中，可以得出信息检索的重要性和必要性，概括起来为以下几点：①信息检索是获取知识的捷径；②信息检索是科学研究的向导；③信息检索是终身教育的基础。同时，UNESCO 提出，教育已扩大到一个人的整个一生，认为唯有全面的终身教育才能够培养完善的人，可以防止知识老化，不断更新知识，适应当代信息社会发展的需求。因此，学校培养学生的目标是学生的智能，包括自学能力、研究能力、思维能力、表达能力和组织管理能力。

二、文献信息检索的含义

信息检索一词出现于 20 世纪 50 年代，又称为信息存储与检索或情报检索，是指将信息按一定的方式组织和存储起来，并根据信息用户的需要找出有关信息的过程和技术。也就是说，包括“存”和“取”两个环节和内容。狭义的信息检索就是信息检索过程的后半部分，即从信息集合中找出所需要的信息的过程，也就是常说的信息查询（Information Search 或 Information Seek）。

广义的信息检索包括信息的存储和检索两个过程（Storage and Retrieval）。信息存储、检索流程如图 1-1 所示。信息存储包括三个步骤：

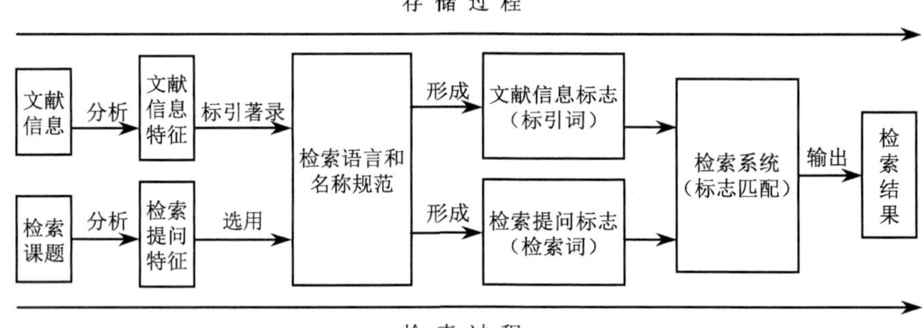

图 1-1 信息存储、检索流程图

第一步，信息的选择与收集。它是指检索系统根据本系统的服务目的，确定信息收集、处理的原则，对分布在各处的离散信息进行收集加工。

第二步，信息的标引。标引是信息加工人员对收集到的信息内容特征进行分析之后，对每条信息加上系统能够识别的检索标志的过程。

第三步，形成大量有序可检的信息集合。工作人员将标引后的信息条目录入，并将其按照一定的顺序排列起来，形成有序的信息集合——数据库，从而为信息检索奠定基础。

由此可见，信息的检索过程则是信息存储的逆过程。信息用户根据自己的需求对主题和概念进行认真分析后，将自己的信息需求转化为检索表达式，该检索表达式与系统标志的比较匹配过程就是检索过程。

三、文献信息检索的要素

1. 信息意识是信息检索的前提

信息意识，简单地说，是人们利用信息系统获取所需信息的内在动因，具体表现为对信息的敏感性、选择能力和消化吸收能力。信息意识包含信息认知、信息情感和信息行为倾向三个层面。

2. 信息源是信息检索的基础

信息源开发利用的前提就是要搜集以满足用户信息需求为目的的相关信息。信息搜集不是空穴来风，也不能随意盲目。首先必须确定一个合理的信息源体系。这一体系是在了解用户主要信息需求的基础上，通过对各类信息源微观、宏观的分析构建而成的，是从随机分散的、纷繁复杂的各种信息源中精选出来的。它使信息搜集有了坚实的基础，从质和量两个方面保证了信息搜集的有效性，同时也节约了信息搜集的时间。

3. 信息获取能力是信息检索的核心

高效、快捷地获取信息必须具备以下能力：

1）了解各种信息来源。

2）掌握检索语言。

3）熟练使用检索工具。

4）能对检索效果进行判断和评价。

4．信息利用是信息检索的关键

获取文献信息的最终目的是通过对所得信息的整理、分析、归纳和总结，根据自己学习、研究过程中的思考和思路，将各种信息进行重组，创造出新的知识和信息，从而达到信息激活和增值的目的。

四、文献信息检索的类型

文献信息检索是指从汇集的大量文献中迅速而准确地查找出含有特定用户所需的信息，按不同的标准可以划分为不同的类型：

根据检索对象的不同，文献信息检索可以划分为文献检索、事实检索和数据检索。

根据信息检索结果的内容，文献信息检索可以划分为：书目检索、数据检索、事实检索、声像检索和全文检索。

按照信息检索技术的发展，文献信息检索可划分为：全文文本检索、超文本检索、多媒体检索和网络信息检索资源检索。

1．文献检索（Document Retrieval）

文献检索是以查找文献线索为对象的检索。从文献中查出关于某一主题、某一著者、某一机构、某一地域、某一时间的有关信息以及查找某篇论文出处以及某一出版物的收藏处等均属文献检索范畴。

文献检索只是一种相关性的检索，它提供的只是文献线索（题录或文摘），一般需要阅读文摘后才能决定取舍。它主要是通过二次文献（检索工具如目录、题录、文摘等）进行检索。

2．事实检索（Fact Retrieval）

事实检索是以查找数值与非数值混合情报为对象的检索，或者说是以事实信息为检索对象的检索。事实检索包括事物的性质、定义、原理以及发生的地点、时间、前因后果等。例如，了解 IBM 公司 1998 年推出了哪些新型计算机，中国有几家公司进入了世界 500 强等。

事实检索是一种确定性检索，但是检索到的结果必须经过分析、对比、研究之后，才能应用。

3．数据检索（Data Retrieval）

数据检索是以查找数据、公式或图表为对象的检索。例如，查找科技数据、金融数据、人口统计数据、公式、图表、价格；某种物质的分子式；某种设备的型号与技术参数等，均属数据检索。

数据检索也是一种确定性检索，其结果是肯定的。数据检索主要利用各种字典词典、百科全书、年鉴、手册、名录等参考工具书，也可以通过计算机查找网络上的大量的动态数据。

4．书目检索

书目检索是指查出某一主题的文献条目的检索，按检索结果它可分为题录检索、文摘检索、图书与期刊等目录检索。

5．声像检索

声像检索主要是指对声音、图像和其他图文信息的检索。

6. 全文检索

全文检索是指利用原始文献库进行的检索，检索的结果可以是原始文献的全文，也可以是其部分内容。

7. 全文文本检索

全文文本检索也叫做全文数据库检索。它通过计算机将文件的全貌包括文字和图形、图像等非文字信息转换为计算机可读形式，直接采用自然语言来设置检索入口，与二次文献数据相比较，它无须用规范化语言对文件进行复杂的预处理，每一条记录不但能够揭示文献的知识单元，检索时还可以文中任意信息单元作为检索点，计算机自动进行高速比照，完成检索过程。

8. 超文本检索

超文本检索是一种具有联想式思维功能的新型检索技术，它与传统检索方式不同的是，传统检索是一个单向的、孤立的过程，而超文本检索系统提供的是一种多向的网络检索环境。检索时，用户能够从任何一个节点开始，从不同角度检索到其感兴趣的信息。

9. 多媒体检索

能支持两种以上媒体的数据库检索就称之为多媒体检索。检索集文字、图形、图像、动画、声音为一体的多媒体数据，不仅能够浏览查询对象的文字描述，而且还能做到听其声、观其形。

10. 网络信息检索资源检索

网络信息检索系统是一个集各种新型技术于一体的，能够对各种类型、各种媒体的信息进行跨时间、跨地理检索的大系统。网络信息资源的组织管理需要诸多信息技术的支持，其中以 WWW 全球浏览技术最具优越性和可用性。WWW 是一种集超文本技术、多媒体技术和网络技术于一体的新型检索工具。

第四节　文献信息检索语言

检索语言是根据信息检索的需要，专门用于各种手工和计算机化的文献信息检索与存储系统描述文献信息中信息的内部特征和外部特征的表达检索提问的人工语言。它是标引与检索提问之间约定的语言，是人与检索系统对话的基础。

（一）检索语言的作用

检索语言在信息检索中起着极其重要的作用，它是沟通信息存储与信息检索两个过程的桥梁。在信息存储过程中，用它来描述信息的内部特征和外部特征，从而形成检索标志；在检索过程中，用它来描述检索提问，从而形成提问标志；当提问标志与检索标志完全匹配或部分匹配时，结果即为命中文献。

（二）检索语言的种类

检索语言一般来说由语词和词表两部分构成。语词也称检索标志，是表达主题概念的名词术语或逻辑分类的分类号及代码，如分类号（F23）、关键词（计算机）、叙词（计算机应用）；词表是指汇集了各种语词，并按一定规则排列的系统化词表，如《中国图书资料分类表》、《汉语主题词表》等。

目前，世界上的信息检索语言有很多种，依其划分方法的不同，其类型也不一样。就其描述文献的有关特征而言，可分为描述文献外部特征和内部特征的语言范畴。这两大范畴又

可细分为若干具体的语言，检索语言体系见表 1-2。

表 1-2　检索语言体系

<table>
<tr><td rowspan="6">（书目引文语言）
外部特征语言</td><td colspan="3">题名</td><td>书名，篇名</td></tr>
<tr><td colspan="3">著者姓名</td><td></td></tr>
<tr><td colspan="3">文献序号</td><td>如专利号、报告号、ISBN、ISSN 等</td></tr>
<tr><td colspan="3">书目引文</td><td></td></tr>
<tr><td colspan="3">出版事项</td><td></td></tr>
<tr><td colspan="3">文献类型</td><td></td></tr>
<tr><td rowspan="12">内容
特征
语言</td><td rowspan="8">非句法语言</td><td rowspan="3">分类语言</td><td>体系分类语言</td><td></td></tr>
<tr><td>组配分类语言</td><td></td></tr>
<tr><td>混合分类语言</td><td></td></tr>
<tr><td rowspan="5">主题语言</td><td>叙词语言</td><td>固定词汇的关键词、自由关键词</td></tr>
<tr><td>标题词语言</td><td></td></tr>
<tr><td>单元词语言</td><td></td></tr>
<tr><td>关键词语言</td><td></td></tr>
<tr><td>纯自然语言</td><td></td></tr>
<tr><td rowspan="4">句法语言</td><td colspan="2">加标志的叙词</td><td></td></tr>
<tr><td colspan="2">组面词</td><td></td></tr>
<tr><td colspan="2">短语</td><td></td></tr>
<tr><td colspan="2">文献全文的自然语言</td><td>纯自然语言</td></tr>
</table>

不同的检索语言构成不同的标志和索引系统，提供用户不同的检索点和检索途径。检索语言种类很多，本节介绍最常用的两种：分类语言和主题语言。

1．分类语言

分类语言是指以数字、字母或字母与数字结合作为基本字符，采用字符直接连接并以圆点（或其他符号）作为分隔符的书写法，以基本类目作为基本词汇，以类目的从属关系来表达复杂概念的一类检索语言。分类语言又可分为体系分类语言、组配分类语言和混合分类语言。《国际专利分类表》、《中国图书馆图书分类法》等都是分类法的工具书。我国先后出版了 30 多种综合性和专门性的体系分类法，如《中国人民大学图书馆图书分类法》（简称《人大法》）、《中小型图书馆图书分类表草案》、《中国科学院图书馆图书分类法》（简称《科图法》）、《中国图书馆分类法》（简称《中图法》）等。其中使用最普遍的是《中国图书馆图书分类法》。

《中国图书馆分类法》原名《中国图书馆图书分类法》，始编于 1971 年，先后出版了 4 版。1999 年起更名为《中国图书馆分类法》。英文译名为 Chinese Library Classification，英文缩写为 CLC，是我国规定图书馆和情报单位使用的一部综合性的分类法。

《中图法》是在科学分类的基础上，结合图书的特性所编制的分类法。它将学科分 5 个基本部类、22 个大类。采用汉语拼音字母与阿拉伯数字相结合的混合号码，用一个字母代表一个大类，以字母顺序反映大类的次序，在字母后用数字做标记。为适应工业技术发展及该类文献的分类，对工业技术二级类目，采用双字母。

基本序列是：马克思主义、列宁主义、毛泽东思想、邓小平理论、哲学、社会科学、自然科学、综合性图书

《中国图书分类法》简表见表 1-3。

表 1-3　《中国图书分类法》简表

基 本 序 列	基 本 大 类	二 级 类 目
马克思主义、列宁主义、毛泽东思想、邓小平理论	A　马克思主义、列宁主义、毛泽东思想	1 马克思、恩格斯著作 /2 列宁著作 /3 斯大林著作 /4 毛泽东著作

（续）

基本序列	基本大类	二级类目
哲学	B 哲学、宗教	0 哲学理论 /1 世界哲学 /2 中国哲学/3 亚洲哲学 /4 非洲哲学 /5 欧洲哲学/6 大洋洲哲学/ 7 美洲哲学
社会科学	C 社会科学总论	0 社会科学理论与方法论 /1 社会科学现状、概况
	D 政治、法律	0 政治理论 /3 共产主义运动、共产党 /4 工人、农民、青年、妇女运动与组织 /7 各国政治 /6 中国政治 /8 外交、国际关系 /9 法律
	E 军事	0 军事理论 /1 世界军事 /2 中国军事 /7 各国军事 /8 战略、战役、战术 /9 军事技术
	F 经济	0 政治经济学 /1 世界各国经济概况、经济史、经济地理 /2 经济计划与管理 /3 农业经济 /4 工业经济 /5 交通运输经济 /6 邮电经济 /7 贸易经济 /8 财政、金融
	G 文化、科学、教育、体育	0 文化理论 /1 世界各国文化事业概况 /2 信息与知识传播 /3 科学、科学研究 /4 教育 /8 体育
	H 语言、文字	0 语言学 /1 汉语 /2 中国少数民族语言 /3 常用外国语 /4 汉藏语系 /7 各个语系
	I 文学	0 文学理论 /1 世界文学/2 中国文学 /7 各国文学
	J 艺术	0 艺术理论 /1 世界各国艺术概况 /2 绘画 /3 雕塑 /4 摄影艺术 /5 工艺美术 /6 音乐 /7 舞蹈 /8 戏剧艺术 /9 电影、电视艺术
	K 历史、地理	0 史学理论 /1 世界史 /2 中国史 /3 亚洲史 /4 非洲史 /5 欧洲史 /6 大洋洲史 /7 美洲史 /8 传记 /9 地理
自然科学	N 自然科学总论	
	O 数理科学和化学	
	P 天文学、地球科学	
	Q 生物科学	
	R 医药、卫生	1 预防医学、卫生学 /2 中国医学 /3 基础医学 /4 临床医学 /5 内科学 /6 外科学 /9 药学
	S 农业科学	
	T 工业技术	TB 一般工业技术 TD 矿业工程 TE 石油、天然气工业 TF 冶金工业 TG 金属学、金属工艺 TH 机械、仪表工业 TJ 武器工业 TK 动力工程 TL 原子能技术 TM 电工技术 TN 无线电电子学、电信技术 TP 自动化技术、计算技术 TQ 化学工业 TS 轻工业、手工业 TU 建筑科学 TV 水利工程
	U 交通运输	1 综合运输 /2 铁路运输 /4 公路运输 /6 水路运输
	V 航空、航天	
	X 环境科学、安全科学	
综合性图书	Z 综合性图书	

目前，我国各大文献数据库《中国科学引文数据库》、《中国学术期刊综合评价数据库》以及数字化图书馆、中国期刊网等都要求学术论文按《中图法》标注中图分类号。

2．主题语言

主题语言是指以自然语言的字符为字符，以名词术语为基本词汇，用一组名词术语作为检索标志的一类检索语言。主题语言表达的概念比较准确，具有较好的直观性、灵活性和专指性，满足用户从主题概念角度检索新兴专业学科、交叉学科文献信息的要求。

主题语言可按规范化程度来划分，分为规范性主题语言和非规范性主题语言。常见的规范性主题语言主要有叙词语言、标题词语言和单元词语言三种。其中，叙词语言是应用最为广泛、先进的一种语言。

（1）叙词语言　叙词法综合了多种信息检索语言的原理和方法，具有多种优越性，现已占据主题检索语言的主导地位，非常适用于计算机检索。

叙词语言有一套严格、完整的参照系统。参照系统把各个分散、独立的叙词字语义逻辑上构成一个有机整体。它一般由叙词的等同关系、属分关系、相关关系三类组成。叙词语言参照系统见表1-4。此外，其他还有一些符号，如：CC——磁带服务机构分类代码；FC——输入数据库的全写形式分类代码；DI——该词输入数据库的日期；PT——该词输入数据库以前的曾用词。

表1-4　叙词语言参照系统

参照系统	参照项	符号	含义	作用	英文符号	英文名
等同关系	用项	Y	用	用于将非叙词指向叙词	USE	Use
	代项	D	代	指明所代替的非叙词	UF	Used for
属分关系	分项	F	分	狭义（下位）词	NT	Narrow term
	属项	S	属	广义（上位）词	BT	Broad term
	族项	Z	族	最上位叙词（族首词）	TT	Top term
相关关系	参项	C	参	相关叙词	RT	Related term

通过参照系统可以帮助我们合理地选用叙词，并可自主地扩大或缩小检索范围。《CA》、《EI》等著名检索工具都采用了叙词法进行编排。中文叙词语言检索工具的典型代表则是《汉语主题词表》。

（2）标题词语言　标题词是主题语言系统中最早的一种类型，它通过主标题词和副标题词固定组配来构成检索标志。由于标题词语言只能选用“定型”标题词进行标引和检索，反映文献主题概念必然受到限制，不适应时代发展的需要，目前已较少使用。

英国的《科学引文索引》中的“轮排主题索引”、美国《工程索引》中的《SHE》（Subject Headings for Engineering）就是典型的标题词语言。

（3）单元词语言　单元词语言多用于机械检索，适于用简单的标志和检索手段（如穿孔卡片等）来标志信息。《化学专利单元词索引》和《世界专利索引（EPI）——规范化主题词表》等就是典型的单元词语言词表。

（4）关键词语言　关键词是指出现在文献标题、文摘、正文中，对表征文献主题内容具有实质意义的语词，对揭示和描述文献主题内容是重要的、关键性的语词。关键词不受词表控制，适合于计算机自动编制各种类型的关键词索引（这种索引称为关键词索引）。常用的检索工具如《科学引文索引》中的“轮排主题索引”等。

（5）纯自然语言　纯自然语言完全使用自然语言，即对一条完整的信息中任何词汇都可以进行检索。它采用全文匹配法检索，主要运用于计算机全文数据库和网络信息检索。

关键词语言和纯自然语言属于非规范性主题语言，也称自然语言，是目前使用最频繁、最广泛的一种检索语言。它具有不编制词表、选词灵活多变、标引和检索速度快、及时反映事物发展变化、准确表达新概念等优点，但其缺陷也是十分明显的：误检率非常高。

第五节　文献信息检索工具

一、检索工具概述

1．检索工具的含义、构成要素

检索工具是指根据检索语言，将无序列文献按一定方式系统地组织起来，用以报道、存储和检索文献的工具。例如，专业文摘、图书目录、论文题录、文献数据库等。

文献、检索语言和文献条目是检索工具三个基本要素。其中，文献是构成检索工具的主体；检索语言为文献的组织方式；文献条目则是文献的存在方式，如名称、作者、时间、机构、文献出处、简介等。

2．检索工具的特征

1）必须详细描述文献的内部特征和外部特征。所谓文献的外部特征，是指文献的篇名、著者姓名、文献出处、机构等。所谓文献的内部特征，是指文献的主题词、分类号、内容摘要等。

2）描述文献的记录（或称款目）。每条记录或款目都必须具有各种检索标志（描述文献外部特征和内部特征的、专门用于信息检索的词或词组或代码，如分类号、主题词、分子式等）。

3）全部文献条目按一定顺序，科学地组成一个有机的整体。

4）能够提供多种检索途径。

3．检索工具的职能

（1）报道职能　检索工具可以揭示某一时期、某一范围的科技文献的发展状况。通过检索工具对科技文献的报道，可以了解学科的历史、现有技术水平和未来的发展趋势。

（2）存储职能　检索工具能把有关文献的内部特征和外部特征著录下来，成为可以识别的文献记录，并按一定的次序排列组织起来，以便于查找各类科技文献信息。

（3）检索职能　检索工具能够提供一定的检索手段，使人们按照一定的检索方法，及时、准确地查找出所需文献信息。

二、检索工具的类型

由于检索工具的著录特征、报道范围、载体形式和检索手段等特征的不同，检索工具可以分为不同的类型。下面介绍最常见的分类方式（按著录信息特征的方式划分）：

1．目录（Catalog）

目录以单独出版物为报道单位（按“本”报导文献），揭示外部特征的检索工具。目录是图书、期刊或其他出版物外部特征的揭示和报道，它不涉及书中的具体文章，一般只记录外部特征，如书名（刊名）、著者、出版项和载体形态等。因此，目录的著录项目有书名、刊名、著者或编者、出版项、页数等。

目录的种类主要有篇名目录、著者目录、分类目录和主题目录等。常见的目录有：国家书目、出版发行目录、馆藏目录、联合目录以及专题文献目录和引用出版物目录等。

2．题录（Title）

题录是以单篇文献作为报道单位（按“篇”报道文献），揭示文献外部特征的检索工具。题录报道信息的深度比目录大，信息检索的功能比目录强，是用来查找最新文献的重要工具。

题录报道周期较短，收录范围广，著录较为简单。著录项目通常有文献号（题录号）、文献篇名、作者及工作单位、原文出处（包括刊名、出版年、卷号、期次、起止页码）等，但没有内容摘要。

3．文摘（Abstract）

文摘是以单篇文献作为报道单位，揭示外部特征和内部特征的检索工具。检索者通过阅读文摘内容就可以很快地掌握文献的基本内容，从而决定文献的取舍，起到筛选文献的作用。因此文摘是存储和检索文献的主要工具，是检索工具的主体，是二次文献的核心。

文摘的著录项目是在题录基础上增加了内容摘要项。因此，文摘的检索功能较之题录要

强一些。每条文摘款目都是由题录和文摘正文两部分组成。

国际上著名的《工程索引》和《科学文摘》等就是典型的文摘检索工具。

4．索引（Index）

索引揭示具有重要检索意义的内部特征标志或外部特征标志，按照一定顺序排列，并注明文献条目线索的检索工具。例如，按照主题词字顺排列的主题索引等，但是索引也只是一种附属性的检索工具，主要起检索作用。其系统的完善性是衡量检索工具质量高低的一个重要标志。它不但广泛应用于各种类型的文献中，也广泛应用于各种检索工具中。索引常常附于检索工具的后部，但也有的工具本身全部都是由索引构成，如美国的《科学引文索引》（SCI）等。

索引由索引款目和参照系统两大部分构成。索引款目是索引的主要组成部分。每条索引款目（Index Entry）通常包括三项：标目（Headings）、材料出处（Reference）或地址（Location）、说明语（Modifications）。其中前两项必备。

5．参考工具书（Reference）

参考工具书是分析和著录具体、常用的大量科学数据与事实，以备查找各种常用工具书的总称。这类工具书包括字典、词典、百科全书、年鉴、手册、指南、名录等。

6．搜索引擎

搜索引擎是以网页为著录单元，在 Web 中自动搜索信息并将其自动索引的 Web 服务器。索引信息包括文档的地址，每个文档中单字出现的频率、位置等。网络搜索引擎很多，如比较著名的英文搜索引擎 Yahoo!、AltaVista、Infoseek、Lycos、Gopher 等；中文搜索引擎搜狐、网易、新浪等。

三、检索工具的结构

检索工具虽然多种多样，但根据文献工作有关的规定，一个完整的书目检索系统，不管是手工检索系统还是计算机检索系统，都有内容相当的基本组成部分，检索工具的结构见表 1-5。

表 1-5 检索工具的结构

内容组成	系统	
	手工检索系统（印刷型出版物）	计算机检索系统（机读数据库）
主题部分	正文部分 条目 著录项	主文档 记录 字段
索引	辅助索引	倒排（索引）文档 主题词索引 分类码索引
主题表 分类表	主题词表 分类表	
使用说明（指南）	说明、样例	Help 文档，“F1”快捷键
其他（附录）	资料来源索引	

（一）手工检索工具的结构

从表 1-5 可以得知，手工检索系统一般由主题部分、索引、主题表和分类表、使用说明（指南）、其他（附录）等 5 个部分组成。

1．主题部分（Main Section）

主题部分是检索的对象，是检索工具的主体，是众多文献条目（即文献线索）的集合体。

2．索引（Auxiliary Index）

索引将文献中所包含的知识单元，按一定的编排方式标明所在地址，便于检索。

3．主题表或分类表（Classification Table or Thesaurus）

1）分类表（有的称目录或目次表）作为其组织编排正文文献条目的依据。分类表反映了检索工具结构的概貌，同时它是引向正文的线索。分类表可视为正文的分类目录，作为从分类入手检索文献的一种途径。

2）主题表用于主题标引和检索，多数是单独出版的。

4．使用说明（Guide，Sample）（指南）

使用说明是对检索工具所作的必要说明，包括该工具的编辑内容、著录标准、代号说明、编排体例、使用方法等。

5．其他（附录）

它是被检索工具摘录过的依次文献的清单，描述每种期刊（或其他出版物）的简称与全称、代码及收藏等情况。为用户获取原文提供方便。

（二）计算机检索工具的结构

计算机检索原理在本书第二章将作详细讲解，此处仅简要介绍。

计算机检索工具通常由检索软件与数据库构成。检索软件确定了该检索工具的检索方式，规定了检索系统的检索算符，不同的计算机检索工具采用不同的检索软件，但同一个数据开发商往往采用统一的检索软件。数据库主要由字段、记录、文档、帮助文件等组成。

第六节　文献信息检索的方法、途径和程序

一、文献信息检索的方法

（一）常用法

常用法又称为直接法，是指直接利用检索工具（系统）检索文献信息的方法，这是文献检索中最常用的一种方法。它又分为顺查法、倒查法和抽查法。

（1）顺查法　顺查法是指按照时间的顺序，由远及近地利用检索系统进行文献信息检索的方法。这种方法能收集到某一课题的系统文献，适用于较大课题的文献检索。例如，已知某课题的起始年代，现在需要了解其发展的全过程，就可以用顺查法从最初的年代开始，逐渐向近期查找。顺查法的优点是漏检、误检率低；其缺点是劳动量大。

（2）倒查法　倒查法是由近及远，从新到旧，逆着时间的顺序利用检索工具进行文献检索的方法。这种方法的重点是在近期文献上，因此可以最快地获得最新资料。如进行新课题立项前的调研就可用此法。使用这种方法劳动量虽小，却容易造成漏检。

（3）抽查法　抽查法是指针对检索课题的特点，选择有关该课题的文献信息最可能出现或最多出现的时间段，利用检索工具进行重点检索的方法。

它适于检索某一领域研究高峰很明显的，某一学科的发展阶段很清晰的，某一事物出现频率在某一阶段很突出的课题。这是一种检准率较高又比较省时的方法。

（二）追溯法

追溯法是指利用已经掌握的文献末尾所列的参考文献，逐一进行追溯查找“引文”的一种最简便的扩大情报来源的方法。它还可以从查到的“引文”中再追溯查找“引文”，像滚雪

球一样，依据文献间的引用关系，获得越来越多的内容相关文献。

（三）综合法

综合法又称为循环法，它是把上述两种方法加以综合运用的方法，也是实践中采用较多的一种方法，它兼有常用法和追溯法的优点，可以查得较为全面而准确的文献。

二、文献检索的途径

利用各种索引语言，对文献的外部特征和内部特征进行描述，结果就会产生不同的文献标志。大量的文献标志，按照字顺的次序或逻辑次序排列起来，就产生了系列化的、可供检索的文献描述体（书目文档）——这就是各种类型的索引。信息用户在检索时，把所需信息的某种特征标志转换为文献标志，以此为入口进行检索。这个检索入口就叫做检索途径。多种多样的索引可以提供多种多样的检索途径。文献检索的途径综述见表 1-6。

表 1-6　文献检索的途径综述

文献特征	文献标志	索引类别	检索途径
描述文献外部特征	书名、篇名	书名索引 篇名索引 题名索引	书名检索途径 篇名检索途径 题名检索途径
	著者名称	著者索引	著者检索途径
	文献序号	序号索引	号码检索途径
	引用文献	引文索引	引文检索途径
描述文献内部特征	学科分野	分类索引	分类检索途径
	研究对象	主题索引	检索途径
	所包含的关键词	关键词索引	关键词检索途径
	分子式、结构式	分子式索引 结构式索引	分子式检索途径 结构式检索途径
	地理位置等特种内容	经纬度索引	经纬度等特种检索途径

一般来讲，常用的、重要的检索途径主要有以下几种。

（一）题名检索途径

它依据的是检索工具中的书名索引。属于这一索引系统的有书名目录（索引）、刊名索引、篇名索引、标准名称索引、数据库名称索引等，这些可统称为题名索引。“题名索引”在计算机检索系统中应用较多，我国古书目录最重要的检索途径也是书名途径。

（二）著者检索途径

著者检索途径是指根据已知文献著者来查找文献的途径，它依据的是著者索引。著者索引采用文献上署名的著者、译者、编者的姓名或团体名称作为存储文献和检索文献的标志和依据。从这个角度来讲，著者索引可分为个人著者索引和机关团体索引。属于这一索引系统的有著者目录、著者索引和专利权人索引等。

（三）分类检索途径

分类检索是一种重要的检索途径，适用于族性检索，它所依据的检索工具就是分类索引。它是按照文献资料所属学科（专业）类别进行检索的，能够满足信息用户从学科或专业角度广泛地获得较系统的文献信息，关键在于正确理解检索工具的分类，达到较高的查全率。

（四）主题检索途径

主题检索途径是常用的检索途径。它是指通过文献资料的内容主题进行检索的途径。主题检索途径依据的是各种主题索引或关键词索引。在国外现行的排检方法中，主题法是最基本的方法。主题途径检索的关键就在于分析项目、提炼主题概念，运用词语来表达主题概念。

三、文献信息检索的步骤和方法

文献检索工作是一项实践性和经验性很强的工作，检索程序与检索的具体要求有密切关系，对于不同的项目，可能采取不同的检索方法和程序。文献信息检索大致可分为四个步骤。

（一）分析研究课题，明确检索要求、时间、范围

分析研究课题的目的就在于明确课题所要解决的问题，把握关键，有的放矢，这是检索效率高低或成败的关键。

（1）首先应分析课题的内容实质、所涉及的学科范围及其相互关系，明确所要检索的文献内容、性质等，根据检索课题的要点提出能准确反映课题核心内容的主题概念，明确主要概念与次要概念，并初步确定逻辑组配。

（2）根据检索课题的检索目的和要求，确定检索年限、语种，文献类型等。

1）确定检索年限主要根据研究课题的背景信息如起始年代和研究的高峰期等来确定。一般来说，检索的时间范围应根据检索课题的具体情景而定。如进行查新检索时，就需要检索近十年的文献，若是纯属掌握动态或解决某一个问题，则以满足需要为准，时间可长可短。

2）检索语种的范围主要是依据课题的检索范围。

3）确定文献类型时应在主题分析的基础上，根据检索目的和要求，明确课题对检索深度的要求。如过课题属于探讨基础理论性的，则所检索的文献类型应以期刊论文、会议文献的一次文献为主；如果课题属尖端科技，则应侧重于查科技报告等；如果需要查新，则应以检索专利文献为主等。

（3）分析用户对检索的评价指标是查新呢，还是查全，或是查准？用户需要的提供的是题录，文摘，还是全文？根据用户的检索要求，再进行归纳课题已知的检索线索，如专业名词、术语、分类号、主题词、著者姓名等，为下一步检索实践提供准确、可靠的依据。

（二）确定检索策略

检索策略的好坏，直接影响到相关文献的查全率和查准率，关系检索效果。检索策略具体表现为检索提问逻辑表达式，即在分析用户信息提问实质的基础上，确定检索途径与检索用词、并明确各主题词之间的逻辑关系与查找步骤的安排。

制订检索策略，优化检索过程，主要涉及三个方面的问题。

1. 选择检索工具

选择恰当的检索工具，是成功实施检索的关键。选择检索工具一定要根据检索课题的内容、性质来确定。主要应从以下几个方面来考虑：

1）从内容上考虑检索工具的报道文献的学科专业范围。对此可利用三次文献如《国外工具书指南》、《工具书指南》、《数据库目录》等来了解各检索工具（二次文献）的特点、所报道的学科专业范围、所包括的语种及其所收录的文献类型等。

2）选择检索工具时，应以专业性检索工具为主，综合型检索工具进行配合、补充。

3）在技术和手段上，由于计算机检索系统适应多点检索、多属性的检索，检索精度高，应首选机检工具，而且应选择合适的数据库，目前许多检索系统如DIALOG、OCLC等都提供有从学科范畴选择检索工具的功能，可供用户利用。

如果只有手工检索工具，应选择专业对口，文种熟悉、索引体系完善、报道及时，揭示文献信息准确，有一定深度的手工检索工具；如果一种检索工具同时具有机读数据库和印刷型文献两种形式，应以检索数据库为主，这样不仅可以提高检索效率，而且还能提高查准率和查全率。

4）为避免检索工具在编辑出版过程中的滞后性，在必要时则应补充查找若干主要相关期刊的现刊，以防漏检。

2．确定检索途径

检索工具确定后，就需要根据具体的检索工具来确定检索点，即检索途径。一般的检索工具都根据文献的内部特征和外部特征提供多种检索途径。各种检索途径都有各自的特点和长处，选用何种检索途径，应根据检索课题的要求及所包含的检索标志和检索系统所提供的检索途径来确定。当检索课题内容涉及面较广、文献需求范围较宽、泛指性较强时，宜选用分类途径；当检索课题内容较窄、文献需求的专指性较强时，宜选用主题途径；当只知道物质分子式时，宜选用分子式途径；当选用的检索系统所提供的检索途径较多时，各种检索应综合应用，互相补充，避免单一种途径不足所造成的漏检。

3．优选检索方法

优选检索方法的目的在于寻求一种能够快速、准确、全面地获得文献信息的检索效果。

4．制订、调整检索策略

检索工具、检索途径、检索方法确定后，就需要制订一种可执行的方案。手工检索系统的检索策略由于检索系统的限制，每次检索只能从一个检索点出发，因此也就只能一边检索，一边分析取舍，从而获得用户所需要的文献信息。在计算机检索的条件下，由于信息提问与文献标志之间的匹配工作是通过计算机进行的，因此，构造精确的检索式是执行计算机检索的前提。它能将各检索单元之间的逻辑关系、位置关系等用检索系统规定的各种组配符连接起来，实施有效检索。但这个检索式不是一成不变的，要把检索结果与用户需求不断地进行判断、比较之后，对检索式进行相应的修改和调整。

（三）查找文献线索

在明确了检索要求，确定了检索系统，选定了检索方法后，就可以应用检索工具实施检索，所获得的检索结果即为文献线索，对文献线索的整理、分析、识别是检索过程中极其重要的一个环节。需要做好以下几个方面的问题。

1．做好检索记录

做好检索记录的目的在于必要时进行有效核对。做好检索记录包括记录好使用检索工具的名称、年、卷、期、文献号（索引号）；文献题名（书名）、著者姓名及其工作单位、文献出处等。

2．准确识别文献类型

检索工具中，文摘、题录所著录的文献出处，是索取原始文献的关键因素。在检索工具中，文献出处项对摘录的文献类型区分得不明显，需由检索者自己进行辨别。只有识别出文献类型，才能确定该文献可能收藏在何处，查何种馆藏目录，如何借阅和复制。识别文献类型是根据各

种类型文献在检索工具中的著录特征项（各种文献的著录及其识别特征见表 1-1）。

（四）索取原始文献信息

信息检索的最终目的就是获取原始文献。当检索到文献线索并识别文献类型以后，即可根据不同的文献类型和语种索取原始文献。传统的原始文献的获取方法是根据检索到的文献线索，再利用馆藏目录查找收藏单位、收藏点，采取借阅或复制等方式获取原始文献。但随着网络技术的飞速发展，全文数据库的兴起，使得原始文献信息的获取方式多种多样。归纳起来，原始文献的获取方法有如下几种：

（1）掌握两种还原法　一是出版物缩写换全称。外文检索工具，其出版物名称多为缩写，应使用相应检索工具所附的“引用出版物目录”、“出版物一览表”或“来源索引”等来还原出版物的全称。二是非拉丁语系出版物名称的还原。当使用外文检索工具得到的文献语种为非拉丁语系文种（如俄文、日文）时，需用音译或字译的规则还原原文语种名称。检索者可利用《俄文字母和拉丁文字母音译对照表以及日文和拉丁文字母音译对照表》等进行还原。

（2）向著者索取原始文献　根据文献线索所提供的著者姓名及其工作单位等可直接与著者联系，索取原始文献。

（3）利用馆藏目录、公共查询系统、联合目录获取原始文献　查到本馆文献检索者可利用馆藏目录，但是独立的一个馆，其馆藏毕竟有限。检索者需要的文献若是本馆没有收藏的，就需要借助 OPAC 和联合目录实施馆际互借，或者通过文献传递获取。

（4）利用网上全文传递服务检索原始文献　为了满足日益增长的文献需求，文献传递服务应运而生。例如，“国家科技图书文献中心”（简称 NSTL：http://www.nstl.gov.cn）、“OCLC”、“UNCOVER”、Pub-Med/Order（http://www.ncbi.nlm.nih.gov/PubMed）等均建立了文献传递服务。

（5）利用网上全文数据库获取原始文献　现在有许多全文数据库可以为用户提供直接检索。提供中文期刊全文的数据库如“维普中文科技期刊数据库”、“中国期刊全文数据库”、“万方数字化期刊”等；提供中文图书全文的数据库如“书生之家”、“超星数字图书馆”、“方正 Apabi”；外文全文数据库如“IEEE/IEE Electric Library”、“Kluwer Journal on Line”、EBSCO（http://search.china.epnet.com）、Ovid 系统（http://gateway-di.ovid.com/autologin.html）等。

（6）利用网上出版社、杂志　网上有许多提供电子期刊的网站，如著名的 Springer 出版社就是其中一例。Springer 出版社提供电子全文期刊 439 种（近 400 种英文刊）。另外还有：Amide group：http://freemedicaljournals.com。提供了约 990 种免费医学期刊；High Wire Press 的电子期刊：http://intl.highwire.org。其免费标志：free site；free trial；free issue；Pub-Med Central：ttp://www.pubmedcentral.com；Nature：http://www.nature.com；BM：http://bmj.com；Science：http://china.sciencemag.org 等。

（7）利用文摘数据库的原文服务　许多文摘数据库虽然不能直接得到原始文献，但是许多著名的文摘类的检索型数据库如“EI COMPEDEX”、“PQDD”等都可以提供它们收藏的文献的全文链接，向数据商提出请求即可获得原始文献。

以上四个步骤是文献信息检索的一般程序，对于一些研究范围固定的研究人员，他们常常跨越几个步骤，直接利用已熟悉的检索工具或机检系统查找文献线索，或直接利用核心期刊来查找所需文献信息。另外需要强调的是，利用文献传递系统、文摘数据库的全文服务、

网上全文数据库检索，实施馆际互借等大都是需要预付款的。用户在有检索需求时，最好委托情报检索的专门机构检索，既省事又省钱。

第七节　检索效果的评价

检索效果是指利用检索系统（或工具）开展检索服务时所产生的有效结果。判定一个检索系统的优劣，主要用检索效率来评价。评价检索效率的指标包括质量、费用和时间三个方面。质量标准主要是通过查全率、查准率、误检率与漏检率等进行评价。费用标准即检索费用，是指用户为检索课题所投入的费用。时间标准是指响应时间，包括检索准备时间、检索过程时间、获取文献时间等。查全率和查准率是判定检索效果的主要标准，而后两者相对来说要次要些。

1．查全率

查全率是指系统在进行某一检索时，检出的相关文献量（W）与系统文献库中相关文献总量（X）的比率，它反映该系统文献库中实有的相关文献量在多大程度上被检索出来。其计算公式为

$$R=\frac{W}{X}\times 100\%$$

例如，要利用某个检索系统查某课题。假设在该系统文献库中共有相关文献为 40 篇，而只检索出来 30 篇，那么查全率就等于 75%。

2．查准率

查准率是指系统在进行某一检索时，检出的相关文献量（W）与检出文献总量（M）的比率，它反映每次从该系统文献库中实际检出的全部文献中有多少是相关的。其计算公式为

$$P=\frac{W}{M}\times 100\%$$

如果检出的文献总篇数为 50 篇，经审查确定其中与项目相关的只有 40 篇，另外 10 篇与该课题无关。那么，这次检索的查准率就等于 80%。显然，查准率是用来描述系统拒绝不相关文献的能力，有人也称查准率为“相关率”。

查准率和查全率结合起来，描述了系统的检索成功率。

3．误检率和漏检率

在实际检索中，由于种种原因，总会出现一些误差，即漏检或误检，从而影响检索效果。漏检率（O）和误检率（N）可用下列公式计算

$$N=1-W/M$$

$$O=1-W/X$$

因此检索效率的高低，不仅与检索系统的服务性能的优劣有关，同时还与用户的检索技能有关。随着科学技术的不断进步与发展，文献信息系统自动化程度的提高，计算机信息检索的普及，用户检索文献信息技能的提高，检索效率也将会随之提高。

第二章　计算机信息检索

第一节　计算机信息检索的基本原理

计算机信息检索开始于 20 世纪 50 年代，至今已有半个多世纪。近年来，光盘、电子数据库、多媒体、国际互联网的应用使计算机信息检索进入了一个崭新的阶段。如何提高人们准确、迅速地识别、搜集、处理、吸收信息和有效利用信息的能力成为计算机信息检索的重要内容。

一、计算机信息检索的定义

计算机信息检索是指人们在计算机或计算机检索网络的终端机上，使用特定的检索指令、检索词和检索策略，从计算机检索系统的数据库中检索出所需的信息，继而再由终端设备显示或打印的过程。为了实现计算机信息检索，必须事先将大量的原始信息进行加工处理，以数据库的形式存储在计算机中，所以从广义上讲，计算机信息检索包括信息存储和信息检索两个方面。计算机信息检索原理示意图如图 2-1 所示。

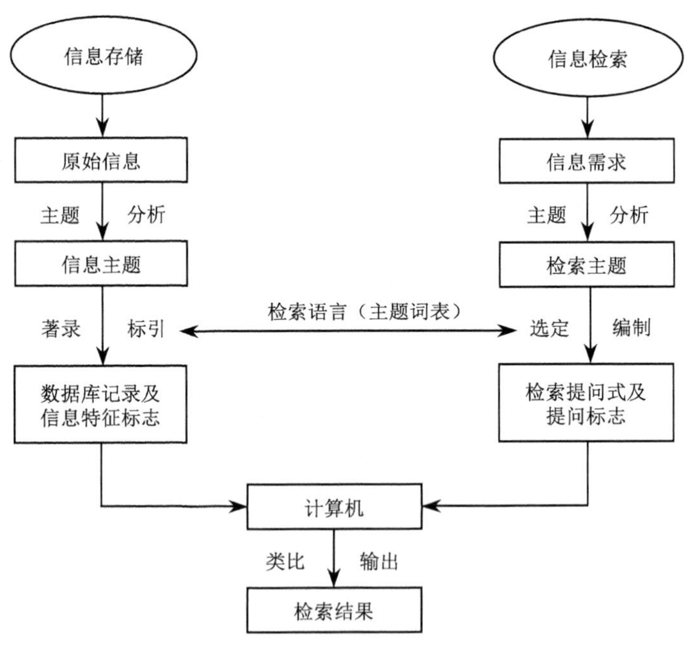

图 2-1　计算机信息检索原理示意图

二、计算机信息检索的特点

与手工检索相比，计算机信息检索的特点是：

1）速度快、效率高，仅几分钟就可以从成千上万条记录中找出所需信息。

2）检索范围广，可以迅速而方便地浏览相关学科或主题的所有数据库中的记录，在网络中，几乎每一台个人计算机都可以成为信息源。

3）检索不受时空限制，只要拥有相应的软件和硬件设备，就可以在任何地方借助光盘和通信网络查询所需信息。

4）由于数据更新快，可以及时获得最新信息。

5）检索辅助功能完善，使用方便，检索软件可采用菜单驱动，几乎所有检索系统都有查询服务或提供操作演示盘，界面友好的程度在不断提高，检索结果的输出方式丰富多样，并可以按要求做排序、统计、绘图等加工。

三、计算机信息存储过程

采用手工或者自动方式将大量的原始信息进行加工，具体做法是将收集到的原始文献进行主题概念分析，根据一定的检索语言抽取出主题词、分类号以及文献的其他特征进行标志或者写出文献的内容摘要。然后再把这些经过“前处理”的数据按一定格式输入计算机存储起来，计算机在程序指令的控制下对数据进行处理，形成机读数据库，存储在存储介质（如磁带、磁盘或光盘）上，完成信息的加工存储过程。

四、计算机信息检索过程

用户对检索课题加以分析，明确检索范围，弄清主题概念，然后用系统检索语言来表示主题概念，形成检索标志及检索策略，输入计算机进行检索。计算机按照用户的要求将检索策略转换成一系列提问，在专用程序的控制下进行高速逻辑运算，选出符合要求的信息输出。计算机检索的过程实际上是一个比较、匹配的过程，检索提问只要与数据库中的信息的特征标志及其逻辑组配关系相一致，则属“命中”，即找到了符合要求的信息。

第二节　计算机信息检索系统

一、计算机信息检索系统的组成

计算机信息检索系统主要是由计算机、通信网络、检索终端设备和数据库组成。

1．计算机

计算机是检索系统的核心部分，它包括硬件和软件。通过一定的检索软件，它们能够进行信息的存储、处理、检索以及整个系统的运行和管理。硬件部分决定了系统的检索速度和存储容量，而软件部分则是充分发挥硬件的功能，确定检索方法。

2．通信网络

通信网络是联系计算机系统和检索终端设备的桥梁，起着远距离、高速度、无差错传递信息的作用。整个通信网络分成资源子网和通信子网两部分，资源子网包含网络中所有的计算机、输入输出设备、各种软件资源和数据资源，负责全网的数据处理业务，向网络用户提供各种网络资源和网络服务；通信子网是由用于信息交换的节点计算机和通信线路组成的独立数据通信系统，承担全网数据传输、转接、加工和交换等通信处理工作。

3．检索终端设备

检索终端设备是用户与检索系统相互传递信息，进行“人—机对话”的装置，有电传终端、数传终端和 PC 终端等。

4．数据库

数据库就是在计算机存储设备上按一定方式存储的、相互关联的数据集合，是检索系统的信息源，也是用户检索的对象。数据库可以随时按不同的目的提供各种组合信息，以满足检索者的需求。

二、计算机信息检索系统的类型

计算机信息检索系统又可细分为光盘检索系统、联机检索系统和网络检索系统。

1．光盘检索系统

光盘检索系统是由计算机、光盘数据库、检索软件等组成，目前国内普遍采用的是光盘网络检索系统，它是由光盘服务器、计算机局域网、光盘库/磁盘阵列、检索软件等组成。其特点是设备简单，费用低，检索技术易掌握，但检索范围受光盘数据库的限制，更新不够及时。

2．联机检索系统

联机检索系统是由联机服务的中心计算机、检索终端、通信网络、联机数据库、检索软件等组成，其特点是检索范围广泛，检索速度快，检索功能强，及时性好，并可以联机订购原文，它拥有的数据库数量大且更新及时，但检索技术复杂，对设备要求高，检索费用昂贵。

3．网络检索系统

网络检索系统是由计算机服务器、用户终端、通信网络、网络数据库等组成，其特点是检索方法较简单，检索较灵活、方便，及时性好，检索费用和速度均低于联机检索系统。各检索系统特性比较见表 2-1。

表 2-1　各检索系统特性比较

	手工检索	计算机信息检索		
		光盘检索系统	联机检索系统	网络检索系统
组成	纸质书刊、资料	计算机硬件、检索软件、信息存储数据库、通信网络	联机服务的中心计算机、检索终端、检索软件、联机数据库、通信网络	计算机服务器、用户终端、通信网络、网络数据库
优点	直观，信息存储与检索费用低	设备简单，检索费用低，检索技术容易掌握	检索范围广泛，检索速度快，检索功能强，及时性好	检索方法较简单，检索较灵活、方便，及时性好，检索费用和速度均低
缺点	检索入口少，速度慢，效率低	更新不够及时	检索技术复杂，对设备要求高，检索费用昂贵	返回信息量大，对特定用户有用信息少

三、计算机信息检索系统的服务方式

计算机信息检索系统按其服务功能可划分为回溯检索、定题检索、随机问答和联机订购等服务方式。

1．回溯检索（Retrospective Searching，RS）

回溯检索服务主要是指追溯查找过去的信息，帮助用户查找过去几年甚至几十年的文献，使用户一次检索就可以全面了解某一课题在某一段时间中的发展情况。回溯检索比较适合申请专利时的新颖性检索、科研课题的立项或鉴定时的查新、撰写综述性论文以及编写教材时信息的收集等。

2．定题检索（Selective Dissemination of Information，SDI）

定题检索服务是指用户根据检索课题的内容，一次性输入事先确定好的检索提问式保存在检索系统中，检索系统根据数据库更新周期，定期地对保存的检索提问式进行检索，将检索出的最新文献信息提供给用户。

3．随机问答

随机问答服务是指用户直接利用终端检索，检索系统即时提供用户所需的文献信息。

4．联机订购

联机订购服务是指用户通过联机检索得到的结果一般都是二次文献（题录和文摘等），如果需要一次文献，可以通过终端联机订购原始文献的复印件或原文。

第三节　计算机信息检索基本技术

为了提高检索效率，计算机检索系统常采用一些运算方法，从概念相关性、位置相关性等方面对检索提问实行技术处理。常用的信息检索技术方法主要有：布尔逻辑检索、截词检索、位置算符、限制检索、词组检索、括号检索、加权检索和全文检索等。

一、布尔逻辑检索

所谓布尔逻辑检索（Boolean Logical），是用布尔逻辑算符将检索词、短语或代码进行逻辑组配，指定文献的命中条件和组配次序，凡符合逻辑组配所规定条件的为命中文献，否则为非命中文献。它是机检系统中最常用的一种检索方法。逻辑算符主要有：and（与）、or（或）、not（非），分述如下。

1．逻辑“与”

运算符为 and 或*。检索词 A 和检索词 B 用“与”组配，检索式为：A and B 或者 A*B，它表示检出同时含有 A、B 两个检索词的记录。逻辑与检索能增强检索的专指性，使检索范围缩小，此算符适于连接有限定关系或交叉关系的词。

2．逻辑“或”

运算符为 or 或+。检索词 A 和检索词 B 用“或”组配，检索式为：A or B 或者 A+B 它表示检出所有含有 A 词或者 B 词的记录。逻辑或检索扩大了检索范围，此算符适于连接有同义关系或相关关系的词。

3．逻辑“非”

运算符为 not 或-。检索词 A 和检索词 B 用“非”组配，检索式为：A not B 或者 A-B 它表示检出含有 A 词，但同时不含 B 词的记录。逻辑“非”和逻辑“与”运算的作用类似，可以缩小检索范围，增强检索的准确性。此运算适于排除那些含有某个指定检索词的记录。但如果使用不当，将会排除有用文献，从而导致漏检。

布尔逻辑关系如图 2-2 所示，对于一个复杂的逻辑检索式，检索系统的处理是从左向右进行的。在有括号的情况下，先执行括号内的运算；有多层括号时，先执行最内层括号中的运算，逐层向外进行。在没有括号的情况下，and、or、not 的运算次序，在不同的系统中有不同的规定，例如，DIALOG 系统中依次为 not→and→or；STAIRS 系统和 ORBIT 系统中依次为 and 和 not 按自然顺序执行，然后执行 or 运算。检索时应注意了解各机检系统的规定。

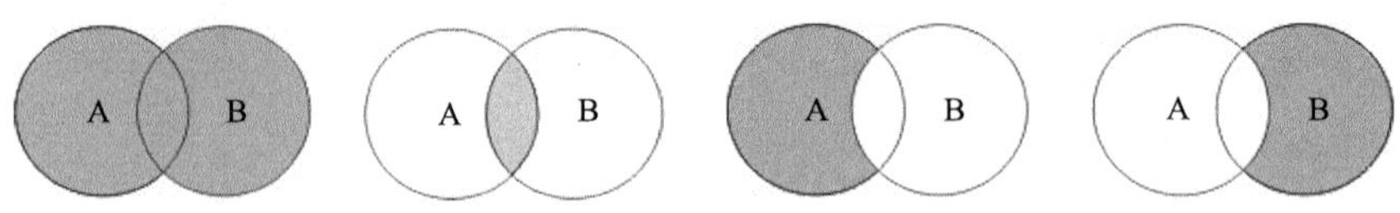

图 2-2　布尔逻辑关系图

二、截词检索

截词检索（Truncation）是指用给定的词干做检索词，查找含有该词干的全部检索词的记录，也称词干检索或字符屏蔽检索。它可以起到提高查全率，减少检索词的输入量，节省检索时间，降低检索费用等作用。

截词的方式有多种，按截断部位可分为右截断、左截断、中间截断、复合截断等；按截断长度可以分为有限截断和无限截断。

1．右截断

截去某个词的尾部，使词的前方一致比较，也称前方一致检索。例如，输入 geolog?（?为截断符号），将会把含有 geological、geologic、geologist、geologize、geology 等词的记录检索出来。若输入 PY=199?，会把 20 世纪 90 年代的记录全部查出来。

2．左截断

截去某个词的前部，使词的后方一致比较，也称后方一致检索。例如，输入？magnetic 能够检出含有 magnetic、electromagnetic、paramagnetic、thermo-magnetic 等词的记录。

3．中间截断

截去某个词的中间部分，使词的两边一致比较，也称两边一致检索。例如，输入 organi?ation 可以检出 organization、organisation；输入 f? t 可查出 foot、feet。

4．复合截断

复合截断是指同时采用两种以上的截断方式。例如，? chemi? 可以检出 chemical、chemist、chemistry、electrochemistry、electrochemical、physicochemical、thermochemistry 等。

5．有限截断

有限截断是指允许截去有限个字符。例如，“acid??”表示截去一个字符，它可检出 acid、

acids，但不能检出 acidic、acidicity、acidity 等词。又如 comput????可检出 compute、computer、computers、computing 等词，不能检出 computable、computation、computerize 等词。注意：词干后面连续的数个问号是截断符，表示允许截去字符的个数，最后一个问号是终止符，它与截断符之间要有一个空格，输入时一定要注意。

6. 无限截断

无限截断是指允许截去的字符数量不限，也称为开放式截断。上面右截断、左截断所举的例子均属此类型。

任何一种截词检索，都隐含着布尔逻辑检索的“或”运算。不同的计算机信息检索系统使用的截词符不同、各数据库所支持的截断类型也不同，例如，DIALOG 系统和 STN 系统用“?”；ORBIT 系统用“:”；BRS 系统用“$”；ESA-IRS 系统用“+”等。

三、位置算符

当检索的概念要用词组表达，或者要求两个词在记录中位置相邻或相连时，可使用位置算符（Proximate），提高检准率。计算机信息检索系统中常用的位置算符（按限制强度递增顺序排列）如下。

1.（f）算符 Field

要求被连接的检索词出现在同一字段中，字段类型和词序均不限。例如，happiness（f）sadness and crying；又如，pollution（f）control / ti,ab。

2.（s）算符 Sub-field/Sentence

要求被连接的检索词出现在同一句子（同一子字段）中，词序不限。例如，machine（s）plant。

3.（n）算符 near

（n）要求被连接的检索词必须紧密相连，词之间除了允许有空格、标点、连字符外，不得夹单词或字母，词序不限；（Nn）表示两个检索词之间最多可以夹 *N* 个词（*N* 为自然数 1、2、3…），且词序任意。例如，information（n）retrieval 可以检出 information retrieval 和 retrieval information；又如，econom???（2n）recovery 可以检出 economic recovery、recovery of the economy、recovery from economic troubles。

4.（w）算符 With

（w）要求检索词必须按指定顺序紧密相连，词序不可变，词之间除允许有空格、标点、连字符外，不得夹单词或字母；（Nw）表示连接的两个词之间最多可夹入 *N* 个词（*N* 为自然数），词序不得颠倒。例如，input（w）output 可检出 input output，而 wear（1w）materials 可检出 wear materials、wear of materials european（w）economic（w）community（f）patio，redwood（3n）deck?（s）（swimming（w）pool?）。

但需要说明的是，不同的计算机信息检索系统，位置检索的功能及算符不同，应参看各系统的说明。

四、限制检索

限制检索（Range）是通过限制检索范围，达到优化检索结果的方法。限制检索的方式有多种，如进行字段检索、使用限制符、使用限制指令等。

1. 字段检索

字段检索是最主要的限制检索技术。字段检索是把检索词限定在某个/些字段中，如果记录的相应字段中含有输入的检索词则为命中记录，否则检不中。各种字段标志为：

（1）主题字段

标题——Title

主题词——Controlled

关键词——Keyword

文摘——Abstract

分类号——Classification Code

（2）非主题字段

作者——Author

作者工作单位——Author Affiliation

连续出版物编号——ISSN

文献类型——Document

语言——Language

出版者——Publisher

例如，查找微型机和个人计算机方面的文章。要求“微型机”一词出现在叙词字段、标题字段或文摘字段中，“个人计算机”一词出现在标题字段或文摘字段中，检索式可写为：microcomputer?? / de,ti,ab OR personal computer / ti,ab。又如，查找 wang wei 写的文章，可以输入检索式：au=wang wei。

2. 使用限制符

使用限制符，就是用表示语种、文献类型、出版国家、出版年代等的字段标志符来限制检索范围。例如，要查找 1999 年出版的英文或法文的微型机或个人计算机方面的期刊，则检索式为：（microcomputer??/ de,ti,ab OR personal computer / ti,ab）AND PY=1999 AND（LA=EN OR FR）AND DT=Serial。

3. 使用范围符号

使用范围符号有 Less than、Greater than、From to 等。例如，查找 1989～1999 年的文献，可表示为 PY=1989：1999 或者 PY=1989 to PY=1999；又如查找 2000 年以来的计算机方面的文献，可表示为 computer?? And Greater than 1999；若查找在指定的文摘号范围内有关地震方面的文献，可表示为 earthquake? / 635000-800000。

4. 使用限制指令

限制指令可以分为：一般限制指令（Limit，它对事先生成的检索集合进行限制）、全限制指令（Limit all，它是在输入检索式之前向系统发出的，把检索的全过程限制在某些指定的字段内）。

例如，Limit S5 / 328000-560000 表示把先前生成的第 5 个检索集合限定在指定的文摘号内。又如，Limit all / de,ti 表示将后续检索限定在叙词和题名字段。

上述几种限制检索方法既可独立使用，也可以混合使用。

限制检索的另一种常见形式就是“二次检索”，即用户可在检索结果中进行再次检索，使检索结果更加准确、专指性更强。

五、词组检索

将一个词组或短语用双引号（“”）括起作为一个独立运算单元，进行严格匹配，以提高检索准确度。例如“Global Positioning System”，只检索出规定字段中包含完整词组的记录。

六、括号检索

用于改变运算的先后次序，括号内的做优先运算。用“( )”可以表示优先级。例如比较：

（GPS　OR　GIS）AND　China

GPS　OR　GIS　AND　China

七、加权检索

加权检索是指根据检索词对检索课题的重要程度，事先指定不同的权值。检索时，系统先查找这些检索词在数据库记录中是否存在，并对存在的检索词计算它们的权值总和；凡是在用户指定的临界值（称阈值）之上者作为命中记录被输出。阈值可视命中记录的多寡灵活地进行调整，阈值越高，命中记录越少。

八、全文检索

全文检索也称为词位检索，它是以数据库原始记录中的检索词之间特定位置关系为对象的运算，是针对自然语言文本中检索词之间特定位置关系而进行的检索匹配技术。

全文检索的特点是用一种位置符来表达检索词与检索词之间的关系，并可以不受词表的限制，直接使用自由词进行检索。

第四节　计算机检索策略与技巧

检索策略，即全盘计划与方案。为了尽可能不失真地把用户的信息需求转换成检索系统允许接受的形式，首先要了解用户的检索目的和要求，对用户提出的检索课题进行全面的分析研究，为选择检索词、编写检索式做好准备，然后根据检索课题的要求选择合适的数据库和检索系统。开始检索后，要根据检索的具体情况及时调整检索策略，使检索结果符合用户的要求。一般来讲，检索策略的制订遵循以下步骤。

一、分析检索课题，明确检索目的和要求

明确检索的要求和目的，是制订检索策略的前提。由于各类用户的检索要求和目的受其社会因素和个人因素的制约，是各不相同的。

明确检索要求就是要搞清楚本课题属于什么学科，所需文献的类型及语种，查找文献的年代，所需文献的最佳篇数，允许支配的检索费用。这些要求对选择数据库、构造检索策略都是十分重要的。

确定检索目标也是进行计算机信息检索前应搞清楚的准备工作。例如，如果属于开题调研，则应尽可能地检索出与之相关的全部文献，即要求较高的查全率；以便充分地做好开题的准备工作；如果属于探索性、开创性的课题，则只需要查出一些启发性的文献，对查准率

和查全率要求都不一定有很高的要求。

根据信息用户的文献需求特点，其需求主要有以下四种类型：①了解学科发展动态的要求；②了解某一研究主题的片断性信息；③了解某一研究主题的全面性信息；④检索特定的文献信息。

二、选择数据库

数据库检索的正确与否将直接影响到检索结果的好坏。数据库选择不当，就会得出完全不符合要求的结果。选择数据库时要遵循以下原则：

1）要根据用户信息检索的学科内容和目的选择数据库。如果检索课题涉及的内容全面而广泛，为了避免漏检，应同时选择几个不同的数据库，如需检索的课题内容专业性很强，则可以选择专业文档进行检索。

2）在同时有几个数据库可供检索的情况下，应首先选择比较熟悉的数据库。这样能既快速又准确地查找到真正需要的文献信息。

3）当几个数据库的内容交叉重复率比较高时，应选择检索费用比较低廉的数据库。

4）当用户要求检索的文献量比较大时，可首先用浏览的方式，按主题或学科专业的方式查找。

三、编制检索提问式、确定检索途径

检索提问式，是指计算机信息检索中用来表达用户检索提问的逻辑表达式，由检索词和各种布尔逻辑算符、位置算符以及系统规定的其他组配连接符号组成。从某种意义上讲，检索式是检索策略的具体体现，它的质量好坏，将关系到检索策略的成败。一般来讲，拟订检索检索提问式应符合以下要求：拟订检索提问式，首先应了解要使用的检索系统能提供何种检索功能，以及检索系统的限制条件，使检索提问式的表达遵守待检数据库的用词规则，避免因为系统不支持而造成的误检、漏检。同时也应使检索式简单明了，使用的关键词应尽可能规范。其次，关键词的选择应符合检索课题的内容，关键词之间的关系组配应以反应课题内容为依据。

确定检索途径就是选择检索入口，即字段，如题名、著者、主题词、文摘、全文等。用主题词在主题范围（或字段）、文摘范围、题名范围、全文范围检索称为主题途径；用著者姓名在著者范围检索称为著者途径；用分类号进行分类检索称为分类途径；用 ISBN、ISSN、专利号、分子式检索称为其他途径。

以上检索途径的检索效率可用检索效率分析表归纳总结，见表 2-2。

表 2-2　检索效率分析表

检索途径	说　明	检索效率
分类途径	利用分类名和分类号进行检索	检索结果是该类目所有的文献。检索结果较全
题名（篇名）途径	利用篇名中的字词或篇名的一部分进行检索	检索结果是所有在篇名中出现该字、该词或该部分的文章，检索结果较准
主题词/关键词途径	利用文章篇首标明的与该篇文献主题相关的词进行检索	检索结果是包含该主题词或关键词的所有文献，结果较准
著者途径	利用文献作者名字进行检	可查到该作者的所有文献。检索结果不系统
出处途径	利用原文献刊载处进行检索	可查到某刊载处刊登的所有文献
全文关键词途径	用于全文数据库检索。利用从文献题名和正文中抽出的、表达文献主题内容的、有实际意义的词进行检索	检索结果全，但有误检
全文自由词（任意词）	用于全文数据库检索。利用文献中的任意字或词进行检索	检索结果全，但误检率高
年份途径	利用年份进行检索。可查到某年份出版的所有文献	一般与其他途径合并使用

四、分析检索课题，确定检索词

正确的主题分析是制订检索策略的保证，它决定了检索策略的质量和检索效果的好坏。而检索词是表达用户信息需求和检索课题内容的基本元素，也是计算机检索系统进行匹配的基本单元。因此，务必要在分析课题的主题概念中掌握课题的内容实质，概括出能最恰当地代表主题概念的检索词。选择检索词应注意的问题如下。

1．从词表规定的专业范围出发，选用各学科内具有检索意义的、标准化的术语

在选用关键词的过程中切忌使用国际上不通行的术语，避免使用冷僻词和自选词，避免使用频率低的词，多选用基本词汇进行组配，一般不选动词和形容词等。

2．分析出课题内容实质

分析课题的内容实质不仅要从课题名称中找出能满足检索课题要求的检索词，而且要从学科专业和检索目的的角度，寻找出隐性的主题概念，能够反映课题实质内容的主题词。当课题面窄，提问专指度高，而数据库中对文献的标引深度可能不足时，应取其上位检索词；对于泛指的主题概念词，应选用其包容特性的具体内容来表达；对于具有层次结构或等级关系的主题概念，应用其包容特性的名称来表达。

3．从相应的规范词表中选定所需的检索词

由于主题词是文献标引和检索中必须共同遵循使用的语言，而且很多数据库都有自己的主题词表，所以在有数据库专用词表的情况下，应优先选用词表中的规范词，以便能使检索获得最佳的效果。

4．注意同义词、近义词

确定检索词时，除了要考虑反映主题概念的同义词、近义词等相关词以外，还要三到被选用词的缩写词及不同拼法的词，以便在编制检索式时考虑到这些因素，避免漏检有关的文献。

五、上机检索及反馈调节

在得到检索结果后，可能会出现以下三种让人不太满意的情况：①检索结果太少；②检索结果太多；③检索结果非所要的内容。

如果要保证查全率和查准率，就需要根据检索结果进行检索策略的调整，调节就是运用检索技巧，即主要是对逻辑运算符、词间位置算符、检索主题概念的提取方法等的综合应用。

（一）扩大检索结果的检索技巧

针对检索结果太少，扩大检索结果（提高查全率）可使用以下方法：选择在文摘字段中检索、选用上位词或近义词、同义词检索技术、截断技术、布尔逻辑“或”（Or）等。

1．采用同义词检索技术时应考虑三个方面

（1）元素和元素符号　例如，“Al”和“Aluminium”。

（2）缩写和全称　例如，“计算机辅助设计”和“CAD”和“Computer Aided Design”，同时在外文数据库中仅用 CAD 作为主题词，误检率较大，“检验分析词典”、“弹药动力装置”等都被检出。

（3）相关词　例如，“Database”，其相关词有“Expert System”、“software”等。

2．采用布尔逻辑检索技术时应考虑

1）减少用“and”或“not”算符联结的概念。

2）增加用“or”联结检索词。

（二）缩小检索结果的检索技巧

针对检索结果太多，要减少检索记录的总数，提高查准率，可以利用限制检索、逻辑检索等检索技术，并要充分利用下位类检索词。

1．采用布尔逻辑技术可以考虑

（1）增加用“与”“and”联结的概念　在两个或多个检索词间利用布尔逻辑“与”进行组配，标志检索同时满足这两个或多个检索词的文献。例如，检索计算机在图书馆中的应用的文献，可表示为：计算机 and 图书馆。

（2）利用布尔逻辑“非”（not）限制　布尔逻辑“非”表示排除关系，即在含有检索词A的检索结果中去除含有检索词B的内容，可有效缩小检索范围。例如，检索除“水上运输工具”以外的其他运输工具，可表示为：运输工具 not 水上运输。

2．限定检索技术时可采用以下方法

1）字段限制检索。将检索词的查找范围限定在某一字段，如篇名、关键词或叙词字段中。检索时，计算机只对限定字段进行运算，用以缩小检索范围，提高检索效果。例如，au=李宁（表示作者为李宁的文献），PY=≥2002（表示2002年以后的文献）。

2）利用文献的外部特征限制检索。

3）在检出记录中选取新的检索词对结果进行再次限制。

（三）检索结果并非所要的内容

若检索结果非所需内容，检索者应根据自己的需求及时调整检索策略，重新确认课题内容的实质，选择合适的检索项。例如，选择主题词时要注意：规范化词和自由词配合使用，同义词和相关词不能漏掉，检索用语是否符合其专业术语，从专业角度找出同义词、反义词和相关词等，以达到满意的检索结果。

第三章 网络信息检索工具

第一节 网络信息检索工具概述

网络信息检索所具有的多样性、灵活性远远超出了传统的信息检索，我们需要继承与沿用在传统信息检索中业已形成的某些检索思维模式及一些已成定势的检索方法，更需要掌握网络信息检索所具有的特点，了解影响信息检索的因素，通过实践提高获取信息的能力。

一、网络信息资源的特点

1. 信息源丰富

网络是一个开放的信息传播平台，任何机构、任何人都可以将自己拥有的且愿意与他人共享的信息传到网上。在这个庞大的信息供应源中，起主导作用的有公共图书馆、网络信息服务商、传统媒体、传统联机服务商、高等院校、科研机构、各类商业公司等。

2. 信息内容多样性

网络是信息的载体，信息是网络的灵魂。网络是信息的海洋，信息内容几乎无所不包。

3. 信息表现形式多样化

网络是一个集声音、图像、文字、照片、图形、动画、电影、音乐为一体的、包罗万象的综合性信息系统。

4. 信息时效性

利用网络信息制作技术，能很快将信息传播到世界各地，几乎在事件发生的同一时间内，就能将信息快速制作、上传到网络上。

5. 信息交互性

通过网络，不仅可以从中获取信息，也可以发布信息。

6. 信息关联性

网络的信息组织是基于超文本的，因此，有关联的信息之间通过链接形成一个相互联系的信息渠道，人们可以由此及彼、由远而近、顺藤摸瓜，找到想要的信息。

7. 信息的开放性

网络是一个全球性分布的结构，大量信息分别存储在世界各地的服务器与主机上，人们可以随时随地获取信息，而且网络上的信息大部分是免费的。

8. 信息组织的局部有序性与整体无序性

各搜索引擎和站点目录都收集大量网络的站点，并按照专业和文献信息类型分类，实现了信息组织的局部有序化。

二、网络信息资源的种类

网络信息资源可按照信息来源、信息时效性或网络传输协议来分类。

1. 按信息来源划分

网络信息资源按信息来源可划分为政府、公众、商用等信息资源。

2. 按信息时效划分

网络信息资源按信息时效可划分为电子邮件型、图书馆目录、书目与索引、全文资料及电子出版物、数据库等信息资源。

3. 按网络传输协议划分

网络信息资源按网络传输协议可划分为 WWW、Telnet、FTP、用户服务组、Gopher 等信息资源。

（1）WWW 信息资源　WWW（World Wide Web，简称 WWW 或 Web）信息资源是建立在超文本、超媒体技术以及超文本传输协议（Hyper Text Transfer Protocol，HTTP）的基础上，集文本、图形、图像、声音为一体，并以直观的图形用户截面展现和提供信息的网络资源形式。

（2）Telnet 信息资源　Telnet 信息资源是指借助远程登录，在网络通信协议（Telecommunica-tionNetwork Protocol）的支持下，可以访问共享的远程计算机中的资源。Telnet 使用户可以在本地计算机上注册到远程计算机中的资源。

（3）FTP 信息资源　FTP 信息资源是指利用文件传输协议（File Transfer Protocol，FTP）可以获取的信息资源。FTP 不仅允许从远程计算机上获取、下载文件（Download），也可以将文件从本地计算机复制并传输到远程计算机（Upload）。

（4）用户服务组信息资源　互联网上的用户通信或服务组是最受欢迎的信息交流形式，包括新闻组（Usenet News Group）、邮件列表（Mailinglist）、专题讨论组（Discussion Group）、兴趣组（Interest Group）等。

（5）Gopher 信息资源　Gopher 是一种基于菜单的网络服务，它为用户提供丰富的信息，并允许用户以一种简单的、一致的方法快速找到并访问所需的网络资源。

三、网络信息资源的检索方法

欲获取网络上的信息，就必须知道信息的存储地，也就是说，首先知道提供信息的服务器在网络上的地址，然后通过该地址去访问服务器所提供的信息。据此，网络信息检索方法主要有以下四种方法：漫游法、直接查找法、搜索引擎法和网络资源指南法。

1. 漫游法

漫游法，也称浏览式检索，是网络上检索信息的原始方法，类似于“追溯检索”。这种方式没有很强的目的性，具有很大程度的不可预见性和偶然性，用户可能在较短时间内检出大量相关信息，但也可能偏离检索目标而一无所获。

2. 直接查找法

直接查找法，也称网络地址法，是已知信息可能存在的网络地址而进行的检索。这种方法适合于经常上网漫游的用户。其优点是节省时间、目的性强、节省费用；其缺点是信息量少。

3. 搜索引擎法

这种方法是当前最为常规、普遍的网络信息检索方法。

搜索引擎又称 WWW 检索工具，是 WWW 上的一种信息检索软件。WWW 检索工具的工作原理与传统的信息检索系统类似，都是对信息集合和用户信息需求集合的匹配和选择。

4．网络资源指南法

这种方法是利用网络资源指南进行查找相关信息的方法。网络资源指南法类似于传统的文献检索工具——书目之书目（Bibliography of Bibliographies），或专题书目，国外有人称之为 Web of Webs，Webliographies，其目的是可实现对网络信息资源的智能性查找。

第二节　搜索引擎概述

一、搜索引擎的概念

搜索引擎（Search Engine）是基于 WWW 的信息处理系统，是用来对网络信息资源标引、管理和检索的一系列软件，是一种在网络上查找信息的工具。这种软件系统提供了一个网页平台，在接受用户的关键词后，它通过一定的机制和方法对网络信息进行搜索，将搜索的信息进行理解、提取、组织和处理，很快返回一个与用户输入内容相关的信息列表。这个列表的每一个条目代表一个相关的网页，每个条目一般来说至少包含三个元素：①标题，即网页内容的标题，一般情况下是网页 HTML 源码中标签<TITLE>和</TITLE>之间的内容；②URL，即对应网页的网址；③摘要，即以某种方式获得的网页内容的摘要。

二、搜索引擎的分类

随着搜索引擎的数量剧增，其种类也越来越多。本书侧重介绍具有普遍意义的类型。

1．全文搜索引擎（Full Text Search Engine）

全文搜索引擎是面向网页的全文检索服务，通常称为索引服务（Indexing Service）。从搜索结果来源的角度，全文搜索引擎又可细分为两种：一种是拥有自己的检索程序（Indexer），俗称“蜘蛛”（Spider）程序或“机器人”（Robot）程序，并自建网页数据库，搜索结果直接从自身的数据库中调用；另一种则是租用其他引擎的数据库，并按自定的格式排列搜索结果，如 Lycos 引擎。

国外具代表性的全文搜索引擎有 Google、Fast/AllTheWeb、AltaVista、Inktomi、Teoma、WiseNuti 等，国内著名的有百度（Baidu）。

2．目录式搜索引擎（Search Index/Directory）

目录式搜索引擎提供了一份按类别编排的互联网网站目录，各类下边排列着属于这一类别的网站的站名和网址链接，有些搜索引擎还提供了各网站的内容提要。因此从严格意义上目录式搜索引擎算不上是真正的搜索引擎。

目录索引中最具代表性的是 Yahoo（雅虎）。其他著名的还有 Open Directory Project（DMOZ）、LookSmart、About 等。国内的搜狐、新浪、网易搜索也都属于这一类。

3．多元搜索引擎（Meta Search Engine）

多元搜索引擎又称集成搜索引擎，它是将多个独立搜索引擎集合在一起，提供一个统一的检索界面，当用户提出检索提问后，由统一的多元搜索引擎接口对用户提交的查询请求进行处理，分别将其转换为符合底层搜索引擎查询语法要求的子查询发送给多个搜索引擎，同时检索多个数据库，并进行相关度排序后，将结果显示给用户。多元搜索引擎可分为串行处理和并行处理两种。著名的多元搜索引擎有 InfoSpace、Dogpile、Vivisimo、Meta Crawler，Savvy Search，Search Spanniel 等。搜星搜索引擎是中文元搜索引擎中的代表。

4. All-in-One 集成搜索

All-in-One 集成搜索是指通过一个网站，就可选择多个搜索引擎依次进行搜索。这与多元搜索引擎的工作方式有些相似，只是多元搜索引擎只要一次性输入检索要求，就可以同时让多个搜索引擎一起或分别进行搜索，并对搜索结果进行分析整理；而 All-in-One 通常是逐一输入检索要求（可以相同，也可以不相同），然后从搜索引擎列表中每次选择一个进行检索，一般不对搜索结果进行处理。

5. 特殊用途的搜索引擎

特殊用途的搜索引擎是专为某一特殊用途或某一特定目标而设立的，如科学信息的搜索引擎 Scirus，全球华人寻人搜索引擎 Look 4 U，软件搜索引擎 SOFT Seek 和 Download Power Search，图形、图像搜索引擎 lmage Su rfer，支持自然语言的搜索引擎 Ask Jeeves 等。

这些专业的搜索引擎，由于其鲜明的特色和对专业的精通，往往更受欢迎。

除上述这些类型的引擎外，还有一些门户搜索引擎、免费链接列表等几种非主流形式，由于上述网站都为用户提供搜索查询服务，为方便起见，我们通常将其统称为搜索引擎。

三、搜索引擎的主要任务

各种搜索引擎的主要任务都包括以下三个方面。

1. 信息搜集

各个搜索引擎都派出绰号为蜘蛛（Spider）或机器人（Robots）的“网页搜索软件”，在各网页中“爬行”，访问网络中公开区域的每一个站点并记录其网址，将它们带回搜索引擎，从而创建出一个详尽的网络目录。由于网络文档的不断变化，机器人也不断地把以前已经分类组织的目录更新。

2. 信息处理

将“网页搜索软件”带回的信息进行分类整理，建立搜索引擎数据库，并定时更新数据库内容。

3. 信息查询

每个搜索引擎都必须向用户提供一个良好的信息查询界面，一般包括分类目录及关键词两种信息查询途径。分类目录查询是以资源结构为线索，将网上的信息资源按内容进行层次分类，使用户能依线性结构逐层、逐类检索信息。关键词查询是利用建立的网络资源索引数据库向网上用户提供查询“引擎”。用户只要通过搜索引擎提供的链接，就可以立刻访问到相关信息。

四、搜索引擎的构成及工作原理

（一）搜索引擎的体系结构

搜索引擎主要由搜索器（Spider 或 Crawler），索引器（Indexer）、检索器（Searcher）和

用户接口（UI）四部分组成。系统首先由搜索器收集网页的内容，然后由索引器将收集回来的内容进行分析、处理，建立索引数据库，再由检索器响应用户的检索请示，用户输入关键字后，检索器要用这个检索词与建立的索引器匹配，匹配后作相关性排序，最后通过用户接口将排序结果送给用户。其基本结构如图 3-1 所示。

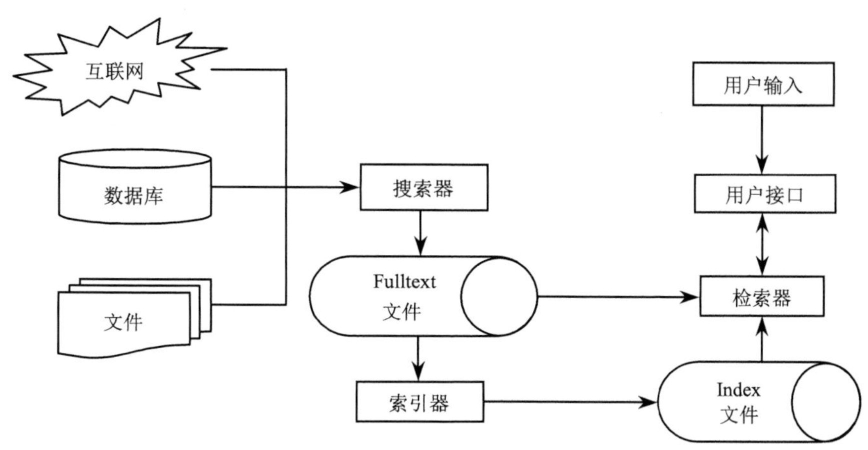

图 3-1　搜索引擎结构图

（二）搜索引擎的工作原理

本书主要针对全文检索搜索引擎的系统架构进行说明，下文中提到的搜索引擎如果没有特殊说明也是指全文检索搜索引擎。结合前面介绍的系统结构的内容，搜索引擎的实现原理可以归纳为四步：从互联网上抓取网页→建立索引数据库→在索引数据库中搜索→对搜索结果进行处理和排序。

1．从互联网上抓取网页

利用能够从互联网上自动收集网页的网络蜘蛛程序，自动访问互联网，并沿着任何网页中的所有 URL 访问其他网页。重复这个过程，并把访问过的所有网页收集到服务器中。

2．建立索引数据库

由索引系统程序对收集回来的网页进行分析，提取相关网页信息（包括网页所在 URL、编码类型、页面内容包含的关键词、关键词位置、生成时间、大小、与其他网页的链接关系等），根据一定的相关度算法进行大量复杂计算，得到每一个网页针对页面内容中及超链中每一个关键词的相关度（或重要性），然后用这些相关信息建立网页索引数据库。

3．在索引数据库中搜索

当用户输入关键词搜索后，分解搜索请求，由搜索系统程序从网页索引数据库中找到符合该关键词的所有相关网页。

4．对搜索结果进行处理和排序

所有相关网页针对该关键词的相关信息在索引库中都有记录，只需综合相关信息和网页级别形成相关度数值，然后进行排序，相关度越高，排名越靠前。最后由页面生成系统将搜索结果的链接地址和页面内容摘要等内容组织起来返回给用户。搜索引擎搜索原理图如图 3-2 所示。

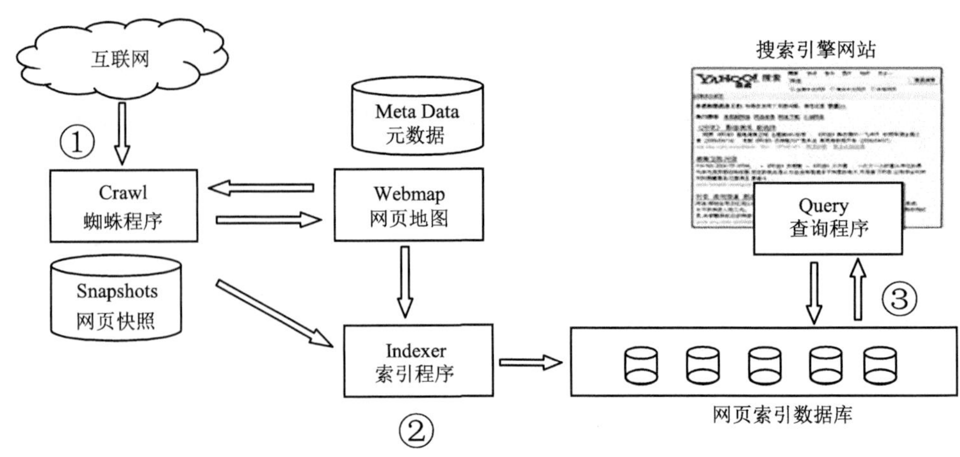

图 3-2　搜索引擎搜索原理图

第三节　搜索引擎的信息检索

一、搜索引擎的信息检索模型

1．布尔逻辑模型

布尔逻辑模型信息检索是最简单的信息检索模型，用户利用布尔逻辑关系构造查询并提交，搜索引擎根据事先建立的倒排文件确定查询结果。

布尔逻辑模型信息检索的查全率高，查准率相对较低。标准布尔逻辑模型为二元逻辑，并可用逻辑符“and”、“or”、“not”来组织关键词表达式。目前大多数搜索引擎均使用布尔逻辑检索模型，查询结果一般不进行相关性排序。

2．模糊逻辑模型

这种模型在查询结果处理中加入模糊逻辑运算，将检索的数据库文档信息与用户的查询要求进行模糊逻辑比较，按照相关的优先次序排列查询结果。

3．向量空间模型

向量空间模型用检索项的向量空间来表示用户的查询要求和数据库文档信息。查询结果是根据向量空间的相似性而排列的。

向量空间模型可方便地产生有效的查询结果，能提供相关文档的文摘，并对查询结果进行分类，为用户提供准确的信息。

4．概率模型

基于贝叶斯概率论原理的概率模型利用相关反馈的归纳学习方法，获取匹配函数，这是一种较复杂的检索模型。

二、搜索引擎的语法规则

搜索引擎是基于一些基本的查询规则来实现查询条件的，但各种搜索引擎所采用的查询规则又不尽相同。

搜索引擎的语法规则主要有：搜索的基本数学规则、搜索的基本搜索语法、搜索的限制搜

索语法、辅助搜索命令以及布尔逻辑算符等。布尔逻辑算符在第二章有详细介绍，在此不再赘述。

（一）搜索的基本数学规则

在进行搜索时，需要了解一些搜索的基本数学规则，使搜索结果更加准确。例如，使用“+、-”连接号、逗号、括号或引号进行词组查找。“+”表示强制搜索，“-”表示排除检索。“( )”表示优先搜索，“引号”表示精确搜索，“～”为同义词搜索。搜索引擎的数学命令见表 3-1。下面仅介绍了主要搜索引擎中的这些规则。

表 3-1　搜索引擎的数学命令

命　　令	符　　号	支持命令的搜索引擎
包含条件	+	除 LookSmart 外的所有引擎
排除条件	-	除 LookSmart 外的所有引擎
词组	" "	除 LookSmart 外的所有引擎
符合任意条件	Auto	AltaVista, Excite, GoTo, Go, LookSmart, Netscape, Snap, WebCrawler, Yahoo
	Menu	AOL Search, HotBot, Lycos, MSN Search
	Other	Northern Light（使用 OR); Google
符合所有条件	Auto	AOL Search, Google, HotBot, Lycos, MSN Search, Northern Light
	Other	使用加号或菜单选择时全部支持

1．连接符

连接符有加号“+”和减号：“-”。

1）在检索词前使用“+”时，表示所有检索结果的页面中都必须包含该词。检索式“+A+B”，表示查得的页面中应出现“A”和“B”两方面的信息；而检索式“A+B”，则表示在检索结果页面中一定含有“B”方面的信息，但不一定有“A”方面的信息。

例如，检索关于北京香山公园的露营地，则为：+Xiang Shan Park+camping+reservations

2）检索词前使用“-”时，表示任何检索结果的页面中都不能包含该词。例如，想查找有关 Windows 95 的文件，但又不想看到关于 Windows 98 或 Windows 3.1 的网页，可这样查找：windows-98-3.1

2．空格、逗号、括号、引号的作用

（1）空格　空格的作用与逻辑“与”（and）相同。例如，检索式“aircraft engine”，表示可查出含有“aircraft”及“engine”的页面。

在汉字作为关键词输入时，切记不要在构成关键词的两个字之间插入空格。否则，就会发生两个字之间进行逻辑“与”的检索错误。

（2）逗号　逗号的作用类似于逻辑“或”（or）。例如，检索式“计算机，网络，多媒体”，可查出包含三个关键词中的任何一个或几个的页面，而同时含有“计算机”、“网络”和“多媒体”的页面输出时排在前面。

（3）括号　括号的作用是使括在其中的运算符优先执行，用于改变复杂检索式中固有逻辑运算符优先级的次序。例如，检索式“多媒体 and（计算机 or 网络)”，表示要求先执行括号中的“or”运算，再执行括号外的“and”运算。

（4）引号　引号的作用是，括在其中的多个词被当做一个短语来检索。例如，检索式“electronic magazine”，表示把 electronic magazine 当做一个短语来搜索。如果不加引号，搜索引擎就会把两词之间的空格按“与”处理，查出包含 electronic 和 magazine 的页面，结果应与用户要求的主题内容相去甚远。

3．组合符号

组合公式是：关键词 1-关键词 2-关键词 3-....；或者是："关键词 1" - "关键词 2" - "关键词 3" -....

（二）搜索的基本搜索语法

1．通配符

搜索引擎最常用的通配符有星号（*）和问号（?）等，通常星号（*）表示替代若干字母，而问号（?）表示替代一个字母。例如，Compu*　可以代表 Computer、Compulsion、Compunication 等。但星号（*）不能用在单词的开始或中间。

2．截词检索

截词检索（Truncation）是网络搜索的常用方法，它使用"词间通配符"，用截断的词的一个局部进行的检索。例如，"wom?n" 可以搜索到包含 woman、women、womyn、womin 等单词的网页，"Comput*" 对 Computer、Computing、Computation 等以 Comput 开头的单词进行搜索。

提示：搜索引擎多支持中截断和后截断检索，而且各种搜索引擎对截词检索的支持程度和通配符的规定多有不同，要详细了解和使用通配符，还需参阅每种搜索引擎的帮助文件。

3．NEAR 操作符

用 NEAR/*n*（*n* 为 1，2，3…）能精确控制检索词之间的距离，表示检索词的间距最大不超过 *n* 个单词。例如，检索式"Computer near/10 Network"，可查找出 computer 和 Network 两词之间插入不大于 10 个单词的文献，检索结果输出时，间隔越小的排列位置越靠前。

4．使用百搭命令"*"

百搭命令主要用在查询一个关键词的基础上，查询由此关键词变化而来的其他词，它与延伸搜索条件功能类似。例如，sing*即可查找符合 singing 及 sings 的网页；theat*即可查找符合 theater 及 theatre 的网页。

以上是使用各种搜索引擎的基本语法，但也有例外，具体可参考每种搜索引擎的在线帮助。基本搜索命令见表 3-2。

表 3-2　基本搜索命令

命　　令	符　　号	支持命令的搜索引擎
标题搜索	title	AltaVista, GoTo, HotBot, Go, MSN Search, Northern Light, Snap
	other	some above via menus, Lycos (通过菜单搜索), Yahoo (t:)
	None	AOL Search, Excite, Google, LookSmart, Netscape, WebCrawler
网站搜索	domain	GoTo, HotBot, MSN Search, Snap
	other	AltaVista (host:), Go (site:), Lycos (通过菜单搜索)
	None	AOL Search, Excite, Google, LookSmart, Northern Light, Netscape, WebCrawler, Yahoo
URL Search	url	AltaVista, Go, Northern Light
	other	Lycos (通过菜单搜索), Yahoo (u:)
	None	AOL Search, Excite, Google, GoTo, HotBot, LookSmart, MSN Search, Netscape, Snap, WCrawler
链接搜索	Link	AltaVista, Go, Google
	link domain	GoTo, HotBot, MSN Search, Snap (仅用于根目录 URL，搜索次目录 URL 时使用菜单命令)
	None	AOL Search, Excite, LookSmart,Netscape, WebCrawler, Yahoo (n/a)
百搭命令	*	AOL Search, AltaVista, HotBot, MSN Search, Northern Light, Snap, Yahoo
	None	Excite, Google, GoTo, Go, LookSmart, Lycos, WebCrawler

（三）搜索的限制搜索语法

限制搜索语法是从不同角度限定网络搜索的功能性词语和符号，对搜索结果起着定向和控制的作用，主要有以下几种。

1. 标题搜索（Title Search）

[title:]AltaVista、AllTheWeb、Inktomi、MSN、一搜……。

[intitle:] Google、Teoma、yahoo、百度……。

[allintitle:] Google ……。

2. 网站搜索（Site Search）

[host:] AltaVista……。

[hostname:] Yahoo……。

[site:] Excite、Google、Netscape、Yahoo、Teoma、百度、一搜、中搜……。

[domain:] Inktomi、HotBot、iWon, LookSmart、MSN、AltaVista、百度、一搜……。

3. 网址搜索（URL Search）

[url:] AltaVista、Excite、yahoo（需要带 http://）、一搜……。

[url.all:] AllTheWeb、Lycos……。

[allinurl:] Google……。

[inurl:] Google、yahoo、Teoma、百度……。

[originurl:] Inktomi、AOL、GoTo、HotBot、一搜……。

[url.domain:] Alltheweb……。

[url.host:] AllTheWeb、Lycos……。

4. 链接搜索（Link Search）

[link:] AltaVista、Google、yahoo（需要带 http://）……。

[linkdomain:] Inktomi、AOL、HotBot、iWon、MSN、yahoo、一搜……。

[link.all:] AllTheWeb、Lycos……。

[inlink:] Teoma……。

[link.extension:] AllTheWeb……。

5. 锚点搜索（Anchor Search）

[anchor:] AltaVista……。

[allinanchor:] Google……。

6. 文件搜索（Filetype Search）

[filetype:文件类型后缀]（如 PDF、DOC、SWF 等）Google、iWon、AOL、Netscape、百度、中搜……。

[feature:文件类型名称]（acrobat、activex、audio、embed、flash、frame、audio、video 等）Yahoo、MSN、HotBot、overture……。

7. 临近搜索（Proximity Searching）

[NEAR] AltaVista、Lycos、WebCrawler、AOL……。

[BEFORE] Lycos……。

[FAR] Lycos……。
[ADJ] Lycos、AOL……。

（四）辅助搜索命令

各项辅助搜索功能见表 3-3。

表 3-3　各项辅助搜索功能

功　能	支　持	不 支 持	备　注
相关搜索	AltaVista, AOL Search, Excite, HotBot, Go, GoTo, Snap, Yahoo	其他引擎	
搜索结果重组	AltaVista, Go, Google, HotBot, GoTo, MSN Search, Northern Light	其他引擎	Excite 有部分搜索结果重组功能
相近搜索结果	AOL Search, Excite, Go, Google	其他引擎	
延伸搜索条件	Go,Lycos,Northern Light	其他引擎	在 HotBot、MSN Search、Snap 中是通过表格实现此项功能
日期范围	AltaVista, HotBot, MSN Search, Northern Light, Snap, Yahoo	其他引擎	
Within 搜索	Go, Lycos, HotBot	其他引擎	
搜索条件敏感度	AVista, Go, 部分支持的是：HotBot, NLight	其他引擎	参阅搜索引擎与字母大写
按知名度排名	HotBot, LookSmart, Lycos, MSN Search, Snap	其他引擎	

结果显示功能见表 3-4。

表 3-4　结果显示功能

功　能	支　持	不 支 持	备　注
按日期排列	Go, MSN Search, Northern Light	其他引擎	
显示日期	AltaVista, HotBot, Go, Light	其他引擎	
搜索结果增加的数量	Excite, Google, HotBot, Go, Lycos, MSN earch, WebCrawler	AltaVista, AOL Search, GoTo, Netscape Search, NLight	Snap, LookSmar 及 Yahoo 对此项功能没有明确说明

三、搜索引擎的检索方式

（1）简单检索（Simple Search） 它是指直接输入一个关键词，提交搜索引擎查询，这是最基本的查询方式。

（2）词组检索（Phrase Search） 它是指输入两个单词以上的词组（短语），当做一个独立运算单元提交搜索引擎查询，也叫短语检索。

（3）语句检索（Sentence Search） 它是指输入一个多词的任意语句（字、词、句子），提交搜索引擎查询。这种方式也叫任意查询。

（4）高级检索（Advance Search） 它是指用布尔逻辑组配方式查询，这种方式也叫定制搜索。

（5）目录检索（Catalog Search） 它是指按照搜索引擎提供的分类目录逐级查询，用户一般不需要输入检索词，而是按照查询系统提供的几种分类项目，选择类别进行查询，这种方式也叫分类检索。

四、搜索引擎的检索步骤

1）用户输入 URL 地址，用户与搜索引擎建立连接，登录到搜索引擎的主页，搜索引擎调用其客户端程序，翻译 HTML，显示其主页。

2）用户输入检索提问式，或者点击分类目录，搜索引擎接受用户请求，进行实时的交互式信息检索。

3）搜索引擎输出 HTML 文件，并且翻译 HTML，显示检索结果。

五、影响搜索引擎检索的因素

1．信息资源质量对信息检索的影响

丰富的信息资源为网络信息检索系统提供了庞大的信息源，但由于其收集、加工、存储的非标准化，给信息检索带来难题。

1）信息资源收集不完整、不系统、不科学，导致信息检索必须多次进行，造成人力、物力和时间上的浪费。

2）信息资源加工处理不规范、不标准、使信息检索的查全率、查准率下降。

3）信息资源分散、无序、更换、消亡无法预测，因此用户无法判断网上有多少信息同自己的需求有关，检索评价标准无法确定。

4）信息资源由于版权和知识产权问题，也给信息检索带来麻烦。

5）信息的语言障碍问题。目前网络上 80%以上的信息是以英语形式发布，英语水平低和不懂英语的人很难利用网络上庞大的信息资源。

2．检索软件对信息检索的影响

网络将世界上大大小小、成千上万的计算机网络连在一起，成为一个没有统一管理的、分散的但可以相互交流的巨大信息库，这意味着人们必须掌握各种网络信息检索工具，才能检索到自己所需要的网络信息资源。但是由于网络信息组织的特殊性和目前检索工具自身存在的一些问题，给信息检索带来一些问题。

1）网络上的信息存放地址会频繁转换和更名，根据检索工具检索的结果并不一定就能获得相应的内容。

2）基于一个较广定义的检索项，往往会获得数以千万计的检索结果，而使用户难以选择真正所需的信息。

3）每种检索工具虽然仅收集各自范围内的信息资源，但也难免使各种检索工具的信息资源出现交叉重复的现象。

3．用户水平对信息检索的影响

在网络这个开放式的信息检索系统中，用户不仅要自己检索信息资源，同时还进行信息资源的收集、整理、存储工作。因此，网络用户的信息获取与检索能力对信息检索有着直接的影响，主要体现在以下几个方面：

1）用户对信息检索需求的理解和检索策略的制订关系到信息检索的质量。

2）用户的计算机操作能力及网络相关知识的掌握程度影响着信息检索的效率。

3）用户对网络信息检索工具的应用熟练程度影响着信息检索的效果。

4）用户的外语水平影响着信息检索的广度与深度。

第四节　网络检索工具的检索策略

所谓检索策略，就是在分析检索提问的基础上，确定检索的数据库、检索用词，并明确检索词之间的逻辑关系和查找步骤的科学安排。在构造检索策略过程中，要涉及许多方面的知识与技能。因此制订检索策略是一种全面的知识与技能，也是一种经验。掌握了这种技能和经验，再通过广泛实习，可以获得比较好的检索效果。制订网络检索策略的基本步骤如图 3-3 所示。

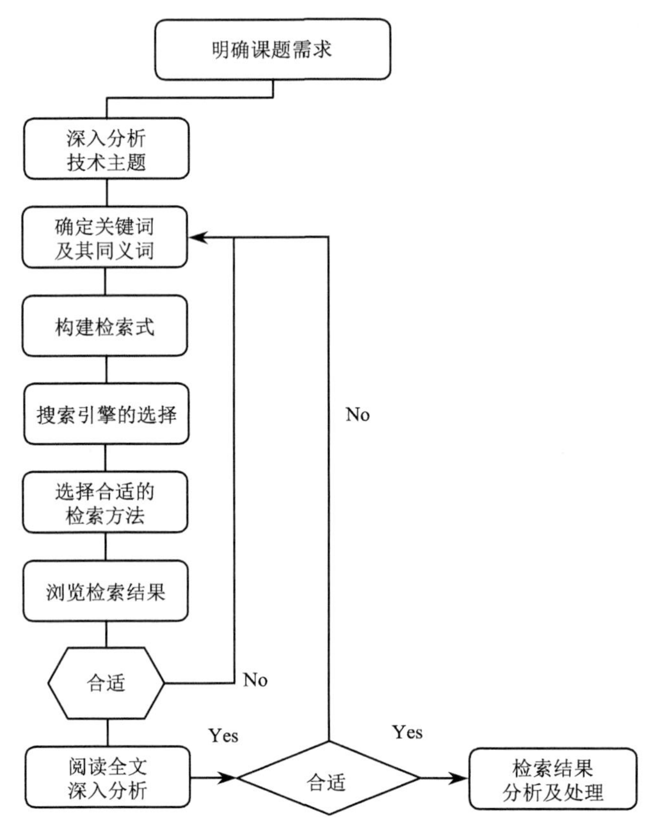

图 3-3　网络检索策略的基本步骤

一、明确课题需求

检索过程中的首要环节就是要明确课题需求。在检索前，必须对自己的需求，特别是潜在的、模糊的需求进行分析，以求得一个完整而明确的表达。在需求分析中，应着重明晰以下问题。

（一）分析课题检索的目的

综合日常的工作和学习，检索目的概括起来主要有以下这些类型：

1）开始某一项科学研究或承接某项工程设计，需要对课题进行全面的文献普查，并从中筛选出所需的资料，用以编写可行性报告、计划任务书等。对这样的课题，应选择一个年限比较长的，收录比较广泛的相关专业的二次文献数据库，在全面回溯检索的基础上，选出

相关的文献，再获取一次文献。

2）为解决某个技术难题，查找关键性的技术资料。对这样的课题，应选择工程和技术类数据库或专利数据库。

3）为贸易与技术引进、合资谈判，了解国外市场、产品与公司行情。对这类课题，应查找科学数据库以了解技术的先进性，查找市场、产品、公司等商情数据库以了解对方情况。

4）为申报专利或鉴定成果，查找参考依据。对这样的课题，以选择国内外专利数据库为主。

5）为某项决策查找有关情报。对这样的课题，根据决策的不同性质，进行综合性的全面文献调研。

6）为撰写论文查找相关文献等。对这样的课题，应以查找期刊论文、学位论文等学术研究性的数据库为主。

（二）明确课题所涉及的学科范围和专业面

1）明确课题所涉及的主要学科范围、相关学科范围、交叉学科范围，并根据数据库的主题收录范围进行选择。

2）明确对文献的新颖性程度的要求。若对文献新颖性要求高，需要选择数据更新周期短、速度快的数据库。

3）明确查全率和查准率的要求。若为满足查全率，需普查多种数据库，若满足查准率，应选择主题范围专指的数据库。

二、主题分析，确定关键词

主题分析就是对用户的课题进行主题概念分析，并用一定的概念词来表达这些主题内容，同时明确概念与概念之间的逻辑关系，这是正确选用检索词和逻辑算符的关键，它将决定检索策略的质量并影响检索效果。可以从下面几点考虑。

（一）关键词选择的原则

关键词的选择在搜索中起到决定性的作用。关键词是描述搜索内容的关键性词语。网络搜索中的关键词是一个广义的概念，属于非受控自由词，凡是具有实际意义的表达及其书写形式，如字、词、词组、短语和字母、数字、符号、公式等，都可以用作搜索关键词。关键词的选择应遵循如下原则：

1）准确选择关键词需要从表述方式、行文习惯、书写规则等方面揣度查询内容，力求关键词与内容描述词一致，有一个根据搜索结果从模糊到准确的逐步调整关键词的练习过程。例如，查找有关“电动玩具”的英文资料，一般会选择“Electrical Toy”搜索，但通过对其搜索结果进行分析，可以发现“Electrically Operatedtoy”、“Battery Operated Toy”等也是查找“电动玩具”的必用关键词。

提高关键词的准确性，主要注意两个方面：一是避免错别字；二是避免有歧义的字词。对于简单、通俗，容易产生歧义的关键词，应采取添加一些限制性的修饰词，将搜索目的表述完整。同时注意检索词的同义词、单复数、拼写变异、单词结尾的不同等。

2）把最重要的概念定为检索关键词。最具代表性和指示性的关键词对提高搜索效率至关重要。所谓关键词“具有代表性”，是指关键词要能成为被查询事物的典型标志。时间、人物、地点一般可以成为增加关键词代表性的有效限制因素。例如，查找职称外语考试的考纲，如果直接把关键词定为“职称外语考试大纲”，百度搜索引擎检索的结果是 62 100 篇信息。如果加上一个时间限制词“2007 年”，加上一个地域限制词“全国”，再加上一个特性限制词“专业技术人员”。最后把关键词改写成由双引号限定的“2007 年全国专业技术人员职称外语考试大纲”，百度搜索的结果就只有 3 850 篇了。

3）找出隐含的重要概念。因为在标引时常使用比较专指的词，用户对标引规则不甚了解，往往会列出比较抽象的概念，而忽略了较专指的概念。例如，“智力测试”，隐含着“能力测试”、“态度测试”、“创造力测试”等概念。

4）确定包含检索主题的较广的类别，这对于应用分类方法检索信息很有用。例如，Business—Companies—Food or Science Nutrition。

5）明确概念组面之间的交叉关系，减少甚至排除掉无关概念组面，简化逻辑关系。即明确逻辑“与”、“或”“非”的关系。

6）找出可能包含检索注意的组织或机构，此种方法可以扩大检索范围。

（二）关键词选择的技巧

（1）高频词法　一次成功的搜索往往由好几次搜索组成。把多次搜索中那些高频率的词连同最初的关键词设计一个更好的关键词表达式再次搜索，就能达到满意的结果。

（2）巧用“相关搜索”　所谓相关搜索，是指和检索关键词近义、同义或很相似的一系列查询词。这些相关的查询词一般比较常用，并且更可能产生相关的结果，而且是按照搜索热门度排列在搜索结果页的下方。若因为输入的关键词不太妥当而对搜索结果感到不满意时，可以参考“相关搜索”来获得一些启发。或直接点击某个“相关搜索”项而得到其相关检索结果。

（3）根据网页特征选择关键词　很多类型的网页都有某种相似的特征。例如，软件下载页。通常网页正文有下载链接，并且会出现“下载”这个词，如下载某一软件，在关键词中添加“下载”就可以提高搜索结果的准确度。

三、构建检索式

搜索引擎一般是通过搜索关键词来完成自己的搜索过程，即填入一些简单的关键词来查找包含此关键词的文章或网址。这是使用搜索引擎最简单、最常用的查询方法，但是检索结果往往不令人满意，这就需要使用搜索的基本语法，建立准确的检索式，才能达到意想的结果。

所谓检索式，就是指搜索引擎能够理解和运算的查询串，由关键词、逻辑运算符、搜索语法等构成。关键词是检索式的主体，逻辑运算符和搜索指令根据具体的查询要求从不同的角度对关键词进行搜索限定。

1．关键词

关键词在网络搜索中起着“关键”的作用，关键词选择准确与否直接关系到搜索的成败，而成功搜索的标志是在结果列表的首页就能够满足查询需求。

从形式上看，关键词的数量与结果输出成反比，使用关键词越多结果输出越少；从语义上分析，关键词的外延越小，结果越趋于准确；从词间的逻辑关系讲，“与”和“非”（and/not）采用多词限制和无关排除的方法缩小搜索范围，利于提高查准率和查全率。

2．逻辑运算符

网络搜索中有“与（and）”、“或（or）”、“非（not）”三种逻辑关系，分别用“+”、

“or”、“–”表示，它们称为布尔逻辑符或逻辑运算符。“与”关系为“A+B”形式，表示A和B必须同时出现在网页之中；“或”关系为“Aor B”形式，表示结果中，要么有A，要么有B，要么同时有A和B；“非”为“A–B”形式，表示B一定不会出现在搜索结果之中。

使用逻辑运算符之前，需阅读搜索引擎的“帮助（Help）”文件，确认其支持何种逻辑运算，了解和掌握逻辑符号的形式及其用法。

3．通配符

通配符（Wildcard）是一类键盘字符，用来代替规定的对象。搜索引擎最常用的通配符有星号（*）和问号（？）等，通常星号（*）表示替代若干字母，问号（？）表示替代一个字母。

搜索引擎对截词检索的支持程度和通配符的规定多有不同，了解和使用通配符，请参阅搜索引擎的“帮助（Help）”文件。

4．搜索语法

搜索引擎使用不同的搜索指令实现不同的搜索功能。所谓搜索指令，是从不同角度限定网络搜索的功能性词语和符号，对搜索结果起着定向和控制的作用。搜索引擎是否支持某种搜索语法和各种搜索指令的形式，在其搜索“帮助（Help）”文件中均会有相关的说明。同时也应注意到，采用同一搜索技术或搜索结果具有同源性的搜索引擎，其搜索语法基本相同。

四、搜索引擎的选择

在明确了搜索意图和制订了搜索策略之后，搜索工具选择得当，能够收到事半功倍的效果。

选择搜索引擎前，首先要了解各种引擎的特点、性能等，其次是分析检索主题，根据需求，结合各搜索引擎的特点来选择使用搜索引擎。

（一）族性检索

族性检索是对具有某种共同性质或特征的众多事物、概念的检索。即类以求，触类旁通是分类搜索引擎的天然优势和显著特征。分类搜索适合查询具有同一特征的多个目标和主题范围广、概念宽泛的问题。因此，分类搜索引擎就是族性检索的首选工具。

目前常用的分类搜索引擎的分类体系各有不同，当难以把握浏览路径时，可以借助其“所有目录（the Directory）”和“此目录下（this category）”的关键词搜索功能，根据结果页面的路径指示，在相关类目中查找。

（二）特性检索

特性检索是指对特定事物或概念的检索，关键词搜索引擎多用于查找主题范围较小、明确具体的信息和交叉性、细节性问题。因此，关键词搜索引擎是特性检索的首选工具。

（三）专题检索

专题是指范围较小、体裁单一、具有相同性质和专门用途的信息或资源，专题检索主要使用站内搜索工具。专题检索不同于学科或主题搜索，它是指经过网站人工整理、编辑，并为特定用途发布的信息或资源，如“北京申奥”、主题教育推荐书目、特定事件的专题新闻等。

（四）数据库检索

在线数据库是一种特殊形式的网络资源，一般的搜索引擎难以寻觅其踪迹，即使是专门的数据库网站也多有授权限制而不提供免费使用。但是专业内容就必须使用专业搜索引擎或数据库。

五、选择检索方法

确定搜索引擎后，接下来就是运用何种方法实施检索。下面介绍几种检索方法。

1. 多元引擎检索

多元引擎检索是检索信息的首选。它同时搜索几个独立的引擎，并把结果显示在同一页面上，是通过关键词和一些常用的运算符完成检索过程的。应用多元引擎加快了检索的全过程，且返回相对较少的无关站点，这是其优点。其缺点是当进行复杂检索时有时不能有效地执行，可能产生一些奇怪的结果。代表站点是 Inference Find 和 Metacrawler。

2. 关键词检索

若需要查找的一个特定信息或所用的引擎数据库容量很大时，应用关键词查询数据库。该类搜索引擎的优点是数据库更新快，检索的结果新；缺点是索引不太精确。

3. 分类目录检索

分类目录检索是一种可供检索和查询的等级式主题目录，以超文本链接的方式将不同学科、专业、行业和区域的信息按照分类或主题的方式组织起来，适用于分类明确的信息查找。这类搜索引擎检索的结果质量较高，条理性较强。其缺点是采集信息的速度远远跟不上网络资源增长的速度，数据库往往较小，检索到的文献数量有限。代表站点是 Yahoo!和 Infoseek。

4. 分类目录加关键词联合检索

当难以确定是采用分类检索好还是关键词检索好时，应用“分类目录+关键词”联合检索。例如，在 Yahoo!上查找儿科肿瘤方面的信息，就可从 Yahoo!主页逐层点击“Health”直到“Pediatrics”，然后在该页查询框内输入关键词“oncology”，就可找到相关信息。该方法的优点是检索范围更窄，结果更精确有效。但对于较难的检索不易选择适合的关键词，这是其缺点。

六、检索结果的分析与处理

利用搜索引擎检索，其信息“噪声”太大，检索结果并不满意，要么太多，要么太少或未能找到相关信息。遇到这些问题，可以从以下几个方面进行处理：

1）选择搜寻结果的前面几条信息阅读。因为大多数搜索引擎都将最符合要求的网页列在前面，虽然返回的搜索结果成千上万，但经常是需要的网页地址就在最前面的一页。

2）缩小搜索的范围。当返回的网页太多，而需要的网页不在最前面的几页时，可通过改变关键词、改变搜索范围、使用布尔逻辑符“and”及引号等方法缩小查询范围。

3）找不到网页的对策。首先检查是否有拼写错误，接着看搜索关键词之间有没有自相矛盾的地方，如果仍不能成功地搜索，可换一种搜索引擎。因为每个搜索工具功能虽大体相同，但检索方式和拥有资料的侧重点不同。

4）如果用上述策略仍不能找到所需网页，可以选择链接相近的网页，也许能找到理想目的地的链接，或直接与已搜索到的主页管理者发送 E-mail 寻求帮助。

第四章　常用搜索引擎

第一节　全文搜索引擎—— 百度

全文搜索引擎是名副其实的搜索引擎，国外最具代表性的搜索引擎有 Google、Fast/AllTheWeb、AltaVista、Inktomi、Teoma、WiseNut 等，国内著名的搜索引擎有百度（Baidu）。从搜索结果来源的角度看，全文搜索引擎又可细分为两种：一种是拥有自己的检索程序（Indexer），俗称"蜘蛛"（Spider）程序或"机器人"（Robot）程序，并自建网页数据库，搜索结果直接从自身的数据库中调用，如上章提到的七种引擎；另一种则是租用其他搜索引擎的数据库，并按自定的格式排列搜索结果，如 Lycos 引擎。

一、百度简介

百度（www.baidu.com）是由李彦宏和徐勇于 2000 年 1 月创建的，是我国最受欢迎、影响力最大的中文网站，也是全球最大的中文搜索引擎。

百度属于全文式搜索引擎。百度的使命是让人们最便捷地获取信息，找到所求。图 4-1 所示为百度的首页，界面简洁、明晰，主要由功能模块、检索输入框和检索按钮三部分组成。

图 4-1　百度首页

"百度"来自宋词"众里寻他千百度"。（百度公司的会议室名为青玉案，即是这首词的词牌）。而"熊掌"图标的想法来源于"猎人巡迹熊爪"，与李彦宏的"分析搜索技术"非常相似，从而构成百度的搜索概念，最终成为百度的图标形象。

二、百度搜索语法

1．逻辑检索

百度搜索引擎支持逻辑“与”、“非”、“或”运算。

1）逻辑“与”的运算符为“空格”或“+”。百度默认的逻辑运算为逻辑“与”。

2）逻辑“非”运算表示排除含有某些词语的资料。执行逻辑“非”运算检索，用于有目的地减除无关资料，缩小检索范围。逻辑“非”关系的运算符为“-”，语法是“A-B”。但是减号前后必须留一空格，否则视为无效字符，执行默认的逻辑与关系检索。

3）逻辑“或”运算表示包含关键词 A 的网页，或者包含关键词 B 的网页，实现并行检索。逻辑“或”的运算符为“|”，语法是“A|B”。

2．site——把搜索范围限定在指定网站内

在一个网址前加“site:”，可以限制只搜索某个具体网站、网站频道或某域名内的网页。site 语法的格式为：关键词 site:网址。但是需要注意的是：关键词与 site:之间须留一个空格隔开；site 后的冒号“:”可以是半角“:”也可以是全角“：”，百度搜索引擎会自动辨认。“site:”后不能有 http://前缀或“/”缀，网站频道只局限于“频道名.域名”方式，不能是“域名/频道名”方式。另外，site:和网址之间，不要带空格。

3．link——链接到某个 URL 地址的网页

“link:”用于搜索链接到某个 URL 地址的网页。语法格式为：link:网址。使用 link 语法可以了解有哪些网页把链接指向你的网页。例如，“link:www.ycwb.com”表示搜索有链接指向《羊城晚报》的网页（需要注意的是 link 后的冒号）。

4．intitle——把搜索范围限定在网页标题中

在一个或几个关键词前加“intitle:”，可以限制只搜索网页标题中含有这些关键词的网页。例如：

[intitle:核泄露] 表示搜索标题中含有关键词“核泄漏”的网页。

[intitle:百度 互联网] 表示搜索标题中含有关键词“百度“和”互联网”的网页。

需要注意的是：“intitle:”和后面的关键词之间，不能有空格。

5．inurl——把搜索范围限定在 URL 链接中

在“inurl: ”后加 URL 中的文字，可以限制只搜索 URL 中含有这些文字的网页。

“inurl”语法返回的网页链接中包含第一个关键字，后面的关键字则出现在链接中或者网页文档中。有很多网站把某一类具有相同属性的资源名称显示在目录名称或者网页名称中，如“MP3”、“GALLARY”等，于是，就可以用 inurl 语法找到这些相关资源链接，然后，用第二个关键词确定是否有某项具体资料。表达方式为：“inurl:”+需要在 URL 中出现的关键词。例如，[photoshop inurl:3niao]表示搜索关于 photoshop 的使用技巧。这个检索式中的“photoshop”可以出现在网页的任何位置，而“3niao”则必须出现在网页 URL 中。

需要注意的是：inurl:语法和后面所跟的关键词之间，不能有空格。

6．双引号和书名号——精确检索

1）双引号。用户如果查找的是一个词组或多个汉字，最好的办法就是使用双引号，这样得到的结果最少、最精确。需要注意的是，双引号必须是英文状态下的双引号。

2）书名号。书名号是百度独有的一种特殊查询语法。在其他搜索引擎中，书名号会被忽略，而在百度中，中文书名号是可被查询的。加上书名号的检索词，有两层特殊功能：一是书名号会出现在搜索结果中；二是被书名号括起来的内容，不会被拆分。例如，查询电影“手机”，如果不加书名号，检索结果如图4-2所示。从图中可知，大多数情况下检索结果是通信工具——手机。而加上书名号后，《手机》结果大不相同了。如图4-3所示，结果都是关于电影方面的了。

图4-2　不加书名号的检索结果

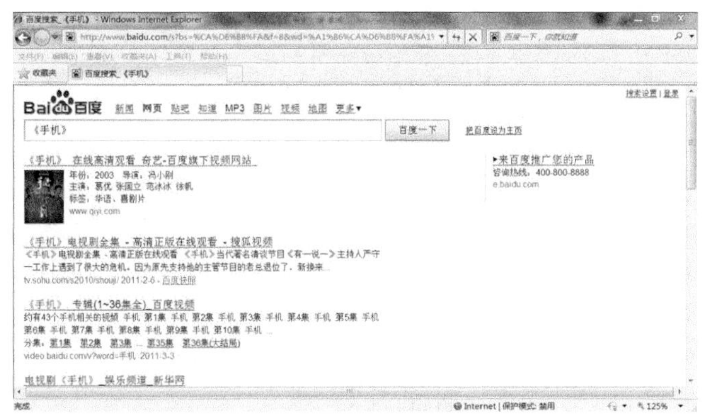

图4-3　加上书名号的检索结果

7. filetype——搜索特定文件名的文件

filetype的作用就是限定在一些特定类型的文件中搜索，其语法格式为：关键词 filetype:文件后缀名或者 filetype:文件后缀名 关键词。

filetype常见的用法是Office文件搜索，同时也支持ZIP、SWF、RAR、EXE、RM、MP3，MOV等文档的搜索。目前，百度支持的文档类型包括PDF、DOC、RTF、XlS、PPT、RTF、ALL（其中ALL表示搜索百度所有支持的文档类型）。例如：

查找论文范本关键词实例：数学论文 filetype:all

查找软件教程关键词实例：ppmate filetype:all

又如，搜索文献检索方面的幻灯片，在检索框中直接输入“文献检索 filetype:ppt ”，即可获得直接线索。若我们不仅是需要关于文献检索的幻灯片，还需要pdf文档，检索式则为：文献检索 filetype:PDF or filetype:ppt，进行组合检索，即可获得如图4-4所示的检索结果。

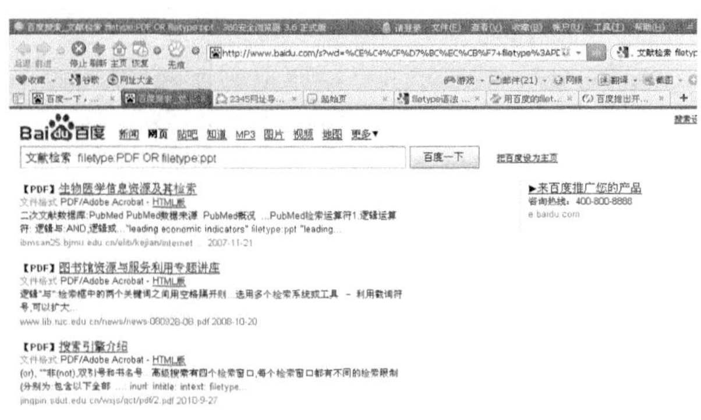

图 4-4 filetype 搜索结果页面

8. intitle 语法

百度的 intitle 语法可以把搜索范围限定在网页标题内。使用 intitle 语法可以查询其他人的收藏夹，结果应该都是精品，而且缩小了搜索的范围。例如，查找小说的精彩站点关键字实例：

小说 intitle:bookmarks

其实，“intitle”后面跟的词也算是关键字之一，不过一般可以将多个关键字中最重要的词放在这里。例如，要找马埸的历史，由于“马埸”这个字非常关键，所以检索式应为“历史 intitle:马埸”。

三、百度检索功能

百度搜索引擎提供了基本检索和高级检索两种途径，为用户提供了网页搜索以及新闻、贴吧、知道、MP3、图片、视频、地图搜索等。

1. 百度新闻

百度新闻共有 13 个大分类，每个大分类下还有更多的子分类新闻。在各个新闻分类中，百度为用户提供了该类别中最热门的新闻。如果需要搜索自己感兴趣的新闻，如“稳定物价措施”，则有两种方式查询，分别以“新闻全文”和“新闻标题”的形式进行搜索，即可得到相关信息。

2. 百度贴吧

百度贴吧是一种基于关键词的主题交流社区，它与搜索紧密结合。例如，输入关键字“保护环境”，便可进入这一主题的贴吧，单击一个栏目可对相关主题进行讨论。

3. 百度知道

“百度知道”，是用户自己根据具体需求有针对性地提出问题，通过积分奖励机制发动其他用户来解决该问题的搜索模式。同时，这些问题的答案又会进一步作为搜索结果，提供给其他有类似疑问的用户，达到知识共享，“百度知道”主页面如图 4-5 所示。

图 4-5 “百度知道”主页面

4. 百度 MP3

百度 MP3 是一个搜索引擎，是全球最大的中文 MP3 搜索引擎。搜索时，在搜索框中输入歌曲名、歌手名或者歌词的一部分，如搜索歌曲“奉献”，单击“百度搜索”按钮，进入搜索结果页面。在弹出的页面中，单击搜索结果链接或搜索来源链接即可。

5. 百度图片

百度图片搜索引擎是世界上最大的中文图片搜索引擎，拥有来自几十亿中文网页的海量图库，收录数亿张图片。百度图片搜索支持图片尺寸选择，用户在输入关键词后，可以在单选框中选择大中小及壁纸不同尺寸的图片。

6. 百度视频

百度视频是百度汇集互联网众多在线视频播放资源而建立的庞大视频库，拥有最多的中文视频资源。

7. 百度地图

百度地图是百度提供的一项网络地图搜索服务，覆盖了国内近 400 个城市、数千个区县。此外，百度地图提供了丰富的公交换乘、驾车导航的查询功能，为用户提供最适合的路线规划。

（1）普通搜索　百度地图具有三维功能。在搜索框为搜索状态下，输入欲查询地点的名称或地址，单击“百度一下”，即可得到用户想要的结果。图 4-6 所示为在成都搜索“天府广场”的结果：左侧为地图，显示搜索结果所处的地理位置；右侧为搜索结果，包含名称、地址、电话等信息；地图上的标记点为相应结果对应的地点，单击右侧结果或地图上的标注均能弹出气泡，气泡内能够发起进一步操作：公交搜索、驾车搜索和周边搜索。

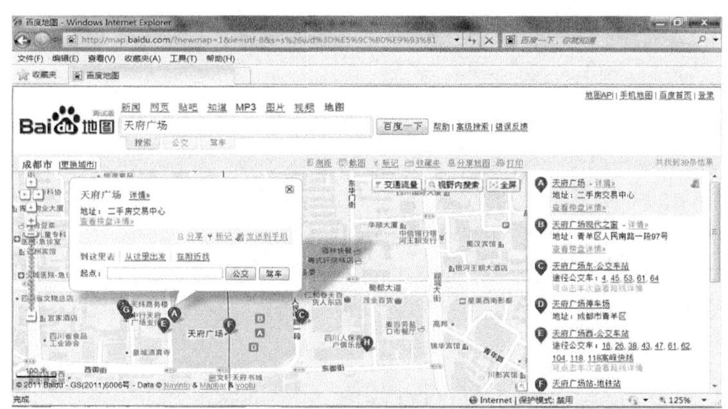

图 4-6 “百度地图”之普通搜索

（2）周边搜索　在弹出的气泡中，选择“在附近找”，单击或输入用户要查找的内容即可看到结果。用户还可以在地图上单击鼠标右键，选择“在此点附近找”快速地发起搜索。地图右侧显示搜索结果和距离。用户可以在结果页更换距离或更改用户要查询的内容，“百度地图”之周边搜索如图 4-7 所示。

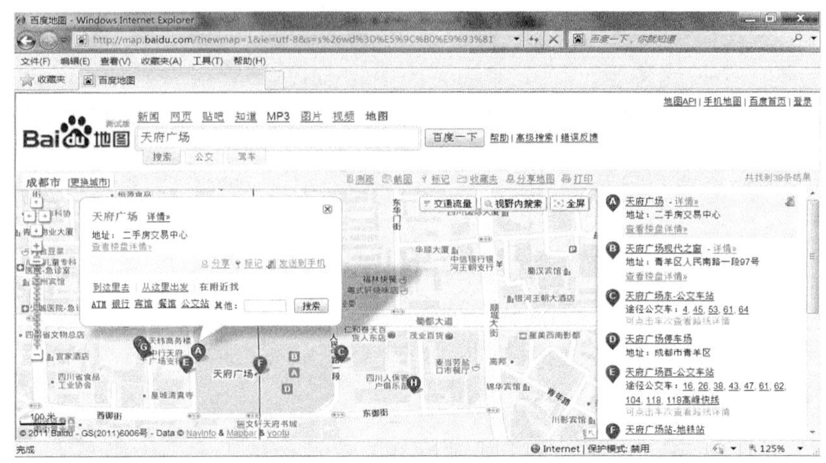

图 4-7 “百度地图”之周边搜索

（3）视野内搜索　单击屏幕右上角的“视野内搜索”，选择或输入要查找的内容，在当前的屏幕范围内，结果将直接展现在地图上。单击图标将打开气泡，显示更为丰富的信息。并且，随着缩放移动地图，搜索结果会即时进行更新。

（4）公交搜索　百度地图提供了公交方案查询、公交线路查询和地铁专题图三种途径，满足生活中的公交出行需求。在搜索框中直接输入“从哪到哪”，或者选择公交，并在输入框中输入起点和终点进行查询；用户还可通过气泡或鼠标右键发起查询。

“百度地图”之公交搜索如图 4-8 所示，右侧文字区域会显示精确计算出的公交方案，包括公交和地铁。最多显示 10 种方案，单击方案将展开，用户可查看详细描述。下方有“较快捷”、“少换乘”和“少步行”三种策略供用户选择。左侧地图标明方案具体的路线。

图 4-8 “百度地图”之公交搜索

除了以上查询功能，百度地图还提供了公交线路查询、地铁专题、驾车搜索、驾车方案查询、跨城市驾车查询、添加途经点等功能。

8．百度空间

百度空间首页是百度空间资源的导航。打开百度主页，单击“空间”链接即可进入百度空间首页。百度空间主要分为 7 个主题：自荐、推荐精彩空间，热点话题，展示空间焦点，

精品模块，精彩相册，分类文章以及最爱陌生人。

9．百度百科

百度百科是一部内容开放、自由的网络百科全书。百度百科所提供的是所有网络用户均能平等地浏览、创造、完善内容的平台，所有中文互联网用户在百度百科都能找到自己想要的全面、准确、客观的定义性信息。

10．百度快照

百度快照是百度网站最具魅力和实用价值的好工具。百度快照功能在百度的服务器上保存了几乎所有网站的大部分页面，使用户在不能链接所需网站时，通过百度为用户暂存的网页也可救急。而且通过百度快照寻找资料要比常规链接的速度快得多。

11．百度更多

在百度的首页，有一个“更多”栏目 ，它提供了大量与生活、工作、学习密切相关的信息，包括百度有啊、软件搜索、百度电脑管家、数据研究中心、词典、手机输入法等。

12．高级检索

根据检索需求，可以通过高级检索中提供的各种条件限制来精确检索范围，提高查准率。图 4-9 所示是百度高级检索的界面。在高级检索中，用户可限制某一检索必须包含或排除某些特定的关键词或短语，也可以定制搜索结果页面所含信息条目数量，可从 10～100 条任选，还可以限定所搜索网页的时间、地区、语言、格式及关键词在结果中出现的位置。

图 4-9 所示表达的就是要求检索“计算机文化”的 PPT 课件，并且要求关键词出现在网页标题上，同时要求检索近一年的网页。

图 4-9　百度高级检索界面

四、百度搜索技巧

百度在搜索中除了使用相关搜索语法进行精确检索之外，还有一些小窍门，下面逐一介绍。

1．使用减号

百度支持“-”功能，但减号之前必须留一个空格，语法是“A –B”。用于有目的地去除所有含有特定关键词的页面。

2．使用书名号

书名号是百度独有的一种特殊查询语法。在其他搜索引擎中，书名号是被忽略的，而在百度里，加上书名号，可以排除大量无用的结果。加上书名号的查询词有两层特殊功能：一是书名号会出现在搜索结果中；二是被书名号括起来的内容不会被拆分。

书名号在搜索书籍、电影、绘画等文艺作品时的作用最大。例如，查找电影“手机”，如果不加书名号，检索结果大多是通信工具“手机”，而加上书名号后，搜索结果就都是关于电影《手机》的了。

3. 使用双引号

如果需要检索结果不要拆分输入的关键词，就可以使用双引号。例如，搜索完整的“成都航空职业技术学院”的相关信息，如果不加双引号，其结果就是分散的如“成都”、“航空”、“航空职业技术学院”……，如果加上双引号获得的结果就完全符合要求了。

4. 使用方括号（【】）

使用方括号：用于查找原创帖子。

5. 使用省略号

……或者……：用于查找保守内容。

6. 使用直行文稿引号

『』或者「」：用于查找论坛版块。

7. 使用“|”执行并行搜索

使用“A | B”来搜索“或者包含关键词 A，或者包含关键词 B”的网页。

例如，需要查询“图片”或“写真”相关资料，无须分两次查询，只需在搜索框中输入“图片 | 写真”即可，百度会提供与“|”前后任何关键词相关的网站和资料。

8. 相关检索

当无法确定输入什么关键词才能找到满意的资料时，可以利用百度提供的相关检索功能，即先输入一个简单词语搜索，然后，百度搜索引擎就会为用户提供“其他用户搜索过的相关搜索词”作为参考。单击任何一个相关搜索词，都能得到那个相关搜索词的搜索结果。

9. 个性设置

使用百度时，可以根据自己的需求个性设置。百度的个性设置的种类主要有：

1）搜索结果条数设置。可以设置搜索结果是显示 10 条、20 条还是 50 条。

2）设置是在新窗口打开网页还是在同一窗口打开。

3）设置是否在百度网页搜索结果中显示相关的新闻等。

第二节　全文搜索引擎——谷歌

一、Google 简介

Google（http://www.google.com.hk）是由斯坦福大学计算机科学系 Larry Page 和 Sergey Brine 博士于 1998 年创建的。目前 Google 拥有 100 多种语言界面和 35 种语言搜索结果，成为世界范围内用户最多、影响最广、规模最大的搜索引擎。此外，Google 依托强大的媒体传播联盟，与

美国在线及 Netscape 等公司合作，可搜索包括 HTML、PDF、PS 等在内的 13 种文件格式，并向 Yahoo、AOL 等 80 多家门户网站和终点网站提供后台网页查询服务及技术支持。

二、Google 的技术特点

Google 属于全文（Full Text）搜索引擎，也叫机器人搜索引擎。Google 中文俗称谷歌，是全球第二大著名中文搜索引擎。它主要具有如下技术特点：

1）PageRank 网页级别技术是 Google 的重大成果，Google 以高级的 PageRank（网页级别）技术为基础，辅以关键词或代理搜索技术，以确保始终将最重要的搜索结果首先呈现给用户。

2）网页级别可对网页的重要性进行客观的分析。用于计算网页级别的公式包含 5 亿个变量和 20 多亿个项。

3）Google 复杂的自动搜索方法可以避免任何人为感情因素。Google 的结构设计确保了任何方法都不能换取排名。

三、Google 检索语法

Google 检索语法（搜索命令语法）不同于 Google 的帮助文档，大多数的 Google 搜索命令语法有它特有的使用格式，在使用的过程中要掌握正确的使用方法。

1. allinanchor

使用 allinanchor 语法时，Google 将限制搜索结果必须是那些在 anchor 文字里包含了所有查询关键词的网页。例如，提交［allinanchor: best museums Sydney］，Google 仅会返回在网页 anchor 说明文字里边包含了关键词“best”、“museums”和“Sydney”的网面。

2. allintext

使用 allintext 语法时，Google 会限制搜索结果仅仅是在网页正文里面包含了所有查询关键词的网页。例如，提交［allintext: travel packing list］，Google 会返回在一个网页包含了三个关键词“travel”、“packing”和“list”的网页。

3. allintitle

使用 allintitle 语法时，Google 会限制搜索结果仅是那些在网页标题里面包含了所有查询关键词的网页。例如，提交［allintitle: detect plagiarism］，Google 仅会返回在网页标题里面包含了“detect”和“plagiarism”这两个关键词的网页。

4. allinurl

使用 allinurl 语法时，Google 会限制搜索结果仅是那些在 URL（网址）里面包含了所有查询关键词的网页。例如，提交［allinurl: google faq］，Google 仅会返回在 URL 里面包含了关键词“google”和“faq”的网页，类似 www.google.com/help/faq.html 等网页。

5. cache

cache:url 是指返回指定 URL 的网页快照，从而替换网页的当前信息。Google 会显示当前网页的快照信息。例如，提交［cache:www.eff.org］，Google 会返回所有抓取的关于 www.eff.org 的网页快照信息。在显示的网页快照信息里边，Google 会高亮显示查询关键词。

注意：在 cache:和 URL 之间不能有空格。

6. define

使用 define 语法时，Google 会返回包含查询关键词定义的网面。例如，[define: blog]，这个查询将会返回 blog 的定义。

7. filetype

Filetype 语法指定要搜索的文件类型，是 Google 所特有的一项检索功能。例如，[资产评估 filetype:pdf]，这个查询将会返回所有文件类型为 PDF 的资产评估信息。其他可用的特定文件类型格式查询还有 DOC、TXT、PPT、XLS、RTF、SWF、PS 等。

8. inanchor

使用 inanchor 语法时，Google 会限制结果是那些在网页 anchor 链接里面包含了查询关键词的网页。例如，提交 [restaurants inanchor:gourmet]，Google 会查询那些在 anchor 信息里包含了关键词"restaurants"和关键词"gourmet"的网页。

9. intext

使用 intext 语法时，Google 会返回那些在文本正文里面包含了查询关键词的网页。[Hamish Reid intext:pandemonia]，提交这个查询的时候，Google 会返回在文本正文包含查询关键字 pandemonia，在其他任何地方包含关键词"Hamish"和"Reid"的网页。

注意：intext:后面直接跟查询关键字，不能有空格。

10. intitle

使用 intitle 语法时，Google 会返回那些在网页标题里面包含了查询关键词的网页。例如，提交 [flu shot intitle:help]，Google 会返回在网页标题包含了查询关键字"help"，而在其他任何地文包含了查询关键字"flu"和"shot"的网页。

注意：intitle:后面也不能有空格。

11. inurl

使用 inurl 语法时，Google 会返回那些在 URL（网址）里面包含了查询关键词的网页。例如，[inurl:print site:www.ssoooo.com]，提交这个查询，Google 会查找 www.ssoooo.com 这个网站下面网址里面包含了查询关键词"print"的网页。

12. related

用 related 提交查询，Google 会返回与要查询的网站结构内容相似的一些其他网站。例如，提交 [related:www.consumerreports.org]，Google 会返回所有与网站 www.consumerreports.org 结构内容相似的网站。也可以通过单击搜索结果后面的相似网页，来查询与当前网页类似的网页。

注意：related:后面不能有空格。

13. site

site 表示限制查询仅在某个网站，或是某个域下面进行。已知某个站点中有自己需要查找的东西，就可以使用 site 语法提高查询效率。使用的方法，是在查询内容的后边，加上"site:站点域名"。例如，提交 [admissions site:www.lse.ac.uk]，Google 仅会搜索网站 www.lse.ac.uk 下面关于 admissions 的信息。另外，还可以限制搜索仅在域名下面进行，例如，提交[javascript site:edu.cn]，查询结果仅在中文教育科研网查询关于 javascript 的信息。

注意：①site:和站点名之间，不要带空格后面不能跟空格；②“site:”后面跟的站点域名，不要带“http://”和“/”符号；③site 命令可以配合其他命令进行。

以上这 13 种搜索命令都是 Google 最常用的检索语法，以下第 14～27 种为不常用但却非常实用、有用的命令。

14. source

使用 source 语法时，Google 新闻会限制查询特定 ID 或新闻源的网址。

注意：也可以通过 Google 新闻高级搜索完成查询。

15. stocks

使用 stocks 语法时，Google 会返回与查询关键词相关的股票信息，这些信息一般来自于其他一些专业的财经网站。

16. rphonebook

这种搜索语法主要用来搜索美国当地与查询关键词相关的住宅电话信息。

17. safesearch

使用 safesearch 语法时，Google 会过滤搜索结果，其中过滤的内容可能包括一些色情的、暴力的、赌博性质的网页，还有传染病毒的网页。

18. author

使用 author 语法时，Google 会限制返回结果仅仅是那些在 Google 论坛里，包含了特定作者的新闻文章。在这里，作者名可以是全名，也可以是姓名的一部分或邮件地址。例如，［children author:john author:doe］或［children author:doe@someaddress.com］返回结果将是作者 John Doe 或是 doe@someaddress.com 写的，关于包含关键词 children 的文章。

19. bphonebook

用 bphonebook 进行查询的时候，返回结果将是商务电话资料。

20. group

使用 group 语法时，Google 会限制用户的论坛查询结果仅是某几个固定的论坛组或是某些特定主题组的新闻文章。

21. info

提交 info:url，将会显示需要查询网站的一些信息。例如，［info:gothotel.com］，提交这个查询，将会返回网站 gothotel.com 的所有信息。

22. insubject

使用 insubject 检索时，Google 会限制论坛搜索结果仅是那些在主题里边包含了查询关键词的网面。

23. link

使用 link:url 检索时，Google 会返回与此 URL 作了链接的网站。

注意：link 是个单独的语法，只能单独使用，且后面不能跟查询关键词，但可以跟 URL。

24. location

当提交 location 进行 Google 新闻查询的时候，Google 仅会返回到用户当前指定区的与查询关键词相关的网页。例如，提交[queen location:canada]，Google 会返回加拿大的与查询关键词“queen”相匹配的网站。

25. movie

使用 movie 检索时，Google 会返回与查询关键词相关的电影信息。但是当前这项功能只支持英文 Google。

26. phonebook

使用 phonebook 检索时，Google 会返回美国当地与查询关键词相关的电话信息（使用 phonebook 的时候需要指定详细的州名和地点名）。

27. store

使用 store 检索时，Google Froogle 仅会显示指定了 store ID 的结果。例如，提交［polo shirt store:llbean］，仅会搜索商店 L. L. Bean.与关键词“polo”、“shirt”相关的结果。但是当前这项功能只支持英文 Google。

此外，还有一些语法是 Google 不推荐使用的，主要有 weather、tq、datarange、ext 等。

四、Google 检索方法

Google 的页面十分简洁，在检索输入框上排列着四大功能模块，分别是网页、图片、视频和地图，默认为网页检索。Google 首页如图 4-10 所示。

图 4-10　Google 首页

Google 的检索主要采用关键词检索。关键词检索主要分为基本检索、布尔逻辑搜索和 Google 高级检索等。

（一）基本检索

Google 基本检索界面查询简洁方便，仅需输入查询内容并按一下回车键（“Enter”键），或单击“Google Search”按钮即可得到相关资料。当然，Google 还会先列出那些搜索关键词相距不大的网页。

（二）布尔逻辑搜索

布尔逻辑搜索是在网络搜索中使用最广、使用频率最高的一种检索法。布尔逻辑搜索是指利用布尔逻辑运算符连接各个检索词，然后由计算机进行相应逻辑运算，以找出所需信息的方法，其实也就是“与”、“或”、“非”的三种逻辑。布尔逻辑运算符在 Google 中其使用说明如下：

1）Google 自动使用“and”进行查询，无需用明文的“+”来表示逻辑“与”操作，只要空格就可以了。

2）Google 用减号“-”表示逻辑“非”操作。

3）Google 用大写的“OR”表示逻辑“或”操作。

注意：①这里的“+”和“-”号是英文字符，而不是中文字符的“+”和“-”；②小写的“or”，在查询的时候将被忽略；③在不同的检索系统里，布尔逻辑的运算次序是不同的。Google 中默认 and 优先运算，其运算次序依次是 and、or、not。

（三）Google 高级搜索

利用 Google 高级搜索可以缩小搜索范围。在 Google 首页单击“高级搜索”，就可以进入到如图 4-11 所示的高级搜索界面。用户可以根据自己的检索需求，在检索框中输入相应的关键词、语言、文件格式、日期、字词位置和网域等条件就可以缩小搜索范围。

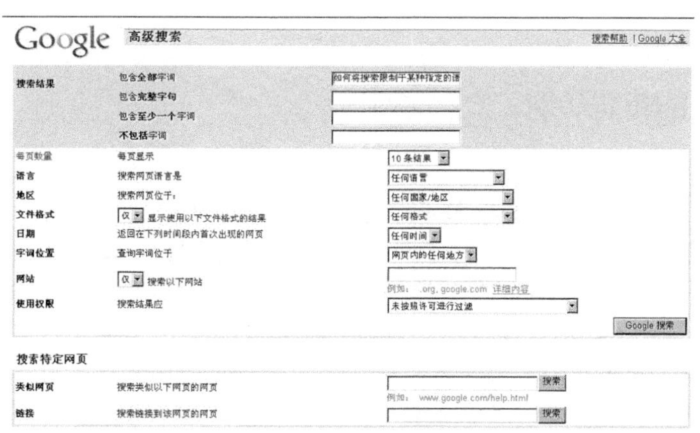

图 4-11 Google 高级搜索界面

Google 的高级搜索主要可以实现以下功能。

1）将搜索范围限制在某个特定的网站中。

2）排除某个特定网站的网页。

3）搜索限制于某种指定的语言。

4）搜索结果链接到某个指定网站的所有网页。

5）查找与指定 URL 相关的网页。

（四）Google 关键词检索的特性

1. 忽略词

Google 会忽略最常用的词和字符，这些词和字符被称为忽略词。Google 自动忽略“http”，“.com”、“的”等字符以及数字和单字。这类字词不仅无助于缩小查询范围，而且会大大降

低搜索速度。使用英文双引号可将这些忽略词强加于搜索项。例如，输入“柳堡的故事”时，加上英文双引号会使“的”强加于搜索项中。

2．根据上下文确定要查看的网页

每个 Google 搜索结果都包含从该网页中抽出的一段摘要，这些摘要提供了搜索关键词在网页中的上下文。

3．简繁转换

Google 运用智能型汉字简繁自动转换系统，为用户找到更多相关信息。这个系统不是简单的字符变换，而是简体和繁体文本之间的“翻译”转换。例如，简体的“计算机”会对应于繁体的“电脑”。当用户搜索所有中文网页时，Google 会对搜索项进行简繁转换，同时检索简体和繁体网页，并将搜索结果的标题和摘要转换成和搜索项的同一文本，便于阅读。

4．Google 不使用“词干法”，也不支持“通配符”（*）搜索

这项功能表示，Google 只搜索与输入的关键词完全一样的字词。例如，搜索“googl”或“googl*”，不会得到类似“googler”或“googlin”的结果。

5．Google 搜索不区分英文字母大小写

所有的字母均作小写处理。例如，搜索“google”、“GOOGLE”或“GoOgLe”，得到的结果都一样。

五、Google 的特殊功能

1．Google 学术论文搜索

Google scholar 是一个专注于学术搜索的工具。Google scholar 为用户提供了一个搜索众多来自学术著作出版商、专业性社团、预印本、各大学及其他学术组织的经同行评论的文章、论文、图书、摘要和文章，可帮助用户在整个学术领域中确定相关性最强的研究。

Google 学术搜索根据相关性对结果进行排序，最相关的信息显示在页面上方。与此同时，在可能的情况下，Google 会搜索全文，而不仅仅只是摘要部分，给予用户对学术内容最为全面、深入的搜索，与此同时也加强了搜索结果的相关性。检索步骤如下：

1）输入 http:/scholar.google.com，进入学术搜索的界面。

2）将文献名输入到检索框中，单击“搜索”按钮，即可得到如图 4-12 所示的检索结果。

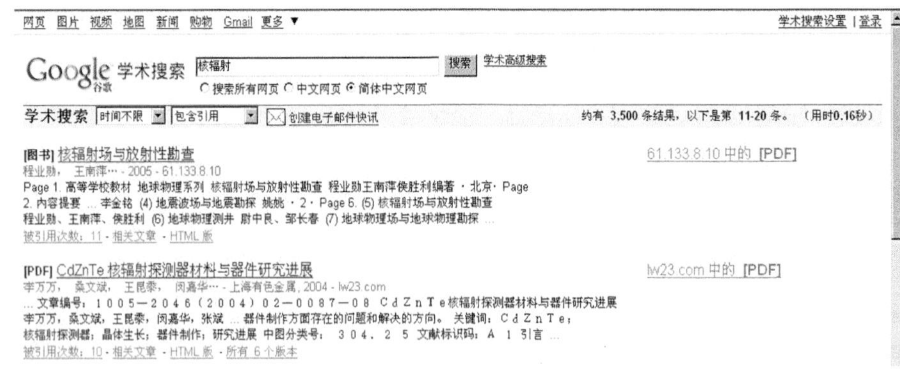

图 4-12　Google 学术搜索

3）单击“标题”可链接到文章的摘要或整篇文章（只是指文章在 Web 上）；“被引用次数”是指引用了所列出论文的其他论文，这个被引次数可以作为目前检索文献被引的借鉴。而“所有 6 个版本”表示通过 Google 学术搜索能找到收录了该论文电子版的数据库或网站的数量。

总之，通过 Google 学术搜索一般至少可以获得期刊论文的文摘信息，有时还可以直接获得全文。还可以通过 Google scholar 的高级检索的选项，使得检索的结果更精确。

2. Google 大学搜索

Google 大学搜索是专门为大学内部搜索定制的一个功能强大的搜索引擎。如果要在某个大学内部查找一些资料，如想了解某位课题导师的信息的时候，而又不想与网络上其他资料混淆怎么办呢？Google 的大学搜索就可以实现这个功能。

3. Google 图书搜索

“Google Print”项目于 2004 年启动，它包含两个子项目：Publisher Program（出版商计划）和 Library Project（图书馆计划）。

1）Publisher Program 是 Google 向出版商发出邀请，希望通过合作的方式，帮助出版商将其出版的书籍介绍给世界各地的检索者，扩大出版商的知名度，帮助出版商取得更大成功。

2）Library Project 是 Google 试图与世界各知名大学的图书馆进行合作，将这些图书馆的全部或部分馆藏图书扫描，制成电子版供全球检索者通过 Google 在网上阅读，进而打造出一座全球最大的网上图书馆。

4. Google 地图服务

（1）Google Maps　Google Maps 即谷歌地图，是 Google 公司提供的电子地图服务，包括局部详细的卫星照片。它能提供三种视图：一是矢量地图（传统地图），可提供政区和交通以及商业信息；二是不同分辨率的卫星照片（俯视图，与 Google Earth 上的卫星照片基本一样）；三是地形视图，可以用以显示地形和等高线。它的姊妹产品是 Google Earth。

例如，欲知北京天安门周围的情况，在 Google Maps 的搜索栏里直接搜索即可，可以通过切换看到北京天安门的矢量地图、卫星照片和地形视图三种形式的视图，如图 4-13～图 4-15 所示。

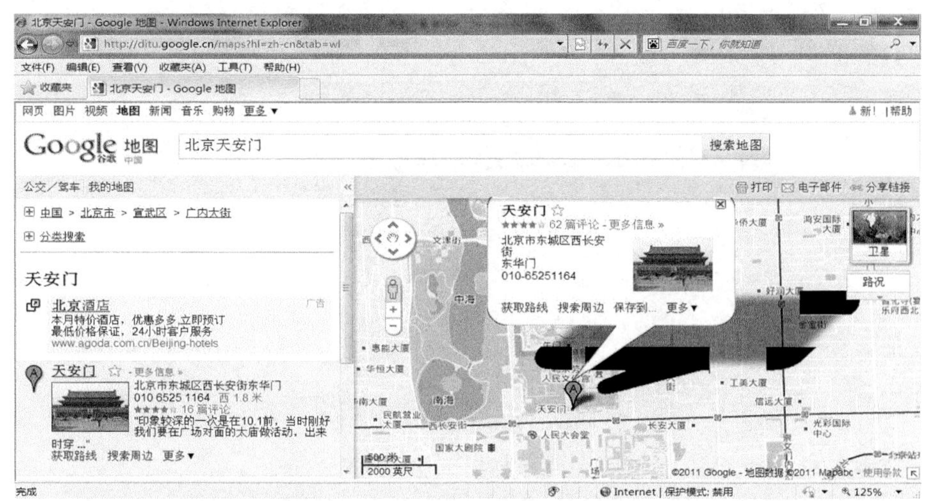

图 4-13　Google Maps 矢量地图

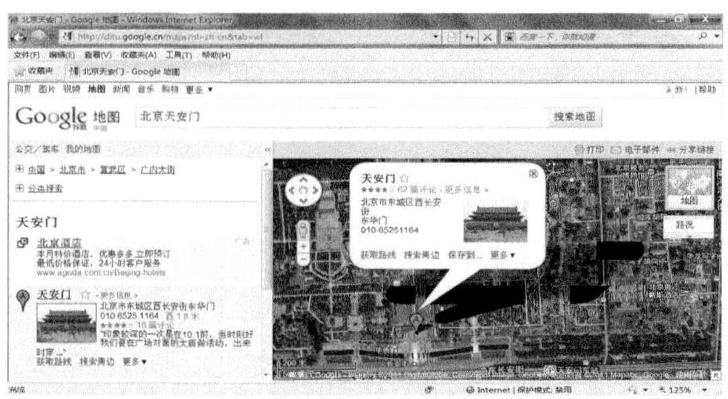

图 4-14　Google Maps 卫星照片

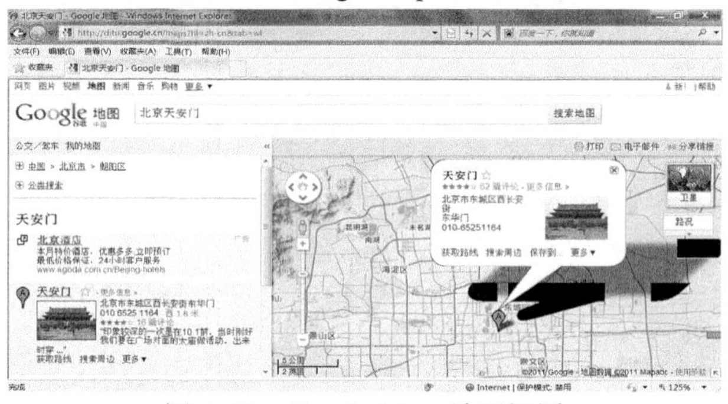

图 4-15　Google Maps 地形视图

单击显示地址的红色气球，可看到该地址的基本信息，通过它，可以进行线路查询和搜索周边的书店、餐馆、酒店等场所的地址。

（2）Google Earth　Google 地球，是 Google Earth 整合 Google 的本地搜索以及驾车指南两项服务，将 Google 搜索与卫星图像、地图、地形、三维建筑物结合起来，使用鼠标在网上即可了解世界的地理信息，能够鸟瞰世界，将取代目前的桌面搜索软件。

5．手气不错

Google 首页中的“手气不错”所提供的检索功能是自动将用户带到 Google 推荐的网页。如果需要检索“文献信息检索”，那么在检索框中可输入“文献信息检索”，单击“手气不错”，得到的查询结果如图 4-16 所示。

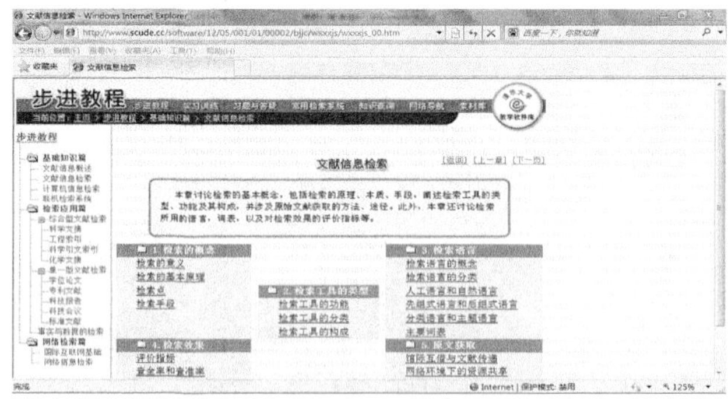

图 4-16　Google“手气不错”

6．网页快照

Google 在访问网站时，会将看过的网页复制一份网页快照，以备在找不到原来的网页时

使用。单击“网页快照”时，将看到 Google 将该网页编入索引时的页面。

7. 类似网页

单击“类似网页”时，Google 侦察兵便开始寻找与这一网页相关的网页。Google 侦察兵可以“一兵多用”，帮助用户找到很多有用的资料，是科研工作者的好帮手。

8. Google 在线翻译服务

Google 的在线翻译提供文本翻译和网页翻译两个途径。文本翻译可以自定义翻译内容，网页翻译可以输入网页的 URL 地址，选择翻译语言，即可将整个网页译为目标语种。

9. Google 图片搜索

使用 Google 图片搜索（http:// images.google.com）可以搜索超过几十亿张图片。Google 图片搜索目前支持的语法包括基本的搜索语法，如“+”“-”“or”“site”和“filetype:”。其中“filetype:”的后缀只能是几种限定的图片类型，如 JPG，GIF 等。

在 Google 文本搜索中使用的所有操作符都可以用于图片搜索。

10. 错别字改正

中文 Google 的错别字改正软件系统会对输入的关键词进行自动扫描，检查有没有错别字。如果发现用其他字词搜索可能会有更好的结果，它就会提供相应提示来帮助纠正可能有的错别字。例如，搜索“差杯”，Google 会自动提示“您是不是要找：茶杯”。

11. 拼音汉字转换

中文 Google 支持模糊拼音搜索，对拼音关键词能进行自动中文转换，为用户提示最符合的中文关键词，具有容错和改正的功能，并提供相应提示。例如，搜索“shanghai”，Google 能自动提示“您是不是要找：上海”。对于拼音和中文混合的关键词，系统也能作有效转换。

此外，在 Google 的首页，有一个“更多”功能模块 ，提供了大量与生活、工作、学习密切相关的信息。其中包括图书、词典、翻译、日历、网页搜索特色、学术搜索等，只要单击一下感兴趣的话题，便可获得相关信息。

六、Google 搜索技巧

1. 查找指定文件类型

Google 不仅能搜索一般的网页，还能对某些二进制文档进行检索。目前，Google 已经能检索 Office 文档（xls、ppt、doc），Adobe 的 PDF 文档，Shockwave 的 SWF 文档（Flash 动画）等。搜索时需要在搜索框中通过使用“filetype:”来指定文件类型扩展名。例如，查找格式为 DOC 的“外语”文件，则在搜索框中输入“filetype:doc 外语”或者“外语 filetype:doc”即可，查询结果如图 4-17 所示。

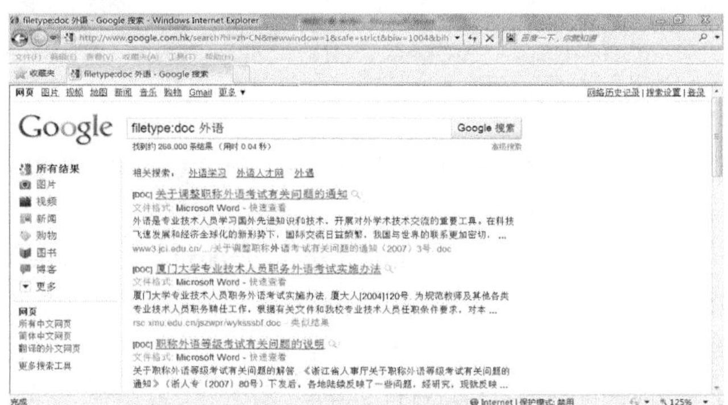

图 4-17　Google 的限制文档搜索（filetype）

2. 按链接搜索

link 后面加上冒号（:），对 Google 具有特殊的含义，即查询所有指向该网址的网页。注意：不能将“link:”搜索与普通关键词搜索结合使用。例如，检索“link:www.cavtc.net”，得到的查询结果如图 4-18 所示。

图 4-18　Google 的按链接搜索（link）

3. 把搜索范围限定在特定站点中——site

如果已知某个站点中有我们需要的信息，就可以使用 site 语法，把搜索范围限定在这个站点中，提高查询效率。格式为：“site:站点域名”。

例如，欲查找人民网上的新闻，输入：“新闻 site:www.people.com.cn”，即可得查询结果，如图 4-19 所示。

图 4-19　Google 的限制站内搜索（site）

4. 使用连接符

（1）使用引号　可强制搜索整个短语。例如，搜索[“Google 的高级搜索技巧”]，搜索结果将只会返回包含这个完整短语的网页。

（2）使用加号　“+”表示强制搜索，这项功能一方面针对 Google 忽略词需要在搜索结果中出现时使用，如欲使搜索结果中包含忽略词“how”，则应输入“+how”（“+”号前有一个空格符）；另一方面则是在使某个检索结果中包含某个词组的网页时使用，如使用“网站优化+SEO 探索”搜索时，检索结果中一定会包含有“SEO 探索”的网页。

（3）使用减号 为了更精确地匹配搜索结果，有时用户希望将部分网页排除在外，这时可以使用“-”将这些网站上的文章过滤掉。具体办法如下：

1）在搜索的关键词右边加上“-site:briian.com”即可，注意“site”左边必须加上“-”号。Google 多种语法混合搜索如图 4-20 所示。

2）在网站网址前加上“-”号，另外，也可以一次加上多个过滤指令，如「-briian.com-eg-land.com -funp.com」，这样搜索结果就不会出现用户不想看到的网站资讯了。

图 4-20 Google 多种语法混合搜索

3）将“过滤过的”搜索命令放在自己的浏览器预设的搜索引擎清单中。该语法为：

http://www.google.com.tw/search?hl=zh-TW&q=%s+-网站网址

例如，“http://www.google.com.tw/search?hl=zh-TW&q=%s+-briian.com。

如果要过滤多个网站，则语法为：

http://www.google.com.tw/search?hl=zh-TW&q=%s+-briian.com+-eg-land.com+-sinwen.com

5. 搜索的关键词包含在 URL 链接中

用来表示搜索的关键词包含在 URL 链接中的语法词有“inurl”和“allinurl”。“inurl”语法表示返回的网页链接中包含第一个关键字，“allinurl”语法表示关键字出现在链接中或者网页文档中。

6. 搜索的关键字包含在网页标题中

“intitle”和“allintitle”的用法类似于上面的“inurl”和“allinurl”，只是后者对 URL 进行查询，而前者对网页的标题栏进行查询。例如，输入“intitle:通货膨胀”，则检索结果如图 4-21 所示。

图 4-21 Google 搜索的关键字包含在网页标题中

7. 查看字词或词组的定义

要查看字词或词组的定义，只需输入“define”，接着输入一个空格，然后输入需要定义的词即可。如果 Google 在网络上找到了该字词或词组的定义，则会检索该信息并在搜索结果的顶部显示它们，同时在该词定义的上方列出了网络上该词定义列表的链接。

Google 其他检索方法和检索技术和前面百度中所讲述的检索途径类似，在此就不作具体介绍了。通常而言，掌握了 Google 这些搜索方法之后就已经能够解决绝大部分问题了。

第三节 目录索引类搜索引擎—— 雅虎

目录索引虽然有搜索功能，但在严格意义上却算不上是真正的搜索引擎，仅仅是按目录分类的网站链接列表而已。目录索引中最具代表性是 Yahoo（雅虎）。

一、简介

雅虎（Yahoo!，NASDAQ：YHOO）是美国著名的互联网门户网站，是互联网上最受欢迎的搜索引擎，也是访问频率最高的一个门户网站。它是由美国斯坦福大学的华裔博士杨致远与他的同学 David Filo 于 1994 年开发的。

Yahoo 属于目录索引类搜索引擎，也是最早的目录索引之一。Yahoo 以其覆盖范围广、连接速度快、数据容量大、使用方法简单等特点成为互联网最著名的查询系统，提供免费查询服务。其服务包括搜索引擎、电邮、新闻等，业务遍及 24 个国家和地区，为全球超过 5 亿的独立用户提供多元化的网络服务。同时雅虎也是一家全球性的网络通信、商贸及媒体公司，是目前最重要的搜索服务网站，有搜索之王之称。

1999 年 9 月，中国雅虎网站开通。中国雅虎（www.yahoo.com.cn）开创性地将全球领先的互联网技术与中国本地运营相结合，为亿万中文用户带来最大价值的生活体验，成为中国互联网的“生活引擎”。

二、雅虎搜索引擎的搜索技术

1. Yahoo 搜索引擎技术

Yahoo 搜索引擎技术（Yahoo!Search Engine Technology，YST）是一套基于算法的 Web 索引抓取程序。YST 这套机器搜索程序从网络上采集文档，建立起一个可搜索的索引系统。目前，YST 已经成为国际两大顶级网页搜索引擎之一，也是全球使用量最高的网页搜索引擎之一。

2. Yahoo 的图像搜索引擎技术

Yahoo 的图像搜索引擎技术以搜索站点目录为主。这种搜索方式的优点是，所有的资源都是经过处理的，能够保证搜索结果的正确性，而且图像的质量也相对较高；其缺点是需要耗费较多的人力和物力。目前 Yahoo 只有英文的图像搜索引擎，不支持中文关键字。

三、Yahoo 搜索语法

Yahoo 只能进行关键词检索，只支持布尔算符 and 和 or，把所有的字母视为小写。Yahoo 还提供了“专业文档搜索”、“站内搜索”、“按时间范围搜索”、“按语言搜索”、“网页快照”功能，可以满足特殊的搜索需求，但未提供 near。主要搜索语法详述如下。

1. inrul:语法

inrul:语法用来查找 url 网址中包含的关键词。例如，“inurl:seo”表示搜索网址中含有“seo”的网页。

2. site:语法或者 domain:语法

“site:”或者“domain:”用于限定搜索结果的来源。例如，搜索 “姚明 site:yahoo.com.cn ”或者“姚明 domain: yahoo.com.cn”，或者将“姚明”与 site、domain 语句调换位置（注意中间使用空格隔开），搜索引擎会返回在域名“www.yahoo.com.cn”及其子域名中的、所有包含“姚明”一词的网页。

3. originurlextension:语法

originurlextension:语法将搜索结果限定在特定扩展名的文件中。例如，“originurlextension:pdf seo lessons”。

4. title:语法

“title:”用于针对标题进行搜索。例如，搜索 title:张学友 ，搜索引擎会返回所有标题中包含“张学友”的网页。由于网页的标题通常会准确地描述网页的内容，所以使用“title:”进行搜索的效果可能更精确。

5. link:语法

“link:”用于查找所有链接到某个网址的网页。例如，搜索 link:http://www.yahoo.com.cn/，会得到所有链接到“www.yahoo.com.cn”的网页；搜索姚明 link:http://www.yahoo.com.cn/或者 link:http://www.yahoo.com.cn/姚明，会得到所有链接到“www.yahoo.com.cn”的网页中，包含“姚明”一词的网页。

注意：搜索时不能缺少“http://”。

6. hostname:语法

“hostname:”的用法与“site:”、“domain:”相同，只不过使用“hostname:”时返回的只是在当前域名下的网页，而不包括其子域名中的网页。

7. url:语法

“url:”用于精确搜索 url。例如，搜索 url:http://www.yahoo.com.cn，搜索引擎只会返回一个结果——雅虎中国。

四、雅虎搜索引擎的搜索功能

1. 网页搜索

Yahoo 界面简洁明朗，使用方法也非常简单，输入想要查找的关键字，单击“搜索”即可。中国雅虎搜索主页如图 4-22 所示。

图 4-22　中国雅虎搜索主页

雅虎默认的设置是搜索中文结果的网页，包括简体中文结果和繁体中文结果。所要检索的关键字可以是词语，也可以是短语或句子。但应注意的是，如果以短语或句子作为关键词，则必须在两端添加英文输入法状态下的双引号，否则雅虎将把短语或句子视为若干独立的词语，从而搜索同时包含这几个词语的网页。

雅虎搜索引擎不区分英文字母大小写，输入“yahoo”和“YAHOO”，所得结果都是一样的。

2．资讯搜索

雅虎资讯包含时政新闻、国内新闻、国际新闻、社会新闻、时事报道评论、新闻图片、新闻专题、新闻论坛、军事、体育、娱乐等专业互联网新闻平台，最新新闻滚动播报，信息量庞大，准确、及时地反映出国内、国外与人们生活相关的各类新闻报道。

雅虎资讯搜索提供“全文”搜索和“资讯标题”搜索。使用“全文”搜索，会有简短的新闻摘要；如果需要简洁的内容，可以使用“资讯标题”搜索。

雅虎资讯搜索提供两种结果排列顺序的选择：“按时间排序”、“按相关性排序”。目前雅虎资讯搜索默认显示“按时间排序”。

当然还可以根据自己的需求选择资讯的分类和时间范围，Yahoo 网页默认的都是全部。

3．音乐搜索（http://music.yahoo.cn）

Yahoo 音乐是雅虎的音乐搜索频道，具有海量的歌曲索引数据库。搜索时，可以根据歌名、歌手、专辑名称、歌词来搜索歌曲。

雅虎搜索还有根据歌词搜索歌曲的功能。例如，当你听见几句歌词非常动听，却不知道什么歌的时候，在搜索框中输入歌词，然后单击“歌曲搜索”按钮，就会帮你找到这首歌。

4．图片搜索

雅虎中国首页的“图片”是一款非常好用的互联网图片搜索工具。搜索得到的结果可以是以缩略图形式显示的图片，单击缩略图即可看到原始大小的图片及图片的来源网址。同时，雅虎在图片搜索框下方还设置了按图片大小筛选的复选框，可以选择自己所需尺寸的图片。

5．地图搜索

雅虎地图搜索包括本地搜索和地图预览两部分。用户可以通过本地搜索找到指定的城市、城区、街道、建筑物等所在的地理位置，也可以找到离自己最近的所有餐馆、学校、银行、公园等。地图预览则支持全国所有大中城市的电子地图浏览并且实时提供地图数据更新。

其操作方法如下：

1）访问雅虎中国首页，单击导航条中的“地图”标签，进入到地图搜索首页。然后在搜索框内输入关键词“呼家楼”，单击“搜索”按钮。如图 4-23 所示，左侧为文字区，右侧为地图。单击文字区结果或图中序号，将看到如图 4-24 所示的该位置的详细信息。

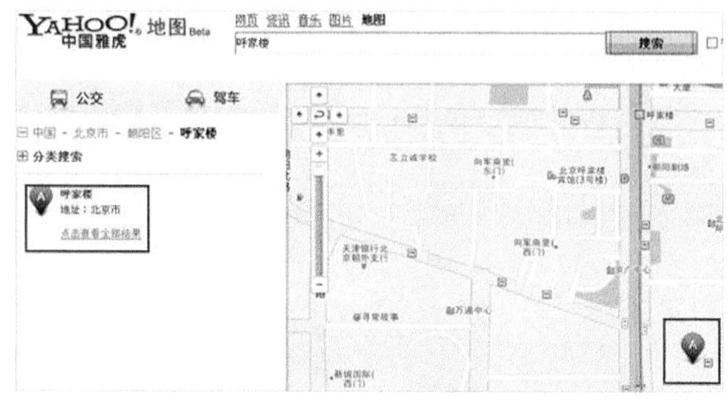

图 4-23　地图搜索一

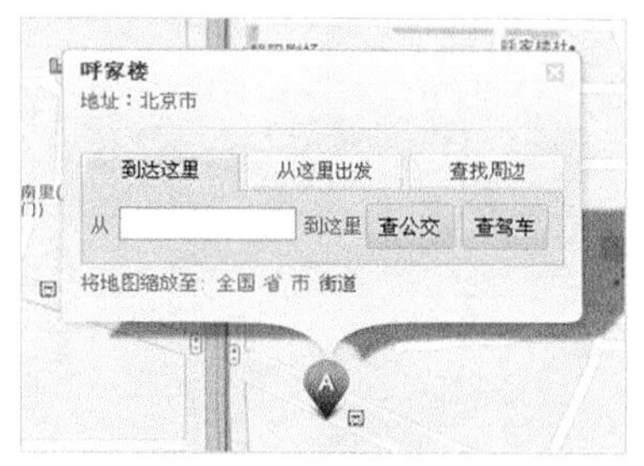

图 4-24　地图搜索二

2）访问雅虎中国首页，单击导航条中的“地图”标签，进入到地图搜索首页。然后单击页面左侧文字区按钮，可以直接进入相应城区的地图，接着在相应的地图查询想要的地点信息。

6．雅虎邮箱

雅虎是全球最早从事电子邮件服务的互联网企业之一，雅虎邮箱是雅虎公司一个很重要的业务。到目前为止，雅虎邮箱在全球范围内同时为 2.43 亿邮箱用户提供服务，支持 21 种文字，与 192 个国家的邮件收发畅通无阻。

7．雅虎论坛

雅虎论坛是目前国内成长最迅速的综合门户论坛。它以新锐话题、社会民生、时尚生活为特色，聚合了数百万用户每日在线讨论、聊天、交友。拥有一万多个不同类型的论坛特色版面。

8．雅虎财经频道

雅虎财经频道是中国唯一提供世界各大交易所行情的专业财经频道，其股票行情系统的实时显示速度高于国内所有网站。

9．关键词检索

Yahoo 是等级式、主题指南类搜索引擎的典型代表。关键词检索与逐级分类浏览是相辅相成的，是分类搜索引擎不可分割的两种功能。它通过对网点信息按主题建立分类索引，提供全面的分类体系结构，并结合高质量的检索软件，成功地建立起了一套独特的信息管理和组织机制，使得对网络信息的全面检索变成现实。在搜索结果返回页中，包括以下 5 方面的信息：

1）满足搜索条件的 Yahoo 分类目录（Categories）。

2）满足搜索条件的站点链接（Web Sites）。

3）含有页面索引的 Yahoo 分类目录（Web Pages）。

4）满足搜索条件的新闻文章列表（Related News Stories）。

5）满足搜索条件的网络事件列表（Net Events）。

在搜索结果返回页底部给出了其他搜索引擎的链接点，当用户对 Yahoo 的搜索结果不满意时，可以启动其他搜索引擎搜索同一个关键词。在搜索结果返回页的底部，还有一个文本输入框，通过它可以进行其他搜索工作。

10. 高级检索

在 Yahoo 主页中，单击“Search”按钮右侧的“Advanced Search”链接，可进入“SearchOptions”高级检索页面（见图 4-25）。在该页面中，用户可以对搜索方式和范围加以限制。在“Search Options”页面中，用户可以选择 4 种搜索方式：

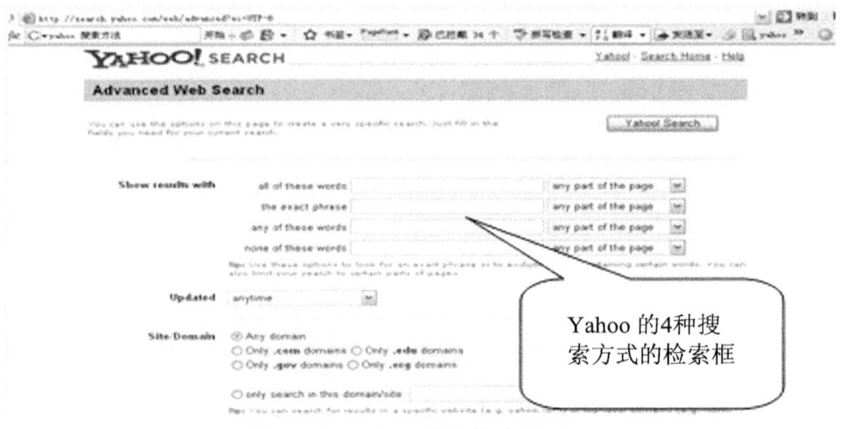

图 4-25　Yahoo 高级检索界面

（1）智能搜索（Intelligent default）　将输入的检索词作为一个子串，搜索结果中必须包含该子串。

（2）准确短语匹配（An exact phrase match）　将输入的检索词作为一个完整的词组，搜索结果中必须包含准确短语。

（3）完全匹配（Match on all word）　如果输入的检索词由几个单词组成，则搜索结果必须包含输入的所有单词，相当于单词间的“与”关系。

（4）任意匹配（Match on any word）　如果输入的检索词由几个单词组成，则搜索结果只需包含其中某个单词，相当于单词间的“或”关系。

在“Search Options”页面的“Select a search area”选项下，可以选择两种搜索范围：

1）Yahoo 目录（Yahoo Categories）。

2）Web 站点（Web Sites）。

在该页面中，可以指定搜索的时间范围，最长为 3 年，最短为 1 小时。此外，还可以指定每页显示的结果数目，系统默认值为 20 项。

五、中文 Yahoo 搜索技巧

已知检索内容的主题概念，就可以利用关键词检索方式实施检索。

使用关键词检索有简单方法与复杂方法之分。简单方法就是将关键词直接输入检索文本框中，可以输入一个词也可以输入几个词，并对检索要求不加限制；而复杂方法就是利用字段限定符号和限制选项构建复杂的检索表达式来进行检索，这样会获得比较准确的查询结果。表 4-1 为 Yahoo 所支持的操作符，利用操作符，可实现快捷检索，下面结合操作符介绍几种 Yahoo 搜索的技巧。

表 4-1　Yahoo 使用的操作符及示例

操作符	作　用	示　例
“ ”	将引号中的检索项作为一个固定词组来检索	输入“CAM/CAD　REPLY”，则在搜索结果中 CAM/CAD REPLY 必须作为词组出现
*	用在词干后面，搜索同一词干的所有结果	输入“comput”，则搜索处 computer、computing 等以 comput 开头的词
+	用在检索词前，表示搜索结果中必须出现该检索词	输入 “+design “则检索结果中必须包含 design
–	用在检索词前，表示搜索结果中不能出现该检索词	输入 “+design “则检索结果中一定不能包含 design
ti	仅限定在网页标题中检索	
ui	仅限定在网址中检索	

1. 使用空格

使用多个词搜索，不同词语之间用一个空格隔开，可以找到更精确的结果。例如，要搜索张学友的歌曲，在检索框中输入“张学友 歌曲”，就能得到有关张学友歌曲的网站。

2. 使用双引号

当需要搜索结果精确匹配某个关键词的时候，给关键词加上双引号（中文双引号、英文双引号都可以），就可以得到完全符合关键词字符串的网站。

3. 使用方括号

给关键词加上方括号“[]”可以限定关键词在搜索结果中出现的顺序。例如，“[Google Yahoo]”表示搜索结果中“Google”在前，“Yahoo”在后。

4. 使用加号

在关键词前加“+”(半角的加号“+”)，表示查询结果中一定要出现“+”号后面的字符串。例如，要搜索张学友的歌曲，在检索框中输入“张学友+歌曲”，搜索的结果即为带有张学友歌曲的网站。

5. 使用减号

在关键词前加“–”，表示需要在搜索结果中排除某个关键词，如“Jacky chan–movie”(减号前面必须加空格)；查询结果中一定不会出现“–”号后面的字符串。

6. 使用感叹号

在关键词前面加感叹号可以激活雅虎开放式快捷搜索，可以快速跳转到 Yahoo 网站的其他栏目。这是 Yahoo 的一项专有技术—— 快捷搜索（Open Shortcuts)。快捷搜索的基本格式如下：

!shortcut_name

例如，在雅虎搜索框中输入如下查询：

!my：跳转到 http://my.yahoo.com。

!wiki internet：跳转到维基百科上关于“internet”的词条。

!flickr Google：跳转到 Flickr 上包含 Google 标签的图片页面。

!wsf：在 Yahoo 上查询旧金山的天气（weather in San Francisco)。

除了上面几个例子，通过“!list”还可以看到许多雅虎默认支持的快捷搜索词语。除此之外，还可以创建自己的快捷搜索，在雅虎搜索框里按照如下格式设置自定义关键词以及目标网址，即可创建自己的 Open Shortcuts：

!set shortcut_name url

例如，“!set eryi http://www.eryi.org”。如果需要创建更丰富的快捷搜索，则可以由这个地址进入。

7. 在关键词前加“t：”

在关键词前加“t：”，表示搜索引擎仅限在网站名称中查找。

8. 在关键词前加“U：”

在关键词前加“U：”，表示搜索引擎仅限在 URL 中查找。

9. 词语释义与同义词查询

雅虎搜索引擎可以通过 Yahoo! Shortcut 为用户提供词语的释义或者同义词的功能。

查询词语释义的格式为：关键词 definition。例如，“apple definition”。

查询同义词的格式也与此类似，如“brave synonym”。

总之，新一代雅虎搜索引擎无论从搜索界面上，还是搜索功能上都非常简洁和易用，为用户查找有效信息提供了一个快捷、便利的平台。

第四节　常用英文搜索引擎

国外著名的英文搜索引擎很多： AltaVista、Excite、Infoseek、Lycos、Yahoo 等。总的来说，Infoseek 是又快又好，Yahoo 在目录搜索和易用性方面首屈一指，HotBot 和 AltaVista 的高级搜索优良，Excite 具有智能拓检能力，Lycos 有 Top 5%，NLSearch 有定制搜索文件夹，WebCrawler 的任意查询较佳，用户完全可以根据自己的需要选用。下面主要介绍几个功能完善、性能优良、较有实用价值的搜索引擎。

一、目录类搜索引擎

国外著名的目录类英文搜索主要有 Yahoo、LookSmart、Ask Jeeves 等，分述如下。

（一）LookSmart

1. LookSmart 的基本情况

LookSmart 是一个人工编辑的目录导航式搜索引擎，也是主要的目录索引之一，与 Yahoo、Open Directory Project（Dmoz）等齐名。

LookSmart 于 1995 年成立于澳洲，现在 LookSmart 整合传统的集中漫游搜索和 paradigm-shifting 分布漫游搜索模式，建成了含有 25 亿 URL，11 亿索引文档的网络索引目录。LookSmart 在网站结构和内容上与其他目录索引大同小异，其目录中的网站排列也是根据字母顺序，使用 Inktomi 的数据库提供二级网页搜索，其中最大的区别在于 LookSmart 是按点击收费的。

2. LookSmart 搜索规则

LookSmart 搜索技术采用分析超链文本、网页重要度、用户反馈、人工编辑输入的方式，确保结果的相关性。它提供三种搜索方式：目录搜索（Directory）、网站搜索（Web）和文件搜索（Articl）。目录搜索集合了所有的人工编辑目录；网站搜索覆盖 14 亿网页；文件搜索从 700 多家出版刊物搜索 350 万文件。

（二）Ask Jeeves

Ask Jeeves 曾是著名搜索引擎 DirectHit（2002 年 4 月被关闭）的母公司，它属于人工操作目录索引。Ask Jeeves 与其他关键词搜索引擎的不同在于，其被设计成回答用户提问的自然语言引擎。搜索时，它首先给出的是数据库中可能存在的答案，然后才是网站链接。

二、全文类搜索引擎

国外著名的全文类英文搜索主要有 Altavista、Excite、Lycos 等，分述如下。

（一）Altavista

1. Altavista 的基本情况

AltaVista 是 DEC 公司 1995 年 12 月推出的网络搜索引擎，是当前互联网最大的搜索引擎之一，其特色和优势是：信息范围广泛，查全性能较好，提供多语种信息查询支持。但也有不足的地方，那就是 AltaVista 虽有 Usenet 搜索能力，但误检率高、性能较差。

2. Altavista 的搜索语法与功能

1）无论是简单搜索还是高级搜索，Altavista 都允许将搜索限制到页面元素。例如，标题（页名）或 url，或者甚至可以限制到某个域（系统名）或 Web 网点。

2）AltaVista 使用“*”作为通配符；支持+、-词操作，允许包含或者排除关键词；在高级搜索功能中提供了大量的选项，包括布尔逻辑运算符、嵌套、近似搜索和有日期限制搜索等。如果使用括号将运算符组合使用，则可以使布尔逻辑表达式更加丰富。

3）AltaVista 对大小写字母敏感，当输入的查询词是大写字母时，AltaVista 只查大写字母；而当输入的查询词是小写字母时，AltaVista 同时查大小写字母。

3. Altavista 检索方式

Altavista 主页提供两种检索模式：分类目录检索和关键词检索。关键词检索模式又分为简单检索与高级检索两种方式。另外，Altavista 不仅支持文本信息检索，还支持一系列特殊检索方式。表 4-2 列出了 Altavista 的特殊检索操作符及其功能。

表 4-2　Altavista 的特殊检索操作符

操　作　符	功 能 描 述
Domain:域名	在指定域中搜索主页。例如，输入 Domain:cn，表示在中国域中进行搜索
Host:主机名	在指定主机中搜索主页。例如，输入 Host:www.cdavtc.edu.cn，表示在 cdavtc 主机中进行搜索
Image:文件名	搜索包含指定图像文件名的主页。例如，输入 Image:fish，表示搜索包含名为 fish 的图像文件
Link:URL	搜索包含指定链接的主页。例如，输入 Link: www.cdavtc.edu.cn 表示在所有链接到 cdavtc 的主页中进行检索
Text：文章	搜索包含指定文本的主页。例如，输入 Text：baseball，表示搜索所有包含 baseball 的主页
Title:文本	搜索标题中包含指定文本的主页。例如，输入 Title:computer，表示搜索在标题中包含 computer 的主页
Uri: 文本	搜索中包含指定文本的主页。例如，输入 Uri:home，表示搜索在 URL 中包含 home 的主页

（二）Excite（http://www.excite.com）

1. Excite 的基本情况

Excite 是互联网上的一个经典的搜索引擎，也是最受欢迎的搜索引擎之一。它是由斯坦福大学于 1993 年 8 月创建的 Architext 扩展而成的网络搜索引擎。

Excite 的网页索引是一个全文数据库。它的特点是：对查出信息的组织精良，自身提供的信息优良，尤其是具有智能拓检功能，能为简单搜索返回很好的结果，并能提供一系列附加内容，尤其适合经验不多的用户使用。

2．搜索语法与检索功能

1）Excite 要求人名和公司名等专有名词的第一个字母必须大写。

2）Excite 可以使用布尔逻辑运算符以及括号构成复杂的检索表达式。

布尔逻辑组配包括逻辑与（用 and）、逻辑或（用 or）、逻辑非（用 not）。值得注意的是，在 Excite 中 and、or、not 不能小写。任意搜索时默认的逻辑组配关系为 or，即它搜索含有指定的任一单词。同时，它支持用括号来构成逻辑组。

3）可以使用“+”与“-”指定或排除某个单词。

4）Excite 支持自然语言查询。

5）不能使用通配符。

6）Excite 的最大特色是具有一定“智能”，表现在找到一个所需条目时，选择点击其下方的 More Link This：右边下画线部分，即可以以此条目为模本拓检。

3．检索方式

Excite 的最大特点是提供概念检索，即搜索引擎不仅查找包含关键词的主页，还查找包含与关键词有关的概念的主页。Excite 提供了两种检索方式：分类目录检索与关键词检索。

（三）Lycos（http://www. Lycos.com）

1．Lycos 的基本情况

Lycos 创立于 1995 年，是互联网上资格最老的搜索引擎之一。它的特点是功能强大，搜索范围广。Lycos 几乎覆盖了互联网上 90%的主页，可以进行包括 WWW、FTP 与 Gopher 等多种服务的搜索。

由于 Lycos 的学术背景，它可以搜索到其他搜索引擎找不到的偏僻站点，如一些面向教育的站点或非营利组织的站点。

2．搜索语法与检索功能

1）Lycos 使用$作为通配符，不支持+、-词操作，但提供英文句号（. ）作为禁扩符，输入词后加“.”表示要求完全匹配。例如，gene.就只查询 gene，排除查其他词。

2）Lycos 建立标题字段，显示主页的所有标题。

3）Lycos 支持自然语言查询和全部布尔逻辑运算，而且增加了 Before 和 Far 两种运算。

如果想有效地使用 Lycos，就必须了解 Lycos 提供的各种操作符及其功能，见表 4-3。

表 4-3　Lycos 的操作符及功能

操作符	功能描述
“ ”	将引号中的检索项作为一个固定词组来检索
+	用在检索词前，表示搜索结果中必须出现该检索词
–	用在检索词前，表示搜索结果中不能出现该检索词
and	查找包含所有指定单词的页面
or	查找包含至少一个指定单词的页面
not	查找包含 not 前单词，但排除 not 后单词的页面
BEFORE	查找包含指定的两个单词的页面。而且前一个单词一定要在后一个单词之前
NEAR/*n*	查找包含指定的两个单词的页面。在这两个词间插入的单词数不超过 *n* 个
ADJ/*n*	查找包含指定的两个单词的页面。在这两个词间插入的单词数要等于 *n* 个
FAR/*n*	查找包含指定的两个单词的页面，在这两个单词之间插入的单词不能少于 8 个
$	截词符，查找包含以该词位词根的所有单词的页面

4）它提供关键词和主题查询（主题查询叫做目录服务）。它的查询速度快、使用简便、索引很大，但最新新闻搜索却很差。Lycos 的搜索框有一个下拉菜单，允许选择搜索 Web、图片、声音、“TOP 5%” Web 网点或个人页面。

5）Lycos 系统的一个特点是对提问可选择 5 种不同的匹配命中级别：松匹配、一般匹配、良好匹配、紧密匹配和强匹配。允许指定查询中的任意或所有的词，并可以指定返回结果的显示方式。显示控制包括 or（默认）、and 等；每页显示检索结果的数量可选择每次显示 10、20、30 或 40 个检索结果；显示结果的格式分为标准型、小结型和详细型等。

6）Lycos 最大的优势和特色即是具有 Top 5%功能。Lycos 专门整理了一份占前 5%的热门网址，在其主页右上方单击“Top 5% Sites”即可进入。

3．检索方式

Lycos 提供分类目录检索、关键词检索和一种称为 TOP 50 Websites 的主题目录服务。

三、元搜索引擎

常用的英文元搜索引擎主要有 Dogpile、DigiSearch、MetaCrawler 等。DigiSearch 是目前能同时调用独立搜索引擎较多的并行式元搜索引擎，它可以同时调用 AltaVista、Excite、Infoseek、Lycos、WebCrawler、Yahoo、OpenText 和 Magellen 等 18 个独立网络搜索引擎、DejaNews 等三个 Usenet 搜索引擎和 Four11 等三个个人信息和商界信息搜索引擎。MetaCrawler 是独立网络搜索引擎 WebCrawler 的姐妹引擎，也是一个并行式元搜索引擎。它具有优秀的清晰性和详细的组织性，可以同时调用 AltaVista、Excite、Infoseek、Lycos、WebCrawler 和 Yahoo 6 个独立引擎，是简单搜索或中度复杂搜索的最佳网点。下面以 Dogpile 为代表详述如下。

（一）Dogpile 的基本情况

1．Dogpile 概述

Dogpile（http://www.dogpile.com）是 1996 年 12 月由美国人 Aaron Flin 创制的杰出的并行式和串行式相结合的混合式元搜索引擎，也是目前性能较好的并行式元搜索引擎之一，被 InfoSpace 视为“门面工程”，但 Dogpile 暂不支持中文搜索。

图 4-26 所示是 Dogpile 的主页。Dogpile 主页中栏有查询选择及输入框，输入框下方可选择“The Web”、“Usenet”、“FTP”等选项，默认为查询“The Web”，输入查询词后单击“Fetch”按钮可查询。

图 4-26 Dogpile 主页

2．Dogpile 的特点

Dogpile 采用 Vivisimo 先进的自动聚类技术，对来自源搜索引擎的结果进行相关性比较，聚合生成并提供最符合查询提问的无重复的结果列表。其优势主要体现在以下几个方面：

（1）采用独特的并行和串行相结合的查询方式　首先并行地调用三个搜索引擎；如果没有得到 10 个以上的结果，则并行地调用另外三个搜索引擎，如此重复直到获得至少 10 条结果为止。

（2）可设置最大查询时间　与 DigiSearch 不同，Dogpile 的查询时间是按秒计算的。

Dogpile 的缺点是不允许选择使用那些独立搜索引擎。作为著名的元搜索引擎，Dogpile 不提供可调用的源搜索引擎列表，不支持对各个源搜索引擎的自行指定和选择。

（二）运算符号与搜索语法

Dogpile 可以使用布尔逻辑算符和模糊查询，即使是高级运算符和连接符，也能够将其转化为符合源搜索引擎的、相应的搜索语法。

1）支持优先运算符“()”、词组或短语精确搜索符“ " "”（英文引号）、通配符“*”、临近搜索符“NEAR”等。

2）支持 filetype:、intitle:、inurl:、link:等搜索语法。

3）可以使用*作为通配符，支持+、−等操作。

（三）检索功能

Dogpile 搜索支持简单搜索、高级搜索，不支持目录搜索。搜索类型默认为 The Web（万维网页），也可查询 Usenet（新闻论坛）、FTP（文件资源）等。

Dogpile 具有 Web（网页）、Images（图片）、Audio（音频）、Video（视频）News（新闻）、Yellow Pages（黄页）、White Pages（白页）等主要搜索功能。

1．主要功能

（1）Web（网页搜索）　网页搜索从源搜索引擎调取与查询词语相关度最高的结果。结果页面显示搜索结果统计、网页标题、网页摘要、网页 URL、提供结果的源搜索引擎（Found on）、相关搜索（Are you looking for）等信息。

其高级搜索（Advanced Web Search）可进行搜索词语控制和网页语言、日期、站内或某域名内搜索、成人内容过滤等多项选择设置。

（2）Images（图片搜索）　图片搜索主要由 Yahoo! Images、Ditto 等支持。结果显示图片缩略图和标题、像素、大小、所在网页的 URL、结果来源（Found on）、相关搜索（Are you looking for）等信息。

其高级搜索（Advanced Image Search）可进行搜索词语控制和图片色彩、格式（所有格式、JPEG、GIF、PNG）、尺寸、每页显示数量、显示结果来源引擎、成人内容过滤等多种项选择设置。

（3）Audio（音频搜索）　音频搜索主要由 Yahoo! Audio、Singingfish 等支持。结果显示文件名称、格式、所在网页的 URL、播放时长、结果来源（Found on）、相关搜索（Are you looking for）等信息。可以在“View Results by”的后面单击“Relevance”或“Source”，按相关度或按提供结果的源搜索引擎查看音频文件。

其高级搜索（Advanced Audio Search）可进行搜索词语控制和播放时长（所有长度、1 分钟以下、1 分钟以上）、文件格式（所有格式、Realmedia、Windows、MP3）、每页显示数量、显示结果来源引擎、成人内容过滤等多项选择设置。

（4）Video（视频搜索）　视频搜索主要由 Yahoo! Video、Singingfish 等支持。

结果显示文件名称、格式、所在网页的 URL、文件大小、播放时长、结果来源（Found on）、相关搜索（Are you looking for）等信息。可以在 “View Results by”的后面点选“Relevance”

或"Source"，按相关度或按提供结果的源搜索引擎查看视频文件。

其高级搜索（Advanced Video Search）可进行搜索词语控制和播放时长（所有长度、1分钟以下、1 分钟以上）、文件格式（所有格式、Realmedia、Windows、MPEG）、每页显示结果数量、显示结果来源引擎、成人内容过滤等多项选择设置。

（5）News（新闻搜索） 新闻搜索主要由 Yahoo! News、Topix，FOXNews，ABCNEWS 等支持。

结果显示新闻标题、摘要、发布时间、结果来源（Found on）、相关搜索（Are you looking for）等信息。可以在 "View Results by" 的后面单击"Relevance"或"Date"，按相关度或按发布时间（倒排序）查看新闻。

其高级搜索（Advanced News Search）可进行搜索词语控制和新闻类别（all categories[所有类]、回朔检索、每页显示新闻条数、按新闻发布日期倒排序等多项选择设置。

（6）Yellow Pages/ White Pages（黄页与白页搜索） 搜索主页下方有多种辅助的实用功能，提供多种途径查找美国工商机构和个人信息。

2. 辅助功能

Dogpile 可以进行相关搜索、最近查询（Recent Searches）、高级搜索以及个性设置（Preference）、源搜索引擎提示和查看网络实时搜索（searchspy）。searchspy（http://www.dogpile.com/info.dogpl/searchspy）功能是 dogpile 所独有的，用于查看他人正在进行中的搜索，了解他人使用的搜索词语和感兴趣的内容。对实时搜索情况的显示，分为适合家庭查看的经过安全过滤的（Filtered）和未经安全过滤的（Unfiltered）的两种内容，以满足不同用户的需要。

（四）检索示例

检索课题：互联网与哲学（Internet and philosophy）。

结合图 4-27，其操作步骤为：

1）在搜索输入框中输入待查词，如果是多个词汇作为一个统一概念，应该用括号括起来。

2）通过搜索类型栏选择查询 The Web、Usenet、FTP 等类型的互联网信息，这里使用默认类型"The Web"。

3）在"Wait a maximum of ______ Seconds."（搜索等待时间）下拉菜单中，设置搜索等待时间，这里选了 20 秒。

4）单击"Fetch（取）"开始进行搜索。

Dogpile 的搜索结果返回较快，而且对一般搜索而言通常是较准确的。系统首先从最常用的 Yahoo 开始搜索，逐步到范围最广的 AltaVista，每次搜索三个网点。显示的搜索结果是按网点分组的，所以在找到最合适的网点之前，可能要浏览许多内容。

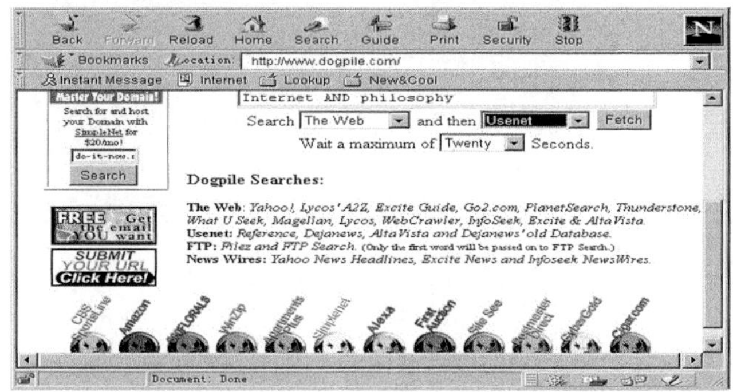

图 4-27　用 Dogpile 查询"互联网与哲学"

（五）相关搜索软件（Dogpile Search Toolbar）

Dogpile Search Toolbar 除了具有搜索引擎的全部主要搜索功能外，还可以进行字典、辞典等多种参考资源的专门搜索、弹出窗口拦截、RSS 订阅、网络实时搜索显示、网页和文件中的鼠标画词搜索等辅助功能，允许用户自已定义多种设置。

除上述所述元搜索引擎之外，常见的还有：ProFusion(http://profusion.ittc.ukans.edu)、Mamma (http://www.mamma.com)、Highway61(http://www.highway61.com)、All4One(http://www.all4one.com)、Inference Find(http://www.inference.com/ifind)、Search Satellite(http://www3.pair.com/jgurney/search)等，用法大多与上述元搜索引擎类似。

目前综合性能最好的搜索引擎总结如下：

最好的三个 Web Search Engine：Infoseek，Yahoo 和 AltaVista。

最好的 FTP Search Engine：FTPSearch。

最好的 Usenet Search Engine：DejaNews。

最好的 WhitePage/Email Search Engine：Four11。

最好的二个 YellowPage Search Engine：BigBook 和 InfoSpace。

最好的三个 Meta-Search Engine：ProFusion，MetaCrawler 和 Dogpile。

随着 Web 查询技术的发展，新的搜索引擎必将不断涌现，已有搜索引擎的功能也会不断改善，在优胜劣汰中进步。

第五章 联机书目检索系统

书目检索系统的作用在于对研究文献进行目录学的总结，主要体现在几个方面：一是作为文献检索的工具；二是作为文献计量分析的工具；三是作为刊物编辑部审稿查看的辅助工具；四是作为进一步生产专题书目、个人著述书目、各种期刊累积索引等多种书目产品的信息源。本章主要介绍其作为检索功能的应用。其作为检索工具的主要目的就是减少书目检索时间。

第一节 OCLC（联机计算机图书馆中心）

目前，国际上有两个世界性的图书馆组织，一个是国际图书馆协会联合会（International Federation of Library Associations and Institutions，IFLA），另一个是联机计算机图书馆中心（Online Computer Library Center，OCLC）。IFLA 负责讨论、协商和制定图书馆工作的国际标准，通过会议研讨在图书馆事业发展中所出现的问题，并提出建议；OCLC 则执行国际标准、促进国际标准发展，向全球的图书馆、信息中心及其用户提供各种信息服务。

国际图书馆协会联合会，简称“国际图联”，成立于 1927 年。它是联合各国图书馆协会、学会共同组成的一个机构，是世界图书馆界最具权威、最有影响的非政府的专业性国际组织，是联合国教科文组织“A 级”顾问机构，是国际科学联合会理事会准会员、世界知识产权组织观察员。它的总部设在荷兰海牙，目前已有 1 700 个成员机构，遍布世界 150 个国家。

国际图联的主要目标是促进国际图书馆界、信息界的相互了解、合作、交流、研究和发展。它每年在其成员国举行一次大会。其最高机构是理事会，即全体大会。它的主要机构是执行委员会和专业委员会。执行委员会由理事会选举产生，成员包括主席、第一副主席、司库、专业委员会主席等。专业委员会下设专业部、组和圆桌会议，从事国际图联的专业工作。国际图联的日常工作由秘书处负责，通称国际图联总部。我国于 1981 年加入国际图联。

一、OCLC 简介

OCLC（联机计算机图书馆中心）创建于 1967 年，总部在美国俄亥俄州的 Dublin。它是全球最大的不以营利为目的、始终坚持使用最先进的技术维护和管理电子资源系统并提供计算机图书馆服务的会员制合作和研究组织。OCLC 的使命就是将全球图书馆连接在一起，其目标和宗旨就是促进图书馆的合作与交流，实现全球资源共享，为广大用户发展对全世界各种信息的应用以及降低获取信息的成本。

二、OCLC 主要产品

OCLC 致力促进图书馆的应用、图书馆自身和图书馆之间的发展，通过创新与协作向图书馆提供获取知识的更经济的途径，帮助图书馆为其用户服务。目前全球有 171 个国家和地区的 72 035 所图书馆都在使用 OCLC 的服务来查询、采集、出借、保存资料以及编目。这些单位的研究人员、学生、教职员、学者、图书馆员和其他信息搜索者无论在何时何地使用 OCLC 的服务都可获得书目、文摘和全文信息。OCLC 的主要产品和服务清单见表 5-1。

表 5-1 OCLC 的主要产品和服务清单

Accessions List	入藏列表	NetLibrary Databases	NetLibrary 中的电子期刊与数据库
ArchiveGrid	ArchiveGrid	NetLibrary eAudiobooks	电子有声书
Batch processing	记录和馆藏维护	NetLibrary eBooks	电子书
Bibliographic record notification	书目记录通知	OCLC-MARC Record Delivery	OCLC-MARC 记录传送
CAMIO	在线艺术博物馆画像目录	Preservation Services	存档服务
Cataloging Label Program	OCLC 编目标签软件	QuestionPoint	虚拟咨询
CatExpress	快速简易复制目录服务	Scanning and digitization	扫描和电子化服务
Connexion	整合编目服务	Terminologies Service	术语服务
CONTENTdm	数字馆藏管理	VDX	图书馆联盟资源共享选项服务
Contract cataloging	订约编目	Web Harvester	Web Harvester
Dewey services	杜威十进制分类法	WebJunction	WebJunction
Digital Archive	数字化文档	WorldCat	通向全世界图书馆的窗口
Digitization services	数字化服务	WorldCat Cataloging Partners	WorldCat 合作编目
Electronic Collections Online	电子期刊	WorldCat Collection Analysis	WorldCat 馆藏分析
Electronic Data Exchange	电子数据交换（EDX）	WorldCat Collection Sets	WorldCat 馆藏集
eSerials Holdings	电子连续出版物馆藏服务	WorldCat Link Manager	WorldCat 链接管理器
EZproxy	代理服务器服务	WorldCat Local	WorldCat Local
FirstSearch	信息第一站	WorldCat Registry	WorldCat 注册
GovDoc	政府文档记录	WorldCat Resource Sharing	WorldCat 资源共享服务
Group Services	图书馆联盟服务	WorldCat Search API	WorldCat Search API
ILLiad	馆际互借管理	WorldCat Selection service	WorldCat 采购服务
ISO ILL	国际标准馆际互借	WorldCat xISBN	xISBN 网页服务
Language Sets	语言集	WorldCat xISSN	xISBN 网页服务
Local holdings maintenance	本地馆藏维护	WorldCat.org	WorldCat.org
Microfilm services	缩微胶片服务	Z39.50 Cataloging	Z39.50 编目

OCLC 的网址是：http://www.oclc.org，其主页如图 5-1 所示。它提供两种检索系统：EPIC

和 FirstSearch。这两种检索系统的内容是一致的。EPIC 系统采用的是命令方式的联机检索；FirstSeach（第一检索）是近年来 OCLC 推出的一个新产品，采用 Web 访问。下面以 OCLC FirstSeach 为例来说明其检索方法。

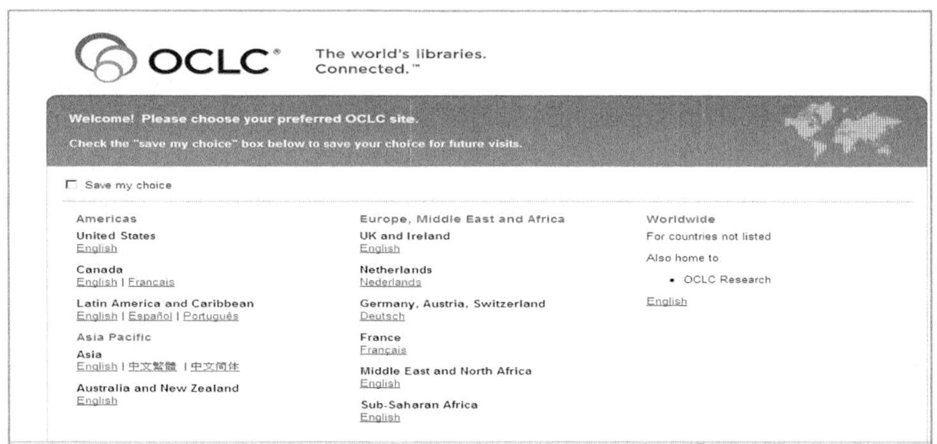

图 5-1 OCLC 主页

三、FirstSearch 联机检索服务简介

1. FirstSearch 简介

1999 年 8 月，OCLC 完成了新版 FirstSearch。它以 Web 为基础，采用了当前信息通信领域的高新技术，提供给用户一个便捷、友好、世界范围的参考资源。目前通过该系统可检索 70 多个数据库，其中有 30 多个数据库可检索到全文，总计包括 7 500 多种期刊的联机全文和 3 000 多种期刊的联机电子影像，有 600 多万篇全文和全图文章。这些数据库涉及广泛的主题范畴，覆盖了各个领域和学科。

2. FirstSearch 的特点

（1）面向最终用户　OCLC 的 FirstSearch 是一个面向最终用户设计的联机检索系统，使用方便。

（2）提供一体化服务　OCLC 的一体化服务有三个层面：

第一层：对用户的检索提问进行相关文献的检索，可检索的数据库大多为二次参考文献数据库。

第二层：查找文献馆藏地点，包括世界范围的图书馆、可提供全文服务的文献服务机构包括 OCLC 自己。

第三层：一次文献的提供，其方式有数量高达数百万篇的随时更新的联机全文数据库，或通过所在图书馆的馆际互借或第三方的文献服务机构的服务，以保证用户能快速获得所需要的文献。

（3）数据量大　用 FirstSearch 系统检索的主题范畴非常广泛，70 多个数据库包括 13 个领域。文献信息中不仅包含文摘，还能查阅到馆藏地点。

（4）数据更新快　OCLC 的数据库经常更新，每天都有新的文献信息更新到数据库中，因此用户从 OCLC 的数据库能检索到世界上最新的资料和信息。

（5）收费合理　OCLC 是按检索次数而不是按所用的机时来收取费用的。

新版 FirstSearch 实现了和 OCLC 的联机电子出版物数据库 ECO 的整合，增强了联合编目数据库 WorldCat 的馆藏信息，实现了各库的联机全文共享和对 OCLC 馆际互借的访问，在记录表中显示用户所在图书馆的馆藏标志，并能直接链接网络资源。

3. FirstSearch 的数据库

目前利用 FirstSearch 可以检索到的这些数据库绝大多数是由美国的一些国家机构、联合会、研究院、图书馆和大公司等单位提供的。数据库的记录中有文献信息、馆藏信息、索引、名录、全文资料等内容。资料媒体有书籍、连续出版物、报纸、杂志、胶片、计算机软件、音频资料、视频资料、乐谱等。按主题分类的数据库可参阅《Firstsearch Service Databases》手册，从中还可查到各数据库的提供者。其中 WorldCat 是世界范围图书馆的联合书目库。

当前，提供我国几十所高校使用的 OCLC FirstSearch 基础组（Base Package）有 13 个数据库，包含有 6 个综合数据库和 7 个专业数据库，FirstSearch 的数据库见表 5-2。

表 5-2　FirstSearch 的数据库

序　号	类　型	数 据 库	内　容	备　注
1	综合数据库	ArticleFirst	12 500 多种期刊的文章索引	
2		ContentsFirst	12 500 多种期刊的目录索引	
3		NetFirst	OCLC 的网络资源数据库	
4		ECO	联机电子出版物，学术期刊（书目信息）	
5		WorldCat	世界范围图书、Web 资源和其他资料的 OCLC 编目库	
6		ERIC	教育方面的期刊文章和报告	
7	专业数据库	GPO	美国政府出版物	
8		MEDLINE	医学期刊文献的文摘	能提供全文
9		PapersFirst	国际学术会议论文索引	
10		Proceedings	国际学术会议录索引	
11		WilsonSelectPlus	H.W.Wilson 公司的全文库	能提供全文
12		WorldAlmanac	世界年鉴	
13		UnionLists	OCLC 成员馆收藏期刊列表	

4. FirstSearch 检索式的构造

（1）检索式的类型

1）关键词类。在专家检索屏幕中，标志后紧跟一个冒号（:）和检索项，例如，ti:computer。在高级检索屏幕中，用所有不带 phrase（词组）的索引构造的检索式。

2）准确短语类。在专家检索屏幕中，标志后紧跟一个等号（=）和检索项。在高级检索屏幕中，用所有带 phrase（词组）的索引构造的检索式。

3）词组类。将词组放在双引号内。例如，“information sharing”。

（2）检索式中的禁止词 stopwords。FirstSearch 忽略检索式中包含的如下任一禁止词：a as but from he in of what was you an at by had her is on this which & are be for have his it or to with 等。

（3）检索式中的标志符

1）复数标志。使用简单复数功能可同时检索一个词和它的复数（形式为“s”或“es”的复数）。在希望检索复数形式的词的尾部输入一个加号（+）。只有某些字段允许使用简单复数功能。

2）截断符。至少输入一个词的前 3 个字符和一个“*”号来完成一个词和它的同根词的检索。例如，输入 econ*，将获得包括 econometrics、economics、economist 等的结果。

3）通配符。当不能确信拼写是否正确时，当某些拼写可替换时，当仅知道某词的一部分时可以使用通配符。FirstSearch 能识别“#”和“?”两种通配符。

① #：代表一个字符。例如，输入 wom#n，会获得包括 woman 和 women 的记录。

② 一个？：代表零个或任意个字符。例如，用 colo?r 检索，将得到包含 color、colour、colonizer 和 colorimeter 的记录。

③ 一个?和一个数字：数字代表可替换的字符数。

（4）利用索引表或下拉表构造检索式

1）基本检索屏幕用索引表构造检索式。具体操作为：在仅包括 Keyword（关键词）、Author（著者）、Title（题名）、ISBN、Year（年）的索引字段中选择一个索引，然后在其后的图框中输入一个或多个检索词。如果要检索一个词组，则将词组放在双引号内。如要使用其他索引，则需进入高级或专家检索屏幕。

2）高级检索屏幕使用下拉表构造检索式。屏幕的右方提供了当前数据库可用字段索引的一个下拉式列表，可用鼠标直接选择。其具体操作为：

① 在第一个 Search for（查询）后的图框内输入一个或多个主要的检索词。

② 选择字段索引。单击检索词右方图框的箭头，从下拉列表查看所有可使用的字段索引，然后选择一个索引。

③ 当需要时，在第二和第三个图框内输入检索词，选择第二和第三个检索串的索引。

④ 选择布尔逻辑算符（and、or 和 not）结合在第二和第三个图框输入的检索串。

注：在基本和高级检索屏幕中也可用下面介绍的标志符构造检索式。

（5）利用标志符构造的检索式　标志是 2 个缩写的字符，它代表书目信息中的一个字段。例如，ti 代表 Title（题名）字段；au 代表 Author（著者）字段；kw 代表 Keyword（关键词）等。

1）专家检索屏幕使用标志构造检索式。其具体操作为：

① 在 Search for:（查询）后的图框内输入包括索引标识和检索词的检索串。如果要检索一个词组，则把词组放在双引号内。

② 从 Indexed in:（索引）下拉表单选择一个索引用于任何没有标志的检索项。

2）利用标志可构造如下形式的检索式。

① 单标志检索式：标志紧跟一个冒号“:”和检索项，例如，ti:computer。

② 多标志检索式：可以在多个字段检索同一个检索项，例如，au:，su:，nt:louisa may alcott。

③ 准确短语检索式：准确短语是标志后跟一个“=”号和一个检索项，“=”号后面的所有词将作为一个整体进行检索。例如，ti=one day in the life，au=wang guangming。

④ 有顺序和间隔距离的检索式：在两个检索词之间输入 N(near)或 W(with)位置符，以指明在记录中词的排列顺序和间隔距离。

N　指明两个检索词中任何一个可先于另一个出现。

W　指明先输入的词必须先出现。

N 或 W 后可有 1～25 之间的数，表示两个词之间允许的最多词数。

例如，ti:online n searchin ；ab:head w2 class。

⑤ 组合检索式。用算符 and、or 和 not 把检索词组合起来，使检索结果更准确。

and：用 and 结合检索项查找包括两项的记录；or：用 or 结合检索项查找仅包括任一项的记录；not：使用 not 查找包括某些项而非另一些项的记录。

带括号的检索式：可用括号告诉检索系统两个或多个被结合的检索词使用相同的标志。例如，ti:(civil war and stone river)。

第二节　OPAC（联机公共书目查询系统）

一、OPAC 概述

OPAC，全称为 Online Public Access Catalogue System，在图书馆学上通常叫做联机公共书目查询系统。这是利用计算机终端来查询图书馆馆藏数据资源的一种现代化检索方式。它反映各种文献入藏情况，通过联机查找为检索者提供馆藏文献的线索。另外，OPAC 检索系统除了能够满足馆藏书刊查询以外，还可以实现预约服务、检索者借阅情况查询、发布图书馆公告、检索者留言等一系列功能，是目前国内外文献信息服务机构的书目网上查询的通用模式。目前，普通高等院校图书馆普遍采用了 OPAC 联机检索方式。

二、OPAC 的种类

OPAC 的种类很多，从不同的角度可以有不同的分类方法。按收录文献的类型，OPAC 可分为图书联合目录、期刊联合目录、会议文献联合目录等；按收录文献的语种，OPAC 可分为中文图书查询系统、西文图书查询系统、中文期刊查询系统、西文期刊查询系统等；按反映文献入藏单位的多少，OPAC 可分为馆藏目录查询系统和联合目录查询系统。

三、OPAC 的检索方式

OPAC 主要供公共用户使用，支持布尔逻辑组合的复杂检索，并提供多种检索限制。具有用户界面友好、采用中文切分机制等特点。

OPAC 数据库记录的字段一般有：文献索取号、文献名称（如书名、期刊名称）、责任者、主题词、ISBN/ISSN、收藏地点等，其中，收藏地点和文献索取号是借阅文献的重要依据。基于以上描述，根据图书的特性，在网上书目的查找也有着不同的方式。其中最普及的查找方式有：书名检索、作者检索、ISBN 检索、年份检索、出版社检索。还有一些不常用，但比较重要的检索方法是：分类法检索、导出词检索、从书检索和套书检索等，这些项目都可以在 OPAC 数据库里进行。

四、OPAC 的使用

随着互联网的发展，OPAC 已成为国内外文献信息服务机构的书目网上查询的通用模式，许多图书馆都已将自己的 OPAC 服务向整个网络发布了。因此，正确地使用 OPAC 是减少书目检索时间的一条重要途径。

1）尽可能多地给出已知条件，利用检索语法帮助自己提高检索效率。例如，在查找单书的同时能够给出相对多的检索项目，那么出现的检索项就越少，找到所需书的概率也就越大。

2）多使用布尔逻辑运算等检索方式缩小检索范围。例如，有的检索者想了解中国的历史，可以构建检索式“中国”和（and）“历史”，这样所需的书目才能以最小的范围量出现。

3）了解《中国图书资料分类法》，掌握图书分类检索途径。这是检索图书的一种简便的检索方法，尤其适用于族性检索。

第三节　馆藏目录检索系统

馆藏目录查询系统，顾名思义，它只反映某个特定图书馆的文献入藏情况，如国家图书馆联机公共目录馆藏查询系统、吉林大学图书馆书目数据库、中国科学院文献信息中心联机公共目录等。馆藏目录查询系统实现了 Web 方式下对图书馆数据库的实时访问，为检索者提供了更方便、快捷的服务，可以从书刊题名、著者、中图分类号等多个检索点入手，查看本馆图书、现刊、过刊等文献的馆藏信息、流通信息等。

目前，我国还没有通用的馆藏目录检索系统，各馆都是根据本馆的特点及实际需要来选择管理系统的。下面以国家图书馆的馆藏目录查询为例进行介绍。

一、中国国家图书馆简介

中国国家图书馆是国家图书馆事业的推动者，是面向全国的中心图书馆和综合性研究图书馆。它既是全国的藏书中心、馆际互借中心、国际书刊交换中心，也是全国的书目和图书馆学研究的中心，履行搜集、加工、存储、研究、利用总馆和传播知识信息的职责，承担着为中央国家领导机关，重点科研、教育、生产单位和社会公众服务的任务，负责全国图书馆业务辅导，开展图书馆学研究。1998 年开始，中国国家图书馆开始立项实施“中国数字图书馆工程”，部分馆藏资料实现数字化，其中部分数据已面向社会提供服务。

二、中国国家图书馆馆藏目录检索系统检索指南

（一）进入系统

进入国家图书馆主页，单击“馆藏目录”（见图 5-2），便可进入国家图书馆的联机公共目录查询系统界面（见图 5-3），在检索框中输入相关内容，选择相关字段和数据库，实施检索即可获得相关信息。

图 5-2　国家图书馆主页

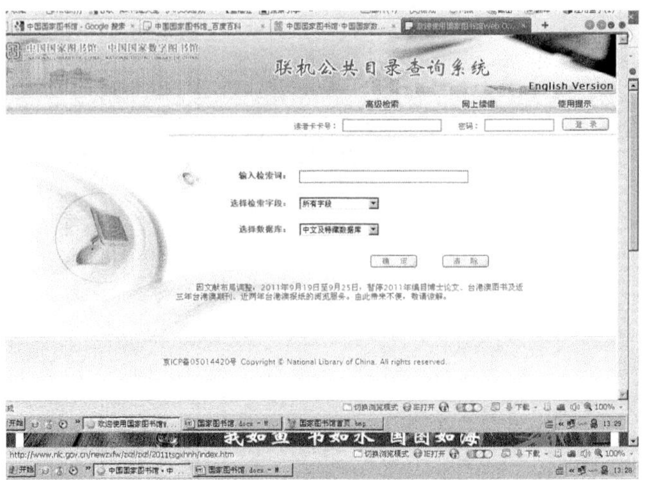

图 5-3　国家图书馆联机公共目录查询系统（OPAC）界面

（二）检索方式

该系统提供了两种检索方式：一是浏览方式；二是检索方式。浏览方式类似于前方一致的检索方法，逐层单击浏览查询信息。检索方式即为关键词主题检索方法。它主要包括简单检索、多库检索、组合检索、通用命令语言（CCL）检索四种方法，如图 5-4 中所示。单击“高级检索”即可进入图 5-4 所示界面。检索时，通过输入检索词实现查找功能。使用不同的检索方式将提供不同复杂程度的检索功能。

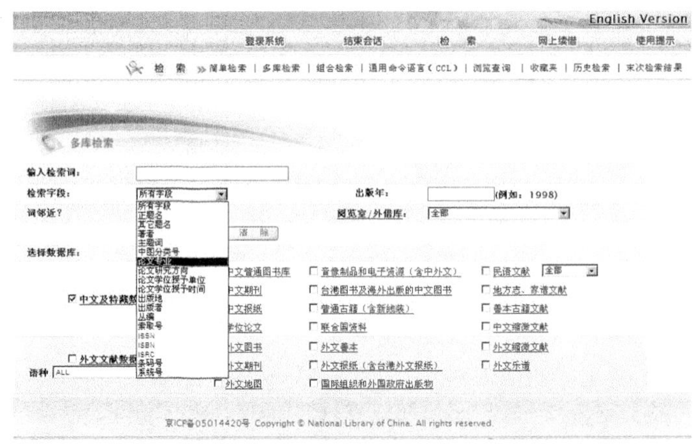

图 5-4　国家图书馆馆藏目录系统高级——多库检索界面

通过浏览方式检索到的结果不受命中数目限制，可以单击“款目”查看详细内容；通过检索方式，系统将检索结果按照默认字段排序。

（三）检索类型的附加原则

（1）“%”和“!”的用法　“%”与一个数字连用，表示出现在两个检索词之间的单词个数小于该参数，检索词出现的顺序不固定。例如，england %3 ballads 检索到：Ballads of England, England and Her Ballads, and Ballads of Merry Old England 等。

!与一个数字连用，表示两个检索词之间固定出现若干个单词，且检索词出现的顺序与输

入顺序相同。例如，ballads !3 England 检索到 Ballads of England，Ballads of Merry Olde England，但不会出现 England and Her Ballads。

使用%和!时，“词邻近”必须选择“是”。

（2）“？”和“*”的使用　“?”或“*”作为占位符，可以代替任意多个字符。如 ps?ic，检索到以 ps 开头，以 ic 结尾的所有单词。“?”或“*”可用于单词的开始或结尾，代替单词的其他部分。如输入?ology 就可以检索到 anthropology，archaeology，psychology 等。而 Chloro? 可检索到以 Chloro 开头的单词。

“?”用以查找不同的拼写方式。如 alumi?m 可以匹配美式拼写 aluminum，和英式拼写 aluminium。但是“?”不能同时用于单词的开始和结尾，如?dva?则视为非法。

（3）“#”符　“#”符可以用来查找不同拼写，如各种不同变体。例如，colo#r 将找到 color 和 colour；而 arch#eology 将找到 archaeology 和 archeology。

（4）词邻近选择为“是”　表示检索词或短语完整地出现在检索字段中。词邻近选择为“否”，表示检索词可以分开位于所检索的字段中。没有选择“是”或“否”，系统将以上次检索的值为默认选择进行检索。

（5）系统不区分字母的大、小写

（6）外文文献的作者姓名输入顺序为：姓在前名在后　例如，Bill Gates 的正确输入为 Gates Bill，而不是 Bill Gates 或 Bill・Gates。

（7）and（与）为检索词之间的默认逻辑运算　如果需要使用其他布尔逻辑操作，可以选择通用命令语言方式。

（8）检索词中的标点符号应当去掉　如：“.”等。例如，visual basic 6.0 中的点，应在检索时去掉，输入为 60。

此外，馆藏目录系统还为检索者提供了相关信息库如检索者信息库，可查询其借阅文献的情况。如查看借阅情况，方法是打开“检索者信息库”，选择检索途径（如姓名、借书证的条码等），输入检索词并按回车键，便可看到该检索者的借阅文献情况。

（四）中国国家图书馆 OPAC 通用命令语言

国家图书馆通用命令语言简称 CCL 检索命令。这些命令是 OPAC 系统使用的命令语言的缩写，概括起来见表 5-3。

表 5-3　中国国家图书馆 OPAC 的 CCL 检索命令

命令语言	命令缩写	命令语言	命令缩写
LC 分类	LCC	LC 排架	LCN
题名	TIT	责任者	AUT
主题	SUB	连续出版物	SRS
关键词	WRD	正题名字段关键词	WIP
责任者字段关键词	WAU	个人责任者字段关键词	WPE
会议字段关键词	WME	统一题名字段关键词	EUT
出版者字段关键词	WPU	主题字段关键词	WSU
地理主题中的关键词	WSG	连续出版物关键词	WSE
出版年	WYE	资源类型字段关键词	WDT
杜威十进制分类	DDC	团体责任者字段关键词	
版本说明	IMP	地点字段关键词	
位置	LOC	科学主题关键词	
题名字段关键词	WTI	LC 分类法字段关键词	

第四节　联合目录检索系统

一、概述

联合目录是共享书目资源的基础。它的主要功能是为使用者检索所有藏书。从联合目录的发展历史来看，它有两种模式：一种是传统的集中式联合目录，也就是将多个图书馆的数据汇集在一个数据库中；另一种则是模拟式虚拟联合目录。联合目录在资源共享、馆际互借、合作编目及合作馆藏发展中具有十分重要的作用。它能反映多个文献信息服务机构文献的收藏情况，如北京地区联合目录、全国期刊联合目录、OCLC 的 World Cat 等。下面以 CALIS 的联合目录公共检索系统为例介绍其使用方法。

二、CALIS 简介

（一）CALIS 的基本情况

CALIS 是中国高等教育文献保障系统（China Academic Library and Information System）的缩写，是一个广域网环境下的文献信息共享服务系统，该系统于 1998 年正式启动。它依托中国教育科研计算机网（CERNET），采取“整体规划、合理布局、相对集中、联合保障”的建设方针，建立整体化、自动化、网络化、数字化的全国高等教育文献信息保障体系，提高文献信息服务的水平，实现信息资源的共建、共知与共享。

CALIS 分别在北京大学图书馆（文理）、清华大学图书馆（工程）、中国农业大学图书馆（农学）、北京大学医学图书馆（医学）设立了 4 个全国性专业文献信息中心；在上海交通大学图书馆（华东南）、南京大学图书馆（华东北）、武汉大学图书馆（华中）、中山大学图书馆（华南）、西安交通大学图书馆（西北）、四川大学图书馆（西南）、吉林大学图书馆（东北）设立了 7 个地区性文献信息中心，形成三级联合文献信息保障体系：即全国性专业文献信息服务中心（是 CALIS 的终极保障基地）→地区性文献信息服务中心（是 CALIS 资源共享的骨干力量）→211 工程的重点院校图书馆（是 CALIS 提供文献信息服务的基层组织）。因此，它是实现 211 工程总体目标的重要保障，是 211 工程中公共服务体系建设项目之一。

（二）CALIS 主要服务内容

CALIS 信息服务主要有：信息检索、馆际互借、文献传递、学科导航（电子资源）。CALIS 信息服务内容如图 5-5 所示。

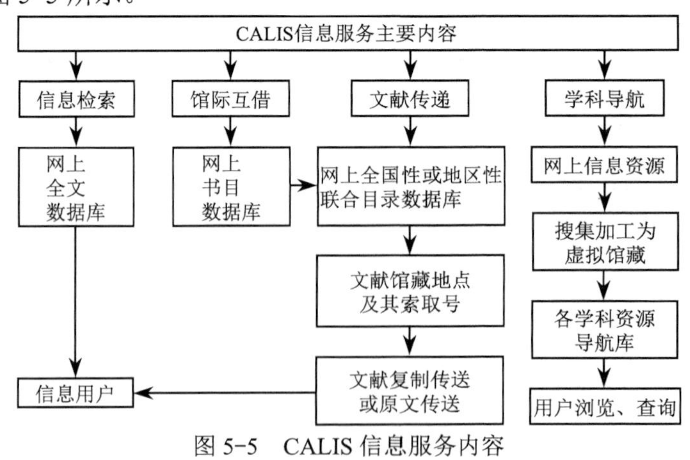

图 5-5　CALIS 信息服务内容

1. 信息检索

CALIS的信息检索是指利用CALIS引进或自建的数据库，在网上提供检索服务。CALIS成员馆的用户可以根据需要，自己在网上检索这些数据库的信息资源，乃至电子版全文。也可以利用联合目录数据库了解所需文献在成员馆的入藏情况，为进行馆际互借或文献传递奠定基础。

2. 馆际互借

CALIS的馆际互借（Interlibrary Loan）是指对于本馆没有的文献，如专著、技术报告等，在本馆用户需要时，根据CALIS统一的制度、协议和办法，向其他有收藏的成员馆获取。

3. 文献传递

CALIS的文献传递（Document Delivery）是指对于本馆没有的文献，如期刊论文、学位论文等，在本馆用户需要时，根据CALIS统一的制度、协议和办法，向其他有收藏的成员馆获取；传递方式有：传真（Fax）、电子邮件（E-mail）、邮寄（Mail）等。

4. 学科导航

CALIS的学科导航是指以学科为单元对网上的相关学术资源进行搜集、组织，使之有序化，并对其内容进行揭示，建立分类目录式资源组织体系、动态链接、学科资源数据库和检索平台，为用户提供网上学科信息资源导引和检索线索的导航系统，方便了用户检索本学科网络信息资源。

CALIS的学科导航系统由CALIS成员共同建设，现已建成265个学科导航系统，其学科几乎覆盖了社会科学（75个）和自然科学（190个）的各个学科领域。

CALIS学科导航系统按分类组织，分类方法主要有两大类：①按资源类型分类，如将某一学科导航再按政府机构、研究机构、学会组织、电子期刊、数据库、专业站点、专利、学术会议、专家学者、讨论组、参考工具等组织。②按二级学科细目分类，如化学学科资源导航再按无机化学、有机化学、物理化学、分析化学、应用化学等分细类组织。

三、CALIS数据库资源

CALIS数据库资源主要包括两大部分：英文资源和中文资源。

（一）CALIS的英文资源

CALIS数据库资源（英文资源）见表5-4。

表5-4　CALIS数据库资源（英文资源）

ABI/INFORM Global ABI商业信息数据库（全文）	Academic Press——美国学术出版社
Academic Research Library—— UMI学术期刊图书馆	Academic Search Elite——学术期刊全文库（全文）
Business Source Premier 商业资源电子文献数据库（全文）	Applied Science & Technology（AST）（全文）
Cambridge Science Abstract（CSA）—— 剑桥科学文摘	ProQuest Digital Dissertation—— UMI博硕士论文数据库
Elsevier SDOS （Science Direct Onsite）	IEL（IEEE / IEE Electronic Library）
INSPEC（1980-）——英国科学文摘	OCLC FirstSearch数据库系统
Web of Science Proceedings 数据库	Kluwer
Engineering Information(EI) 数据库	UNCOVER——UNCOVER数据库

（二）CALIS 的中文资源

CALIS 数据库资源（中文资源）见表 5-5。

表 5-5　CALIS 数据库资源（中文资源）

CALIS 高校学位论文库	CALIS 学术会议论文库	CALIS 联合书目数据库
CALIS 中文现刊目次库	敦煌学数据库（全文）	教育文献数据库（全文）
机器人信息数据库（全文）	邮电通信文献数据库（全文）	棉花文摘数据库（全文）
数学文献信息资源集成系统（全文）	石油大学重点学科数据库（全文）	钱学森特色数据库（全文）
中国工程技术史料数据库（全文）	长江资源数据库（全文）	巴蜀文化数据库（全文）
船舶工业文献信息数据库（全文）	蒙古学文献数据库（全文）	东北亚文献数据库（全文）
中国资讯行（全文）	机械制造与自动化数据库（全文）	岩层控制数据库（全文）
环境科学与工程学科信息数据库（全文）	新型纺织信息库（全文）	有色金属文摘库（全文）
世界银行出版物全文检索数据库（全文）	上海交通大学学位论文数据库（全文）	经济学学科资源库（全文）
全国高校图书馆信息参考服务大全（全文）	东南亚研究与华侨华人研究题录数据库（全文）	
全国高校图书馆进口报刊预订联合目录数据库（全文）	通信电子系统与信息科学数据库的建设（全文）	

CALIS 除引进了大量的数据库外，还组织力量建立了许多中文数据库。主要有以下几种：

（1）中文现刊目次库　收录 5 500 种中文刊物的现刊目次，CALIS 成员馆可通过 IP 登录免费使用。

（2）联合目录数据库　收录 CALIS 的 124 个成员馆的馆藏书目信息，提供图书目录的公共查询，为各成员之间实现资源共享和馆际互借奠定基础，它分中文、英文和日文三个库。

（3）全国期刊联合目录数据库　收录全国 300 多家文献信息服务机构（中科院系统、社科院系统、解放军卫生系统、科研系统、211 工程院校图书馆和公共图书馆系统）入藏的中文、英语、日语、俄语各语种期刊 10 万余种，内容涉及理、工、农、林、医、军事和社会科学领域。

CALIS 系统既能检索各种期刊的馆藏信息，还能按分类浏览各国 3 000 多种期刊的目次、文摘和百余种网上期刊的全文，还能连接到成员馆主页的集成信息系统。该系统提供分类浏览、简单检索和高级检索三种查询方式。可检途径主要有：刊名、关键词、CODEN、ISSN、分类号、责任者、统一刊号等，此外还设有网上期刊导航和网上全文免费期刊浏览。在成员馆信息栏中有馆藏单位的详细信息，方便成员馆开展原始文献传递及复制服务，也可供用户通过 E-mail 发出索取原谅的请求，或者链入成员馆的主页。该系统实行 IP 控制检索。

（4）高校学位论文数据库　收录 211 工程 61 所高校的学位论文。

（5）高等学校会议论文库　收录国内大学每年召开的国际性学术会议文献。

（6）CALIS 的特色数据库　CALIS 各成员馆根据本馆收藏的文献特色而建立的数据库（参见 CALIS 中文数据库）。

四、CALIS 联合目录公共检索系统

CALIS 联合目录公共检索系统是 CALIS 联机合作编目形成的联合目录数据库。系统提供了浏览、检索历史等功能，检索数据范围包括中文、英文、日文、俄文所有数据。CALIS 联合目录公共检索系统采用 Web 方式提供查询与浏览。

（一）进入 CALIS 联合目录公共检索系统

图 5-6 为 CALIS 的首页，单击“书刊联合目录”即进入图 5-7 所示的 Calis 公共联合目录查询系统，系统默认进入该系统的简单检索界面。

图 5-6 CALIS 主页

若需使用高级检索，在图 5-7 界面上单击高级检索，即可进入图 5-8 所示的页面。

（二）选择检索途径

如图 5-7 所示，联合目录公共查询系统提供的主要检索途径有：题名、责任者、主题、全面检索、分类号、所有标准号码、ISBN、ISSN 等八种途径。可以根据检索需求的已知线索，选择合适的检索途径。

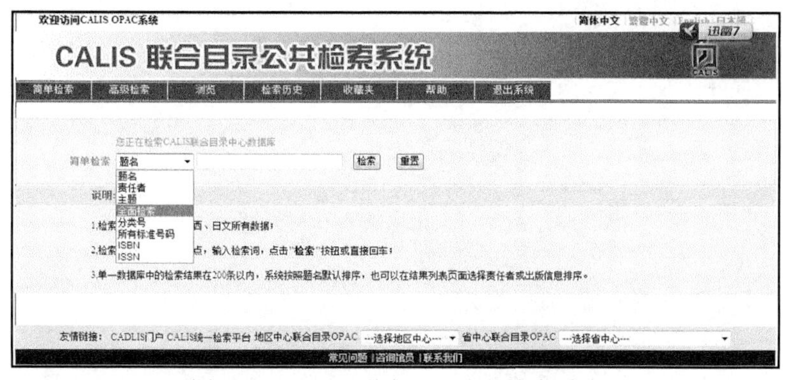

图 5-7 CALIS 联合目录公共检索系统

（三）构建检索式，执行检索

检索式的构建基于已知条件。若已知书的名称，则可以选择书名途径，输入所要检索的图书名称；若要查某人的著作，则可选择作者途径，输入欲检索人物的姓名；若要查询某类图书，则可以选择分类途径或主题途径，分别输入分类号、主题词或关键词等。

例如，在图 5-8 中选择题名途径，在题名检索框中输入“石头记”，单击“检索”按钮即可得到图 5-9 所示的检索线索。

查看检索结果：提交检索后，系统会在屏幕上显示命中记录的题名（见图 5-9）。单击所要查看的题名，即可显示该文献的书目信息、馆藏地点等（见图 5-10）。记下馆藏地点、文

献索取号及文献名称，便可联系复印、借阅、文献传递。

如果查询的文献不在馆内，则单击检索结果页面上流通信息中的借阅者条码号，可了解借阅文献者的情况和借阅时间等信息。

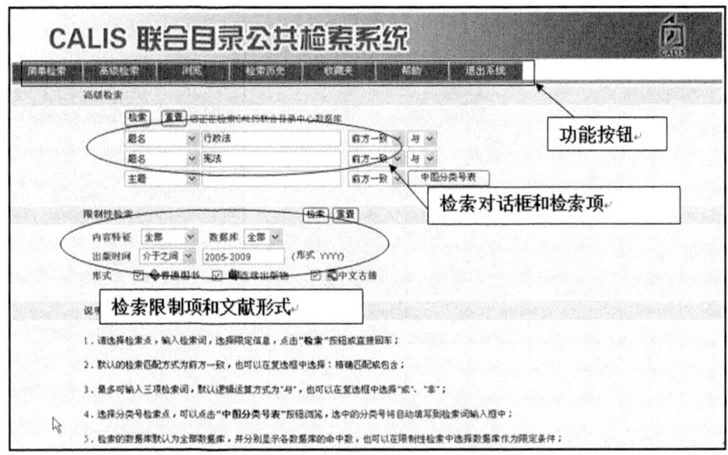

图 5-8　CALIS 联合目录公共检索系统高级检索

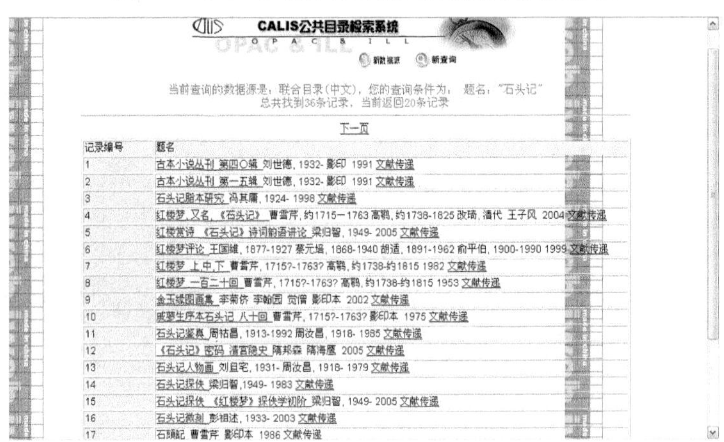

图 5-9　用“石头记”检索获得的题录信息

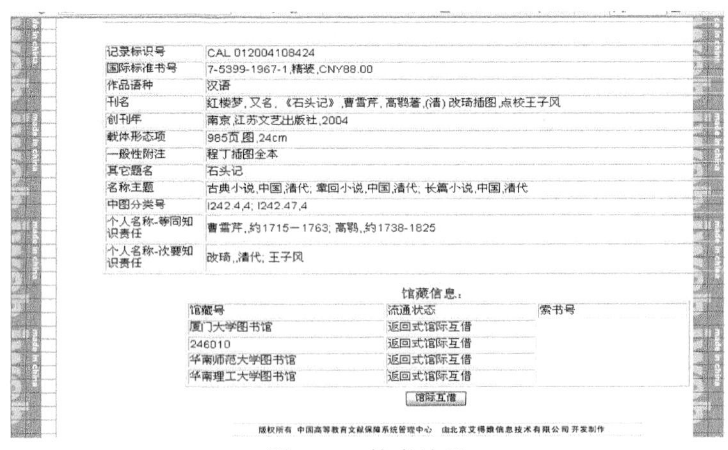

记录标识号	CAL 012004108424
国际标准书号	7-5399-1967-1,精装,CNY88.00
作品语种	汉语
刊名	红楼梦,又名,《石头记》,曹雪芹,高鹗著,(清)改琦插图,点校王子风
创刊年	南京,江苏文艺出版社,2004
载体形态项	985页,图,24cm
一般性附注	程丁插图全本
其它题名	石头记
名称主题	古典小说,中国,清代; 章回小说,中国,清代; 长篇小说,中国,清代
中图分类号	I242.4,4; I242.47,4
个人名称-等同知识责任	曹雪芹,,约1715—1763; 高鹗,,约1738-1825
个人名称-次要知识责任	改琦,,清代; 王子风

馆藏信息：

馆藏号	流通状态	索书号
厦门大学图书馆	返回式馆际互借	
246010	返回式馆际互借	
华南师范大学图书馆	返回式馆际互借	
华南理工大学图书馆	返回式馆际互借	

图 5-10　检索结果

第六章　中文网络数据库检索系统

第一节　维普知识资源系统

一、维普知识资源系统简介

维普知识资源系统是由国家科委西南信息中心重庆维普资讯有限公司出版，具有收录范围广、数据容量大、著录标准全、全文服务快等特点；其使用方式也日渐多样化，主要有网络使用、镜像站点两种基本检索者服务模式。每种模式下又设计了若干种细化服务方式，如网上包库、流量记费、阅读卡、本地的镜像站点、分布的镜像站点、OPAC 连接使用、电子期刊整刊网络订阅等多种服务模式。

目前该系统已成为我国科技查新、高等教育、科学研究等单位必不可少的基本工具和资料来源。该系统现在提供 6 个数据库、3 个服务平台（图书馆学科服务平台 LDSP、文献共享服务平台 LSSP 和维普-google 学术搜索）以及《中文科技期刊评价报告》等 11 种产品。6 个数据库的基本情况如下。

1．中文科技期刊数据库（全文版/文摘版）

该数据库是重庆维普资讯有限公司开发的国内最大的综合性文献数据库，收录 1989 年以来出版的 12 000 余种中文期刊题录、文摘和全文。该数据库分 7 个专辑 28 个专题出版，数据每周更新。

2．中文科技期刊数据库（引文版）

文献评价、科学家评价、研究机构评价、期刊评价、职称评定等，都需要引文检索。该数据库正是科技文献检索、文献计量研究和科学活动定量分析评价的强力工具，是目前国内检索期刊种类最多的引文数据库。

3．中国科学指标数据库（China Science Indicators System）（CSI）

该数据库是重庆维普资讯有限公司于 2009 年 6 月正式推出的，是我国目前规模最大的基于引文评价的事实型数据库，是衡量国内科学研究绩效、跟踪国内科学发展趋势的有力工具。数据评价时段从 2000 年跨度至今，每双月更新。

4．外文科技期刊数据库（文摘版）

该数据库是重庆维普资讯有限公司联合国内数十家图书馆，以其订购和收藏的外文期刊为依托建立的综合性文摘数据库。它收录了 1992 年以来世界 30 余个国家的 11 300 余种期刊，800 余万条外文期刊文摘题录信息。该数据库对题录字段中刊名和关键词进行汉化，帮助检索者充分利用外文文献资源。

5．中国科技经济新闻数据库

该数据库是科研机构、企业、政府部门获取行业动态，把握市场走向，建立竞争情报系统的重要信息来源，尤其是科技查新单位进行科技查新时重要的查询数据库之一，按学科分为科研、工业、农业、医药、商业、经济和教育七个专辑。其信息来源于 1992 年至今的 420 多种重要报纸和 12 000 多种科技期刊的 305 余万条新闻资讯，包括了各行各业的新产品、新技术、新动态和新法规的资讯报道。

6．VERS 维普考试资源系统（简称 VERS）

VERS 是维普资讯专门研发的集日常学习、考前练习、在线考试、模拟测试等功能于一体的大型教育资源数据库，是适用于学校图书馆及个人的实用性很强的学习工具。VERS 目前拥有九大分类 200 多个细分考试科目的试卷两万余套，并按月更新增加最新的试卷服务。VERS 系统采用开放、动态的系统架构，将传统的考试、练习模式与先进的网络应用相结合，引领学生熟悉考试模式、巩固知识要点、完成学习任务，是无纸化考试，教辅功能新体验。同时还可在线答题，在线评分，提供参考答案和权威解析。

二、维普阅读器、PDF 阅读器

为了阅览、打印中文科技期刊数据库的全文及检中结果下载，每个用户端都需要下载并安装维普浏览器或 PDF 阅读器。下载维普阅读器、PDF 阅读器如图 6-1 所示，分别单击它们即可下载。

1．维普阅读器

维普阅读器为保障正常阅读所提供的专用阅读器。目前可下载并使用的维普浏览器有以下几个版本：维普全文浏览器（中文完整）3.1 版、维普全文浏览器（英文完整）3.1 版、维普全文浏览器（中文简化）3.1 版、维普全文浏览器（英文简化）3.1 版。图 6-2 为维普阅读器的主页。主菜单包含所有功能命令，工具栏提供某些常用功能的快捷图标，翻页区为检索者提供快速翻页功能。其主要功能包括以下几种：

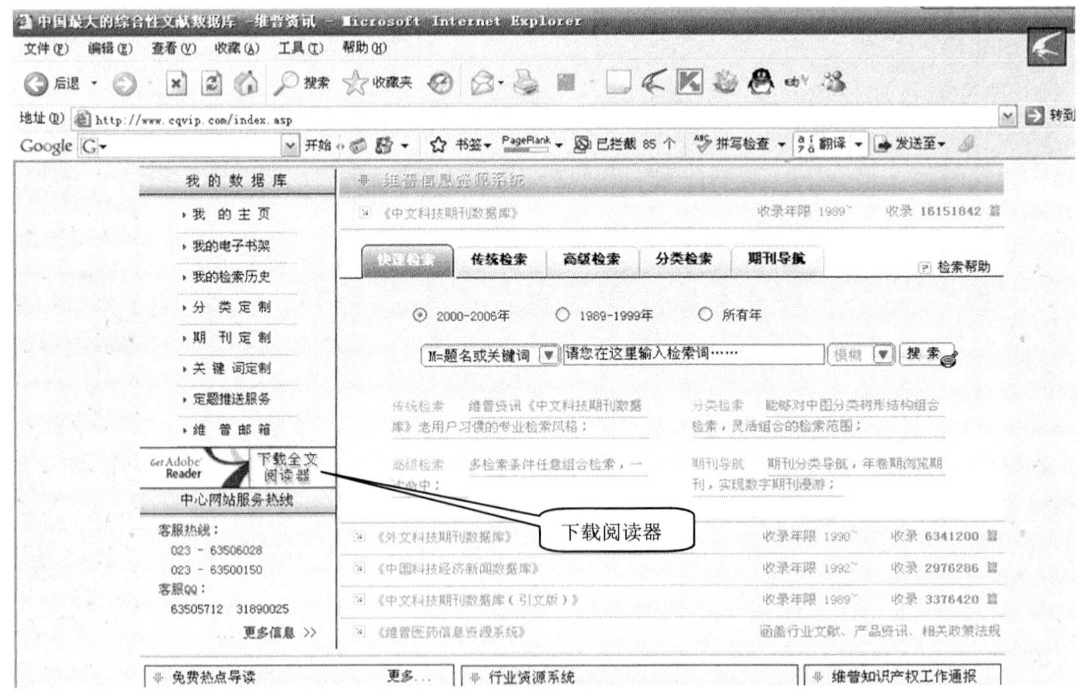

图 6-1 下载维普阅读器、PDF 阅读器

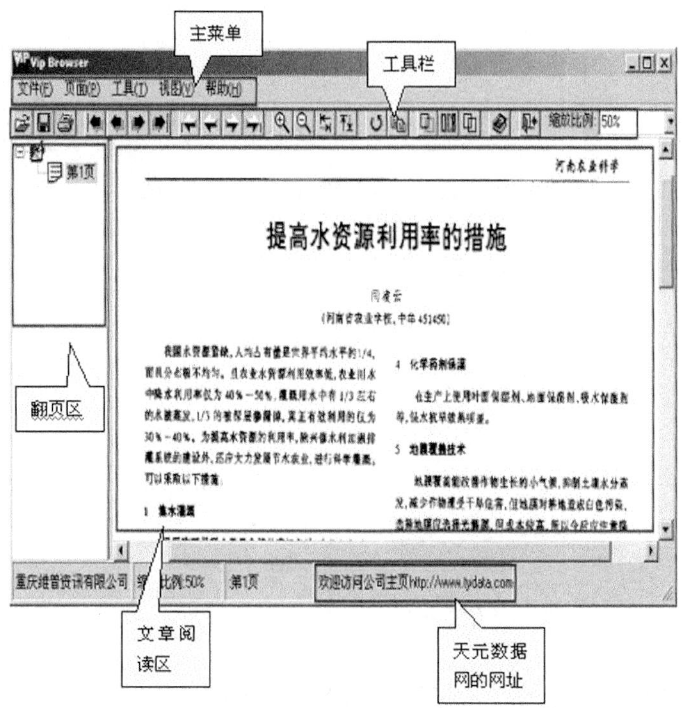

图 6-2　维普阅读器主界面

（1）设置“题录下载”的输出选项　打开浏览器后，单击“工具”菜单中的“设置输出选项”，选择需要输出的项目：“题录类型”是选择对应的数据库，然后选中“立即生效”即可。对下载打开的题录可按字段过滤输出。

（2）图文转换功能　在“工具”菜单中选择“选择 OCR 区域”，再选中所需转换的文字，然后单击“识别选定区域”，就会出现转换成文本格式的提示框。可直接修改错误；可复制、粘贴到其他字处理软件，如 Word 中去。

（3）全文页面的反向显示功能　由于扫描处理问题，有时会遇到黑底白字的页面，选择“工具”中的“反向显示”，可将它转成白底黑字。

2. PDF 阅读器

维普资讯网提供的是在以 Adobe Acrobat 可携式文件格式（PDF）全文下载格式上采用了 jbig2 压缩技术，需要 Adobe Acrobat Reader 5.0 以上版本的支持。PDF 文档文件用“ ”符号标示，以.pdf 为扩展名。下面以 Adobe Acrobat Reader 7.0 为例来介绍 PDF 的各项功能。

（1）阅读器的安装　Adobe Acrobat Reader 必须正确安装，否则会出现打开文件看不到文字的现象。单击图 6-1 中的 Adobe 图标，按照提示下载并安装在本地计算机上。

（2）阅读器工作界面介绍　Adobe Reader 窗口的右边是用于显示 Adobe PDF 文档的文档窗格，左边是用于导览当前 PDF 文档的导览窗格（见图 6-3）。窗口顶部的工具栏和底部的状态栏提供了用于操作 PDF 文档的其他控件。

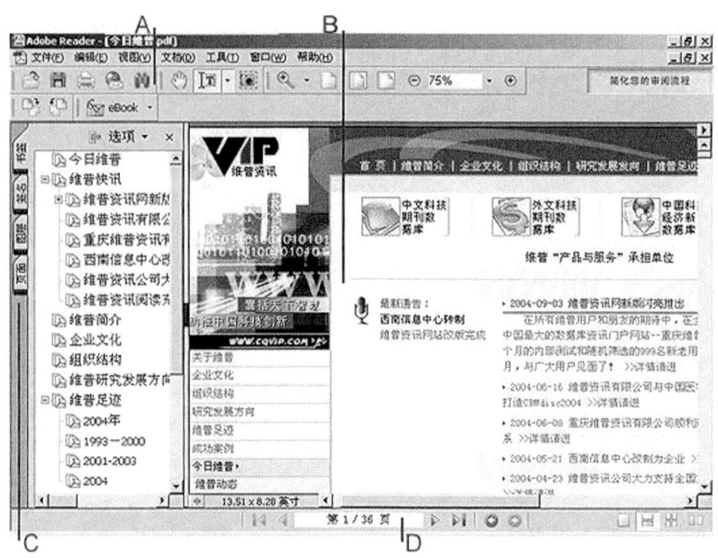

图 6-3　Adobe Reader 工作区

其中：A 表示工具栏，B 表示文档窗格，C 表示导览窗格（显示了“书签”标签），D 是状态栏。

窗口底部状态栏中的导览控件，提供了快速导览文档的方法。另外，还可以使用菜单命令、“导览”工具栏和键盘快捷方式来翻阅 PDF 文档。

（3）阅读器使用方法介绍

1）编辑 PDF 文档。使用 Adobe Reader 可以选择 Adobe PDF 文档中的文本、表、图像和图形，将其复制到剪贴板，或将其粘贴到其他应用程序中的文档。选择“文件”→“打开”，或单击工具栏中的按钮，即可打开 Adobe Reader 中的 PDF 文档。Windows 文档从“文件”菜单选择文档的文件名。

在进行 PDF 文档编辑时，文本文件与图像文件的编辑略有不同。复制和粘贴文本时选择“文本选择”工具选择所需的文本或文本块。使用“复制”和“粘贴”命令可将选定的文本复制到其他应用程序，就可以进行编辑处理、保存了。而复制图像时，单击“快照”工具，以虚线框选所需复制的对象（文本、图形或图文），然后在文本、图像或图文对象周围拖画选框，这时，选定区域会反色高亮显示，当松开鼠标时，选定区域即被自动复制到剪贴板或其他应用程序。打开目标文件，使用“编辑”→“粘贴”命令就可以将复制的内容粘贴到文档中。

2）导览 PDF 文档。可以翻阅 Adobe PDF 文档，或使用书签、缩略图页面和链接等导览工具来导览文档，并可顺着导览路径回溯。

3）PDF 文档的搜索和管理。收藏的 PDF 文档多了之后，搜索和管理便是一个大问题。利用搜索功能，可以在当前 Adobe PDF 文档、指定范围的所有文档用文字、短语或句子进行搜索。

PDF 文档的管理，最好是分类管理。例如，将全部 PDF 论文放在一个大目录，其类下分中国期刊网论文、学位论文、中国台湾论文、日本论文等，再下又分年等类，如此这样，就建立了一个与文献目录管理相配合的程序，文件查找也就能轻松实现。

三、数据库检索方法

（一）检索字段及其代码

维普资源系统各个数据库均提供了多个检索字段，如题名/关键词、题名、关键词、文摘、作者、机构、刊名、分类号、任意字段，如图 6-4 所示。首页上简单检索页面的默认字段为“题名/关键词”字段，而检索结果页面上的默认字段为“任意字段”。

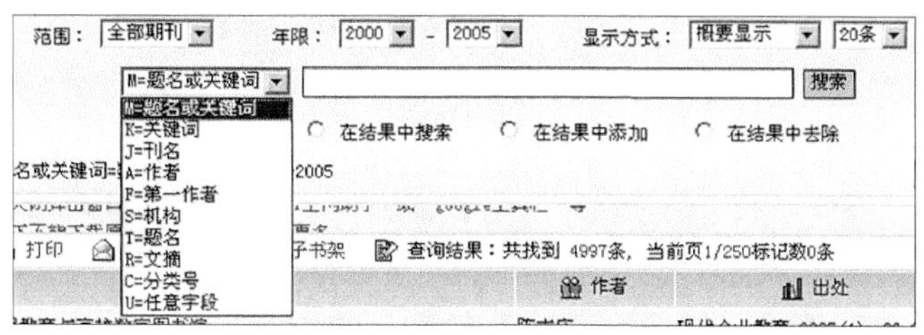

图 6-4　检索字段及其代码

各检索字段分别用英文字母表示，详见表 6-1。

表 6-1　检索字段代码对照表

代　　码	字　　段	代　　码	字　　段
U	任意字段	S	机构
M	题名或关键词	J	刊名
K	关键词	F	第一作者
A	作者	T	题名
C	分类号	R	文摘

（二）检索指南

维普资讯的所有资源系统的四大数据库以及维普医药信息资源系统、维普石油化工信息资源系统等 11 个行业信息资源系统均提供了快速检索、传统检索、高级检索、分类检索和期刊检索 5 种方式。

快速检索操作过程简单实用；传统检索是维普资讯中文科技期刊数据库老用户习惯的专业检索风格；高级检索提供了多检索条件任意组合检索，检准率高；分类检索对文章中图分类号做检索学科范围组合，灵活限制检索范围；期刊分类导航，用户可以按照年卷期浏览期刊，实现数字期刊漫游。下面以中文期刊全文数据库为例介绍数据库使用方法。

1. 快速检索

（1）快速检索的方法　快速检索方式适于对检索结果的全面性、精确性要求不高的检索者，或者缺乏专业文献检索知识和技巧的检索者。

快速检索的方法是在首页如图 6-5 所示的搜索栏中输入检索词并单击“搜索”即可，这种方法也称为简单搜索。使用时，用户直接在文本框中输入需要检索的内容，单击搜索，即可得到相关文献线索。

为了得到更加精准的信息，可以在此基础上实施二次检索如重新检索、在结果中检索、在结果中添加、在结果中去除等（见图 6-6），以及对范围、年限、显示方式等的限制，从而更加准确地锁定用户所需要的数据。

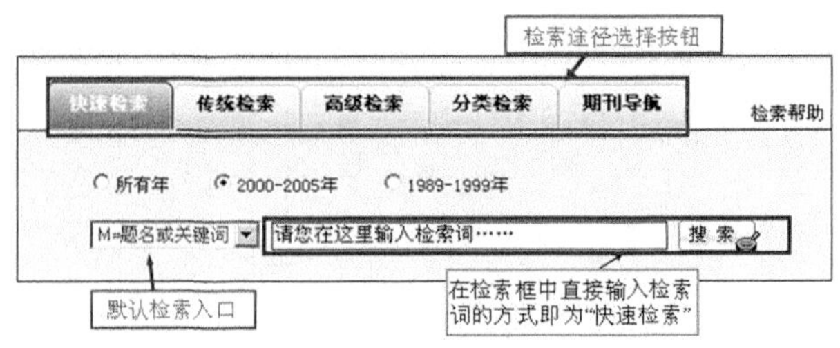

图 6-5　中文科技期刊数据库专业检索主界面

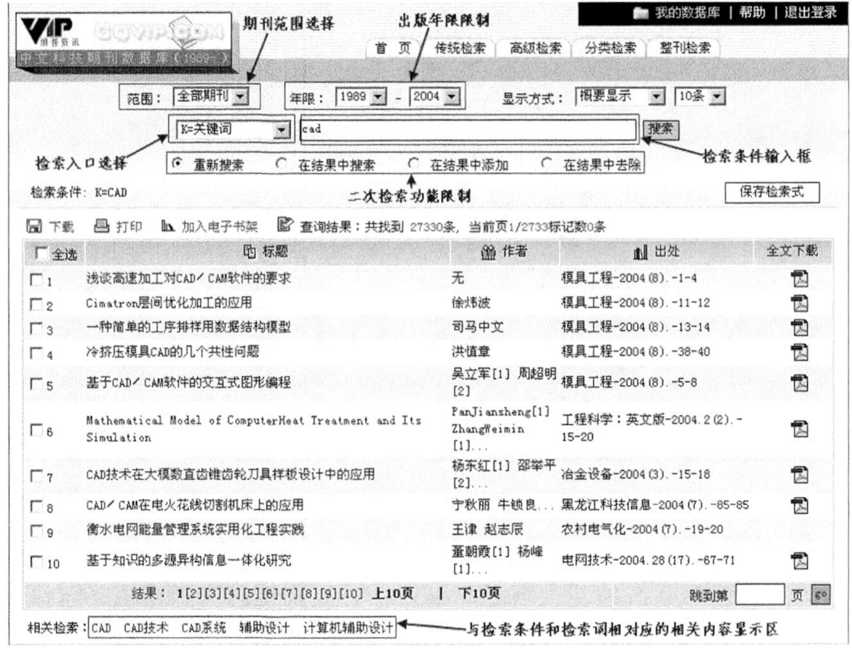

图 6-6　二次检索界面

（2）快速检索的检索规则　快速检索的表达式输入类似于百度等搜索引擎，直接输入需要查找的检索词，单击“文章搜索”按钮即实现检索。多个检索词之间用空格或者“*”代表“与”，“+”代表“或”，“-”代表“非”。需要注意的是，检索过程中，如果检索词中带有括号或逻辑运算符*、+、-、()、《》等特殊字符，必须在该检索词上用双引号括起来，以免与检索逻辑规则冲突。双引号外的*、+、-，则系统会将这些符号当成逻辑运算符（与、或、非）进行检索，而逻辑非不能用“-”，因为它易与英文的连字符混淆，可以采用二次检索来实现逻辑非的功能。

2．传统检索

熟练的检索者能利用传统检索实现绝大部分检索需求，对查准率和查全率要求很高的检索者也能利用这种方式满足需求。

检索者登录维普资讯网首页，在数据库检索区，通过单击“传统检索”，即可进入传统检索页面（见图 6-7a）。其检索步骤为：

（1）选择检索入口 中文科技期刊数据库提供了 10 种检索入口：关键词、作者、第一作者、刊名、任意字段、机构、题名、文摘、分类号、题名或关键词，检索者可根据自己的实际需求选择检索入口、输入检索式进行检索。

（2）限定检索范围 中文科技期刊数据库可进行学科类别限制、数据年限限制、期刊范围限制、同义词限制以及同名作者限制，见图 6-7b。

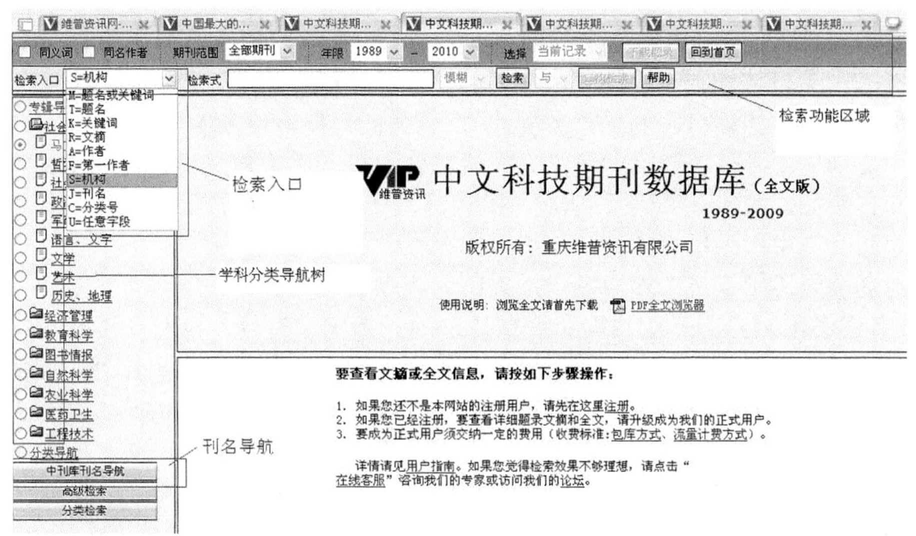

a）

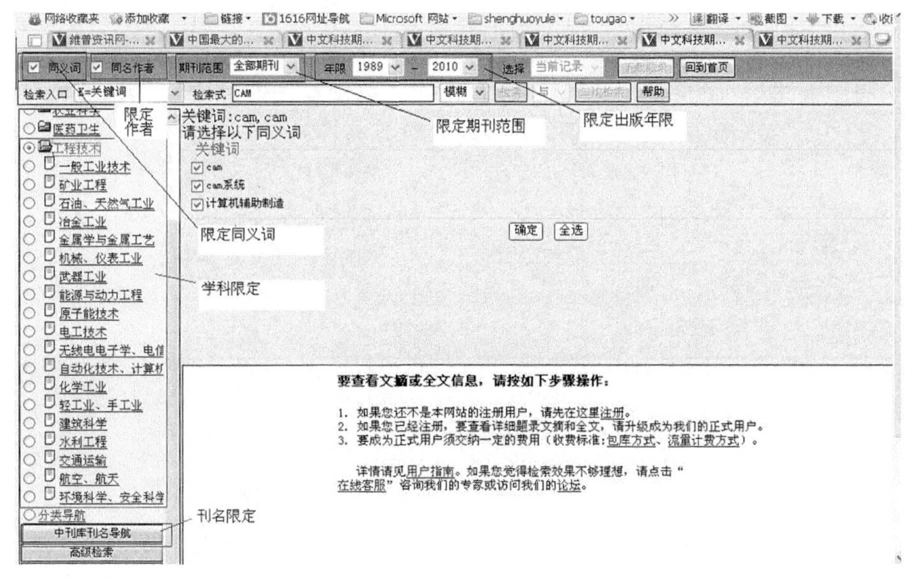

b）

图 6-7 中文科技期刊数据库传统检索页面

1）学科类别限制。分类导航系统是参考《中国图书馆分类法》（第 4 版）进行分类的，每一个学科分类都可以按树形结构展开，利用导航缩小检索范围，进而提高查准率和查询速度。

2）数据年限限制。数据收录年限为从 1989 年至今，这是系统默认的年限限制，但检索者可以自行选择所需文献的年限，如需检索某一年如 1998 年的文献，就可以在检索框中选择“1998～1998”。

3）期刊范围限制。期刊范围限制包括全部期刊、核心期刊和重要期刊三种，系统默认状态为全部期刊，检索者同样也可以根据需要选择。

4）同义词限制。同义词库功能只有在选择了关键词检索入口时才生效，系统默认状态为关闭，选中即打开。同义词库的使用方法是：

首先进入中文科技期刊数据库的检索界面，其左上角有“同义词”选择框，在框内打钩，然后在“检索入口”选项内，选择“关键词”，并在检索框内输入关键词后进行检索。

如果同义词表中有该关键词的同义词，系统就会显示出来，让检索者决定是否使用这些同义词检索。例如，输入关键词“CAM”检索时，会提示“cam、cam 系统、计算机辅助制造”等是否同时选中作为检索条件，从而可提高检索的查全率。

同义词功能只适用于三个检索字段：关键词、题名或题名与关键词。

5）同名作者限制。同名作者库功能默认关闭，选中即打开。只有在选择了作者、第一作者检索入口时才生效。输入作者姓名检索时系统会提示同名作者的单位列表，选择想要的单位，单击“确定”即可检出该单位的该姓名作者的文章。

同名作者功能只适用于两个检索字段：作者、第一作者。

（3）检索式和复合检索　复合检索有两种方式，一种是利用二次检索；一种是直接输入复合检索式。

1）利用“二次检索”。所谓二次检索，就是在前一次检索结果的基础上再次检索，如图 6-8 所示。例如，先选用“关键词”检索途径并输入“模具”一词，输出结果；再选择“刊名”途径，输入“成都航空职业技术学院学报”，在“与、或、非”的可选项中选择“与”，单击“二次检索”，然后输出的结果就是刊名为“成都航空职业技术学院学报”，包含关键词“模具”的文献。二次检索可以多次应用，以实现复杂检索。

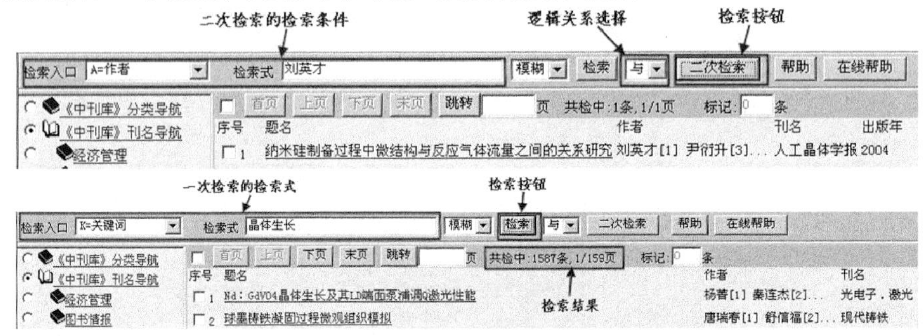

图 6-8　中文科技期刊数据库二次检索过程

2）直接输入复合检索式。该数据库支持布尔逻辑检索，检索符号的对应关系为：“*”=“与”、“+”=“或”、“-”=“非”。复合检索式就是按布尔逻辑运算的规则书写。但直接输入复合检索式时，必须选用“任意字段”途径。

例如，输入“K=模具*J=成都航空职业技术学院学报”，检索结果就等于以上多次二次检索后所得的输出结果。检索词前面的英文字母是各字段的代码，可在检索选择框中查看。

又如，输入检索式“(CAD+CAM)*服装”，检出结果等同于以下三个步骤的操作结果。即首先选用关键词“CAD”进行简单检索后，然后在此基础上再用关键词“CAM”

并选择“或”操作，进行二次检索，最后用关键词“服装”并选“与”选项，再一次进行二次检索。

获得所需检索结果后，检索者可以单击文章题目进行查看题录或下载全文等进一步的操作。

3. 分类检索

分类检索相当于传统检索的分类导航限制检索，不同之处在于：这里采用的是《中国图书馆分类法》(第 4 版) 的原版分类体系，分类细化到《中国图书馆分类法》(第 4 版) 的最小一级分类，能够满足检索者对分类细化的不同要求。

实行分类检索时，检索者登录维普资讯网首页，在数据库检索区，单击“分类检索”，即可进入分类检索页面 (见图 6-9)。分类检索的具体步骤为：

（1）学科类别选择　首先，检索者根据检索需求，直接在图 6-9 左边的分类列表中按照学科类别逐级点开，运用左边方框中的搜索框对学科类别进行查找定位（模糊查找），如果检索结果有多个，则定位在第一个类别上。在目标学科前的中打上“ √ ”，单击“添加删除按钮”中的 >> ，可将限制分类选取在搜索页中的“所选分类”之中；还可以使用双击或 << 按钮来删除不需要的分类限制；并单击 >> 按钮将类别移到右边的方框中，即完成该学科类别的选中。

（2）在所选类别中搜索　在选中学科类别以后，在页面上放的检索框处选择检索入口、输入检索条件，即可进行在选中学科范围内的检索操作。

（3）快速查找分类　检索者还可以使用“快速查找分类栏”，在输入栏中输入类别的名称，单击“GO”按钮，系统将屏幕上就会以高亮显示该分类，快速为检索者找到所需的学科分类（见图 6-9）。

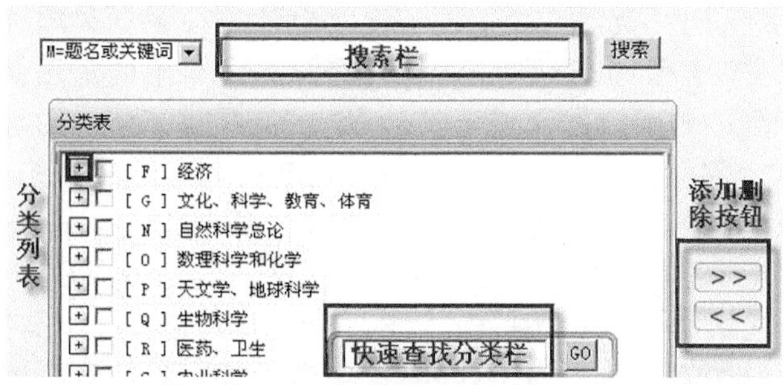

图 6-9　中文科技期刊数据库分类检索页面

4. 高级检索

高级检索是一种比较专业的检索方式，适用于对自己的检索请求非常明确，对查准率和查全率要求相当高的检索者。

检索者登录数据库首页，在数据库检索区，单击“高级检索”，即可进入高级检索页面。高级检索提供了两种方式供检索者选择使用：向导式检索和直接输入检索式检索。

（1）向导式检索

1）检索界面。向导式检索为检索者提供分栏式检索词输入方法。除可选择逻辑运算、检索项、匹配度外，还可以进行相应字段扩展信息的限定，最大程度地提高了“检准率”。使用扩展功能可定义非常复杂和精准的检索请求。

2）检索规则。

① 检索执行的优先顺序。向导式检索的检索操作严格按照上图中由上到下的顺序进行，用户在检索时可根据检索需求进行检索字段的选择。

图 6-10 中显示的检索条件得到的检索结果为：（U=大学生*U=信息素养）+U=大学生）*U=检索能力；而不是（U=大学生*U=信息素养）+（U=大学生*U=检索能力）。如果要实现（U=大学生*U=信息素养）+（U=大学生*U=检索能力）的检索，可输入检索式：U=（大学生*信息素养）+U=（大学生*检索能力）达到检索目的。

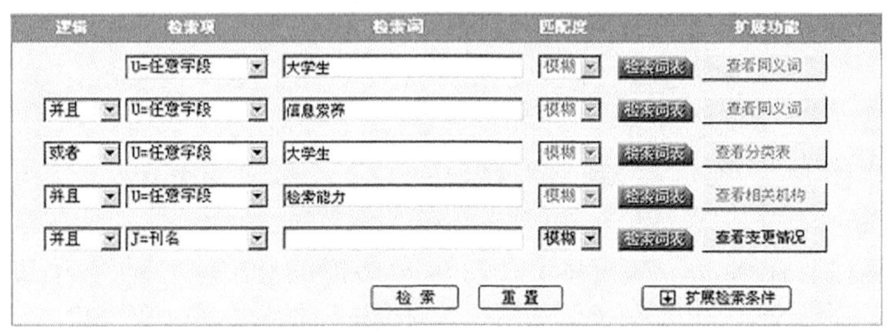

图 6-10　检索条件得到的检索结果

② 关于逻辑运算符。在检索表达式中，运算符不能作为检索词进行检索，如果检索需求中包含有以上逻辑运算符，则需要调整检索表达式，用多字段或多检索词的限制条件来替换逻辑运算符号。例如，如果您要检索 C+，可组织检索式（M=程序设计*K=面向对象）*K=C 来得到相关结果。

③ 关于检索字段的代码，见表 6-1。

3）扩展功能。扩展功能可以实现相对应的功能，主要有查看同义词、同名/合著作者、查看分类表、查看相关机构、查看变更情况等五种功能。检索者只需要在前面的输入框中输入需要查看的信息，再单击相对应的按钮，即可得到系统给出的提示信息。

① 查看同义词。例如，用户输入“零件”，单击查看同义词，即可检索出“零件”的同义词：“零部件、零件、零件部件、零配件”等，用户可以全选，以扩大搜索范围。

② 查看变更情况。例如，检索者可以输入刊名“移动信息”，单击查看变更情况，系统会显示出该期刊的创刊名“新能源”和曾用刊名“移动信息．新网络”。

③ 查看分类表。检索者可以直接单击按钮，会弹出分类表页，操作方法同分类检索。

④ 查看同名作者。例如，输入“刘建超”，单击查看同名作者，即可以列表形式显示不同单位同名作者。

⑤ 查看相关机构。例如，用户可以输入“中华医学会”，单击查看相关机构，即可显示以中华医学会为主办（管）机构的所属期刊社列表。

4）检索词表。检索者选择某一字段后，可查看对应字段的检索词表来返回检索词，如关键词对应的是主题词表，机构对应的是机构信息表，刊名对应的是期刊名列表。此功能正在完善中。

5）扩展检索条件。用户可以单击“扩展检索条件”，以进一步的减小搜索范围，获得更符合需求的检索结果。如图 6-11 所示，用户可以根据需要，以时间条件、专业限制、期刊范围进一步限制范围。

检索者在选定限制分类，并输入关键词检索后，页面自动跳转到搜索结果页。

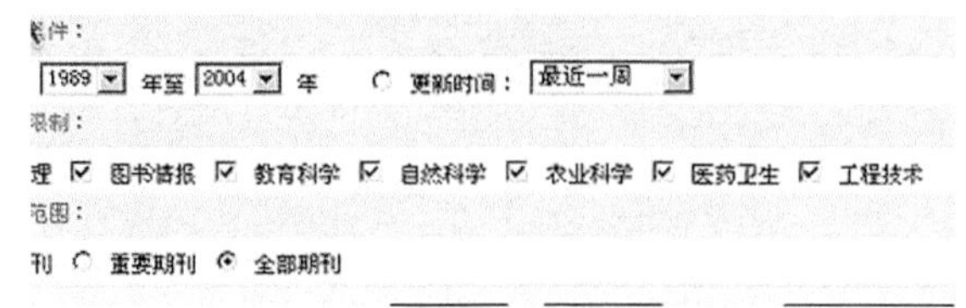

图 6-11　向导式检索界面

提示：在进行以上相关的同义词、同名作者、分类表、相关机构和变更情况等信息的查询时，必须在前面输入相应的检索词，否则不能进行操作。

（2）直接输入检索式检索

1）检索界面。检索者可在检索框中直接输入逻辑运算符、字段标志等，单击“扩展检索条件”并对相关检索条件进行限制后单击“检索”按钮即可。直接输入检索式界面如图 6-12 所示。

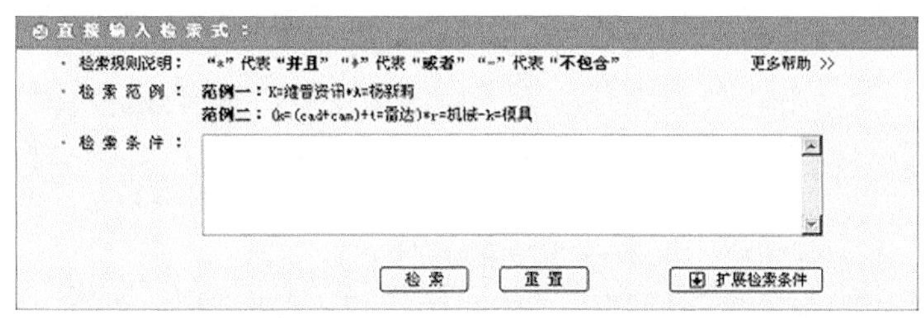

图 6-12　直接输入检索式界面

检索式输入有错时检索后会返回“查询表达式语法错误”的提示，看见此提示后请使用浏览器的“后退”按钮返回检索界面重新输入正确的检索表达式。

2）扩展检索条件。同“向导式检索”。

3）检索规则中关于布尔逻辑运算符、检索代码同前所述，关于检索优先级如此限定：无括号时逻辑与“*”优先，有括号时先括号内后括号外。括号不能作为检索词进行检索。

5．期刊检索

检索者登录维普资讯网首页，在数据库检索区，通过单击“期刊导航”，即可进入期刊检索页面，期刊导航检索界面如图 6-13 所示。

（1）检索方法　期刊检索提供了四条检索途径，即期刊刊名检索途径、号码途径（ISSN）、英文字顺以及分类检索途径。同时，为了满足不同的检索者的不同的需求，如该数据库还为检索者提供了检索核心期刊的功能。检索者在利用期刊检索时，可以根据自己的专业范围、学术级别等具体情况，参考核心期刊表，经过甄虑后定出自己所需的期刊，这是缩小检索范围，快速检索到权威、专业、重要的文章的一种方法。

1）期刊刊名（或号码）检索途径。如图 6-13 所示，期刊检索途径提供刊名和 ISSN 号的检索入口，检索者如果知道准确的刊名或 ISSN 号，在输入框中输入刊名或 ISSN 号，单击搜索，即可进入期刊名列表页，然后单击所需刊名即可进入期刊内容页。

该检索途径需要提示三点：①ISSN 号检索必须是精确检索；②刊名字段的检索是模糊检索；③刊名检索提供二次检索功能。

2）英文字顺检索途径。英文字顺检索即按期刊名的第一个字的首字母的字顺进行查找。若检索者单击字母 A，即可列出以拼音字母 A 为首字母的所有期刊列表。

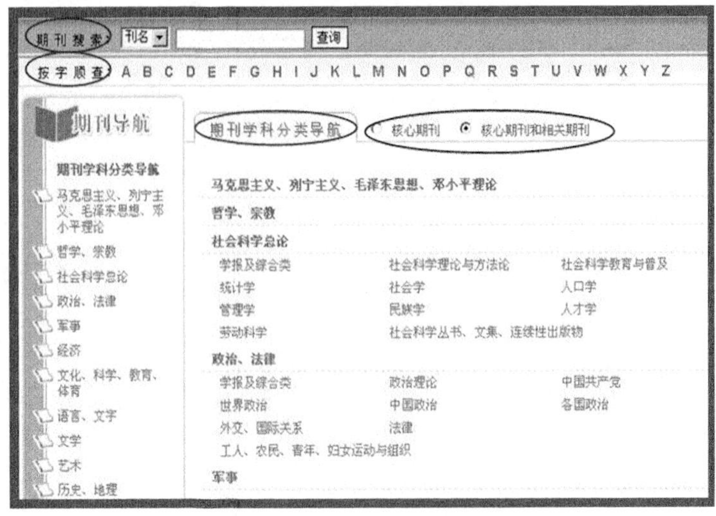

图 6-13　期刊导航检索界面

3）分类检索途径。分类检索即是检索者根据需求按照学科分类所需期刊。学科分类共分为医药卫生、工业技术、自然科学、农业科学和社会科学 5 个大类，每个大类下又分为若干小类。检索时，单击某一分类可查看期刊列表，期刊列表页面上提供的期刊信息有：刊名、ISSN 号、CN 号、核心期刊标志（有★标志的为核心期刊）。

按学科分类还可限制“核心期刊”、“核心期刊和相关期刊”，选择“核心期刊”则只能查看到所选学科类别下涵盖的核心期刊。限定核心期刊的方法是：单击图 6-14 中的 ★ 核心期刊 按钮即可将列表中的核心期刊全部筛选出来，此时 ★ 核心期刊 按钮变成黄色。

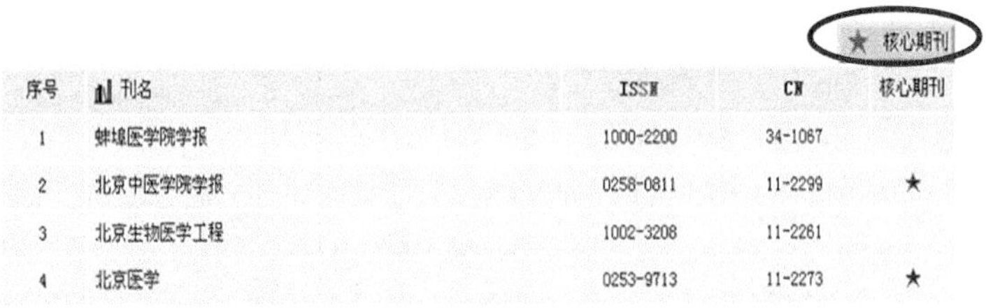

★ 核心期刊

序号	刊名	ISSN	CN	核心期刊
1	蚌埠医学院学报	1000-2200	34-1067	
2	北京中医学院学报	0258-0811	11-2299	★
3	北京生物医学工程	1002-3208	11-2261	
4	北京医学	0253-9713	11-2273	★

图 6-14　期刊导航分类检索——期刊列表界面

（2）文章检索　单击期刊列表页面上的期刊名称，即可跳转到该期刊的详细介绍页面本期刊，期刊导航——文章检索界面如图 6-15 所示。从图 6-15 中可知，文章检索可按年限、刊期查看单个期刊的情况并直接在本刊中进行检索。

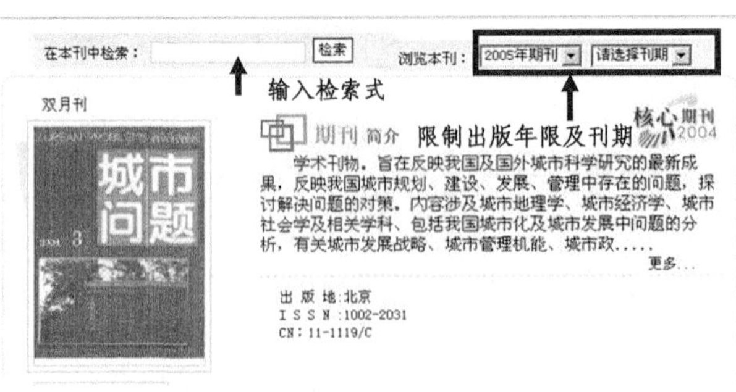

图 6-15　期刊导航——文章检索界面

（三）检索结果处理

1. 检索结果及重新检索

以上各种检索方式的检索结果均包含在图 6-16、图 6-17 所示的窗口里，具体信息详见图 6-16 和图 6-17 中的标注。如果对当前的检索结果不满意，需要调整检索式重新检索，也可直接在检索框中输入检索条件，单击“搜索”进行检索。

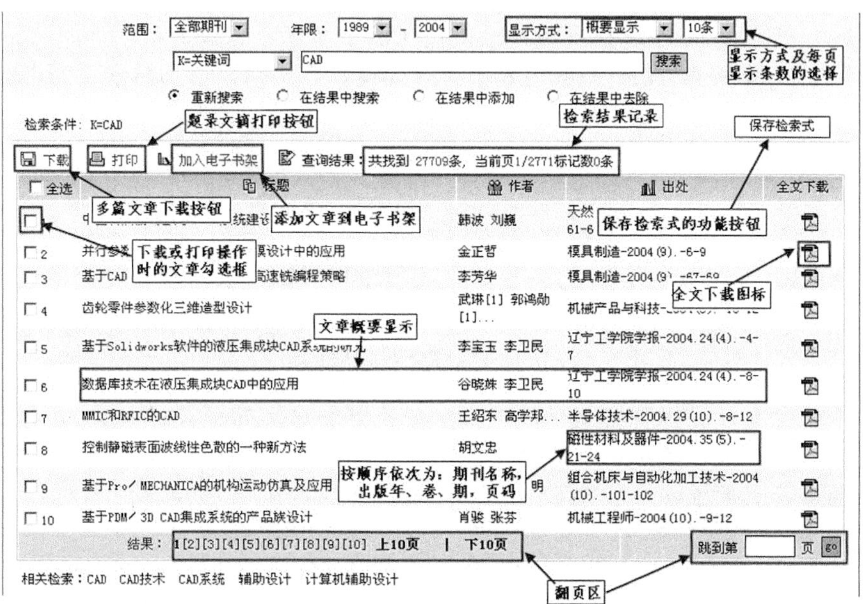

图 6-16　检索结果页面一

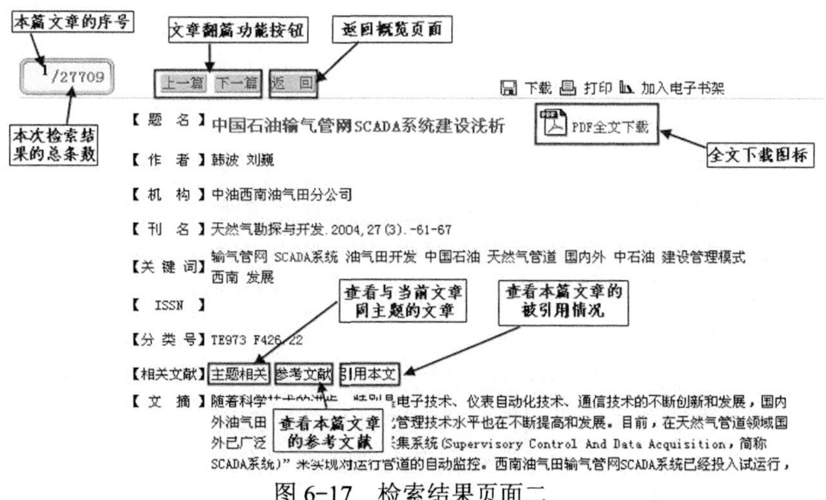

图 6-17　检索结果页面二

2. 单篇文章详细信息浏览

在检索结果展示区，提供了文章的标题、文摘、作者、刊名、出版年限、刊期等信息供浏览。如果想浏览更详细的文章信息或者下载全文，可单击文章的标题，进入单篇文章的详细信息展示页面进行阅读。

3．相关文章

单篇文章的详细信息展示页上的相关文章包含四种文献：主题相关、参考文献、被引用情况和耦合文献。如果检索者想查看当前文章的参考文献，直接单击“参考文献”即可查看到当前文章的所有参考文献。

4．多篇文章下载

首先，在检索结果的概览页面上钩选文章，单击“全文下载”按钮，即出现文章下载管理页面；其次，在图 6-18 中选择下载题录文摘（概要显示、文摘显示、全记录显示、全文），单击“下载”按钮即下载，下载完成后单击“继续检索”按钮，回到检索页面继续检索操作。

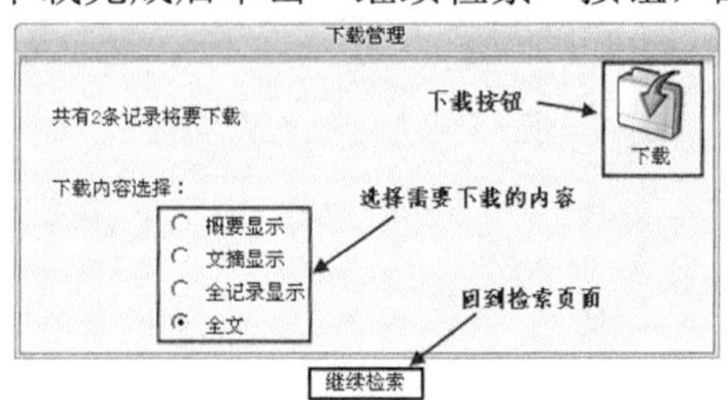

图 6-18　文章下载管理页面

若选择下载全文，则出现全文下载列表，全文下载页面如图 6-19 所示。在列表中单击“全文下载”的“下载”图标可下载全文，单击“加入电子书架”按钮可将文章保存到“我的数据库”的电子书架中。

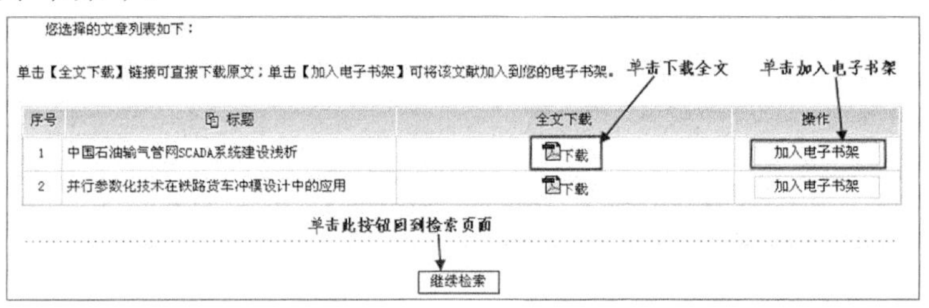

图 6-19　全文下载页面

四、我的数据库

“我的数据库”是维普资讯公司于 2004 年推出的针对用户的个性化服务，它包括我的主页、我的电子书架、我的检索历史、分类定制、期刊定制、关键词定制、定题推送服务、维普邮箱等 8 项服务。

1．使用权限

“我的数据库”是维普资讯网为注册用户提供的免费服务。使用“我的数据库”功能，检索者需要申请一个属于自己的个人标志码和验证码。只有在成功登录“我的数据库”之后，检索结果（文章）和检索表达式才能保存保存到“我的数据库”中。为了使用方便，在使用《中刊库》时请先登录“我的数据库”再进行检索操作。

2．功能介绍

在“我的数据库”中，检索者可根据自己的需求保存检索式、将有价值的文章保存到电子书架，定制自己常用的类别、期刊和关键词，便于再次检索使用。各项服务的实际运用如下：

（1）我的主页　“我的主页”用于存放分类定制、期刊定制、关键词定制等成功定制的

信息。该服务是定制内容的集中显示，直接单击某一定制信息，可得到相应的检索结果。

（2）我的电子书架　用户在检索结果页面上钩选文章后，单击“加入电子书架”按钮，即可将文章保存到自己的电子书架中，见图6-20。使用电子书架保存时需注意三点：①我的电子书架中最多能保存100条信息；②电子书架中保存的文章可整理、删除；③保存在电子书架中已付费的文章，在电子书架中删除后重新添加，再次下载时是需要收费的。

图6-20　维普资讯网检索结果页面

（3）我的检索历史　检索者进行一次检索操作后，可在检索结果页面上单击“保存检索式”按钮，将本次检索所使用的“检索式”保存在“我的检索历史”中。同样需要特别注意：①“我的检索历史”最多只能保存20条检索式信息；②检索式可进行重新检索信息定制删除等操作。

（4）分类定制　检索者可以单击“分类定制”进入分类定制页，选择添加自己感兴趣的分类并提交，以后用户只要在我的主页的分类列表中单击相应关键词，既可检索出相关的文章。

此分类表提供《中国图书馆分类法》（第4版）的原版分类体系，检索者可根据自身要求定制学科类别，方便快捷检索。

如图6-21，定制了以“经济”为关键词，检索者只要在我的主页中单击分类的关键词——经济，即可检索出相关经济分类中的文章。采用本功能时需注意三点：①分类定制最多只能定制20个类别；②可更换定制的类别，检索者可以回到分类定制中删除不想保留的关键词；③修改信息提交后在我的主页上能够看到修改后的信息。

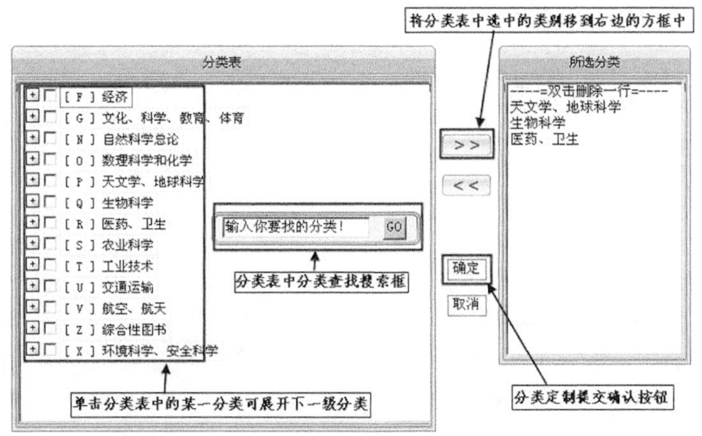

图6-21　分类定制界面

（5）期刊定制　检索者根据自身要求定制常用期刊，便于快捷检索查找。期刊定制的步骤为：①单击期刊定制，输入需要的期刊名称提交以后，存放在“我的主页”中；②单击期刊名称，以该期刊名为检索条件，可得到该期刊所有的文章列表，检索者可进行进一步查看、下载等操作。

在进行期刊定制时，最多只能定制8本期刊，也可修改或更换定制的期刊，同时在修改信息提交后，在我的主页上能够看到修改后的信息。

（6）关键词定制　关键词定制与期刊定制的使用方法相似：即单击关键词定制，输入需要的关键词（最多只能定制 8 个关键词），同时可以修改、更换定制的关键词。

（7）定题推送服务　定题推送服务的操作步骤为：

1）单击“定题推送服务”，按要求填写需要的定制信息。（最多只能定制 10 条推送信息）。

2）定制成功后，系统按检索者所选定的周期（检索者自选：7 天、15 天、30 天），定期将更新的题录发送到检索者所填写的邮箱中，检索者可以自行修改定制信息。

（8）维普邮箱　维普邮箱是维普资讯网为用户提供的又一项便利的个性化服务，以解决用户在使用 E-mail 下载全文时，由于邮箱服务商或空间大小等问题，不能正常接受 VIP 原文的问题。该邮箱可以保存近几天用户所下载的*.pdf 邮件。下面以图 6-22 为例来介绍这一便捷工具。维普邮箱登录界面如图 6-22 所示。首先，在首页单击“维普邮箱”进入邮件提取登录页面。流量用户需输入用户名和密码，包括用户除以上内容外，还需输入自己的邮箱以示区别。登录成功后，进入原文临时保存页面，里面保存着最近 5 天内用户使用 E-mail 下载的原文，用户可以直接单击下载。若此处没有，在前面填写的 E-mail 邮箱中也能提取到原文。

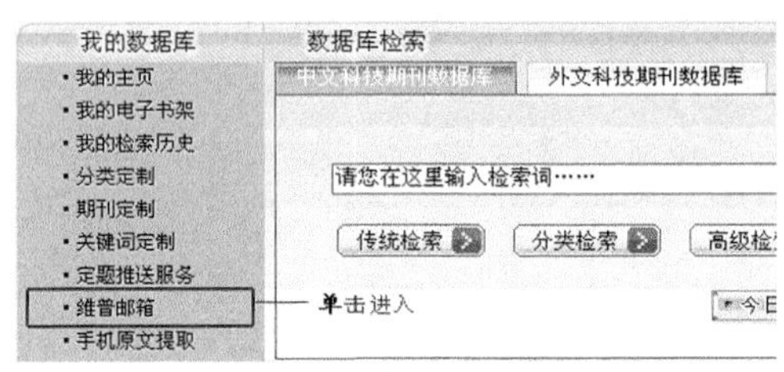

图 6-22　维普邮箱登录界面

第二节　CNKI（中国知网）

一、CNKI 简介

（一）CNKI 工程

CNKI 即中国知识基础设施（China National Knowledge Infrastructure）工程，也可称为“中国知网”（China National Knowledge Internet 的英文简称）。它是采用现代信息技术，建设适合于我国的国情，可以进行知识整合、生产、网络化传播扩散和互动式交流合作的一种社会化知识基础设施的信息化工程。该工程成立于 1995 年，由清华大学发起，中国学术期刊（光盘版）电子杂志社、清华同方知网技术产业集团承担建设，被国家科技部确定为“国家级重点新产品重中之重”项目。

目前，CNKI 工程为世界上全文信息量规模最大的“CNKI 数字图书馆”，并正式启动建设中国知识资源总库及 CNKI 网格资源共享平台，通过产业化运作，为全社会知识资源高效共享提供最丰富的知识信息资源和最有效的知识传播与数字化学习平台，为全球最大的中文知识门户网站。该平台涵盖了我国自然科学、人文与社会科学、工程技术、期刊、博硕士论文、报纸、图书、会议论文等公共知识信息资源。

CNKI 的资源表见表 6-2，它拥有 7 个源数据 8 个合作数据库。目前 CNKI 系列数据库已经被国内外 17 000 多个高校、科研、医院、企业、政府、中小学等各类机构所采用。

表 6-2 CNKI 资源表

源数据库	中国学术期刊网络出版总库（CAJD）	CN 11-9101/N	ISSN 1007-8010
	中国博士学位论文全文数据库（CDFD）	CN 11-9133/G	ISSN 1674-022X
	中国优秀硕士学位论文全文数据库（CMFD）	CN 11-9144/G	ISSN 1674-0246
	中国重要会议论文全文数据库（CPCD）	CN 11-9251/G	ISSN 1671-6787
	中国重要报纸全文数据库（CCND）	CN 11-9247/G	ISSN 1671-6744
	中国年鉴网络出版总库（CYBD）	CN 11-9126/Z	ISSN 1673-8063
	中国工具书网络出版总库（CRFD）	CN 11-9116/G	ISSN 1673-2472
合作数据库	中国专利数据库（CSPD）		
	国家科技成果数据库（SNAD）		
	国内外标准数据库（SCSD、SOSD）		
	国学宝典数据库（GXBD）		
	哈佛商业评论数据库（HBRD）		
	外文期刊库（NSTL）\外文会议论文库（NSTL）		
	外文学位论文库（NSTL）		
	Springer 数据库		

（二）CNKI 专辑专题分类系统

CNKI 以学科分类为基础，兼顾用户对文献的使用习惯，将数据库中的文献分为 10 个专辑，每个专辑下分为若干个专题，共计 168 个专题。

表 6-3 CNKI 专题分类表表

专辑代码	专辑名称	专 题 名 称
A	理工 A	自然科学理论与方法、数学、非线性科学与系统科学、力学、物理学、生物学、天文学、自然地理学和测绘学、气象学、海洋学、地质学、地球物理学、资源科学
B	理工 B	化学、无机化工、有机化工、燃料化工、一般化学工业、石油天然气工业、材料科学、矿业工程、金属学及金属工艺、冶金工业、轻工业手工业、一般服务业、安全科学与灾害防治、环境科学与资源利用
C	理工 C	工业通用技术及设备、机械工业、仪器仪表工业、航空航天科学与工程、武器工业与军事技术、铁路运输、公路与水路运输、汽车工业、船舶工业、水利水电工程、建筑科学与工程、动力工程、核科学技术、新能源、电力工业
D	农业	农业基础科学、农业工程、农艺学、植物保护、农作物、园艺、林业、畜牧与动物医学、蚕蜂与野生动物保护、水产和渔业
E	医药卫生	医药卫生方针政策与法律法规研究、医学教育与医学边缘学科、预防医学与卫生学、中医学、中药学、中西医结合、基础医学、临床医学、感染性疾病及传染病、心血管系统疾病、呼吸系统疾病、消化系统疾病、内分泌腺及全身性疾病、外科学、泌尿科学、妇产科学、儿科学、神经病学、精神病学、肿瘤学眼科与耳鼻咽喉科、口腔科学、皮肤病与性病、特种医学、急救医学、军事医学与卫生、药学、生物医学工程
F	文史哲	文艺理论、世界文学、中国文学、中国语言文字、外国语言文字、音乐舞蹈、戏剧电影与电视艺术、美术书法雕塑与摄影、地理、文化、史学理论、世界历史、中国通史、中国民族与地方史志、中国古代史、中国近现代史、考古、人物传记、哲学、逻辑学、伦理学、美学、心理学、宗教
G	政治、军事与法律	马克思主义、中国共产党、政治学、中国政治与国际政治、思想政治教育、行政学及国家行政管理、政党及群众组织、军事、公安、法理、法史、宪法、行政法及地方法制、民商法、刑法、经济法、诉讼法与司法制度、国际法
H	教育与社会科学综合	社会科学理论与方法、社会学及统计学、民族学、人口学与计划生育、人才学与劳动科学、教育理论与教育管理、学前教育、初等教育、中等教育、高等教育、职业教育、成人教育与特殊教育、体育
I	电子科学与信息科学	无线电电子学、电信技术、计算机硬件技术、计算机软件及计算机应用、互联网技术、自动化技术、新闻与传媒、出版、图书情报与数字图书馆、档案及博物馆
J	经济与管理	宏观经济管理与可持续发展、经济理论及经济思想史、经济体制改革、经济统计、农业经济、工业经济、交通运输经济、企业经济、旅游、文化经济、信息经济与邮政经济、服务业经济、贸易经济、财政与税收、金融、证券、保险、投资、会计、审计、市场研究与信息、管理学、领导学与决策学、科学研究管理

（三）互联网出版平台

CNKI是一个互联网出版平台。CNKI是国家新闻出版总署首批批准的互联网出版平台，可以二次出版所有传统出版方式已经出版过的内容，也可以直接通过网络进行一次出版，出版形式多种多样，包括文本、图片、音频、视频、动画、软件、网络课程、科学数据等多种媒体方式。目前，CNKI已集结了7 000多种期刊、近1 000种报纸、18万本博硕士论文、16万册会议论文、30万册图书以及国内外1 100多个专业数据库。其中博硕士论文、会议论文及部分数据库为一次出版，期刊、图书、报纸等为二次出版。

（四）CNKI知识搜索

CNKI是知识搜索引擎，原因在于它有别于一般搜索引擎，具备以下三大功能，突出知识搜索。

1）制定了“CNKI系列数据库产品标准”，涉及从数据入编、加工到最后形成数据库产品的全过程，从数据源头、数据质量等方面为开展深入的知识挖掘提供了基础。

2）建设了“中国知识资源总库”，包括期刊、学位论文、会议论文、报纸、年鉴、工具书等源数据库，在资源数量和完备性上为建设各种知识搜索产品提供了保证。

3）建设了各种知识库资源，包括：CNKI知识词典、引文数据库、各种索引数据库、主题词词典等，对实现知识搜索、提高搜索性能起到了基础性作用。

基于此，依靠CNKI及其各类数据库里的内容资源进行知识搜索时，可以摒弃大量冗余信息、重复信息、无效信息，高效、快速地查找有价值的知识信息。

CNKI知识搜索平台可以提供以下特色搜索。

1. CNKI文献搜索

CNKI的文献搜索功能概括起来主要为以下三个方面：

（1）基于对文献内容的详细标引　CNKI文献搜索提供了对标题、作者、关键词、摘要、全文等数据项的搜索功能。

（2）文献搜索提供了多种智能排序算法

1）相关性排序。相关性排序考虑了文献引用关系、全文内容、文献来源等多种因素。

2）被引频次排序。被引频次排序是根据文献的被引频次进行排序。

3）期望被引排序。期望被引排序通过分析文献过去被引用的情况，预测未来可能受关注的程度。

4）作者指数排序。作者指数排序则是根据作者发文数量、文献被引用、发文影响因子等评价作者的学术影响力，并据此对文献进行排序。

（3）知识聚类功能是基于快速聚类算法　对返回结果的知识点进行聚类，并将主要知识点显示给用户，帮助用户改善搜索表达式，扩展搜索意图。

2. CNKI学术定义搜索

CNKI学术定义搜索提供对学术定义的快速查询。CNKI定义型知识元库收录了从文献中自动抽取的学术定义120多万条。

CNKI知识元库的定义主要来源于学术期刊等文献，是不同学者对该概念的认识和论述，因此具有更广泛的参考价值。通过阅读不同角度的解释，可以全面了解其含义和发展状况，特别是对那些还没有形成明确定义或存在争议的学术概念。这些是工具书无法做到的。

3. CNKI数值知识元搜索

CNKI数值知识元搜索提供对数值型知识元，如人均GDP、失业率等这类数值的搜索。

数值搜索结果通常包含用户直接想要的答案，许多数值还能以图表方式显示，以帮助用户全面了解问题。

CNKI 数值型知识元库包含 5 000 多万条知识元，对应具有明确含意、至少含有一个以上数值的句子。它们有两个来源，一是 CNKI 数据库中的文献；二是国家统计局、商务部等发布数值内容的权威网站。

4. CNKI 新概念搜索

CNKI 新概念搜索提供对学术新概念的浏览和查询。对学术新概念的抽取采用了多种知识挖掘方法，并由各学科领域的专家进行人工审核。

CNKI 新概念搜索可以按年份浏览或搜索某一领域中的新概念，以帮助用户及时了解学科的发展状况，促进学者发表有创新性的研究成果。

5. CNKI 翻译助手

CNKI 翻译助手能实现对中英文词、短语、句子的辅助互译。与一般电子词典相比，CNKI 翻译助手具有以下优势：一是通过将句子拆分为词，能够对短语或句子进行辅助翻译；二是除了词汇翻译外，还提供了大量例句，并按句子结构的相似性进行排序；三是能够翻译术语的英文缩略语。

6. CNKI 图形表格搜索

CNKI 图形表格搜索能够实现对学术图形、表格基于内容的搜索。图表库分别包含 500 万以上从文献中自动抽取的图形、表格，以及它们对应的标题、所在文献、作者、文献中对图表内容的阐述等，以此实现基于内容的图形表格搜索。这是目前一般搜索引擎无法实现的。

二、CNKI 资源概况

CNKI 资源详见表 6-2，图 6-23 为 CNKI 首页所显示的中国知识资源总库资源系列。

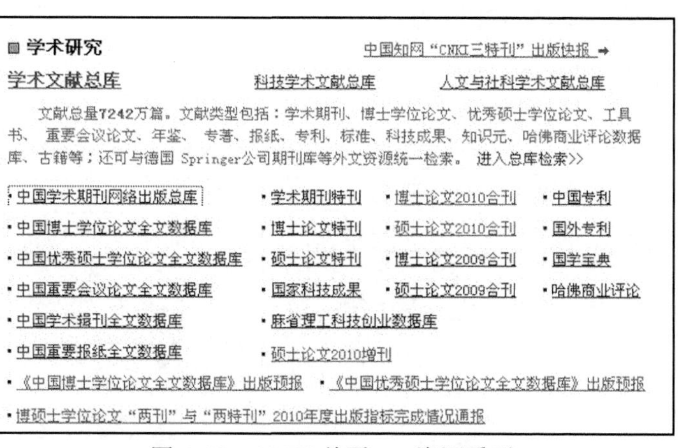

图 6-23　CNKI 首页——资源系列

中国知识资源总库简称“总库”，是具有完备知识体系和规范知识管理功能的、由海量知识信息资源构成的学习系统和知识挖掘系统。目前，“总库”拥有国内 7 000 多种期刊、1 000 多种报纸、300 多家博士培养单位优秀博硕士学位论文、数百家出版社已出版图书、全国各学会/协会重要会议论文、百科全书、中小学多媒体教学软件、专利、年鉴、标准、科技成果、政府文件、互联网信息汇总以及国内外上千个各类加盟数据库等知识资源。

“总库”以“三层知识网络”模式建构内容。通过知识元库和引文链接等各种知识链接方法，三个层次的数据库可融为一个具有知识网络结构的整体来使用。下面介绍几种常用的数据库：

1．中国期刊全文数据库（CJFD）

CJFD 是目前世界上最大的连续动态更新的中国期刊全文数据库。收录 1994 年至今约 8 200 种期刊全文，产品分为十大专辑，累积期刊全文文献 2 200 多万篇。

2．中国优秀博硕士学位论文全文数据库（CDMD）

CDMD 是目前国内相关资源最完备、高质量、连续动态更新的中国博硕士学位论文全文数据库，目前产品分为十大专辑，已累积 1999 年至今 420 个博士培养单位的博士学位论文和 652 家硕士培养单位的优秀硕士学位论文 5 万多篇，累积硕士学位论文全文文献 37 万多篇。

3．中国重要会议论文全文数据库（CPCD）

CPCD 是传播最快的回忆资讯媒体，收录 2000 年以来中国国家二级以上学会、协会、高等院校、科研院所、学术机构等单位的论文集，年更新 1 500 本论文集约 10 万篇文章及相关资料。产品分为十大专辑，目前已累积会议论文全文文献近 100 万篇。

4．中国重要报纸论文全文数据库（CCND）

CCND 是国内唯一的以重要报纸刊载的学术性、资料性文献为收录对象的连续动态更新的数据库。收录 2000 年以来，国内公开发行的 700 多种重要报纸刊载的学术性、资料性文献的连续动态更新的数据库。产品分为十大专辑，累积报纸全文文献 1 000 万多篇。

5．中国年鉴全文数据库（CYBD）

CYBD 全面系统集成整合我国年鉴资源的全文数据库，产品分为七大专辑，收录了中国国内约 800 种年鉴的全文。

三、CNKI 系列数据库使用指南

CNKI 检索流程图如图 6-24 所示。

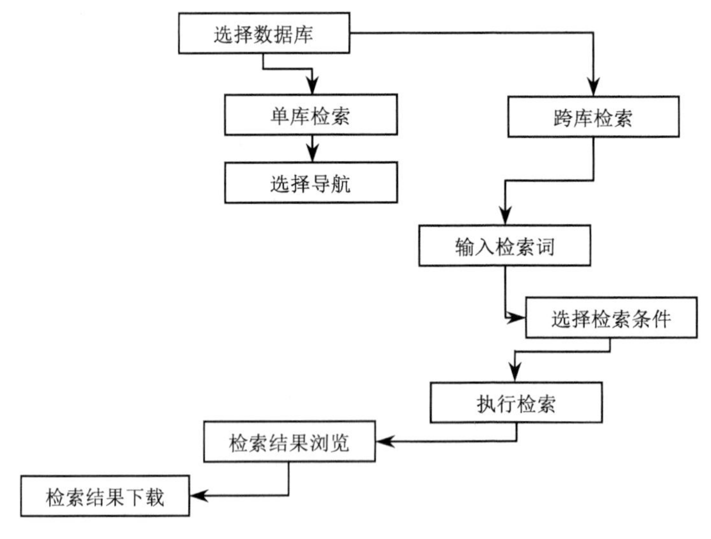

图 6-24　CNKI 检索流程图

（一）下载安装全文浏览器

对于首次使用 CNKI 的用户，首先需要下载 CAJ 全文浏览器或 Acrobat 浏览器，因为 CNKI 数字图书馆的全文资源为 CAJ 格式和 PDF 格式两种格式，选择其中任何一个浏览器即可。CAJ 全文浏览器比 Acrobat 浏览器功能更强，建议使用 CAJ 全文浏览器（可在检索页面下载）。

（二）登录与数据库选择

登录的方式有三种：第一种是个人用户常用的账户登录方式；第二种是机构用户使用的 IP 登录；第三种就是只能提供题录信息的访客登录方式。

数据库的选择界面如图 6-25 所示，可以根据自己的检索需求方便地选择单库检索或者跨库检索以及具体某一数据库的选择。

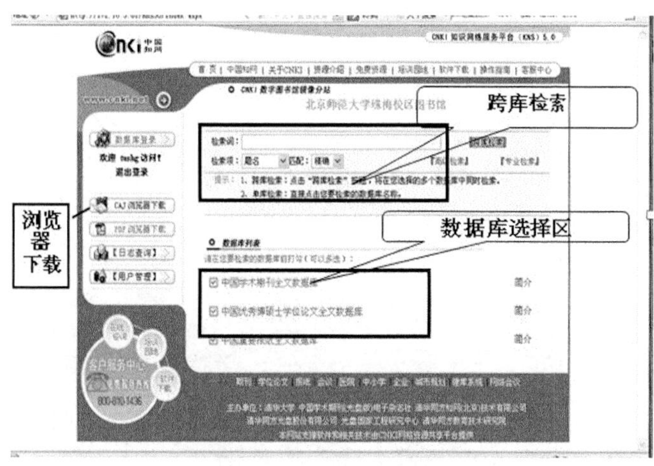

图 6-25　数据库选择界面

（三）单库检索

进行单库检索时直接单击数据库名称就可以进入相应数据库的检索界面，如检索中国学术期刊全文数据库等。单库检索提供了导航检索、初级检索、高级检索、专业检索和二次检索等检索方式。下面以中国学术期刊全文数据库中进行检索为例说明单库检索的功能使用。

进入 CNKI 的单库检索界面（见图 6-26），在界面的左边，是导航选区，在界面的右面是检索区。

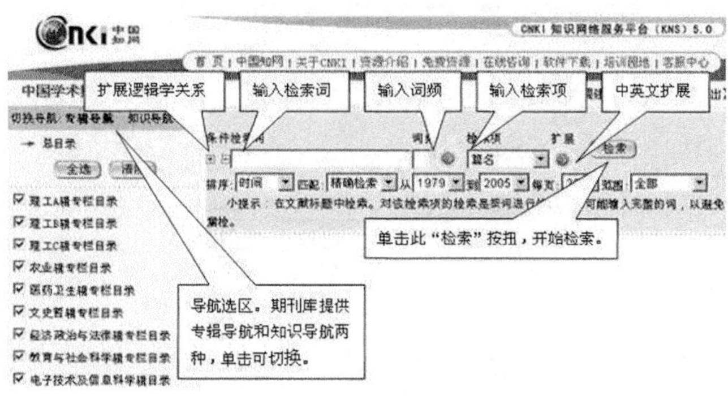

图 6-26　CNKI 的单库检索界面

1．**导航检索**

根据所要查询的内容选择合适的导航分类及选项，可以更快、更精确地命中记录。导航检索中，可以通过导航逐步缩小范围，直至最后检索出某一知识单元中的文章。例如，利用专辑导航检索（见图 6-27）“电子技术与信息科学辑目录”→“图书情报、档案及博物馆学”→“图书馆学、图书馆事业”，单击“检索者工作及藏书建设”，就会列出所有关于“检索者工作及藏书建设”的文章，导航检索除专辑导航检索外，还有中图法导航检索、知识导航检索、期刊导航检索等类型。具体选择哪种导航根据检索内容和检索条件选择。期刊导航检索界面如图 6-28 所示。

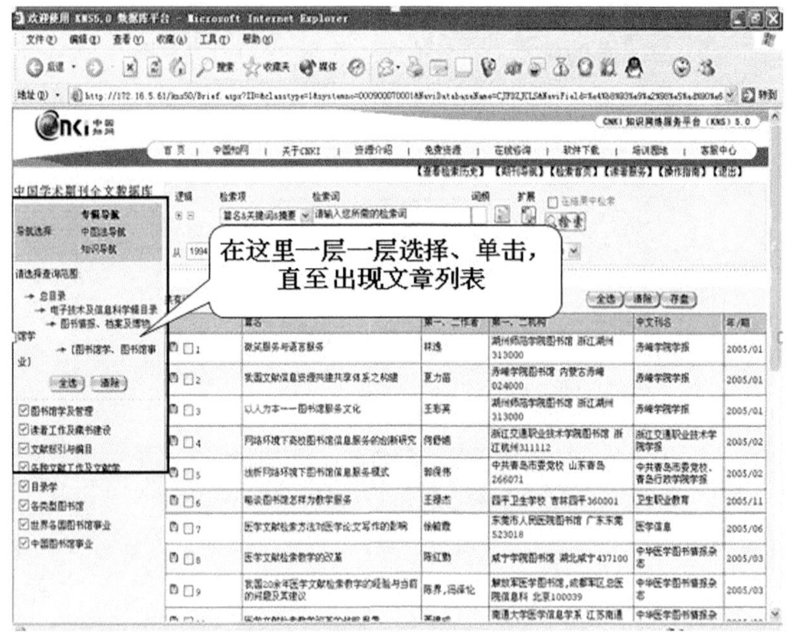

图 6-27　专辑导航检索

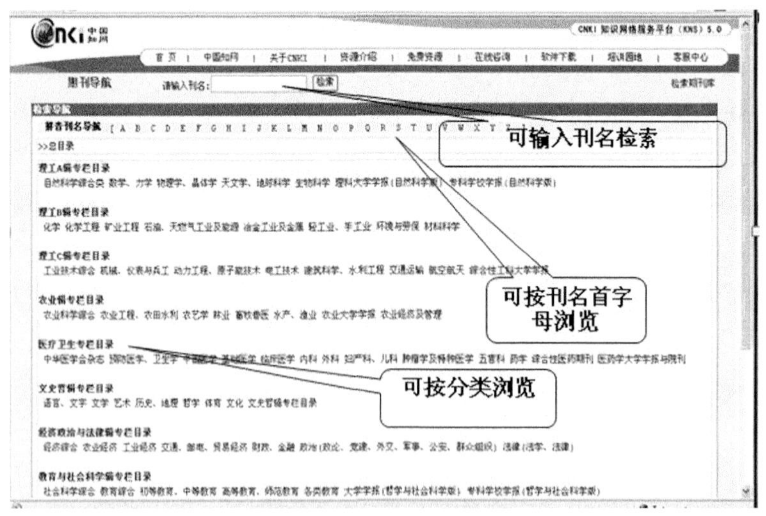

图 6-28　期刊导航检索界面

2．初级检索

初级检索能进行快速、方便的查询，适用于不熟悉多条件组合查询的用户，对于一些简单查询，建议使用该检索系统，该项查询的特点是方便快捷，效率高，但查询结果有很大的冗余。选择在检索结果中进行二次检索则可以大大提高查准率。

图 6-29 为初级检索界面，初级检索大体分为以下步骤和流程：

图 6-29 初级检索界面

（1）选择查询范围 查询范围功能选项在左窗口下侧的检索导航栏中，通过它可指定检索进行的范围，这里分类列出了 9 个总目录，在每个总目录的下面又分别设有详细的子目录，可供用户进一步缩小选择范围。

（2）选择检索项 单击检索项的下拉列表框，选择其中一个字段（篇名、关键词、作者、机构等字段名）来检索。

1）输入检索词 输入检索词的方式有两种：一是直接在“检索词”输入框中进行手动输入；二是通过单击“检索项”右侧的图标来从“检索词典库”返回一个检索词。

2）逻辑组配。在检索时可以通过单击“条件”下的“⊞”和“⊟”来增加和减少检索条件，各个检索条件之间可以选择“并且”、“或者”和“不包含”三种逻辑关系。“并且”、“或者”和“不包含”依次对应逻辑运算中的“+”、“*”。值得注意的是，当“*”与“+”混合使用时，“*”会优先于“+”。

3）执行检索。当所有的检索信息都填写完毕后，单击“检索”按钮，执行检索。扩展检索界面如图 6-30 所示。

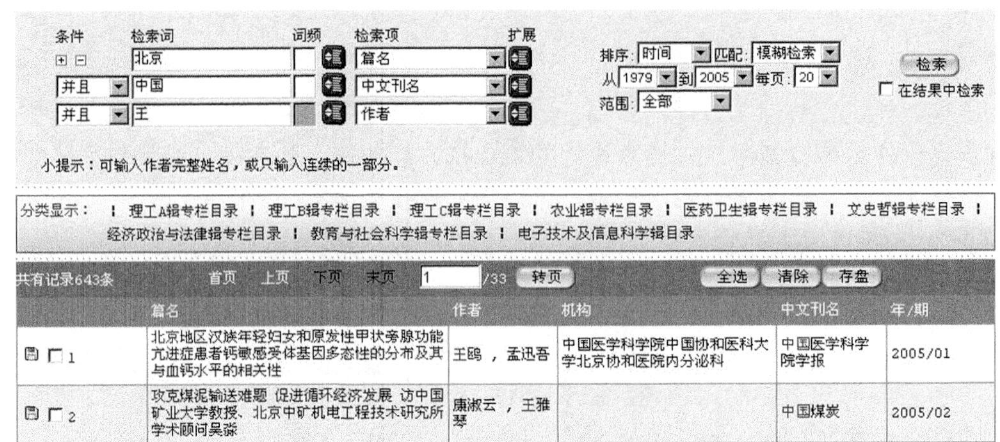

图 6-30　扩展检索界面

（3）检索条件限制　检索还可以通过时间（年度）范围、数据来源范围、匹配、词频控制、检索扩展控制、记录数与排序等条件进行限制，以增加检索结果的精确度。关于检索条件的限制介绍在本章第一节已作介绍，在此不再赘述。下面对与维普资讯网不同的条件限制作详细说明：

1）词频控制。以检索词在某一检索项中出现的次数控制检索的精确度。检索结果为检索项含有检索词，并且检索词在检索项中出现频率大于或等于输入词频数字的文章。

2）检索扩展控制。输入检索词后可以通过“扩展”功能从数据库词典中选择相关词进行扩展检索，以增加对陌生词汇的有效检索结果。

例如，输入检索词“近视眼”后单击扩展功能键，出现的检索词扩展结果为与输入的检索词有一定关系的其他词语，通过图 6-31 中的“图形显示”可以看到各个扩展词与中心词的相关度。

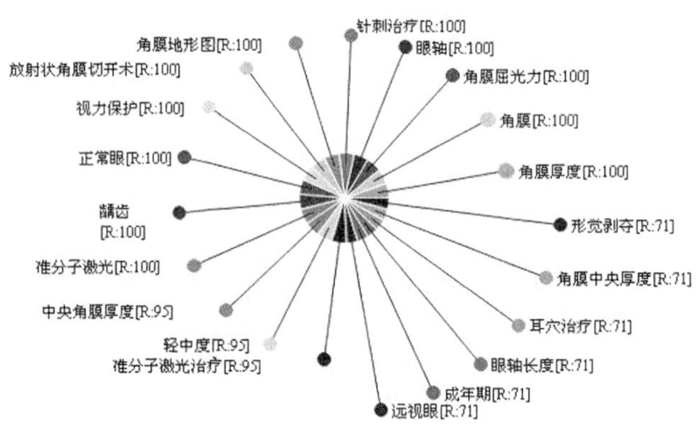

图 6-31　检索词图形显示

选择其中几个，系统会在检索词中自动生成以下检索条件，提高查全率和查准率。

系统默认生成的检索条件是：选择的扩展词之间是或者的关系（用“+”表示），扩展词与中心词（即用户输入的原始检索词）之间是并且的关系（用“*”表示），用户可以根据自己需要进行编改。还可以通过输入新的检索条件，选择“在结果中检索”（即二次检索）找到更精确的检索结果。

3）记录数和排序。记录数和排序两个选择项是针对检索结果显示界面设定的，可以自定义

选择设定每页显示多少条记录及按什么方式对检索结果进行排序。排序方式包括“无、相关度、时间”等多种选择，每页这个功能是指允许用户控制检索结果输出数量，对每屏显示的数据条数，提供五种数量。

（4）检索结果概览

1）文章信息概览。检索完成后系统显示文章的概要信息，中国学术期刊全文数据库提供的文章概要信息为“篇名”、“作者”、“机构”、“中文刊名”和“年/期”。可以通过检索结果概览条目前的选择框逐个选择条目，也可以直接单击全选或清除按钮来选择或清除检索结果。也可以单击存盘按钮输出以备以后使用。保存结果的信息有如图 6-32 所示的简单、详细、引文格式和自定义四种格式，用户可以自己选择。保存形式可以通过网页保存直接以电子文件形式保存在计算机里，也可以打印出来。

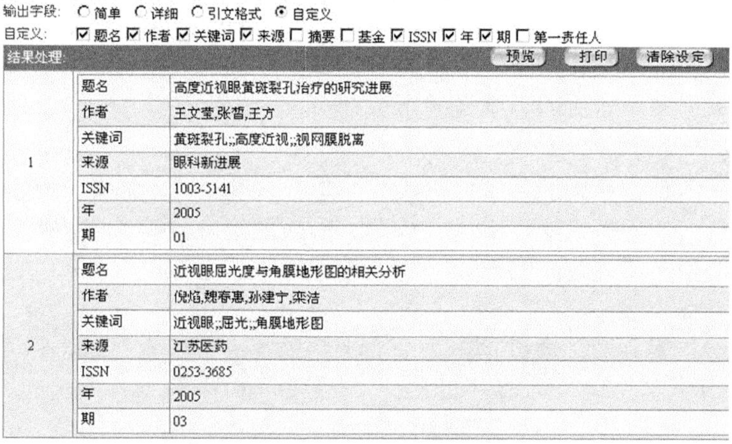

输出字段：○简单 ○详细 ○引文格式 ◉自定义

自定义：☑题名 ☑作者 ☑关键词 ☑来源 ☐摘要 ☐基金 ☑ISSN ☑年 ☑期 ☐第一责任人

结果处理：　预览　打印　清除设定

1	题名	高度近视眼黄斑裂孔治疗的研究进展
	作者	王文莹,张皙,王方
	关键词	黄斑裂孔;;高度近视;;视网膜脱离
	来源	眼科新进展
	ISSN	1003-5141
	年	2005
	期	01
2	题名	近视眼屈光度与角膜地形图的相关分析
	作者	倪焰,魏春惠,孙建宁,栾洁
	关键词	近视眼;;屈光;;角膜地形图
	来源	江苏医药
	ISSN	0253-3685
	年	2005
	期	03

图 6-32　存盘输出界面

2）检索结果细览。在检索结果的细览区不仅有文章的详细信息如作者、机构、关键词、摘要等，还可以通过扩展链接找到自己感兴趣的其他文章。

① 扩展链接方式。扩展链接方式有 8 种：参考文献、被引文献、同类文献、检索者推荐文献、相关研究机构、相关文献作者、相关关键词和中图法分类文献。

② 知识网络中心。知识网络中心是应用于总库平台上的知识网络系统该中心可扩展与我们检索的内容相关的信息。例如，单击关键词“屈光”，出现一个数据库集合列表如图 6-33 所示。

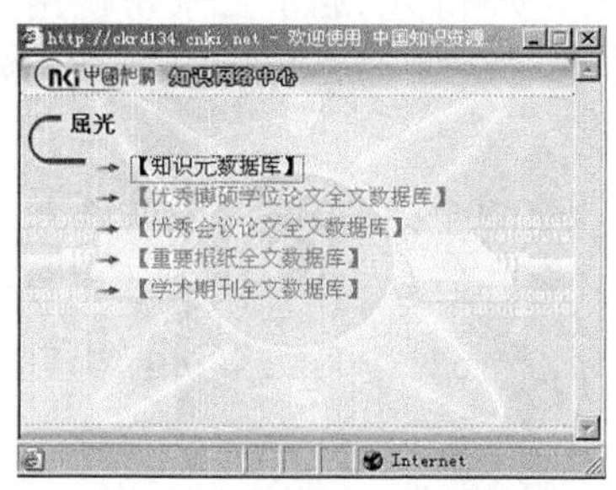

图 6-33　CNKI 知识网络中心

知识网络中心的各类型链接点对应的检索项见表 6-4。它具有两种功能：解惑和检索。

解惑功能主要通过调用知识元库记录解答用户在阅读文章时所遇到的问题。所提供的知识元类型有数值型、名词解释型、理论和方法型三种。

检索功能主要通过知识网络中心调用相关库，可直接通过链接点选择相关库进行检索。

表 6-4　知识网络中心的各类型链接点对应表

对应字段\对应库	期　刊　库	博　硕　库	报　纸　库	会　议　库
作者	作者	论文作者	作者	作者
机构	机构	机构	—	机构
期刊	中文刊名、引文	引文	—	引文
报纸	引文	引文	—	引文
出版者	—	机构	—	出版者
关键词	关键词	关键词	关键词	关键词

③ 知识元数据库。知识元数据是由海量的概念词典（收录自《中国大百科全书》等）组成。它可以帮助我们在没有工具书的情况下，很快地理解阅读学习一些生疏的文章。

3）下载。当确定需要阅读某文章的全文后，就可以根据不同的情况来选择下载方式了。下载的方式分为概览区下载和细览区下载。在概览区下载时，单击按钮即可直接下载。在细览区下载直接单击文章名后的下载链接下载即可。

3．高级检索

高级检索的功能是在指定的范围内，按一个以上（含一个）检索项表达式检索，这一功能可以实现多表达式的逻辑组配，能进行快速、有效的组合检索，优点是查询结果冗余少，命中率高。对于命中率要求较高的查询，建议使用该检索系统。

高级检索的具体步骤如下：

（1）进入高级检索界面　通过单击页面右上角的“高级检索”状态栏，进入高级检索界面，如图 6-34 所示。

图 6-34　高级检索界面

（2）选择检索范围　在窗口下面的检索导航栏中指定检索范围，这里分类列出了 9 个总目录，在每个总目录的下面又分别设有详细的子目录可供用户进一步缩小选择范围。

（3）选择检索项和输入检索词　检索项及检索词的选择输入方法跟初级检索中一样，这里不再赘述。

（4）选择时间及范围　这里的时间及来源范围也跟初级检索中一样，可根据需要直接选择。

（5）选择记录数和排序方式　这两项是针对检索结果显示界面设定的，可以自定义选择设定每页显示多少条记录及按什么方式对检索结果进行排序。需要指出的是，因为数据集合可能非常大，所以在第一次检索中不提供对数据的“期刊”排序。当进入第二次检索以后便会开始提供“期刊”（拼音刊名）字段排序。

（6）检索　单击“检索”按钮，服务器会返回结果至右侧上部的窗口中。默认每页显示 10 条记录，超过 10 条可以翻页查看。

4．专业检索

专业检索提供一个按照需求组合逻辑表达式以便进行更精确检索的功能入口。检索步骤

如下：

1）通过单击页面上的“专业检索”状态栏，即可进入专业检索界面，如图 6-35 所示。

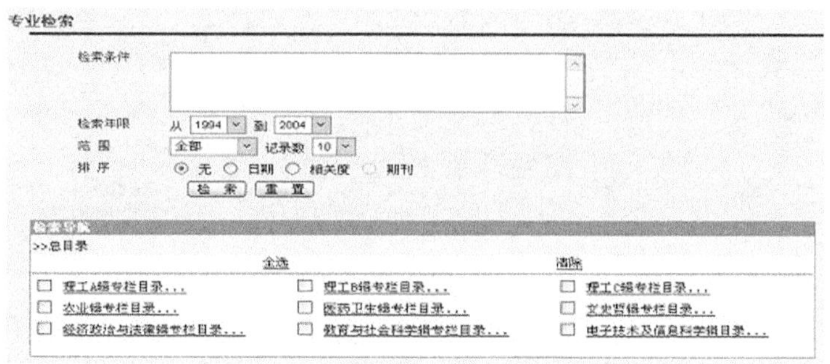

图 6-35　专业检索界面

2）选择检索范围。在窗口下面的检索导航栏目中指定检索范围，这里分类列出了 9 个总目录，在每个总目录下面又分别设有详细的子目录可供用户进一步缩小选择。

3）填写检索条件。在专业检索中给出了一个检索规则说明，如图 6-36 所示。

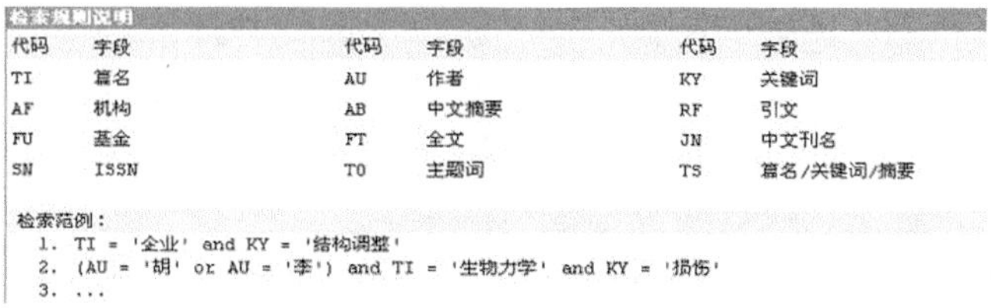

检索规则说明

代码	字段	代码	字段	代码	字段
TI	篇名	AU	作者	KY	关键词
AF	机构	AB	中文摘要	RF	引文
FU	基金	FT	全文	JN	中文刊名
SN	ISSN	TO	主题词	TS	篇名/关键词/摘要

检索范例：

1. TI = '企业' and KY = '结构调整'
2. (AU = '胡' or AU = '李') and TI = '生物力学' and KY = '损伤'
3. ...

图 6-36　检索规则说明

5．二次检索

二次检索贯穿于前四种检索之中，它是指在前一次检索结果的范围内，继续进行检索。在简单检索、高级检索或专业检索产生检索结果界面的上部设有二次检索入口，三个检索功能的二次检索入口略有不同。

简单检索的二次检索与在第一次检索中一样，选定一个检索项，然后输入对应的检索词即可；在高级检索的二次检索中，可以对检索结果同时进行两个检索项的逻辑与、或、非的组合检索。注意使用合适的逻辑，以避免检索到你不需要的记录。使用快捷符号“+”，“*”提高检索效率。

专业检索的二次检索只需在检索项的输入框中输入自定义检索条件即可，拼写规则与专业检索完全一样。

（四）跨库检索

跨库检索的具体步骤如下。

1．选择要进行跨库检索的数据库

用户可以选择几个数据库同时进行检索，如选择中国学术期刊全文数据库和中国优秀博硕士学位论文全文数据库。单击图 6-37 中的数据库前的选择框，然后单击页面右上方的“跨库检索”进入跨库检索页面。

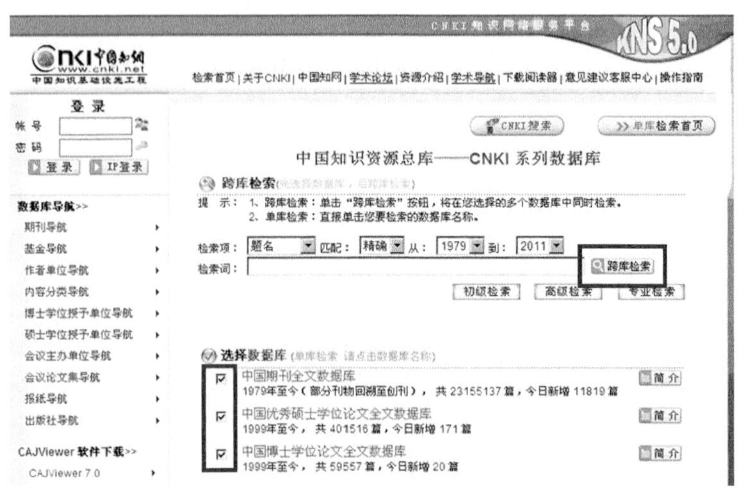

图 6-37　跨库检索界面

2. 选择检索方式

CNKI 提供三种跨库检索方式：初级检索、高级检索和专业检索。系统默认为初级检索。跨库检索中初级检索和高级检索的检索项为各数据库的共有项。

（1）初级检索　初级检索可以进行多个检索词组合检索。初级检索有以下两种：①在检索页面直接输入检索词，选择检索项，设定其他检索条件，单击“跨库检索”进行检索；②从高级检索或专业检索跳转到初级检索页面进行检索。

初级检索的检索方法及程序与单库检索类似，请检索者参照前述。

（2）高级检索　多个检索词组合检索。

（3）专业检索　请检索者参照前述。

第三节　万方数据资源系统

一、万方数据资源系统简介

（一）公司概况

万方数据资源系统（China Info）是以中国科技信息研究所（万方数据集团公司）全部信息资源为依托建立起来的，它是一个以科技信息为主，集经济、金融、社会、人文信息为一体的网络化信息服务系统。1997 年 8 月，在国际互联网上投入服务。该系统现有科技信息子系统、商务信息子系统和数字化期刊子系统三个部分，拥有学术期刊、学位论文、会议论文、专利技术、中外标准、科技成果、政策法规、新方志、机构、科技专家等 110 多个数据库，内容涉及科技、经济、标准、法规、公司企业、高校与科研单位、火炬计划、公共信息等。这些数据库既可以按单库、跨库检索，也可以在所有数据库中检索，还可以按行业检索。

（二）特色功能

万方数据资源系统主要具有如下特色功能：

（1）“一键式”　高效检索。

（2）知识脉络分析　学术研究趋势及热点，相关主题研究热度比较分析，检出文献的关键词学术趋势分析。

（3）查新服务　检索词推荐、跨全库查新。
（4）排序功能　相关度优先、经典论文优先、最新论文优先。
（5）结果聚类　按学科、年度、文献来源、刊物等聚类分析检索结果。
（6）评价来源　SCI、CA、CSSCI、ISTIC、PKU|等文献引用评价来源展示。
（7）关联分析　高频关键词、相关主题、相关机构、相关专家。
（8）知识网络　引用文献、被引文献、相似文献分析。
（9）引用通知　个性化服务，跟踪文章权威指数。
（10）文献导出　六种格式支持导出。

二、万方数据资源系统主要产品及资源特色

按照数据分类，万方数据资源系统的主要产品见表 6-5，各类型数据库的特点也分列表后。

表 6-5　万方数据资源系统的主要产品

<table>
<tr><th>数据库类型</th><th>数据库名称</th><th>更新频率</th><th>全文下载方式</th><th>资源特色</th></tr>
<tr><td rowspan="6">全文型数据库</td><td>数字化期刊</td><td>每周两次</td><td>直接下载</td><td rowspan="6">一站式文献信息服务：集题录、文摘、全文文献信息于一体
强大检索功能
国际通用 PDF 浏览格式：以电子版式完全再现论文原貌
数据资源数量增长迅速</td></tr>
<tr><td>学位论文全文数据库</td><td>每月</td><td>直接下载</td></tr>
<tr><td>会议论文全文数据库</td><td>每月</td><td>直接下载</td></tr>
<tr><td>法律法规全文数据库</td><td>每月</td><td>直接下载</td></tr>
<tr><td>标准全文数据库</td><td>每月</td><td>无</td></tr>
<tr><td>专利全文数据库</td><td>每两周</td><td>直接下载</td></tr>
<tr><td rowspan="8">文摘型数据库——科技信息子系统</td><td>学位论文文摘数据库</td><td>每月</td><td>无</td><td rowspan="8">权威性：国内唯一完整的科技信息群
回溯年限长：大都回溯到 20 世纪 80 年代以来的信息
专业领域广：各专业领域的文献数据库
文献类型全：包括期刊、图书、会议、报告、专利、标准等各种情报源
数据规范质量高：严格进行控制数据源选取、加工
检索功能强大：普通检索、二次检索、高级检索，分类浏览等</td></tr>
<tr><td>会议论文文摘数据库</td><td>每月</td><td>无</td></tr>
<tr><td>中国科技成果数据库</td><td>每月</td><td>无</td></tr>
<tr><td>中国科技文献数据库</td><td>每月</td><td>无</td></tr>
<tr><td>专利技术类数据库</td><td>每月</td><td>全文链接</td></tr>
<tr><td>中外标准数据库</td><td>每月</td><td>无</td></tr>
<tr><td>政策法规数据库</td><td>每月</td><td>无</td></tr>
<tr><td>论文统计与引文分析数据库</td><td></td><td></td></tr>
<tr><td rowspan="3">事实型数据库</td><td>中国企业、公司及产品数据库（CECDB）</td><td>每月</td><td>无</td><td rowspan="3">网络版的企业服务系统提供企业综合信息
20 余万家企业信息查询
企业展示：外界全面了解企业的平台
商业综合信息、国内国际商情、企业产品、技术、行业知识、企业报告等信息的展示、查找和使用
开展企业、市场等竞争情报研究的必备工具</td></tr>
<tr><td>科技名人和科研机构</td><td>每月</td><td>无</td></tr>
<tr><td>中国高等院校及中等专业学校数据库</td><td>每月</td><td>无</td></tr>
<tr><td rowspan="5">行业解决方案——资源整合/个性化服务</td><td>医药行业解决方案</td><td></td><td></td><td rowspan="5">行业资源整合（期刊、会议、学位论文、成果、专利、标准、法律法规等）
实时的行业商情、行业统计、业界新闻等
建立上下游企业之间的联系
个性化服务（系统开放性、灵活性）
提高行业用户竞争力</td></tr>
<tr><td>冶金行业解决方案</td><td></td><td></td></tr>
<tr><td>电力行业解决方案</td><td></td><td></td></tr>
<tr><td>通信行业解决方案</td><td></td><td></td></tr>
<tr><td>石化行业解决方案</td><td></td><td></td></tr>
<tr><td>工具类数据库</td><td>汉英—英汉双语科技词典</td><td></td><td></td><td></td></tr>
<tr><td>视频类</td><td>中国科技视频数据库</td><td></td><td></td><td></td></tr>
</table>

三、万方数据资源系统重点资源介绍

1．中国企业、公司及产品数据库（CECDB）

中国企业、公司及产品数据库始建于 1988 年，收录 96 个行业的近 20 万家企业的详尽信息，是国内外工商界了解中国市场的一条捷径。

目前国际著名的美国 DIALOG 联机系统将 CECDB 定为中国首选的经济信息数据库，并收入该系统向全球数百万用户提供联机检索服务。

2．数字化期刊全文

数字化期刊全文即数字化期刊子系统。它是以“刊”为单位的，所有期刊（约 3 500 种科技期刊）按理、工、农、医、人文划分为 5 个大类 70 多个类目，以期刊论文的全文方式进入网络。

3．中外标准文献库

该数据库收录了国内外大量标准 20 余万条，包括国家技术监督局、各部委、行业协会等单位发布的国家标准、行业标准及电气和电子工程师技术标准，目前该库已成为广大企业及科技工作者从事生产经营、科研工作不可或缺的宝贵信息资源库。

4．中国学位论文数据库（CDDB）

中国科技信息研究所是国家法定的学位论文收藏机构，自 1980 年以来，收集了我国自然科学领域的博士、博士后及硕士研究生论文。目前学位论文库收录论文 27 万余篇，该库每年增补论文 3 万篇。

5．中国学术会议论文数据库（CACP）

中国科技信息研究所自 1985 年开始收录由国家级学会、协会、研究会组织召开的全国性学术会议论文。中国学术会议论文覆盖自然科学、工程技术、农林、医学等多个领域，每年涉及 600 余个重要的学术会议。CACP 是目前国内收集学科最全、数量最多的会议论文数据库。CACP 采用受控语言进行主题标引，以《汉语主题词表》为叙词表，按照《中国图书资料分类法》分类，大部分记录附有论文文摘。

6．中国学术会议论文集全文数据库（PACC）

中国学术会议论文集全文数据库是我国唯一的学术会议文献全文数据库。该库收录 1998 年以来国家一级学会在国内组织召开的全国性学术会议约 1 000 个，是了解国内学术会议动态必不可少的检索工具。

7．万方视频数据库（http://www.wanfangvideo.com.cn New）

该库是我国最大并唯一获得网络视听许可证的知识服务类视频数据库。联合国内外著名专业制作团队制作，检索简便、观看流畅。

8．中国科技成果数据库（CSTAD）

CSTAD 始建于 1986 年，是国家科技部指定的新技术、新成果查新数据库。数据主要来源于历年各省、市、部委鉴定后上报国家科技部的科技成果及星火科技成果。

9．外文文献数据库

该库主要收录了 1995 年以来世界各国出版的 15 000 种外文期刊，学科范围涉及工程技术和自然科学科专业领域，兼顾社会科学和人文科学，大部分覆盖 SCI、EI、CABI、Medline 等权威国际文献系统收录期刊。

10．21世纪双语科技大词库

该词库是在中国科技信息研究所历时五年开发大型词库的基础上，精选54万条英汉、汉英对照科技词汇构成的一个特大型综合性词库，是各大图书馆、科技信息单位、科技翻译机构、各高等院校和科研机构必备的工具性数据库，也是广大科技人员案头必备的大型电子词典。

四、万方数据资源平台使用指南

（一）首页介绍

万方数据资源系统平台首页（见图6-38）提供五个区域，即登录区、界面导航区、检索区、跨库检索区和学术论文学科分类区。

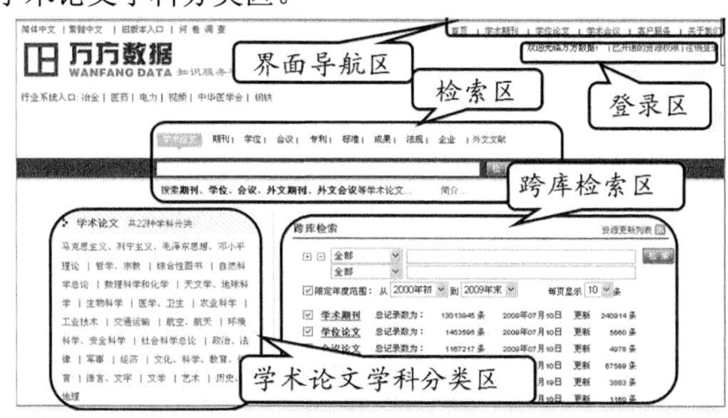

图6-38　万方数据资源系统平台首页

1．登录区

如图6-38所示，在万方数据资源系统平台首页面右上角，用户可以在此登录，已有IP权限的用户无需登录。

2．界面导航区

根据自己的需要选择相应的界面浏览或检索所需信息。例如，可以在导航栏选择“学术期刊”进入学术期刊的浏览和导航页面。

3．检索区

首页的检索区汇集了学术论文、期刊论文、学位论文、会议论文、专利、标准、成果、法规、企业等万方主要文献资源的检索。

4．跨库检索区

用户可按数据库、行业、学科、地区、期刊同时检索多个平台上的多种资源，输入一个检索式，便可以看到多个数据库的查询结果。

5．学术论文学科分类区

如图6-38所示，位于首页面左下侧，将学术论文按学科进行分类，单击某一分类，可以查看属于该分类的学术论文。

（二）资源检索

万方数字资源在首页提供了两个检索区，即一般检索区和跨库检索区。

在一般检索区的检索框上方列出了可检索的文献类型，包括学术论文、期刊、学位、会议、专利、标准、成果、法规、企业等。各文献类型的检索方法基本一致。

在一般检索区系统提供了简单检索和高级检索两种方式，其中高级检索中包括经典检索和专业检索，系统默认的检索界面是简单检索。

1. 简单检索

简单检索也叫一框式检索，适合初级用户浏览资源时使用。检索时，首先单击相应的按钮选择要检索的文献类型，如图 6-39 所示选择“期刊”，然后在检索区的检索框中输入检索词，单击“检索”，系统即可自动检索文献。

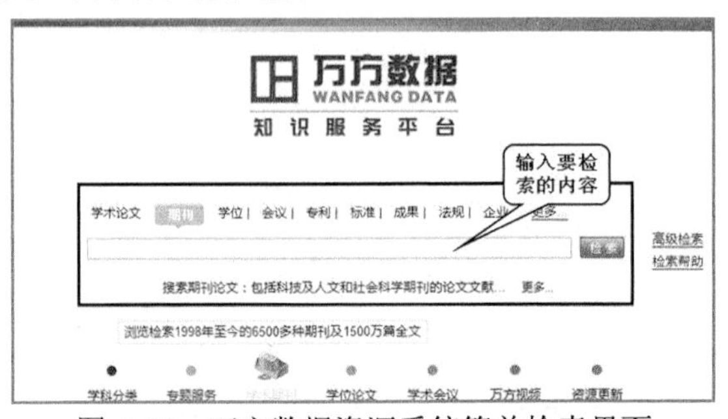

图 6-39　万方数据资源系统简单检索界面

2. 高级检索

高级检索是一种比较复杂的检索方式。高级检索的功能是在指定的范围内，通过增加检索条件满足用户更加复杂的要求，检索到满意的信息。万方数据资源系统高级检索如图 6-40 所示。

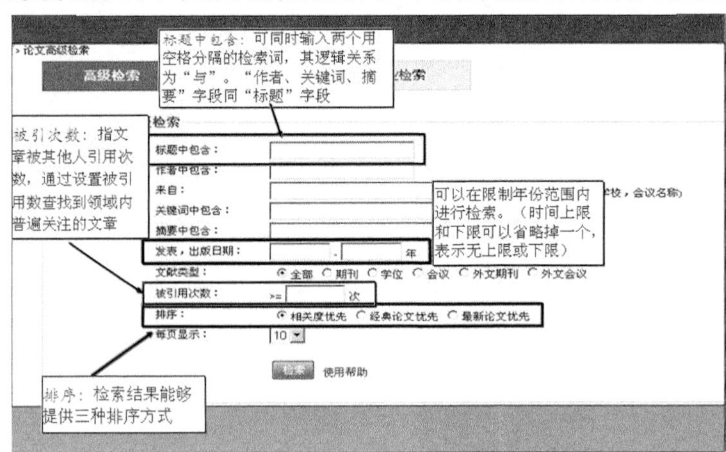

图 6-40　万方数据资源系统高级检索

（1）填写检索信息　高级检索区域列出了标题、作者、来源、关键词等检索信息供选择，填写的检索信息越详细检索得到的结果就会越准确。

（2）选择时间范围　通过选择年份，使其在限定的年份范围内检索。

（3）选择文献类型　包括学位、中外文期刊和中外文会议 5 种，可以选择一种，也可以通过单击“全部”同时选择 5 种。

（4）选择被引次数　指文章被其他人引用次数，可以通过设置被引用次数查找到领域内普遍关注的文章。

（5）选择有无全文　在“有全文”前的复选框中打钩即可检索到全文资源，如果不打钩，系统会默认所有资源类型，其中包括全文资源和文摘、题录资源。

（6）选择排序　高级检索区域提供了三种排序方式：经典论文优先、最新论文优先和相

关度优先。

（7）选择显示条数　可以选择在检索结果页面每页显示的文章数。

3．经典检索

经典高级检索提供了 5 组检索条件如图 6-41 所示，其中各组检索条件被系统默认为并列关系。

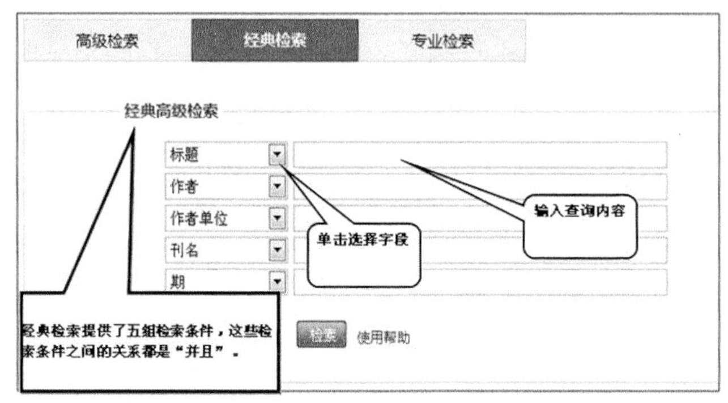

图 6-41　万方数据资源系统经典高级检索

4．专业检索

专业检索比高级检索功能更强大，但需要检索者根据系统的检索语法编制检索式进行检索。适用于熟练掌握 CQL 检索语言的专业检索者员。如图 6-42 所示，在检索表达式框中直接输入检索式，当检索信息填写完毕后，单击“检索”按钮，执行检索。

图 6-42　万方数据资源系统专业检索

专业检索最重要的是要熟练运用各类检索算符。常用的主要有以下几种：

（1）布尔逻辑运算符　与（and）、或（or）、非（not）、查找相邻近的记录（Prox）。

（2）关系运算符

1）=：模糊匹配。相当于模糊匹配，用于查找匹配一定条件的记录。例如，论文题名=“计算机辅助设研究”，表示查找论文题名是“计算机辅助设计研究”这个字符串或是包括“计算机辅助设计研究”的一串字符串。

注意：只能在“计算机辅助设计研究”的前后插入字符，不能在“计算机辅助设计研究”字符串内插入任何字符。

2）exact：精确匹配。表示能精确匹配一串字符串。例如，作者 exact“王明”，是指查找作者是王明的记录。

3）any：当检索词中包含有多重分类时，它们分别可以被扩展成布尔逻辑运算符“or”的表达式。

如：关键词 any“计算机电脑微机”可扩展为：

关键词=“计算机”or 关键词=“电脑”or 关键词=“微机”

（3）all　当检索词中包含多重分类时，它们分别可以被扩展成布尔逻辑运算符“and”的表达式。

例如，摘要 all“机械研究进展”，可扩展为：

摘要=“机械”and 摘要=“研究”and 摘要=“进展”

（4）关系修饰符　masked：包括通配符“*”和定位符“^”。

：表示匹配任意 0 个或多个字符，如果表示单个字符“”，那么可以用转义字符“*”来表示。例如，计算机*研究，表示查找包括“计算机研究”、“计算机软件研究”、“计算机辅助设计研究”等的记录。

^：表示匹配输入字符串的开始或结束位置，如果表示单个字符“^”，那么可以用转义字符“\^”来表示。例如，^北京，表示查找以北京打头的记录；研究^，表示查找以研究结尾的记录。

同时，在书写检索表达式时还需要注意以下几个方面：

1）含有空格或其他特殊字符的单个检索词用（“”）括起来。

2）书写检索表达式时，除要检索的词可以用全角符号外，各种运算符号只能是半角符号。

3）关系运算符（除“=”）及布尔逻辑运算符前后均与空格相连。

4）布尔逻辑运算符严格按照从左到右的顺序执行。

5．跨库检索

在万方数据资源系统跨库检索界面（见图 6-43），系统还提供了跨库检索服务，用户可按数据库、行业、学科、地区、期刊同时检索多个平台上的多种资源，输入一个检索式，便可以看到多个数据库的查询结果，并可进一步查看详细记录和下载全文。跨库检索的检索步骤归纳起来为：

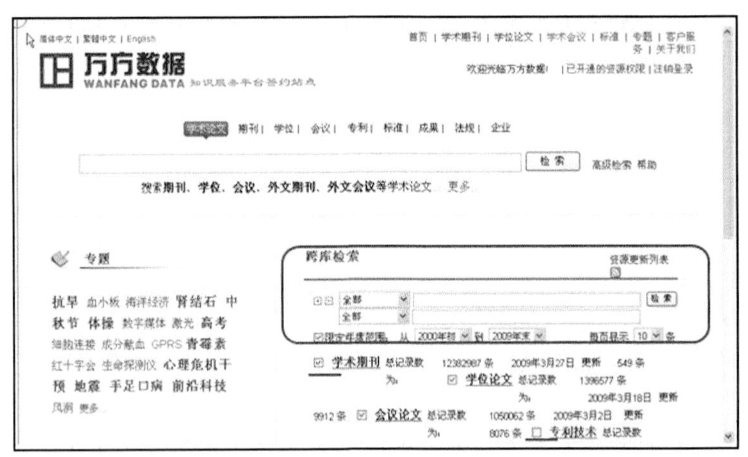

图 6-43　万方数据资源系统跨库检索界面

（1）选择数据库　在所需数据库前的复选框中打钩。

（2）选择检索字段　单击检索项的下拉列表，选择按哪一个字段来检索。

（3）输入检索词　在文本框中输入所需的检索词。

（4）添加或减少检索条件　可以通过单击“+”或“-”号来添加或删除检索条件框。

（5）选择年限　钩选限定年限范围前的复选框，单击年限下拉列表框，选择起始年份，使其在限定的年份范围内检索。

（6）选择显示条数　可以选择在检索结果页面每页显示的文章数。

（7）执行检索　当所有的检索信息都填写完毕后，单击“检索”按钮，执行检索。

（三）检索结果管理及使用

不论选择哪种检索方式，系统会根据用户的检索要求提供相应的检索结果界面，如图 6-44 所示。针对万方数据检索结果的管理和使用，主要包括三个方面：一是导出与保存；二是文献查看与下载；三是与个人文献管理工具的集成。

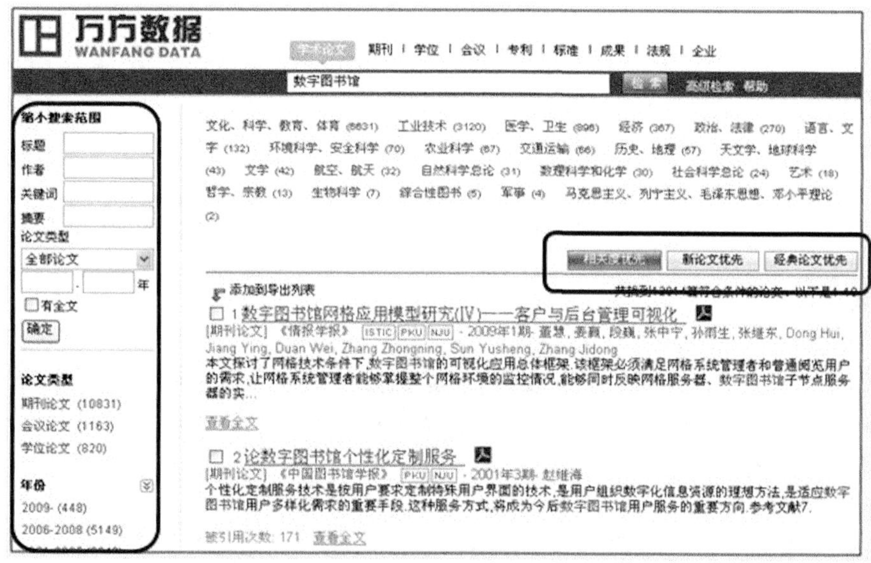

图 6-44　万方数据资源系统检索结果界面

1．导出与保存

文献导出与保存的步骤为：

第一步，选择所需导出文献题名。如图 6-45 所示，在检索结果页面，钩选需要导出的文献到导出列表，单击“导出”按钮，即可进入导出界面。

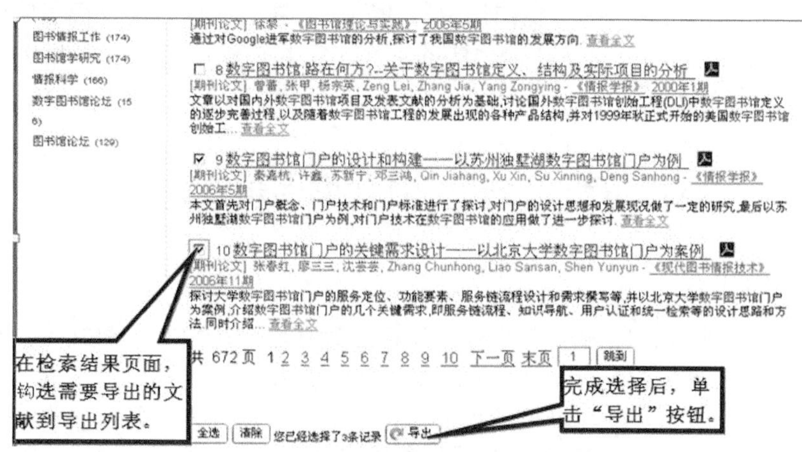

图 6-45　万方数据资源系统检索结果界面

第二步，选择所需导出文献格式。如图 6-46 所示，文献导出格式主要有参考文献、文本等 6 种格式。

第三步，选择文献格式后，将导出结果复制到其他文本格式或直接导出到网页格式保存。

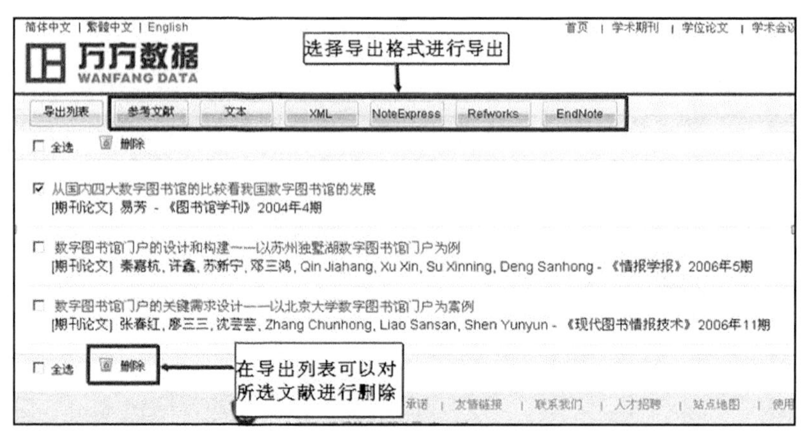

图 6-46　万方数据资源系统检索结果导出界面

2．文献查看与下载

在检索结果页面上单击文献标题，进入详细信息页面，可获得单条资源的详细内容和相关文献信息链接。它不仅包含了单条资源的详细信息如数据库名、题名、作者、刊名、摘要等，还提供了“查看全文”和“下载全文”链接，其中学位论文提供“分章节浏览”和“打包下载”链接。

3．检索结果优化

检索结果的优化包含三个方面：

（1）检索结果排序　对检索结果万方提供了经典论文优先、最新论文优先、相关度优先三种排序方式，并可以在不同的排序方式之间进行切换。系统默认按相关度优先排序。

（2）二次检索　系统在输入框中显示上一次检索的检索表达式，用户可以通过直接修改检索表达式，也可以采取将检索范围限定在此次检索结果中实施二次检索，还可以进行多个检索限制条件组合进行二次检索。

（3）知识网络引文分析　通过梳理分析文献之间、知识单元之间的关系，构成系统的知识网络，以有效发掘和利用资源实现知识更新和工作创新。通过引用分析了解源文献的研究背景，所作研究的依据，以及研究之前完成的工作（参考文献）；进一步了解源文献所做研究工作的发展（引证文献）。

第四节　全国报刊索引数据库

一、数据库简介

全国报刊索引数据库，即原中文社科报刊篇名数据库，是由文化部立项、上海图书馆承建的重大科技项目。该数据库具有文献信息量大、检索点多、查检速度快等特点，是全国报刊索引新一代电子版检索工具，2000 年起它分（哲社版）和（科技版）两个单列库发行。

全国报刊索引数据库从 1833 年至今已累积收录数据达 2 435 万余条，全面、系统地揭示

了自中国近代以来的历史变迁，是各类型图书馆科技查新、查全，研究学术动态，跟踪学术水平、洞悉学术趋势的必备检索工具。

二、检索指南

（一）检索说明

图 6-47 所示为全国报刊索引数据库主页，登录后，即可进入如图 6-48 所示的检索界面，该界面分为三个功能区：左功能区、右上功能区和右下功能区。其中，左功能区用于输入检索式（以下称为检索区）、进行格式控制、浏览检索历史，右上功能区用于浏览检索结果的简要信息（以下称为简要信息区），右下功能区用于察看检索结果的详细信息（以下称为详细信息区）。

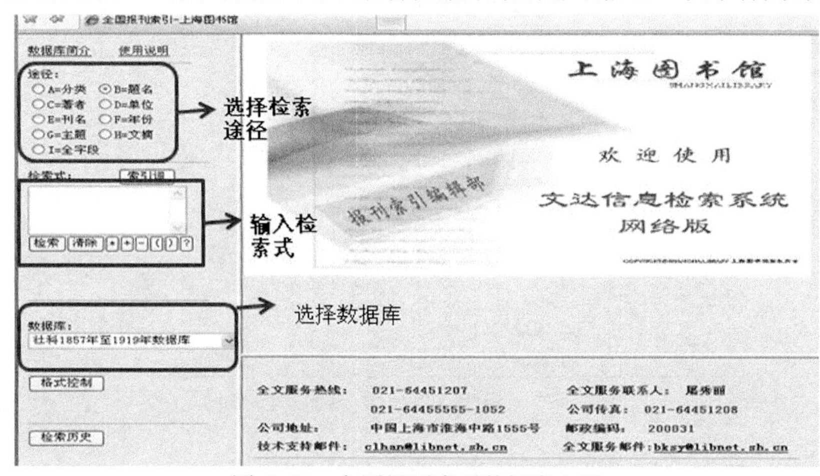

图 6-47　全国报刊索引数据库主页

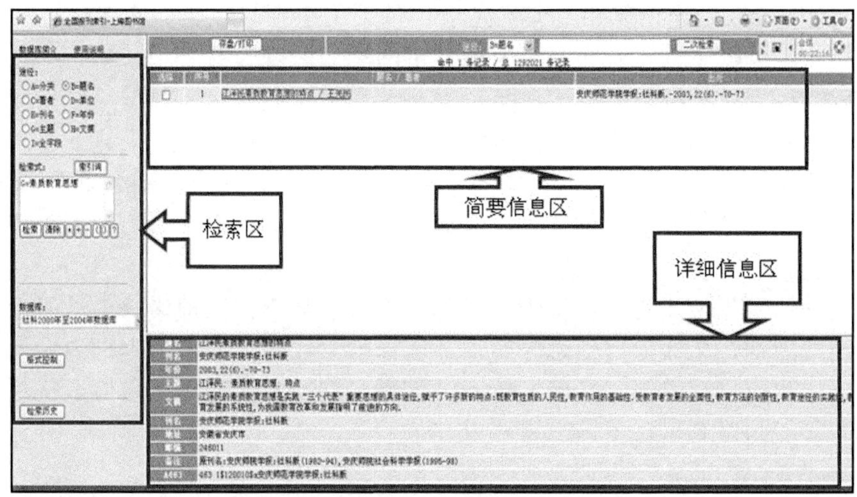

图 6-48　全国报刊索引数据库检索界面

（二）检索方式

检索前，首先需要选择数据库，全国报刊索引数据库有 8 个可检索字段，它们分别是分类、题名、著者、单位、刊名、年份、主题和文摘。其中，题名和文摘两个字段支持全文检索；其余字段为整词索引字段，可输入检索词进行完全一致或前方一致检索（前方一致的标

志符为“？”)。此外，本数据库还支持全字段检索，它是对上述 8 个可检索字段进行逻辑“或”运算。

全国报刊索引数据库的检索方法主要有以下几种：字段检索、布尔逻辑检索、复合检索、二次检索等方式。

1. 字段检索

全国报刊索引数据库字段检索见图 6-49，该图演示的即为字段检索的方式和步骤。进行单字段检索时，用户只需在检索途径中选择相应的字段，然后在检索式文本框中输入检索词。

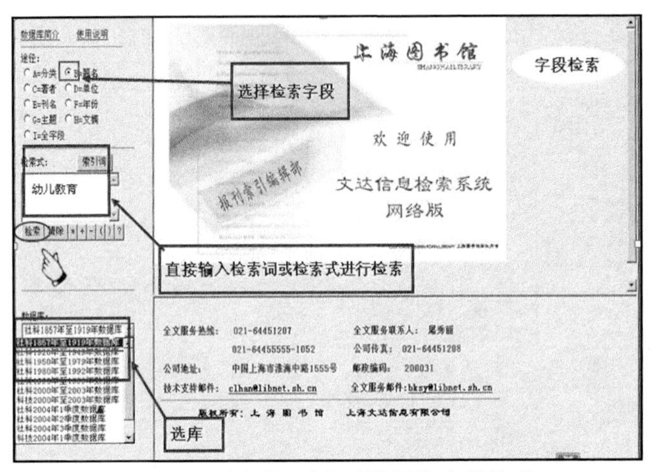

图 6-49　全国报刊索引数据库字段检索

2. 布尔逻辑检索

该数据库使用的布尔算符有 3 个：“-”、“*”、“+”。其中逻辑非运算“-”优先级最高，“*”次之，“+”最低。如果需要改变优先级，可采用小括号以类似算术表达式的方法。在输入检索式时，需要注意的是，布尔逻辑运算符的左右必须各有一个空格。

3. 复合检索

进行复合检索，只需在检索式内的各检索词前冠以其字段代码（上述 9 个可检索字段的代码分别为 A、B、C、D、E、F、G、H、I）和等号。例如，要查找题名中有“文化”，著者姓“王”，年份为 2000 年及以后的文献，可输入以下检索式：B=文化*C=王？*F=200？

4. 二次检索

全国报刊索引数据库支持二次检索。具体操作方法如下：当检索命中结果后，可采用类似于上文所述的方法，先在简要信息区的顶部选择检索途径，并在文本框内输入检索词或布尔逻辑检索式，再用鼠标单击二次检索按钮，进行二次检索，布尔逻辑检索就是在检索式输入框中输入布尔逻辑检索式，单击检索即可。

（三）检索结果处理

1. 检索结果集的控制

全国报刊索引数据库可显示的最大命中记录数为 5 000，当命中记录数超过 5 000 时，仅显示前 5 000 条记录。

2. 检索结果浏览

全国报刊索引数据库检索结果浏览页面如图 6-50 所示，检索结果浏览分为简要信息浏

览和详细信息查看。当检索命中结果后，其简要信息被显示在简要信息区，可通过单击首页、上页、下页、末页箭头来进行浏览。

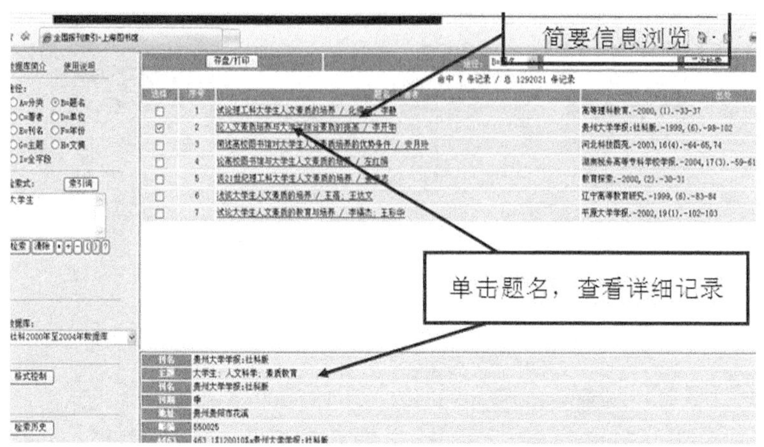

图 6-50 全国报刊索引数据库检索结果浏览页面

3．检索结果的保存和打印

当要保存和打印某些记录时，可在简要信息区的选择栏，先选中这些记录，然后再单击简要信息区左上角的“存盘/打印”按钮，然后再弹出的浏览器窗口“文件”菜单中的“另存为”和“打印”菜单项来保存和打印检索结果。

三、索引词

全国报刊索引数据库检索系统提供索引词列表。用户可在检索区单击“索引词”按钮，则在简要信息区出现索引词列表，如图 6-51 所示。选择列表框中适当的索引字段，以得到所希望的索引词列表，继而可在索引词输入框中输入一检索词，再按定位按钮，系统即在索引中进行定位，并将结果显示在简要信息区，这时，可单击索引词前的按钮，将其添加到检索式中。

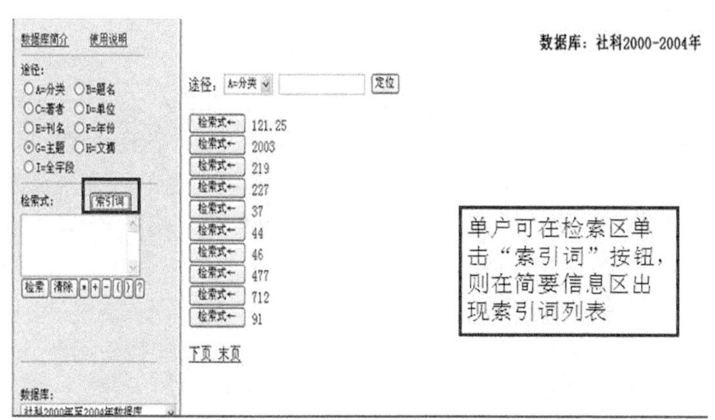

图 6-51 全国报刊索引数据库检索结果索引词界面

第七章 行业信息资源系统

第一节 中国经济信息网

一、中国经济信息网概述

中国经济信息网（http://www.cei.gov.cn），于 1996 年 12 月 3 日正式开通，简称中经网，中经网是由国家信息中心组建的、以提供经济信息为主要业务的专业性信息服务网络，是互联网上最大的中文经济信息库。

图 7-1 所示为中经网的首页，它主要提供信息服务、网络服务和软件开发三方面的业务，具有以下优势。

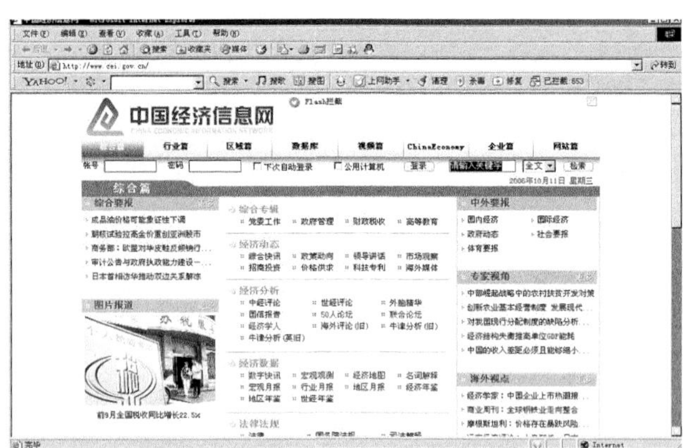

图 7-1 中经网首页

1. 资源系统优势

第一，国家经济信息系统是国家发展和改革委员会下的一个跨地区、跨部门的综合性信息系统；第二，中经网是由国家信息中心与全国省级、副省级、地市级和县级的信息中心构成的；第三，中经网是国家经济信息系统的核心组成部分，拥有系统内的资源优势和专家优势。

2. 高层次的专家队伍

中经网的专家队伍主要为两个板块：一是“50 人论坛”，该论坛的成员多为中国经济界最活跃、最有影响力的经济学家；二是“联合论坛”，该论坛是中经网联合国内著名经济研究机构的专家，共同研究中国经济热点、难点问题的网上论坛。

3. 可靠的信息来源

中经网的经济数据主要来源于国家统计局、国家计委、海关总署、人民银行、各行业主管、各省市统计局及国家经济信息系统；动态信息则由新华社、中新社等著名新闻机构提供；

经济分析是由国家信息中心、国内外权威研究机构及国家经济信息系统和中央各部委信息中心所提供的。

4．强大的网络资源

中经网具有良好的网络系统，概括起来主要表现在三个方面：一是多个互联网运营商的宽带连接，以及与卫星通信公司的专线连接，为信息内容分发和互联网接入等各类网络应用提供了坚实的基础；二是全国网络，中经网具有连接 21 个省市的 10Mbit/s/45Mbit/s 的全国宽带网和 5 省市的 DDN 线路；三是部委网，组建了中央各部委信息交换宽带网（10Mbit/s/100Mbit/s）。

二、中国经济信息网产品

中经网的信息网产品主要有以下八大类：中经网统计数据库、中国权威经济论文库、中国法律法规库、中国地区经济发展报告、中国行业季度报告、中国行业年度报告、定制产品和专网信息。

1．中经网统计数据库

中经网统计数据库目前有数百万个序列的经济数据，包括“中国经济统计数据库”和“世界经济数据库”两大系列。

中国经济统计数据库的登录网址为：http://db.cei.gov.cn，内容涵盖宏观经济、行业经济、区域经济、世界经济以及经济专题等各个领域，包括“宏观月度库”、“综合年度库”、“行业月度库”、“海关月度库”和“城市年度库”5 个子库。世界经济统计数据库包括 OECD 月度库和 OECD 年度库。中国经济统计数据库首页如图 7-2 所示。

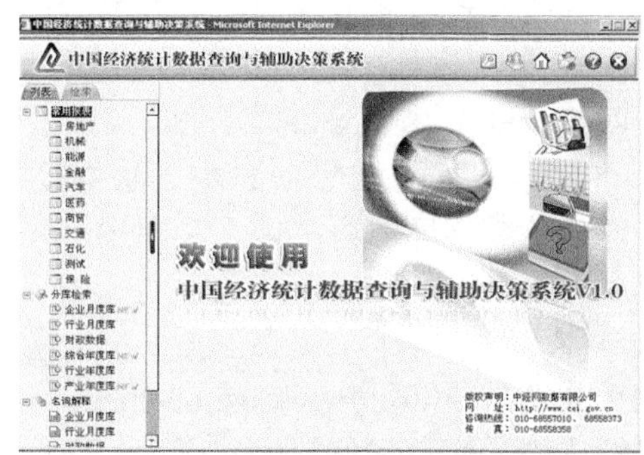

图 7-2　中国经济统计数据库首页

2．中经专网

中经专网登录网址为：http://newibe.cei.gov.cn，它是国民经济的晴雨表，是面向机构（内部网、局域网）开发的专业化信息平台。

中经专网设有综合动态、产业研究、法规政策、经济数据、领导讲话、中经视频、分析预测、财经资讯、热点专辑、公务指南等主题栏目，每日更新量约 200 万字，涉及经济领域各个方面。此外，还积聚了自 1992 年以来的历史资料和数据，其中本周大事件表、行业季度报告、地区发展报告、中经指数等都是中经专网所特有的。

3．中国权威经济论文库

图 7-3 为中国权威经济论文库的首页，登录网址为：http://thesis.cei.gov.cn。它是国家信息中心中国经济信息网利用其独特的信息资源和技术优势，为政府部门、教育科研机构和大

中型企事业单位开发的具有强大检索、馆藏、自定义等功能的经济论文资料库。

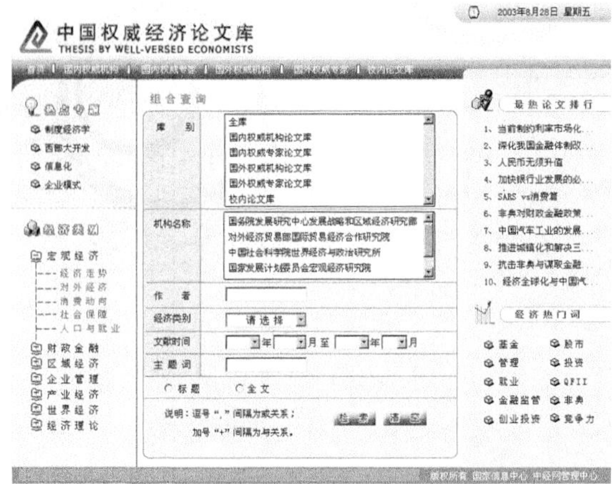

图 7-3　中国权威经济论文库首页

中国权威经济论文库分为 5 个子论文库：国内论文子库、国外论文子库、发改委成果子库、校内论文子库、中经评论子库。该数据库的论文权威，来源广泛，而且内容全面，分类清晰。

4. 中经网产业数据库

中国经济信息网产业数据库的登录网址：http://ceidata.cei.gov.cn。

中经网产业数据库将时间序列和截面报表、上下游产业链数据、行业与企业数据按照分析研究人员的使用习惯集成，在表现形式上通过数据库与数据图表的有机结合使其成为研究机构、政府机关、企业集团和有关投资者研究我国产业发展的重要基础工具。

5. 中国法律法规库

中国法律法规库的登录网址：http://ceilaw.cei.gov.cn。

中国法律法规库是中国经济信息网与国家信息中心法规处共同开发的以法律文本为主要内容的大型法律法规数据库。该数据库内容准确、全面规范、更新及时、使用方便，是专业化的法律法规查询、信息服务工具。

6. 中国环境保护数据库

中国环境保护数据库的登录网址：http://www.csid.com.cn。

中国环境保护数据库包括八个子库：环保资讯数据库、环保统计库、法规数据库、专家数据库、企业数据库、技术数据库、产品数据库和项目数据库等。其中每个数据库都能提供多种条件的组合查询，我们可以根据自己的需要选择一个或多个条件进行信息检索，系统将根据设定的排列条件将查询结果以快捷的速度展示。

7. 中国地区经济发展报告

中国地区经济发展报告的登录网址：http://dqbg.cei.gov.cn，该数据库主要包括经济形势分析报告、发展规划、统计公报、政府工作报告等报告。

三、检索指南

（一）中经专网・教育版检索指南

“中经专网・教育版”是中国经济信息网数据有限公司在“中经专网”的基础上，针对国内各所重点高校及研究机构专门开发的一个大型信息集成系统。“中经专网・教育版”包括

推荐专辑、综合动态、经济分析、经济数据、行业经济、区域经济、特色信息（财经视频、为您服务）等 9 个栏目及中国法律法规库，每日更新量约 200 万汉字，涉及经济领域各个方面。此外，还积聚了自 1992 年以来的历史资料和数据，支持全文检索，堪称海量信息库。

“中经专网・教育版”的检索方式有三种：分类引导检索、简单检索和高级检索。

1．分类引导检索

分类引导检索也称特定栏目浏览，适用于已知属性明确信息的情况，如想了解国开行改制的进程，可浏览“特定重大经济事件”栏目。

分类引导检索有两种检索方式：一种是从“栏目”进行检索；另一种从“整个站点”进行检索。

2．简单检索

“中经专网・教育版”提供在全部站点下的信息内容检索以及在类目下的检索，同时也可选择标题检索和全文检索。图 7-4 所示为简单检索——类目下检索界面，图 7-5 所示为简单检索——全库检索的界面。

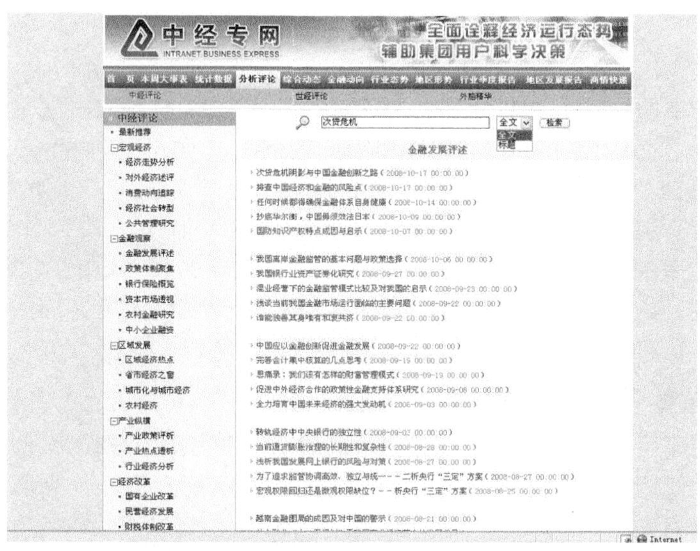

图 7-4　中经专网简单检索——类目下检索界面

图 7-5　中经专网简单检索——全库检索界面

3．高级检索

“中经专网·教育版”的高级检索可利用 and 或 or 进行组合词检索（见图 7-6），也可进行二次检索，即在上一次的检索结果中再检索。

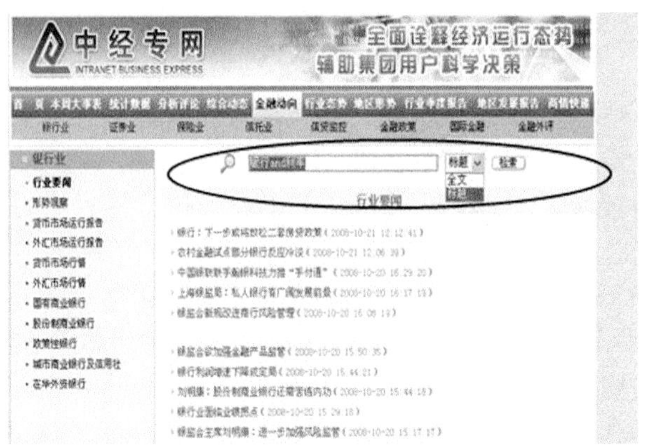

图 7-6　中经专网高级检索——and 或 or 关系

4．检索技巧

（1）提高查全率的方法　在检索时，要注意结合逻辑关系“or”，选取恰当的检索词。这里尤其要注意两个方面的问题：一是全称和简称的问题（如：“国内生产总值”和“GDP”、“欧佩克”和“OPEC”、“通货膨胀”和“通胀”）；二是同义词/近义词的问题（如“GDP 平减指数”和“GDP 缩减指数”）等。

（2）提高查准率的方法　在检索时，要注意结合逻辑关系“and”，以缩小检索范围。

（3）逐渐形成分类检索的习惯　提高对所偏好栏目的使用效率，如注意利用专网时效性强的特点，将理论学习与时事学习结合起来。

（二）中国法律法规库的检索

中国法律法规库可以查询人大、国务院、高检、高法法律法规、案例及裁判文书、部委规章、国际条约及惯例及地方法规等，是专业化的法律法规查询、信息服务工具。图 7-7 所示为该数据库的查询界面。

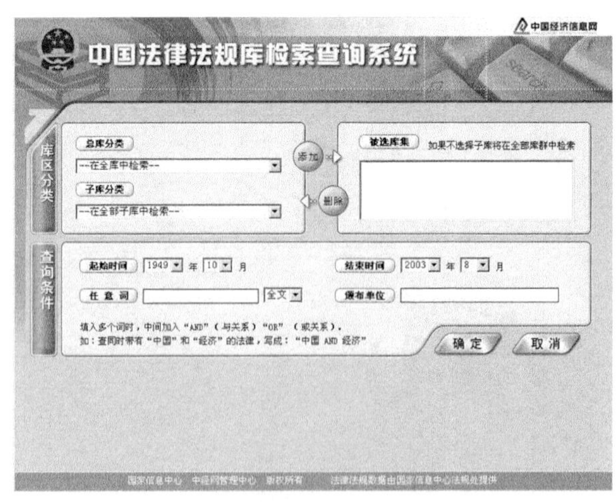

图 7-7　中国法律法规库查询界面

利用中国法律法规库检索，可进行单库、多库和全库的多重库组合选择，支持对全文或标题的任意词或任意词组合检索，支持对颁布时间、颁布单位的组合检索，支持一次检索结果中的二次或多次检索。

1．单库检索

如果用户想查询全国人大颁布的关于教育方面的法律法规可使用单库查询的方法（见图 7-8），具体步骤如下：

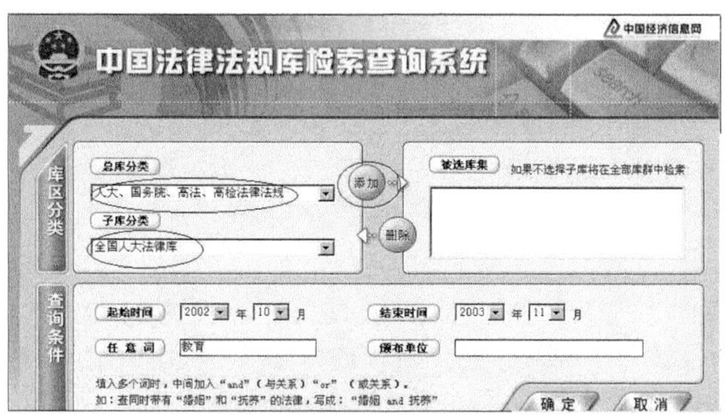

图 7-8　中国法律法规库单库检索

第一步，在以下页面总库分类里选择“人大、国务院、高法、高检法律法规”；在子库分类里选择“全国人大法律库”，然后单击“添加”按钮。

第二步，以下页面被选库集里被添加“全国人大法律库”，然后选择起止时间，并在任意词栏里填写“教育”，单击“确定”按钮。

2．多库检索

如果用户想在“证券法规库、保险法规库、银行与货币法规库”三库里查询关于金融监管方面的法律法规可使用多库查询的方法，具体步骤如图 7-9 所示：

图 7-9　中国法律法规库多库检索

第一步，在以下页面总库分类里选择部委规章，在子库分类里选择“证券法规库”，单击“添加”按钮；选择“保险法规库”单击“添加”按钮；选择“银行与货币法规库”，单击“添加”按钮，三个子库就被添加到被选库集。

第二步，选择起始时间，同时在任意词里填“金融监管”，单击“确定”按钮。

3．全库检索

全库检索时，首先需要在总库分类和子库分类中选择“在全库中检索”和“在全部子库中检索”，如图 7-10 所示。如果在全文库里按“颁布单位”查询，只需在以上页面填入相应的颁布单位即可。

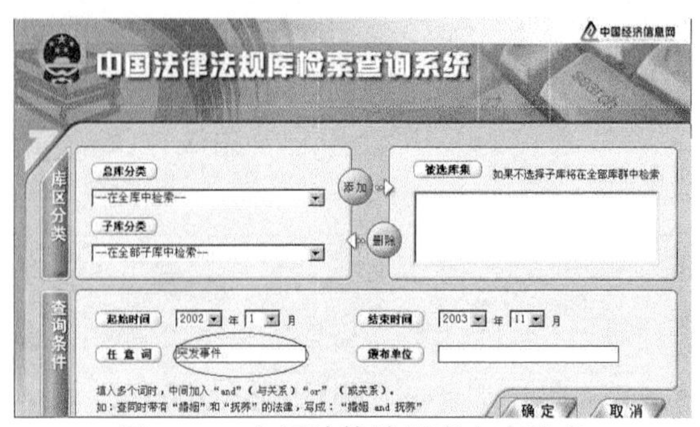

图 7-10　中国法律法规库全库检索

4．标题检索

如果用户想直接查询“汽车金融公司管理办法”，可采用标题检索的方法，在图 7-7 所示的查询页面“任意词”一栏填写“汽车金融公司管理办法”，单击“确定”按钮即可得到相关结果。

5．任意词组合检索

如果想查询 2003 年 1～11 月之间所有包含“商标和专利”的文件，在图 7-7 所示的“任意词”一栏填写“商标 and 专利”，单击“确定”按钮即可得到如图 7-11 所示的结果。

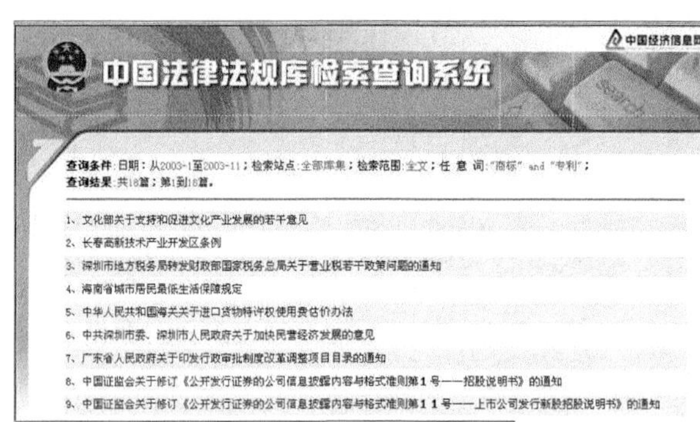

图 7-11　中国法律法规库任意词组合检索结果

6．二次检索

如果在第一次检索的基础上想查询与专利有关的文件，在以下查询结果页面可以进行二次检索。如图 7-12 所示，选择“在结果集中检索”，在检索词里填写“专利”，单击“检索”按钮。

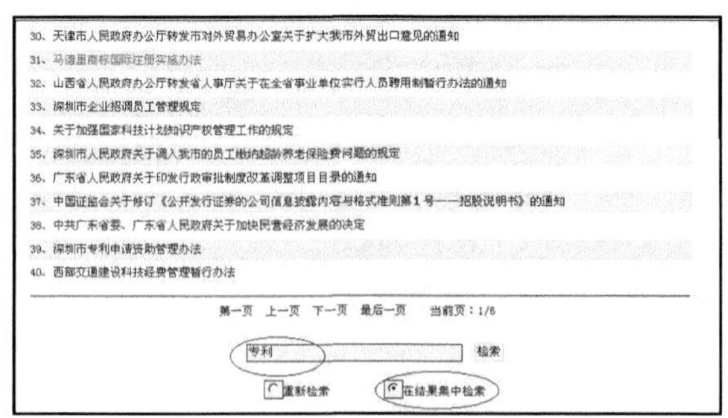

图 7-12　中国法律法规库二次检索

第二节　国务院发展研究中心信息网

一、“国研网”简介

国务院发展研究中心信息网（http://www.drcnet.com.cn/），简称“国研网”，是我国著名的大型经济类专业网站，由国务院发展研究中心创立，1998 年正式开始运营。公共网址为：www.drcnet.com.cn；教育网址为：edu.drcnet.com.cn。

国研网以国务院发展研究中心丰富的信息资源和强大的专家阵容为依托，全面整合中国宏观经济、金融研究和行业经济领域的专家资源及其研究成果，并与海内外众多著名的经济研究机构和经济资讯提供商紧密合作，建设并维护中国著名的大型经济类专业网站，是向研究人员和投资决策者提供经济决策支持的信息平台。

国研网由全文数据库、统计数据库、研究报告数据库和专题数据库五大数据库集群组成。它主要提供各种产品、信息的综合报道，收集金融信息，提供国研网的经济信息类产品的相关数据库的查询。它具有鲜明的特点，即专业性、权威性、前瞻性、指导性和包容性。

1．全文数据库

该库包括国研视点、宏观经济、金融中国、区域经济、行业经济、企业胜经、世经评论、高校参考、基础教育、经济形势分析报告、发展规划报告、经济普查报告、政府工作报告、政府统计公报、中国国情报告和财政预决算及审计等 16 个数据库。

2．统计数据库

该库包括最新数据、每日财经、金融数据、世经数据、重点行业数据、宏观数据、对外贸易数据、区域经济数据（市级）、产品产量数据、中国教育经费数据、工业统计数据等内容。

3．研究报告数据库

研究报告数据库通过持续跟踪、分析国内外宏观经济、金融和重点行业基本运行态势、发展趋势，准确解读相关政策趋势和影响，及时研究各领域热点/重点问题，致力于为客户提供研究和战略决策需要的高端信息产品。该报告数据库包括宏观经济分析报告、金融中国分析报告、行业季度分析报告和行业月度分析报告四大子库。

4．专题数据库

该库由“重点专题数据库”和“热点专题数据库”两部分组成。

5．世经数据库

该库及时编译全球顶尖科研机构（例如，联合国、世界银行、国际货币基金组织、美联储、EIU 等）、著名学者（麦金龙、尼古拉斯·拉迪、斯蒂文·罗奇、奥尼尔）的最新研究成果，全方位地反映权威专家学者对全球经济金融走势以及对全球经济社会发展的热点问题的前瞻性分析、判断与展望。

二、检索指南

（一）检索语法

1．布尔逻辑算符

（1）表示“且”的关系（同时匹配多个关键词的内容）　使用空格、“+”或“&”。

例如，查询关于北京市金融的文章，可输入关键词“北京金融”或“北京+金融”或“北京&金融”。

（2）表示“非”的关系（查询某个关键词的匹配内容，但又不包含其中的一部分） 使用字符“-”。例如，查找基础设施方面文章，但不包含北京，输入关键词“基础设施-北京”。

（3）表示“或”的关系 使用字符“|”。例如，查询关于金融或股票方面的文章，则输入关键词“金融|股票”。

2．通配符检索

!表示 0 或 1 个任意字符，?表示 1 个任意字符，连在一起的“!”或“?”最多不能超过 9 个。例如，输入“中!!!国”，表示查找“中”和“国”之间最多隔 3 个字的词，将查到“中国”、“中外国”、“中东各国”等；输入“中???国”，表示查找“中”和“国”之间隔 3 个字的词，将查到“中小企业国际化”等词。

注意：!?为半角字符。但若!?连起来表示某字后不跟随另一字的词，如“北!?京”，表示想查带“北”的词，但不包括“北京”。

例如，查找“股票”与“期货”中间包含 1～2 个字的内容，输入关键词“股票!?期货”。

3．字符“( )”

使用字符“( )”表示表达式是一个整体单元。

例如，想查找经济方面的内容，但不包含“股票”与“期货”，输入关键词“北京-（股票期货）”。

（二）检索功能

国研网的检索方便、快捷，支持单库检索，也支持多库联合检索，并支持二次检索。归纳起来主要为以下几个方面：

1）提供多处检索支持接口，如主页、检索中心、各二级页面等处。

2）支持单库检索和整库检索，用户可自定义目标检索库。

3）支持二次检索；可根据二次检索关键词选择或删除指定文献。

4）支持全文检索，支持关键词、作者、标题等多种选择的检索需求。

5）支持检索结果的页面显示数量。

6）支持检索关键词的突出显示。

（三）“国研网教育版”使用方法

“国研网教育版”是国研网为广大教育用户专门设计的版块，国研网教育版主界面如图 7-13 所示，国研网共分综合版、世经版、教育版、金融版、企业版和党政版几大板块，每个版块下的内容基本一样，可根据需要浏览任何一个版块的信息。

图 7-13 国研网教育版主界面

国研网检索方式有两种：浏览和检索。可单击每个板块下的子栏目进行浏览，也可以通过检索查找信息。国研网的检索分为一般检索和高级检索。

1. 浏览检索

浏览检索的步骤为：首先单击“国务院发展研究中心信息网”主页上数据库的主要栏目，分别单击进入，选择所需检索的数据库，将目录层层点开，单击文献题名，即可浏览全文。也可输入检索词，从文章标题、作者、全文途径等进行全库检索或单库检索。

2. 一般检索

一般检索的检索过程如图 7-14 所示。可以选择在所有板块中进行检索，也可以选择在教育版、综合版、党政版、企业版、金融版、世经版中检索，检索词可以分别限定在标题、作者、关键词、全文等字段。

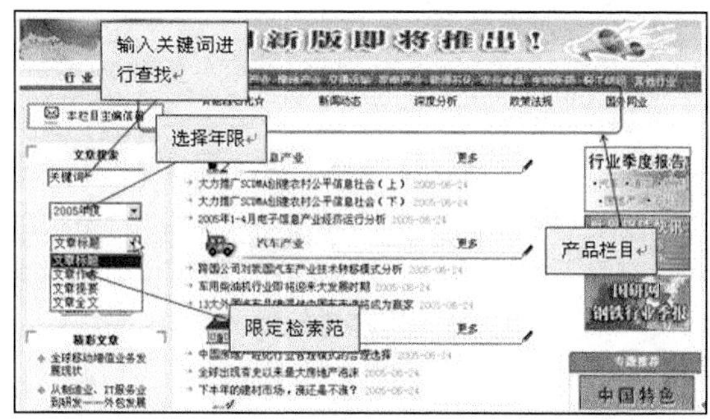

图 7-14 一般检索的检索过程演示

3. 高级检索

单击“检索中心”即可进入如图 7-15 所示的界面，单击“高级搜索”即打开如图 7-16 所示的高级搜索界面。

图 7-15 国研网检索中心界面

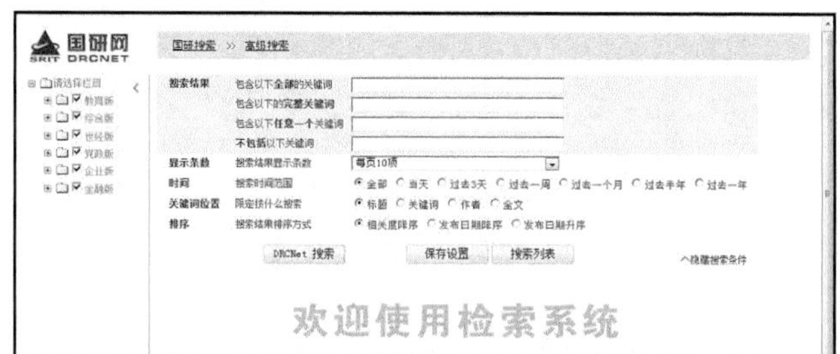

图 7-16 国研网高级检索界面

高级检索可通过各种条件选择，可以为我们提高检索效率：可进行栏目（即数据库）、时间、检索项目（即检索字段）选择；检索词可用多个，并用布尔逻辑算符相连，进行更为专指的检索。

例如，输入“房地产宏观”即可得到如图 7-17 所示的结果，并可以进行二次检索。

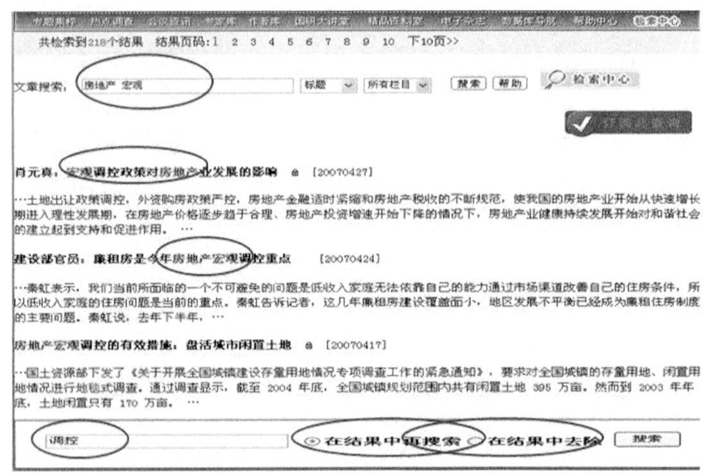

图 7-17　国研网高级检索方式的结果

（四）检索结果处理

1. 检索结果排序

国研网的检索结果可以按照时间先后排序。

2. 检索结果的输出方式

国研网检索结果输出方式（见图 7-18）主要有两种：题录输出和全文输出，可直接打印或保存。

图 7-18　国研网检索结果输出方式

3. 关联检索

国研网的关联检索如图 7-19 所示，可以通过提供的“相关文章”栏目中推荐的相关文章为我们找到更多的目标文献。

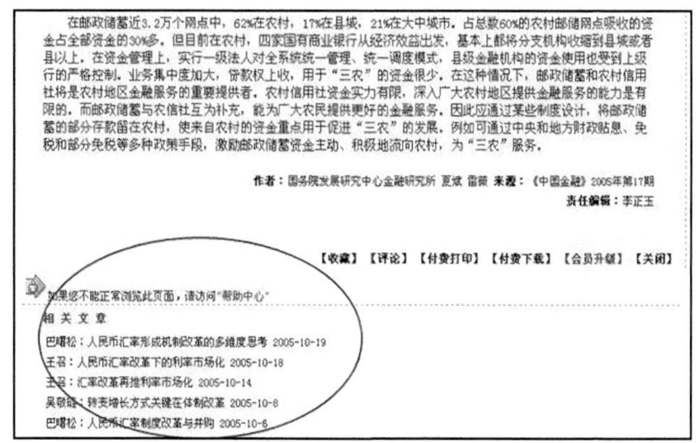

在邮政储蓄近3.2万个网点中，62%在农村，17%在县城，21%在大中城市。占总数60%的农村邮储网点吸收的资金占全部资金的30%多。但目前在农村，四家国有商业银行从经济效益出发，基本上都将分支机构收缩到县城或者县以上。在资金管理上，实行一级法人对全系统统一管理、统一调度模式，县级金融机构的资金使用也受到上级行的严格控制。业务集中度加大，贷款权上收，用于“三农”的资金很少。在这种情况下，邮政储蓄和农村信用社将是农村地区金融服务的重要提供者。农村信用社资金实力有限，深入广大农村地区提供金融服务的能力是有限的。而邮政储蓄与农信社互为补充，能为广大农民提供更好的金融服务。因此应通过某些制度设计，将邮政储蓄的部分存款留在农村，使来自农村的资金重点用于促进“三农”的发展。例如可通过中央和地方财政贴息、免税和部分免税等多种政策手段，激励邮政储蓄资金主动、积极地流向农村，为“三农”服务。

作者：国务院发展研究中心金融研究所 夏斌 雷薇 来源：《中国金融》2005年第17期

责任编辑：李正玉

【收藏】【评论】【付费打印】【付费下载】【会员升级】【关闭】

如果您不能正常浏览此页面，请访问"帮助中心"

相关文章

巴曙松：人民币汇率形成机制改革的多维度思考 2005-10-19

王召：人民币汇率改革下的利率市场化 2005-10-18

王召：汇率改革再推利率市场化 2005-10-14

吴敬琏：转变增长方式关键在体制改革 2005-10-8

巴曙松：人民币汇率制度改革与并购 2005-10-8

图 7-19　国研网的关联检索

第三节　新华社多媒体数据库

一、数据库基本情况

（一）数据库简介

新华社多媒体数据库（http://info.xinhua.org/）汇集新华社文字、图片、图表、视频、音频、报刊等全部资源和社会上其他有价值的新闻信息资源，是集新闻信息采集、营销、管理、存储为一体的工作平台，是国内最大规模的多媒体、多文种新闻信息综合性数据库。

（二）数据库进入

图 7-20 所示是新华社多媒体数据库界面。该数据库系统由三套相互独立的发布系统组成：中文综合发布系统、英文综合发布系统和图片发布系统。

我们可直接通过按钮分别进入中文综合库宽带版、中文综合库标准版、English Database、图片库。也可输入用户名、密码后选择系统，然后单击“登录”按钮进入相应系统。

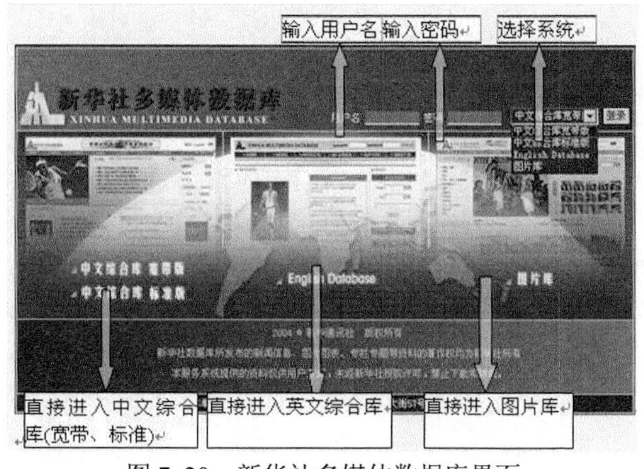

图 7-20　新华社多媒体数据库界面

获取新华社多媒体数据库的信息是有偿的，如果以匿名用户身份（不登录）进入系统，在系统的右上角的部位出现登录框，以方便随时登录系统；如果以普通用户身份（进行系统

登录后）进入系统，在系统的右上角出现用户名提示和“退出”按钮。

二、《中文综合库》使用指南

（一）《中文综合库》简介

中文综合库首页从上至下分为头标区、产品和功能菜单条、要闻区、快速检索区、主信息区和版权区共 6 部分。

（1）头标区　它包括新华社多媒体数据库的 Logo、Banner 和用户信息。

（2）产品和功能菜单条　鼠标滑过产品和功能菜单条中的某个菜单，系统会把相应菜单对应的可选下级菜单浮动在下面，选择后可进入相应系统或功能。

（3）要闻区　要闻和快速检索区包括头条图片新闻、滚动今日要闻、最新新闻、信息检索框等部分。单击信息的标题或图片，会进入信息细览。

（4）快速检索区　信息检索可根据时间段和内容进行全文或组和检索，并可根据需求选择检索词提示和拼音检索。

（5）主信息区　主信息区提供最新新华社多媒体的各种产品，用户可方便地进入某个分类或专线，同时可单击信息的标题或图片进入信息细览。

（6）版权区提示本系统的版权信息

（二）检索方法

1. 快速检索

在用户浏览稿件概览页面时，可通过快速检索“打开/关闭”快速检索。打开快速检索后概览窗口出现如图 7-21 所示的快速检索框：

图 7-21　快速检索框

用户可以通过选择时间、输入时间、快捷时间段定位时间段。在检索词文本框输入一个检索词，同时可根据需求选择按词检索还是按字检索，输入检索词后可通过“检索词提示”和“拼音检索”按钮进行辅助智能检索。在“检索”的同时可以选择是“按词”还是“按字”进行检索。例如，按词查找“华人”时，正文只含有“中华人民共和国”字样的文章将不被查到。按字查找“华人”时，正文只含有“中华人民共和国”字样的文章将可以查到。

为提高检索效率，该数据库支持二次检索。同时，每次的最近几次检索系统都会被记录下来，可通过结果定制选择，同时结果定制可选择排序方式和每页显示数目。

当快速检索栏关闭时，将会出现稿件类型的列表，单击相应的稿件类型将会列出最近一个月的该类型稿件。当快速检索栏打开时，该列表自动隐藏。

2. 高级检索

高级检索是对快速检索功能的一个加强，快速检索中介绍的使用方法完全适用于高级检索。其具体过程为：

1）单击“高级检索”旁边的“打开”按钮，可以弹出高级检索页面，如图 7-22 所示。

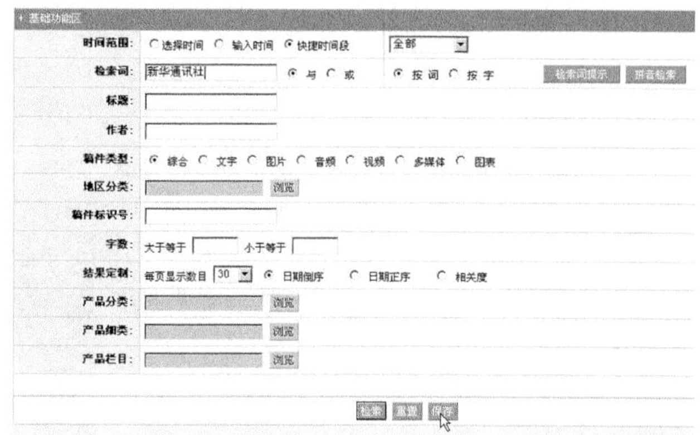

图 7-22　高级检索页面

2）根据需求、时间、检索词、标题、作者、稿件类型、地区分类、字数范围、产品分类、产品细类和产品栏目等进行检索，其中，产品分类、产品细类和产品栏目，以及地区分类可通过“浏览”按钮选择。

另外，为了方便使用，定义了复杂检索后可以保存，在以后任何时候都可在“我的数据库”功能中直接检索。

3）检索项保存。一些使用频率相对较高的检索语句可能通过简单的页面单击动作实现，系统默认提供三个检索项的存储。

三、英文综合库使用指南

在英文综合站点里，将整个英文站点的主要页面分为几大部分：首页、概览页面、细览页面、检索页面。

（一）首页

1）菜单部分。菜单部分包括英文站点所有内容的入口：HOME、NEWS、PRODUCTS、MY XINHUA、SUPPORT、ABOUT US 等。其中“NEWS”为所有新闻的分类菜单，包括 ALLNEWS、TEXT NEWS、AUDIO NEWS、VIDEO NEWS 等几类新闻；“PRODUCTS”是新华社的产品分类，包括 CEI 等分类；“MY XINHUA”是用户进行个性化定制的入口；“ABOUT US”包含了站点的介绍以及联系方式等内容。

2）登录区，提供用户登录，用户如不登录，则只能看到受限制的内容，并且不能进行高级检索。

3）左上部头条图片新闻区，显示 CID 为 28 的头条图片新闻。

4）滚动新闻区，实时滚动显示 CID 为 4_20201 的栏目的前五条新闻，单击可进入相应细览页面。

5）主页的主体区，显示各个新闻栏目前 5 条稿件的概览，单击可进入相应稿件概览，单击“更多”进入相应新闻栏目的全部概览页面。

6）主页右部显示产品栏目下各个子栏目的前 5 条概览，与新闻栏目同样，单击链接进入细览，单击“Enter”键进入相应产品栏目的全部概览页面。

7）搜索区，一般用户可以进行简单检索，按照时间范围和关键词检索，登录用户可以进行高级检索，单击 Advanced 进入高级检索页面。

（二）概览页面

图 7-23 所示为英文综合库概览页面，它包括登录区、菜单区、概览区以及分类树区。概览页面也包括菜单区和登录区，方便用户从随时可以从各个页面登录。

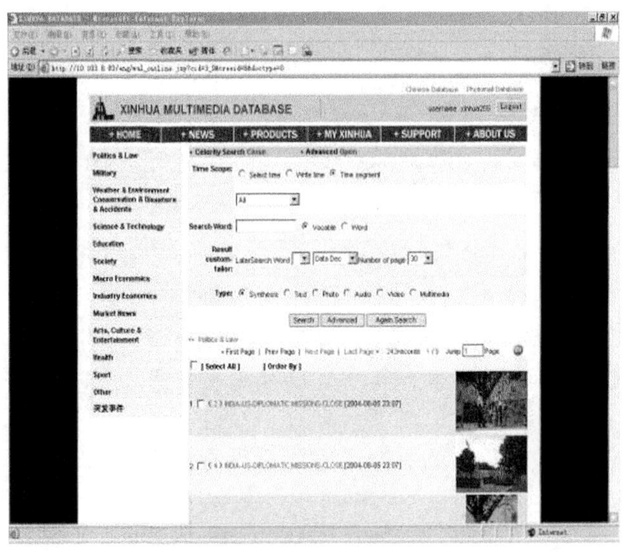

图 7-23　英文综合库概览页面

（三）细览页面

图 7-24 所示为英文综合库细览页面，它展示了新闻或产品稿件的具体内容，包括正文，附件，图片，相关新闻，多媒体音频、视频，并提供音频、视频的播放。用户可选择字体大小，进行打印，下载图片等附件，针对当前稿件进行反馈等功能。

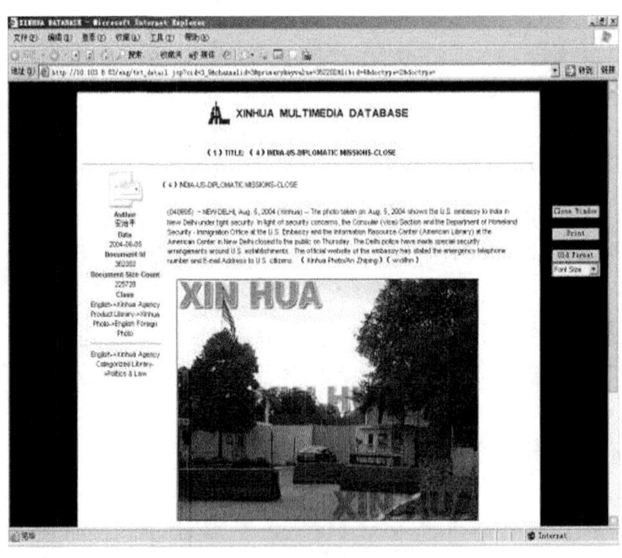

图 7-24　英文综合库细览页面

（四）检索页面

检索页面包括检索条件和检索结果页面，检索条件页面分为包含在概览页面中的检索页

面和高级检索页面（见图 7-25）。检索条件包括：

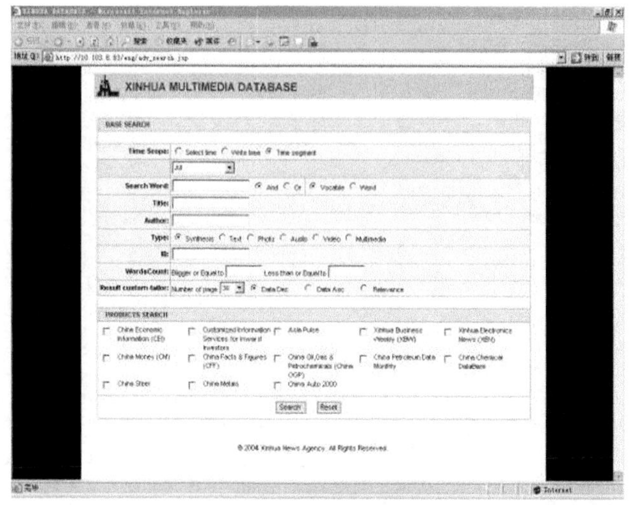

图 7-25　高级检索页面

（1）时间范围　时间范围分为三种方式，选择开始时间和结束时间具体的时间段，手写指定时间及选择具体的时间段（如最近 5 天）等。默认为选择时间段。

（2）检索词 Search Word　输入检索的关键词。

（3）Result custom-tailor　搜索结果页面定制，可选择每页显示的结果个数、排序方式等。

（4）Type　可指定新闻所属大类（Text、Audio、Video 等），可以减小搜索范围。与一般检索条件页面相比，高级检索还增加了作者、标题、ID、稿件字数范围等条件，对于新闻产品的检索还可指定产品所属的子类。

检索结果页面功能和页面风格与概览页面类似，在此不再赘述。针对检索出的结果，“Again Search”按钮提供在检索结果基础上的二次检索。

四、个性化定制

新华社多媒体数据库服务系统个性化服务模块提供的功能可以轻松地将站点内容与站点访问者相匹配起来，并提供最终用户接口和管理的接口。通过这些工具，就可以通过简单的页面选择来设置自己的页面了。

（一）我的数据库

登录“我的数据库”后，用户如果没有进行个性化定制，系统将按照默认的显示风格，展示用户订购的全部产品以及管理员允许改用户免费浏览标题的产品。如果已经进行了个性化定制后，系统将按照用户定制的显示风格和定制的产品树展示。

（二）个性化定制

（1）风格定制　系统预定义了四种风格：标准型，古典型、清新型和现代型。可以通过风格定制自由展示风格。系统默认（Default）风格。

（2）信息分类树节点定制　用户通过对信息分类树节点的定制，可以方便地在海量数据中快速定位到用户所需内容。例如，点选图 7-26 所示页面的复选按钮完成定制操作，同时下次打开该页面后，系统会记住使用者上次的点选状态。选择后的结果如图 7-27 所示。

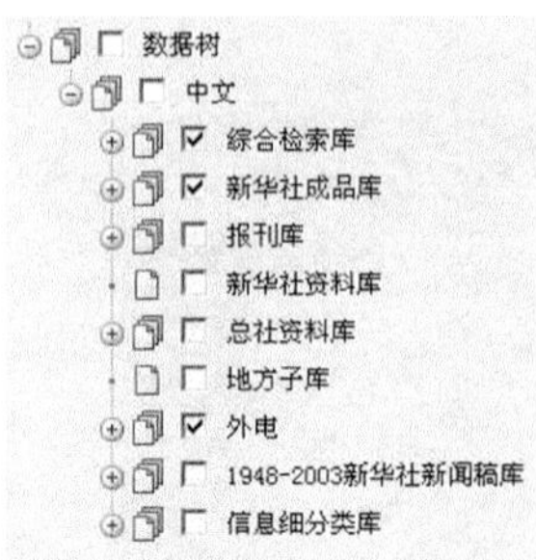

图 7-26　复选按钮

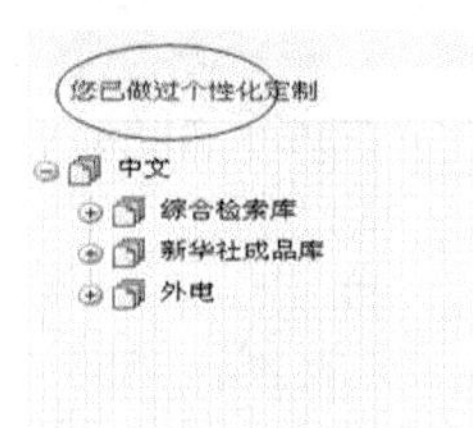

图 7-27　个性化定制的结果

（3）信息分类树节点排序定制　可以根据用户的喜好，将信息分类树中相对固定的节点位置进行自由的上、下移动操作。

（4）取消定制功能　此功能为用户提供了一次性取消已做过的所有定制功能，方便用户快速恢复到初始化状态。取消定制界面如图 7-28 所示，用户可以单项取消，也可以全部取消定制信息，执行完成后，“我的数据库”将会提示相应的定制信息。

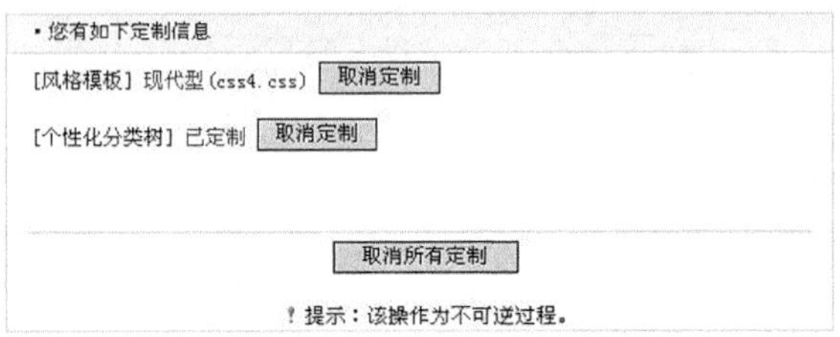

图 7-28　取消定制界面

第八章　电子图书系统

第一节　电子图书概述

一、电子图书的概念

1．电子图书的概念

随着网络技术的发展及网络在人们生活中的日益普及，电子图书以其区别于传统图书的种种优势，成为数字资源中的重要组成部分。

国内学术界对电子图书的定义为："电子图书代表人们所阅读的数字化出版物，从而区别于以纸张为载体的传统出版物。电子图书是利用计算机技术将一定的文字、图片、声音、影像等信息，通过数码方式记录在以光、电、磁为介质的设备中，借助于特定的设备来读取、复制、传输。"

2．电子图书的构成要素

从电子图书的来源划分，电子图书主要有两种：一种是从印刷版图书数字化转化而来的；另一种是直接以数字形式出版的图书。日常人们说到的电子图书一般包含两种含义，一种是指 e-book；另一种是指专门阅读电子书的掌上阅读器。电子图书主要由三个要素构成：

（1）内容　它主要是以特殊的格式制作而成的，可在有线或无线网络上传播的图书，一般由专门的网站组织而成。

（2）阅读器　它包括桌面上的个人计算机、个人手持数字设备（PDA）、专门的电子设备，如"翰林电子书"。

（3）阅读软件　电子图书的阅读软件有很多种，因电子图书的文件格式不同，电子图书也对应不同的阅读软件：E-book、ReadBook、READSONIC、博库新版阅读器、超星阅读器SSReader、书生阅读器等，以及通用型的如 Adobe 公司的 AcrobatReader，Glassbook 公司的 Glassbook，微软公司的 MicrosoftReader 等。

3．电子图书的类型

（1）电子图书按照其载体形式可分为三种

1）封装型电子图书。主要指存储在 CD-ROM 上的图书，只能在计算机上单机阅读。

2）网络型电子图书。主要有一些免费的网络电子图书和一些电子图书系统，如方正 APABI、超星、书生、中国数图有限公司网上图书馆、OCLC 的 NTELIBRARY 等比较成熟的电子图书系统，可通过互联网访问阅读。

3）介于封装型及网络型电子图书之间的是便携式电子图书。特指一种存储了电子图书内容的电子阅读器。人们可以在这种电子阅读器的显示屏上阅读各种存放在其中的图书。目前市场上的主要产品有 NuvoMedia 公司的 Rocket E-book、Librius 公司的 Millennium Reader

及 SoftBook 出版公司的 SoftBook、EveryBook 公司的 EB DedicatedReader、津科公司的翰林电子书等。

（2）电子图书按功能大致分为三种

1）以学习为主的电子图书。这类电子图书为各种英汉互译字典等，如好易通、快易通等。

2）以商务游戏为主的电子图书。这类电子图书主要有记事本、万年历、汇率、股市行情、收发邮件、游戏等功能，如商务通、经理人、名人等。

3）掌上计算机。掌上计算机大多为 Windows 的操作系统，可无线上网。目前我国最丰富的产品是 PDA，该类产品已经加上了阅读电子书的功能。国外 E-book 有 Softbook、Rocktbook、Microsoftreader 等，国内目前还没有完整的 E-book 产品推出。

二、电子图书的特点

1．与传统图书的区别

在内容描述上，电子图书与传统图书区别不大；但因其数字化存取的灵活方式，电子图书内容的描述、揭示及组合功能大大增强。检索元数据可以让检索者实现资源重组的功能；同时描述元数据也可以实现针对不同层次检索者的图书导读功能，及对图书实现清单式及图示化管理。

2．亲切的感受力

由于电子图书采用统一的数字化编码来表示文字与其他信息，这就使不同种类信息的集成化处理与传递成为可能。此外，随着可供阅读的平台越来越多元化，电子图书内容也呈现出多元化，可传播多媒体影音资料。

3．存储文件格式多样

电子图书以不同的文件格式存在，目前常见的存储文件格式有：EXE、CHM、HLP、HTML、PDF、WDL、IFR、PDG、LIT、EBK。

4．易于检索与互动

电子图书是以数字化方式制作、存取、阅读的图书，其提供的检索功能主要体现在其检索是动态的、多途径的、可组配的，甚至还可以有目的地进行排序、重组。检索者还可通过网络超链接的特性获得更进一步资料，并能实现全文检索，作者与检索者还能通过网络互动。

5．易于携带

电子图书的容量大，通过网络可以随时下载，且内存很小的电子设备就能存储大量的阅读资料。

6．资源共享

网络版的电子图书可以提供多人多次同时阅读，实现资源共享。

7．稳定性强

因为图书不是一种连续性出版物，电子图书也是如此，因此，在网上的电子图书内容相对比较稳定。

虽然电子图书有以上这些优点，但在目前的情况下，还存在一些不足之处，如可浏览的比较多，真正意义上可检索的少：文本电子图书多，多媒体电子图书相对较少，涉及的主题范围有限等。

三、电子图书的功能

1）电子图书是传统的印刷书籍的电子版本，它可以使用个人计算机或使用电子图书阅读器进行阅读，同时尊重了人们的阅读习惯，即允许进行类似纸张书本的操作：可以在某页做书签，记笔记，对某一段进行反选等，并且还提供了保存所选的文章的功能。

2）电子图书阅读器包含内置字典，可根据需求变换字体和样式等。

3）电子图书的主要格式有 PDF、EXE、CHM、UMD、PDG、JAR、PDB、TXT 等。目前网上提供较多的是 PDF 格式电子图书的下载。而手机电子图书逐渐流行起来，大多支持 TXT 格式。

4）可以订阅众多电子期刊、书和文档，从网上自动下载所订阅的最新新闻和期刊，显示整页文本和图形，并通过搜索、注释和超链接等增强阅读体验。

四、电子图书的文件格式

面对众多的电子图书内容提供厂商和阅读设备，我们有必要了解一些常用电子图书文件格式的知识。

（一）PC 上常用的电子图书格式

1. EXE 文件格式

这是目前比较流行的一种电子读物文件格式。它最大的特点就是阅读方便，制作简单。这种格式的电子书中内嵌了阅读软件，无需安装专门的阅读器就可以阅读，成为目前最流行的电子杂志的格式。目前，方正阿帕比的飞阅、XPLUS、ZCOM 等厂商提供的数字报纸、杂志、图书都采用了这种格式。

2. PDF 文件格式

PDF（Portable Document Format）格式的文件目前已成为数字化信息事实上的一个工业标准。PDF 文件格式是 Adobe 公司开发的电子文件格式。这种文件格式与操作系统平台无关，故而成为在网络上进行电子文档发行和数字化信息传播的理想文档格式。

3. CEB 文件格式

CEB 即 Chinese E-book，是完全高保真的中文电子书的格式，它能够保留原文件的字符、字体、版式和色彩的所有信息，包括图片、数字公式、化学公式、表格、棋牌以及乐谱等，同时，该种文件格式对文字图像等进行很好的压缩，文件的数据量小。

CEB 版式文件技术基于方正全球领先的印刷出版技术之上，在版式文件技术领域已处于国际一流。同时，方正 CEB 版式文件技术可以方便地应用到方正在传统印刷出版领域的产品中。

4. STK 文件格式

STK 文件格式是宜锐公司开发的电子图书格式，需要使用该公司的掌上阅读器 Starebook 来阅读。STK 文件格式的图书内容包括漫画、小说、商业、时尚生活、宗教。阅读器操作简单，特别适合阅读漫画类图书。阅读软件为 eREAD 6.0。

5. PDG 文件格式

PDG（图文资料数字化）格式是超星公司推出的一种图像存储格式，具有多层 TIFF 格式的优点。超星公司将 PDG 格式作为其数字图书馆浏览器的专有格式。阅读软件为超星阅读器 SSReader 4.0。

6. CAJ 文件格式

CAJ（Chinese Academic Journal）是清华同方公司的文件格式，中国期刊网提供这种文件格式的期刊全文下载，通过“全文数据库”获得的 CAJ 文件，可以使用 CAJViewer 在本机阅读和打印。阅读软件名称为 CAJViewer 7.0。

7. SEP 文件格式

SEP 文件格式是中文平台上通用的、优秀的、安全可靠的文档分发和交换格式。SEP 符合传统纸张特性，可用于将基于纸张的应用电子化。每一个 SEP 文件都相当于若干页纸张文档，并附加很多数字特性和智能特性。阅读软件主要为：书生阅读器 SursenReader 7.0、SursenSepReader。

8. XPS 文件格式

XPS，XMLPaperSpecification（XML 文件规格书），是微软对抗 AdobePDF 推出的电子文件格式。它是一种基于 Zip 压缩格式的文件，使用 Zip 或者 RAR 软件可以对其进行解压，然后就可以看出它的内部结构，这种压缩方案也保证了 XPS 文件的大小是比较小的。阅读软件为 XPSviewer。

9. WDL 文件格式

WDL 文件格式是华康公司开发的一种电子读物文件格式。这种格式的电子读物由于对打印和复制作了限制，所以适当保护了作者和出版商的利益。其特点是较好地保留了原来的版面设计，可以通过在线阅读，也可以将电子读物下载到本地阅读，但是需要使用该公司专门的阅读器 DynaDocFreeReader 来阅读。

10. NLC 文件格式

NLC 文件格式是中国国家图书馆的电子图书格式，是 JBIG 格式的一种变种。它把扫描的图书图像以 JBIG 标准压缩（无损压缩）为很小的 NLC 文件。

11. TXT 文件格式

TXT 文件格式的电子图书是被手机普遍支持的一种文字格式电子书，这种格式的电子书容量大，所占空间小。

（二）电子图书掌上阅读器常用格式

1. OEB 文件格式

OEB 是 Open e-book 的缩写，用于格式化和包装电子书的一种行业标准。OEB 基于 XML，定义了电子出版物的文本如何被标记，以及一本 E-book 的各部分（封面、目录、正文、说明、索引等）应如何包裹在一起。

2. LIT 文件格式

这种格式是美国微软公司开发的软件 MicrosoftReader 的一种专有的文件格式。该文档格式是 HTML 的一个变体。同时，它也支持 OEB 文档格式。

该种格式最大的优点是它的阅读风格很接近于我们平时阅读纸质书，并且支持全屏阅读，但是它没有滚动条，翻页全部使用单击页码来实现，但不支持中文。

3. XEB 文件格式

方正手持电子书格式。以 OEB（Open e-book）为基础，以 XML（eXtensible Markup Language，可扩展标记语言）技术为核心的中文电子图书格式。

该格式适用于手机、专用手持电子书阅读器、学习机、MP3、MP4 等多种终端设备，并具有多种优势，如代码文件小，资源占用少；融合版式和流式的阅读技术，自动适应终端屏幕大小；支持多种语言的阅读；支持表格、数学公式、列表等；支持生僻字和古籍字等多种字符集；支持多种协议的阅读下载方案；支持通信互动功能；支持 DOC、PDF、APABI 等多种格式的转换和阅读。

阅读器主要有：ApabiXEBReader、津科翰林书、方正科技君阅天下阅读器、中国香港 GSL 等。

4. EBX 文件格式

即 Electronic Book Exchange（电子图书交换）。是由 Electronic Book Exchange Workinggroup 开发的标准，用于在内容创作者、出版商和最终用户间 e-book 内容的安全传送。阅读软件：XReader，支持 WinCE 系统的掌上电脑和智能手机。

5. RB 文件格式

“RB”是“Rocket e-book”的缩写，这是一种类似于掌上计算机的电子读物阅读器。由 NuvoMedia 公司开发的 Rocket e-book 采用特殊的文档结构，可以集文字、图像、声音于一体。Rocket e-book 的文档由两种组成：基本文档（*.rb）和注释文档（*.rh、*.rn 和*.ra）。

6. PDB 文件格式

PDB 文件格式是 Palm Data Base 的缩写，它是一种 PalmOS 阅读工具采用的文件格式，所用文件的扩展名为.pdb。可以使用 PalmReader 打开。

7. JAR 文件格式

JAR（JavaARchive，Java 归档）文件格式是一种与平台无关的文件格式，可将多个文件合成一个文件，并支持压缩，从而减小了文件的大小。

（三）电子图书掌上阅读器

掌上阅读器即电子图书阅读器是一种采用 LCD、电子纸为显示屏幕的新式数字阅读器，可以阅读网上绝大部分格式的电子书，如 PDF，CHM，TXT 等。掌上阅读器的特点主要有以下几点：

1）获取与携带方便。通过网络下载或容量很小的电子设备就能拥有大量的阅读资料。

2）易于检索与互动。电子书可全文检索，作者与检索者能通过网络互动。

3）个人定制。检索者可根据需要定制电子书，使个人出版成为可能。

4）使用方便，可通过网络超链接的特性获得更进一步资料。

5）多元化。多媒体可供阅读的平台越来越多元化，电子图书内容也涵盖多媒体影音资料。

6）阅读感受与阅读传统纸张几乎相同。

7）功耗低，续航时间超长。

8）无背光，不伤眼。

第二节　超星数字图书馆

一、超星数字图书馆简介

超星数字图书馆是超星公司于 2000 年创办的品牌，并于当年正式在互联网上开通。它收录了自 1997 年以来的，涵盖了 51 个学科分类，涉及哲学、宗教、社科总论、经典理论、民族学、经济学、自然科学总论、计算机等方面的图书，目前拥有数字图书 100 多万册，成为国内数字图书资源最丰富的图书馆，也是全球规模最大的中文数字图书馆。

超星数字图书馆具有以下优势：①数据更新快，新书数据上架周期短；②技术先进；③超星数字图书采用国际领先算法和图像压缩技术，图像清晰、文字识别率高，基本保证了图书的原貌；④使用方便，超星数字图书馆丰富的图书资源不仅能够满足用户不同的专业需要，而且能随时为用户提供最新、最全的图书信息。

进入超星数字图书馆，除了可进行浏览、检索、在线阅读数字图书之外，还可进行标注、下载、打印、插入书签等操作。

二、访问方式

超星数字图书馆的访问方式有三种：远程访问、远程包库访问和本地镜像访问，检索者可根据自身需求和资源拥有状况选择不同方式。

1. 远程访问

远程访问适用于个人检索者，通过购买和使用读书卡，以注册会员的方式进行访问，访问流程如下：进入超星远程访问主页→会员注册→购买读书卡→使用超星数字资源→充值读书卡。

2. 远程包库访问

远程包库访问适用于已购买数字资源的小型检索者群，由超星公司提供用户名和密码，访问网站的部分资源；或者通过开通访问 IP 地址，限制地址范围进行访问。

3. 本地镜像访问

图 8-1 所示为本地镜像网站的首页。本地镜像访问适用于高校图书馆、公共图书馆、科研单位、医疗机构、大型企业、政府机关等大型检索者群，超星公司在检索者本地安装平台和数据库，供机构内检索者在机构局域网内使用。

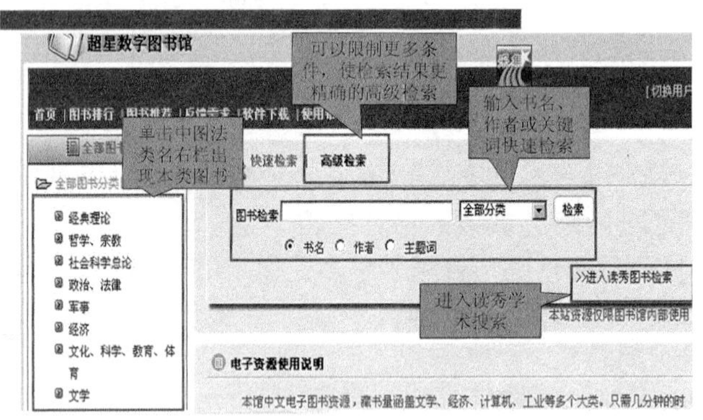

图 8-1 超星电子图书镜像网站首页

三、超星阅览器（SSReader）

使用超星数字图书馆，检索者首先需要下载并安装超星专用阅览工具超星阅览器（SSReader）。SSReader 是超星公司自主研发的专业图书阅览器，该阅览器可进行电子图书阅读、资源整理、网页采集、电子图书制作等一系列复杂的操作。

1．超星阅览器的下载及安装

1）进入超星数字图书馆首页，在网页中部左侧单击“下载阅览器”按钮。

2）进入阅览器下载界面如图 8-2 所示，单击任一镜像地址进行下载，目前 SSReader 最新版本为 4.01 简体中文增强版。超星阅览器安装程序下载完毕后，双击安装程序将进入自动安装向导，根据安装向导的提示，完成超星阅览器的安装。

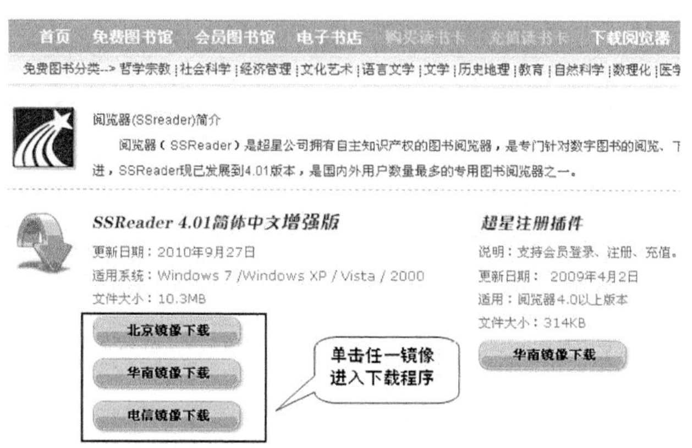

图 8-2　超星阅览器下载界面

2．超星阅览器的使用

（1）超星阅览器界面分布说明　超星阅览器界面分布示意图如图 8-3 所示，图中的字母所示为各种功能键或区域。下面分述如下：

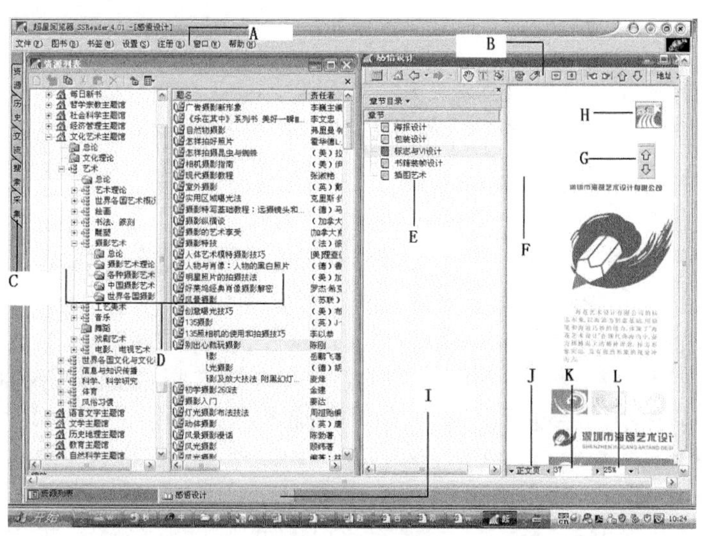

图 8-3　超星阅览器界面分布示意图

A——主菜单。它包括超星阅览器所有功能命令，有文件、图书、书签、设置、注册、窗口及“帮助”按钮。

B——工具栏。各种工具常用的快捷图标，如翻页、图像文字识别、添加书签等。

C——功能耳朵。它包括“资源”、“历史”、“交流”、“搜索”、“采集”等选项。

D——资源列表。左边为资源总列表，包括本地图书馆、光盘和数字图书馆三个分类。

E——章节目录。此处显示打开的具体某一本图书的章节目录。

F——阅读区。此处打开图书的某一具体页面，供检索者阅读超星 PDG 及其他文件格式图书。

G——翻页工具。可单击“向上”或“向下”按钮，实现阅读图书时的快速翻页功能。

H——快速采集图标。

I——阅读窗口。

J——阅读页面信息。

K——页数显示。

L——显示比例。此处可选择显示图书页面的比例，可进行放大和缩小的操作。

（2）超星阅读器的使用技巧

1）文字识别（OCR）。超星阅览器（SSReader）具有文字识别的功能，其操作方法有两种：

① 阅读书籍时，在工具栏单击 T 文字识别按钮，框选所需识别文字，松开鼠标，即出现如图 8-4 所示的文字识别窗口。

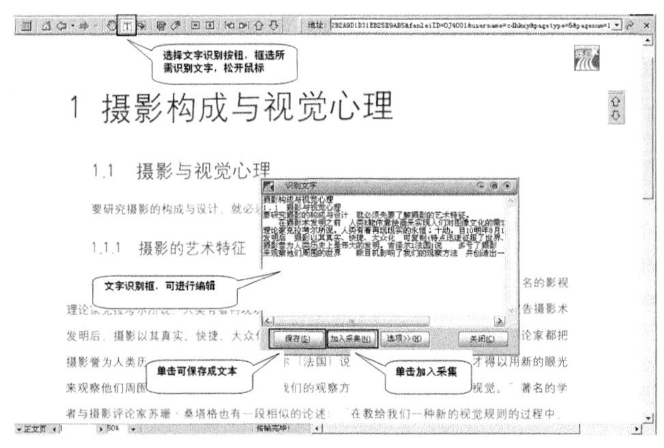

图 8-4 超星阅览器文字识别窗口

② 在书籍阅读页面单击区域选择工具，框选所要识别的文字，松开鼠标左键，出现快捷菜单，在菜单中选择“文字识别”，框选中的文字即会被识别成文本显示在弹出的文字识别框中。在文字识别框选择“保存”可将识别结果保存为文本文件；选择“加入采集”可将结果保存在采集窗口，在采集窗口中可以对文字进行文本编辑。

2）图片剪切功能。阅读书籍时，在书籍阅读页面工具栏单击区域选择工具，框选要复制或剪切的图像，松开鼠标键，出现快捷菜单，在菜单中选择“复制图像到剪切板”，图像复制结果会保存在剪切板中，通过“粘贴”功能即可粘贴到“画图”等工具中进行修改或保存。还可以选择剪贴图像到采集窗口，操作方法同上，剪贴结果会保存到采集窗口，可在此窗口中进行一些简单的编辑。

3）添加书签。阅读书籍时，可以进行添加书签的操作。在网页窗口或者在书籍阅读窗口单击工具栏中的，添加书签。

4）自动滚屏。阅读书籍时，在书籍阅读页面双击鼠标左键开始滚屏，单击鼠标右键停止滚屏。

5）更换阅读底色。在“设置”菜单中选择“页面显示”，在“背景”选项的“图片”中选择要更换的底色；或在书籍阅读页面单击鼠标右键，在右键菜单中选择“背景设置”，在“图片”中选择要更换的底色。

6）标注。检索者阅读图书时对需要重点标示的内容做标记时选择此项功能，标注有两种方法，一是阅读图书时，单击工具栏中的标注，将会弹出标注工具栏；二是阅读图书时，通过鼠标右键菜单选择标注工具。标注工具有 6 种：批注、铅笔、直线、圈、高亮和链接。

7）IE 浏览功能。IE 阅读是超星数字图书馆新开发的阅读功能，超星阅览器浏览功能如图 8-5 所示。在地址栏中输入地址即可直接在 IE 浏览器中打开阅读超星数字图书，这种方式适合在线阅读的群体。

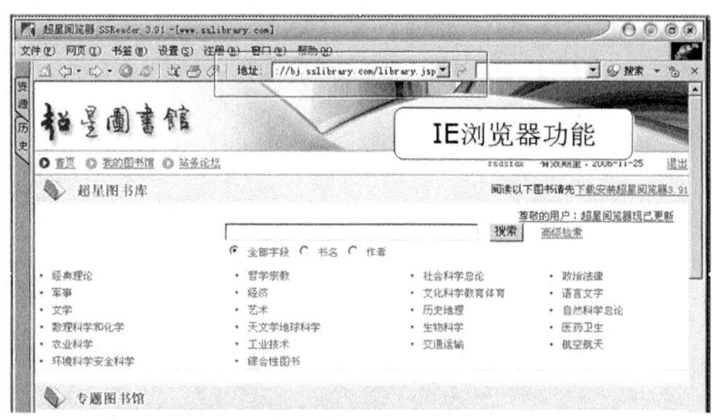

图 8-5　超星阅览器浏览功能

8）目次检索功能。目次检索可以方便地帮忙我们快速找到需要查找的内容。超星数字化图书全部录入了包含书名、作者、出书社、出书日期、价格、ISBN 号等在内的 11 个字段。超星阅读器目次检索的检索过程如图 8-6 所示。

① 首先在目次列表上单击鼠标右键，弹出菜单选择“查找目录”便可进行目次检索。

② 在弹出的检索框中填入要检索的关键词。单击“查找下一个”即可获得如图 8-6 所示的暗色背景的检索结果。

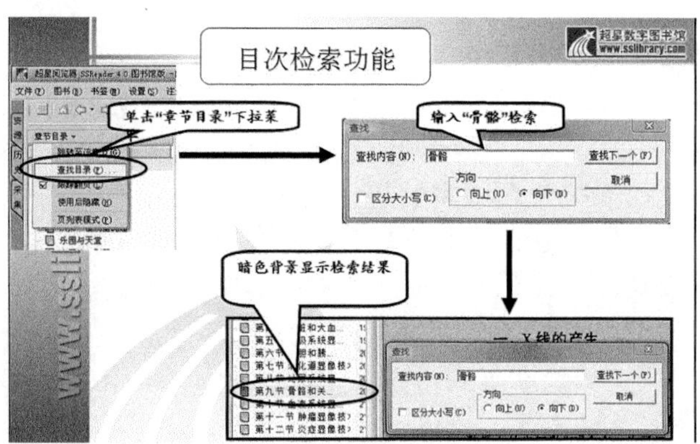

图 8-6　超星阅读器目次检索

9）全文检索功能。超星全文检索为研究型检索者收集资料提供了一个功能强大便捷的工具，节省了大量时间。超星阅读器全文检索的具体步骤如图 8-7 所示。

① 在“图书”菜单中选择“全文检索”，便可对全文进行检索，如图 8-7a 所示。

② 右键单击弹出如图中所示的菜单选择“查找文字”，如图 8-7a 所示。

③ 在弹出的检索框中输入要检索的关键词，如图 8-7b 所示。

④ 在文章中检索到“环境法的概念”（按“F3”键继续查找）。

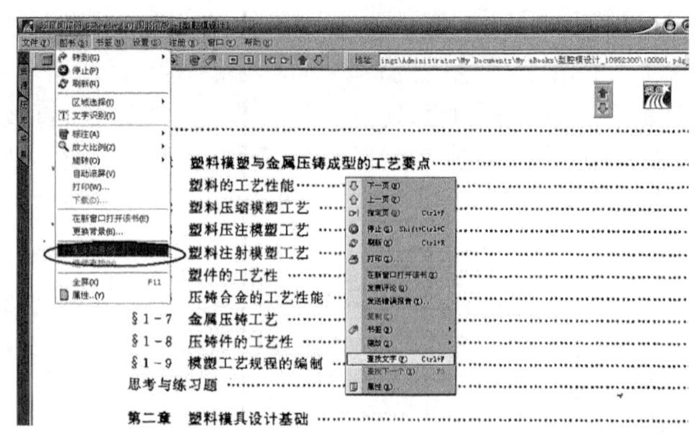

a）

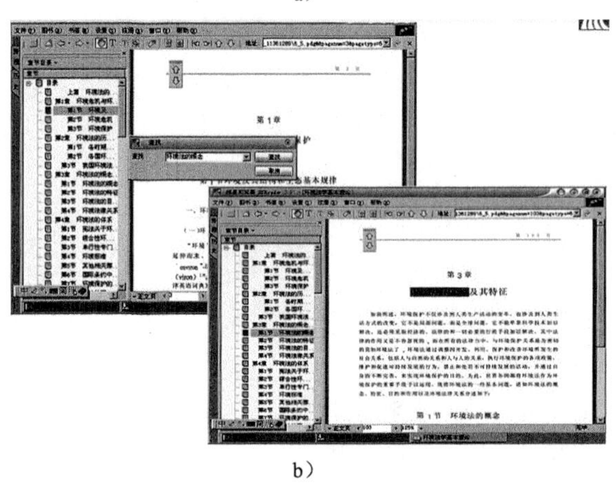

b）

图 8-7 超星阅读器全文检索

3. 阅读、下载常见问题解决方案

（1）无法阅读图书或者阅览器显示为灰色　无法阅读图书或者阅览器显示为灰色界面，并在状态栏显示“此页无效”。遇到该问题时检索者可从以下几个方面检查并解决：

1）检查计算机是否已安装最新版本的超星阅读器，且保证安装在英文目录路径下。

2）检查杀毒软件的设置。建议将杀毒软件的等级设置为中级。

3）检查防火墙的设置。

4）检查代理服务器的设置。

（2）无法阅读　出现无法阅读主要是因为下载图书超过有效期后致使无法阅读。超星包库站中的图书只提供借阅方式阅读，下载图书的有效期为 180 天，下载到期后，图书即视为归还不能继续阅读。

（3）打印图书时提示“打印页数已上限”　超星公司在此限定检索者 1 天内只允许打印 1 000 页，超过后就会提示“打印页数已上限”。

四、数据库检索方法

超星数字图书馆提供分类检索、快速检索和高级检索三种检索方式，这三种检索方式的入口如图 8-8 所示。

图 8-8　超星数字图书馆首页（包库用户主页）

1．分类检索

分类检索即传统检索的分类导航限制检索，适用于对《中国图书馆分类法》体系熟悉的检索者。超星数字图书馆分类体系采用的是《中国图书馆分类法》。其分类检索可采用两种方式，一种是 IE 页面浏览分类检索；另一种是超星阅览器分类检索。

（1）IE 页面浏览分类检索方法　检索时，检索者首先登录超星数字图书馆主页，左边页面为图书分类区，逐级点开各级类目，末级分类的下一层即为图书信息页面。以检索《摄影构成设计》为例介绍分类检索的方法。具体步骤为：

1）选择学科类别。《摄影构成设计》属于艺术类。在图 8-9 所示的分类列表中选择查找分类，然后按照学科类别逐级点开。操作方法如下：单击“艺术”→“摄影艺术”→“摄影艺术理论”→检索结果（出现多个具体图书信息）→通过下拉滚动条或者翻页在结果中查找→选中并查看所需图书的具体信息。

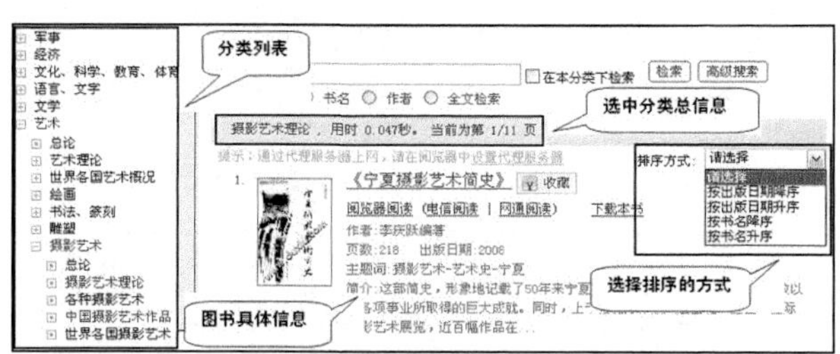

图 8-9　超星数字图书馆图书分类检索结果

2）选择排序方式。如图 8-9 所示，超星数字图书馆提供了四种排序方式供检索者选择：按出版日期降序、按出版日期升序、按书名降序和按书名升序。

（2）超星阅览器分类检索方法　打开超星阅览器界面，单击左上角“资源”按钮，即可显示出资源总列表，如图 8-10 所示，包括“本地图书馆”、“光盘”和“数字图书馆”三项内容。“本地图书馆”可存放检索者下载到本机的图书资源，对于阅读频率较高的图书，可以收藏到“本地图书馆”的“个人图书”中，以免去每次检索的麻烦；“光盘”可进行光盘资料的阅览；“数字图书馆”存放可进行阅览的数字图书。

图 8-10　超星阅览器分类检索资源总列表

2．快速检索

快速检索方式即用所需信息的主题词（关键词）进行查询的方法，适于对检索结果全面性、精确性要求不高的检索者，或者缺乏专业文献检索知识和技巧的检索者。超星数字图书馆主页默认的检索方式是快速检索，默认的布尔逻辑运算为“and”。

图 8-11 所示为超星数字图书馆快速检索框，在工业技术大类中查找书名包含“自动化”图书的示范。具体步骤为：

第一步，选择检索信息途径：超星为检索者提供“书名”、“作者”和“主题词”三种检索途径，检索者可根据所需图书信息选择其中一种进行检索。

第二步，在检索框内输入关键词，如图 8-11 所示的“自动化”，也可以输入多个关键词，建立组合检索式进行检索。

第三步，输入“Enter”键或单击“检索”按钮，检索结果即可罗列出来，为便于查阅，关键词以醒目的红色显示。

第四步，检索结果显示。选择不同的查询信息显示类别所显示的检索结果是有差别的。如图 8-12 所示，选择“书名”检索，即显示检索库中“书名”字段与关键词相符的图书信息；选择“作者”检索，即显示检索库中“作者”字段与关键词相符的图书信息；选择“全文检索”，即显示检索库中所有包含关键词的图书信息，包括图书封皮、书名、作者、页数、出版社、出版日期、目录信息等。

第五步，二次检索。如图 8-12 所示，首先在检索框中输入确定的关键词，在二次检索框内选择“在结果中搜索”，即可实现二次检索，达到缩小检索范围的目的。

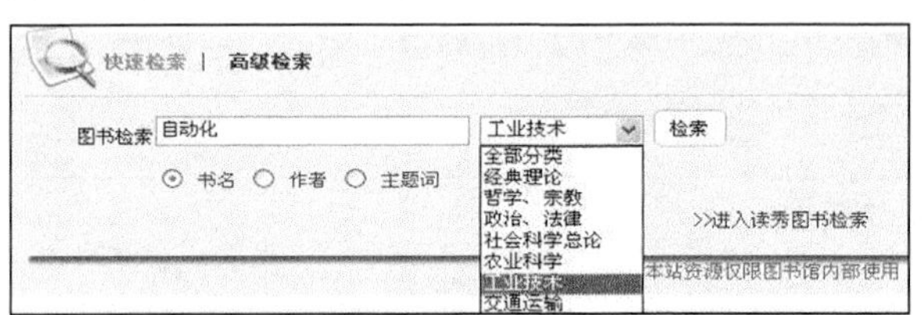

图 8-11　超星数字图书馆快速检索框

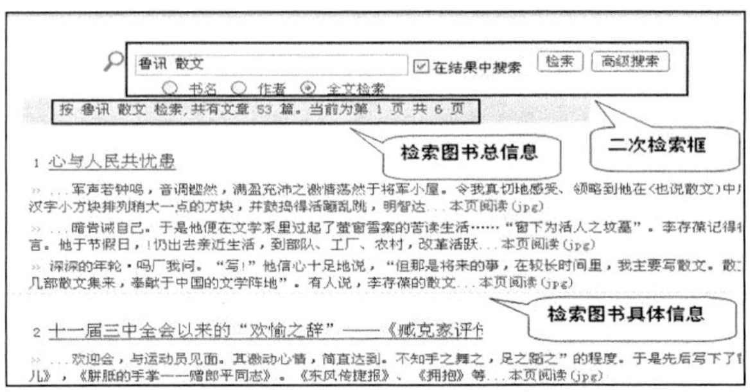

图 8-12　超星数字图书馆快速检索结果

3. 高级检索

高级检索可以实现图书的多条件检索，它提供了书名、作者、主题词等不同字段间的逻辑组合检索功能，增加了图书出版年、排序、每页显示、检索范围等检索控制项，用于精确地搜索所需要的、具体的某一本或者某一类书。这种检索方式适宜对检索目的性要求高的检索者群。高级检索的步骤为：

1）在主页单击“高级检索”按钮，即可进入如图 8-13 所示的界面：其中，“逻辑”选项处提供了不同字段间的“并且”和“或者”两种逻辑组配方式。“检索项”提供了书名、作者、主题词等多个字段的组配检索；“图书出版年”可实现检索图书的具体出版时间的限定。

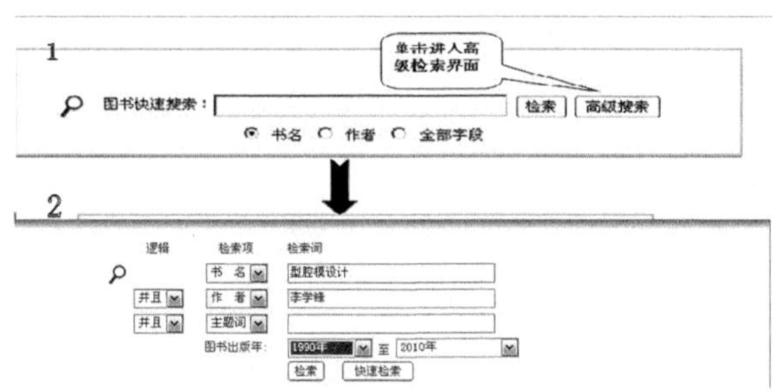

图 8-13 高级检索界面（包审用户界面）

2）检索时可根据已知检索图书的某些精确信息，各在相应输入框输入或选择检索要求和条件，最后单击“检索”按钮，便可显示所有符合检索要求的图书。所输入的条件越多，所得到的检索结果的准确性就越强。图 8-13 所示的示例为检索李学锋大约在 1995～2000 年所著的《型腔模设计》一书所构建的检索条件。

3）高级检索可以对书名、作者、主题词和图书出版年进行限制，还提供了排序功能，我们可以根据自己的需求将结果按照出版日期或者书名进行排序。

五、超星电子图书的阅读模式

超星电子图书的阅读模式有三种：一是通过 IE 直接阅读；二是通过超星阅览器阅读；三是将图书下载到本地进行阅读，检索者可根据需要选择。

（一）阅读模式的选择

下面以阅读图书《摄影构成设计》为例，选择阅读模式的操作方法如下：

1）注册登录进入超星数字图书馆首页，检索图书，得到具体的检索结果如图 8-14 所示。

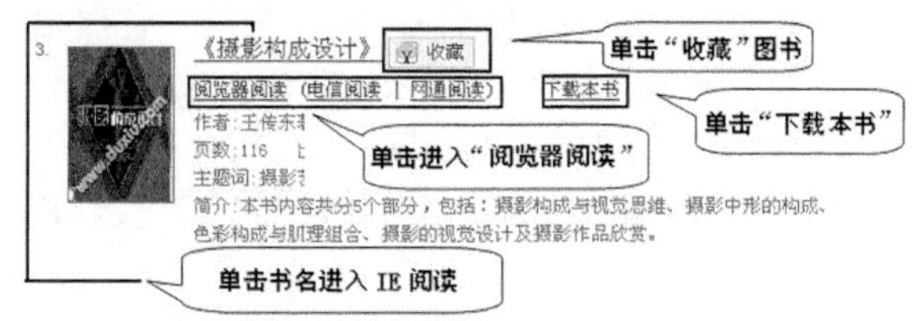

图 8-14 《摄影构成设计》检索结果

2）单击检索结果中所需阅读图书书名超链接即进入 IE 阅读界面。IE 阅读是目前超星电子图书的默认阅读方式，用于阅读 JPG 格式的图书，这种方式适用于快速阅读、方便简单，缺点是只能进行放大、缩小、文字摘录及打印、下载等简单操作。

3）在 IE 阅读界面单击右上方阅览器阅读按钮，即可进入阅览器阅读界面。需要注意的是，用全文检索方式查找的结果只能使用 IE 浏览器进行阅读。

4）单击检索结果中“下载本书”按钮，可将图书下载到本地“个人图书馆”中，进行离线阅读。

（二）IE 阅览主界面及功能介绍

1）超星数字图书馆 IE 页面览读图书如图 8-15 所示，页面左边为图书目录页，单击可显示图书的章节目录。页面上方为菜单栏，单击相应按钮可对所阅读页面进行放大、缩小、打

印和下载等简单操作，单击“阅览器阅读”，可以转换阅读方式进入阅览器阅读界面。

2）在页面上方菜单栏中选择“文字摘录”按钮，框选所需转换的文字，单击“确定”按钮，就会出现转换成文本格式的文字摘录框，框中文字可复制、粘贴到其他文字处理软件，如 Word 中去。

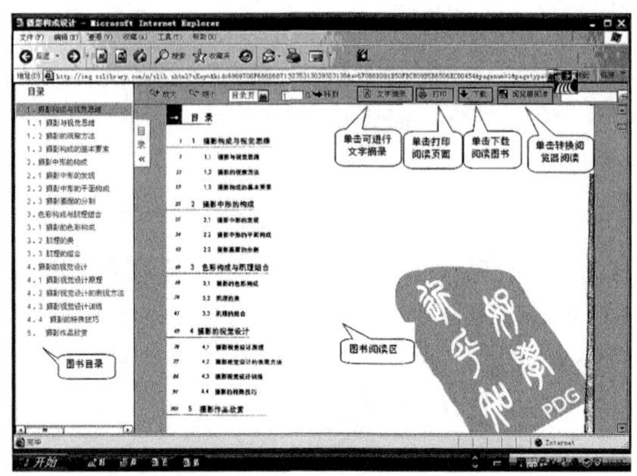

图 8-15　超星数字图书馆 IE 页面览读图书

六、超星数字图书馆特色数据库

1．特色专题数据库

超星数字图书馆针对不同的检索者提供各种特色专题数据库，例如，医学文献数据库、资深院士文库、中外标准数据库、中国文史资料专题数据库、计算机精品库、中国年鉴数据库、中国地方志专题数据库、中小学专题库、国家档案文献数据库、中国高等教育参考资料文献数据库、中国专利说明书全文数据库等。

2．视频数据库

超星数字图书馆提供的名师讲坛视频数据库极具特点，它凝结了国内几百名知名教授和学者的研究精髓，内容涉及文学、艺术、考古、历史、哲学、语言等十几个学科，采用面对面授课，充分发挥了网络教学的优势，插图、提纲、文字配合，知识点一手掌握。讲坛提供字幕检索、字幕下载等多种学习手段，采用专用视频数据库平台，管理播放一体，简单方便。

七、超星数字图书馆个性化服务

“个人图书馆”是超星公司针对检索者推出的个性化服务，该服务的推出使检索者能便捷、快速地查找并管理所需的常用图书。检索者可将常用的图书资源下载或收藏到该目录下，以便下次登录时方便查阅或者在本地机进行离线阅读，还可以根据个人需要建立自己的特色馆和各种分类。其使用方法如下：

1）录入用户名和密码，登录个人图书馆，如果是第一次使用的检索者，需按照提示进行注册操作。

2）进入检索图书页面，查找到检索结果如图 8-14 所示。单击“收藏”按钮，进入个人图书馆收藏页面。检索者可选择将图书馆资源“收藏到我的图书馆”默认分类或者“收藏到我的专题图书馆”。

3）单击图 8-14 中的“下载本书”按钮，进入如图 8-16 所示的下载页面，选择下载图

书存放的路径及分类，单击“确定”按钮，即可对图书进行下载。

4）检索者可以选择新建或者更改分类操作，根据自己需求建立个性化的分类。

在阅览器界面单击“本地图书馆”，出现“个人图书馆”和“其他”两个分类，在“个人图书馆”列表上单击鼠标右键，弹出菜单选择“新建”或“新建子分类”，可以建立新的分类如图 8-17 所示。

在收藏页面，选择“更改分类”按钮，对已有的分类进行修改。

下载选项中，也可新建或者更改分类。超星数字图书馆个人图书馆新建分类图如图 8-18 所示。

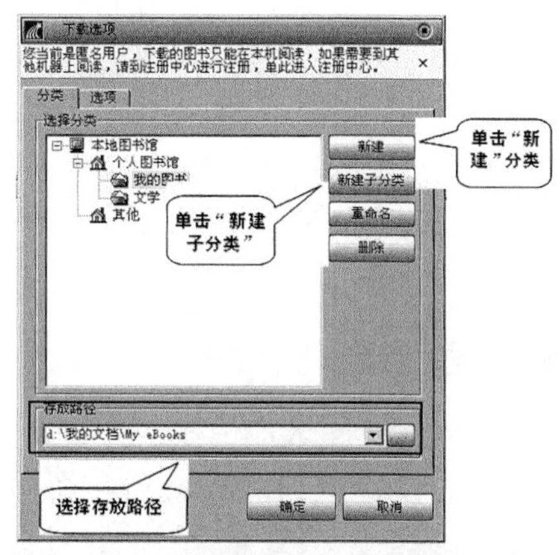

图 8-16　超星数字图书馆图书下载页面

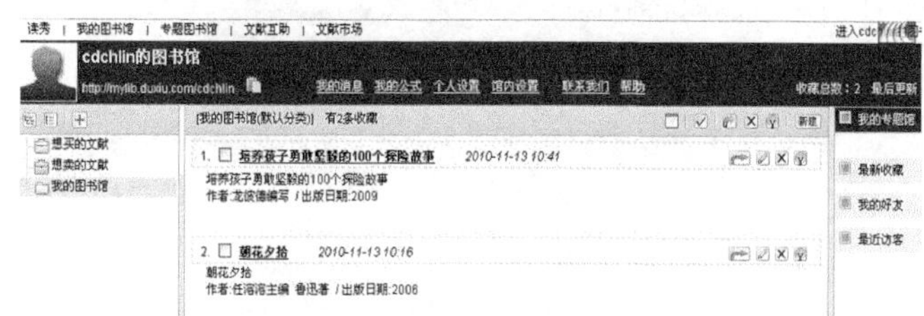

图 8-17　超星数字图书馆个人图书馆已下载图书界面

图 8-18　超星数字图书馆个人图书馆新建分类图

第三节　方正 Apabi 数字图书馆

一、方正 Apabi 数字图书馆简介

方正 Apabi 数字图书馆是全国最大的文本电子图书资源库，它是由方正阿帕比公司创建和推出的。该公司成立于 2001 年，主要提供电子图书、数字报、数字博物馆、各类专业数据库及移动阅读等丰富多样的数字资源产品，其中电子图书资源库是其核心，具有以下优势：

1）收录广泛，内容丰富。方正 Apabi 数字图书馆收录了全国 500 多家出版社出版的最新中文图书，图书种类约 6 000 余种，绝大部分为 2000 年以后出版，内容主要包括社会科学、计算机类和精品畅销书籍，学科涉及文学艺术、语言、历史、经济、法律、政治、哲学、计算机等多个类别。

2）制作精良，阅读方便，是全文电子化的图书。

3）可输入任意知识点或全文中的任意单词进行检索。

4）支持词典功能，阅读方便、快捷。

二、方正 Apabi 数字图书馆检索者借阅流程

方正 Apabi 主要提供了远程包库方式和本地镜像两种访问方式，检索者可根据自身需求和资源拥有状况选择访问。图 8-19 所示为方正 Apabi 数字图书馆本地镜像的主页。

图 8-19　方正 Apabi 数字图书馆主页（本地镜像）

方正 Apabi 数字图书馆借阅方式比较符合传统图书馆的工作流程，有复本数、借期、借书、还书、续借、阅览等功能，它提供电子资源复本供检索者下载，对借阅期限也有一定的限制，如果借阅时间过期，该图书便不能进行正常阅读，同时还提供了预约和续借功能。

检索者借阅方正 Apabi 数字资源共分成 7 个步骤，方正 Apabi 数字图书馆检索流程如图 8-20 所示。

1）下载并安装方正 Apabi 专用阅览器。

2）选择不同访问方式登录数字图书馆。

3）选择不同检索方式（分类检索、基本检索和高级检索三种方式）对需要图书资源进行检索。

4）查找所需图书资源的相关信息。

5）选择不同阅读方式阅览。方正 Apabi 提供了借阅电子图书、在线浏览和收藏电子图书三种方式。选择“借阅电子图书”，可将图书下载到本地机进行阅览，在归还期限未到之前，可在阅览器中离线阅读；选择“在线浏览”方式，图书可在在线的情况下进行阅读；选择“收藏”方式，可将该页电子图书网页收藏到“我的图书馆”“我收藏的网页”中，以便下次进入时方便查阅。

6）归还或续借电子图书。数字资源的借阅时间有一定的限制，到期前可选择归还或者续借操作。

7）删除或清空过期的图书。

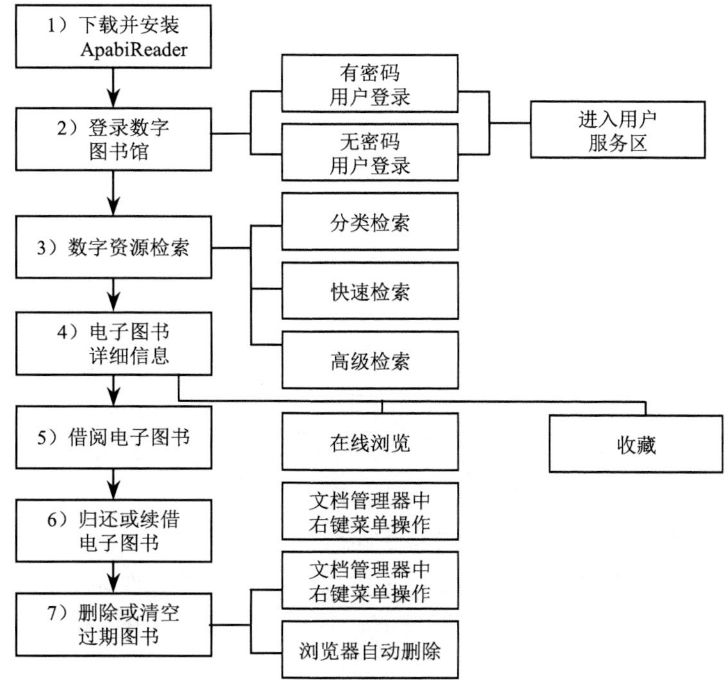

图 8-20　方正 Apabi 数字图书馆检索者借阅数字资源流程图

三、方正 Apabi 阅览器

使用方正 Apabi 数字资源，检索者首先需要下载并安装专用阅览工具方正 Apabi 阅览器。方正 Apabi 阅览器集电子图书阅读、下载、收藏等功能于一身，既可看书又可以听书，可用于阅读多种格式的电子图书及文档。同时具备 RSS 阅读器和本地文件夹监控功能，还可用于关键词查找、批注、插入书签、点选网上书店、网页浏览等复杂操作。

1. 方正 Apabi 阅览器的下载及安装

进入方正 Apabi 数字图书馆首页，输入用户名和密码进行登录，在页面中部左侧（见图 8-19）单击“方正 Apabi Reader 下载”按钮，下载最新的阅览器；阅览器安装程序下载完成后，双击安装程序进入自动安装向导，根据安装向导的提示，完成超阅览器的安装。

2. 方正 Apabi 阅览器的使用

（1）阅览器界面分布说明　方正阅览器界面分布示意图如图 8-21 所示。

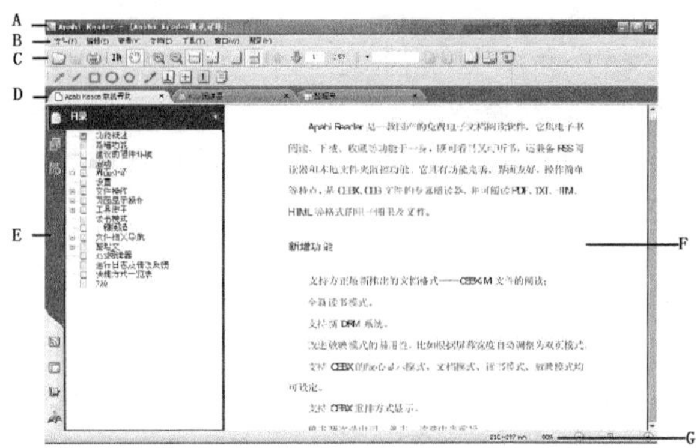

图 8-21　方正阅览器界面分布示意图

图 8-21 中的字母所示为各种功能键或区域：

A——标题栏。

B——主菜单。

C——工具栏：方正阅览器常用工具快捷图标如图 8-22 所示。

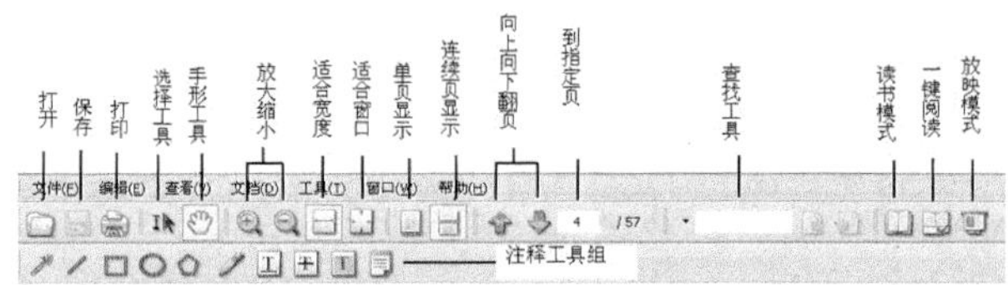

图 8-22　方正阅览器常用工具快捷图标

D——文件名标签。显示已打开文档的文件名。

E——导航栏。导航栏中包含与文件相关的导航按钮和与文件无关的导航按钮。与文件相关的导航按钮位于左侧导航栏靠上方的位置，包括目录导航、缩略图导航、书签导航和多媒体导航。与文件无关的导航按钮位于导航栏靠下方的位置，包括整理夹、RSS、阿帕比电子书店和番薯网。

F——页面视区。按照检索者选择的显示布局和显示方式显示文件的具体内容。可进行文本辅助选择、查找、搜索等操作。

G——状态栏。

（2）阅读器使用方法介绍

1）图书下载。方正 Apabi 数字图书馆的一大特色就是可将电子图书借阅下载到本地机进行离线阅览，操作方法如下：从数字图书馆图书页面单击“借阅”图书或者从网上书店单击下载图书，阅览器会自动打开“下载中心”，方正 Apabi 数字图书馆图书下载页面如图 8-23 所示；在窗口模式下依次单击“查看/下载中心”或按“F7”键同样可以打开下载中心。

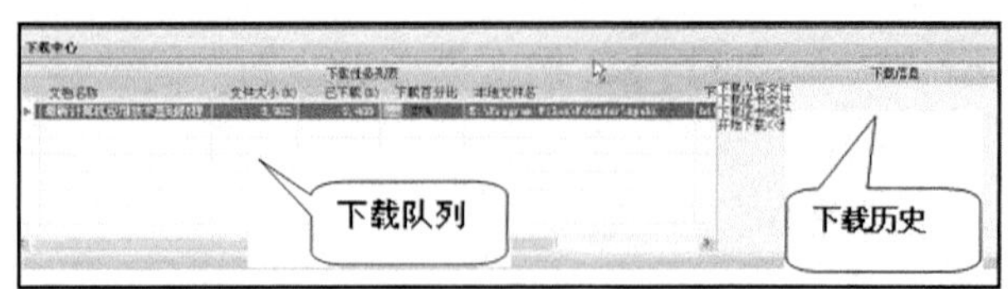

图 8-23　方正 Apabi 数字图书馆图书下载页面

2）文字识别和图像识别。方正阅览器具有文字和图像识别的功能，操作方法如下：

① 文字识别。阅读书籍时，在工具栏单击选择工具按钮，用鼠标左键将所选择文字抹成蓝色，单击鼠标右键，出现如图 8-24 所示菜单，选择“复制到剪贴板”按钮，即可将文字粘贴到 TXT 文档中进行文本编辑。

② 图像识别。当鼠标移至文档中的图像上时，鼠标变成“ ”形，可以选择文档中的图像，然后将选中的图像另存或复制到剪贴板中。

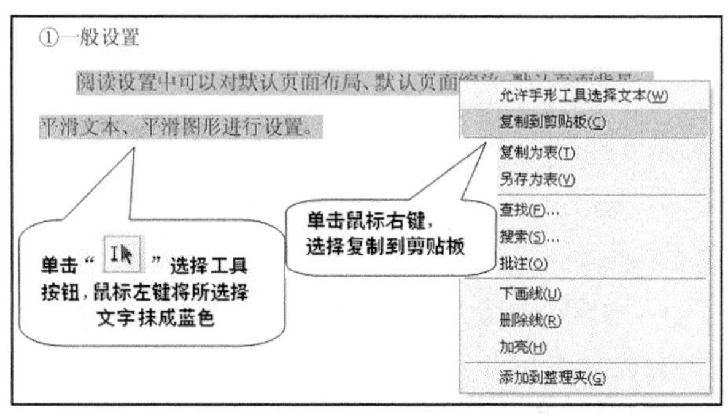

图 8-24　方正 Apabi 数字图书馆文字识别页面

3）查找和搜索文档中的文字。利用查找和搜索功能，可以在当前文档、所有打开文档、整理夹中文档和所有文档用文字、短语或句子进行查找，方便、迅速地找到所需要的图书页面。查找和搜索文档中的文字的操作步骤为：首先选择、打开待检索和搜索文档，然后使用查找和搜索功能的方法，最后录入查找和搜索内容，选择选项，限定查找和搜索范围进行操作。

4）对文档进行注释。方正阅览器注释功能极具特色，提供了多种方法供检索者选择，检索者可根据需求选用，对所阅读文档进行个性化的注释。其操作步骤为：①在“查看”菜单“工具栏”中钩选“注释工具”，打开注释工具快捷菜单；②选择一种注释工具，光标移入页面视区时，光标变成“ ”形；③选择文档注释区进行注释。

5）阅读、下载常见问题及解决方案。

① 使用过程中出现显示屏幕刷新问题的原因可能是由于检索者修改了显示器的分辨率造成的，检索者在修改了分辨率后重新启动 Apabi Reader，可以避免这种问题。

② 在读书模式下，单击工具条中“导航栏”按钮时打不开图书的导航栏。解决方法是将显示器的显示颜色和质量设置为真彩 32 位。

③ 在计算机上刚安装完方正 Apabi 阅览器，使用 IE 7.0 浏览器购买或借阅电子图书时，系统提示没有安装阅览器。

④ 在访问网上书店或数图网站时，需要留心 IE 浏览器上方会出现安装 ActiveX 控件的提示，在该提示栏中单击在弹出的菜单中选择“禁用的加载项”→“运行 ActiveX 控件”，这样就可以顺利地进行下载了。

四、数据库检索方法

方正 Apabi 数字图书馆提供分类浏览、简单（快速）检索和高级检索等三种检索方式，前两种检索方式入口如图 8-25 所示，现分述如下。

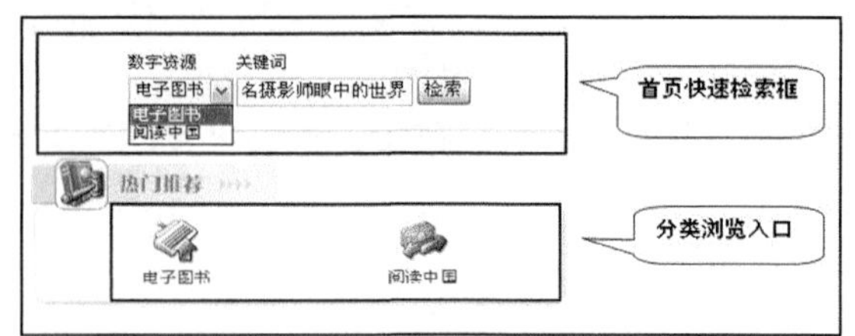

图 8-25 方正 Apabi 数字图书馆主页检索入口

1．分类浏览

方正 Apabi 数字图书馆采用《中国图书馆分类法》分类体系，同超星数字图书馆一样，可满足检索者检索的不同需求。分类检索方法如下：

1）检索者登录方正数字图书馆主页，如图 8-19 所示。单击页面上方“数字资源”按钮或者页面中间“电子图书”或者“阅读中国”按钮，如图 8-25 所示。

2）进入分类检索页面，如图 8-26 所示。页面左边为图书分类区，单击一级分类即可进入二级分类，依次类推，末级分类的下一层是图书信息页面。

3）点选所需阅读图书书名，进入图书具体信息页面。

图 8-26 方正 Apabi 数字图书馆分类浏览页面

2．简单（快速）检索

方正 Apabi 数字图书馆快速检索方式有两种，即首页关键词快速检索和分页面快速检索。

（1）首页关键词快速检索　此种方法的检索步骤为：首先进入数字图书馆主页，然后录入所需查找图书信息见图 8-25 所示，如《名摄影师眼中的世界》，选择检索范围，可在“电子图书”和“阅读中国”两个数据中查找。单击“检索”按钮，即可出现快速检索结果如图 8-27 所示。单击检索结果中所需图书，查看具体图书信息。

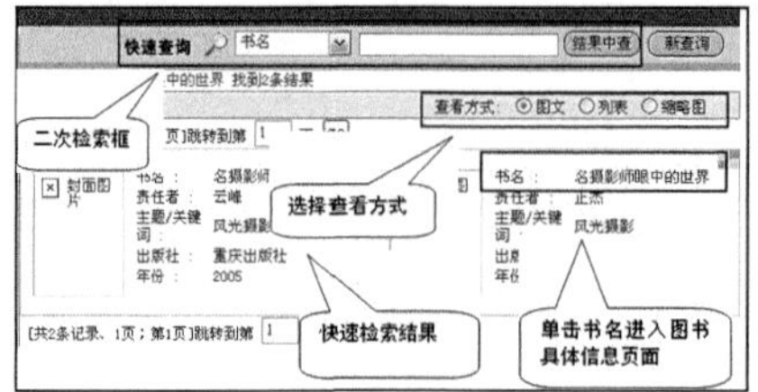

图 8-27 方正 Apabi 数字图书馆首页快速检索结果

（2）分页面快速检索

1）进入数字图书馆首页，单击“电子图书”或者“阅读中国”按钮，进入下一级页面，页面上方为快速检索入口，方正 Apabi 数字图书馆分页面快速检索入口如图 8-28 所示。方正数据库快速检索提供了 7 个检索途径，分别为“书名”、“责任者”、主题/关键词”、“摘要”、“出版社”、“年份”和“全面检索”，检索者可根据所知图书信息选择使用。右下方按钮还可对检索结果进行查看方式的选择，可按图文、列表和缩略图三种方式进行查看。

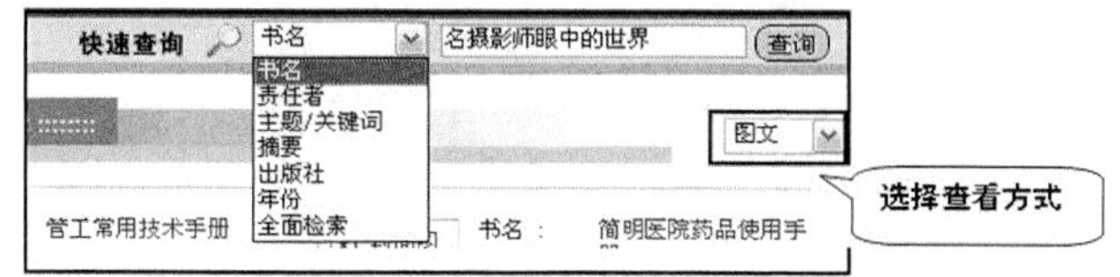

图 8-28　方正 Apabi 数字图书馆分页面快速检索入口

2）录入所需检索图书关键词。例如，检索图书《名摄影师眼中的世界》，选择“书名”途径。检索结果如图 8-27 所示。

3）据此检索的结果还可以进行更详细、精确的二次检索，如图 8-27 所示。录入更详细的检索关键词，单击“结果中查”，即可实现二次检索。

4）单击检索结果查看图书具体信息。

3．高级检索

方正 Apabi 数字图书馆高级检索为检索者提供了本库查询和跨库查询两种方式，以限定检索范围，其中本库检索提供了多检索点、多途径和组合检索功能，帮助检索者快速、准确地锁定图书资源。高级检索步骤为：

1）进入方正 Apabi 数字图书馆主页，单击页面上方“数字资源”按钮或者页面中间“电子图书”或者“阅读中国”按钮，进入下一级页面。

2）在分类检索类别上方，单击“高级检索”按钮，方正 Apabi 数字图书馆高级检索界面如图 8-29 所示。

3）打开高级检索界面，可选择在“本库中查询”和“跨库查询”两个选项。

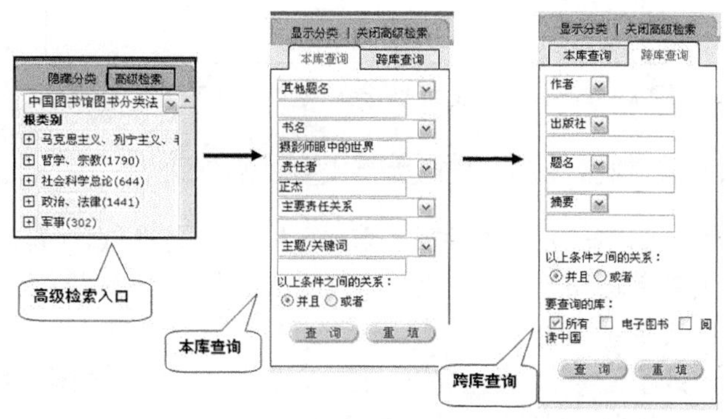

图 8-29　方正 Apabi 数字图书馆高级检索界面

4）本库查询。本库查询提供“其他题名”、“书名”、“责任者”、“主要责任关系”、“主题/关键词”、“目录”、“摘要”、“出版社”等多达 23 个检索途径，如图 8-30 所示。检索途径之间为布尔逻辑关系，以上各检索条件之间可以进行“并且”（and）、“或者”（or）

的组配。检索者根据需检索图书信息的其中5项有选择性地输入关键词进行检索，输入检索关键词越多，检索结果越精确。

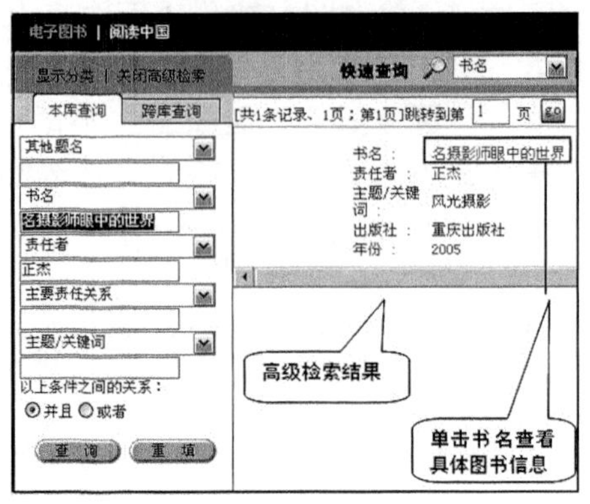

图 8-30　方正 Apabi 数字图书馆本库查询检索途径

5）跨库查询。跨库查询提供“作者”、“出版社”、“题名”、“摘要”和“关键词”5个检索途径，如图8-31所示。各检索途径之间仍可进行“并且”（and）、“或者”（or）的组配；此外检索者还可选择所需要查询的电子图书数据库，目前方正提供“所有库”、“电子图书”和“阅读中国”三个选项，检索者可选择“所有库”或者其中的某一个数据库，以限定检索范围。

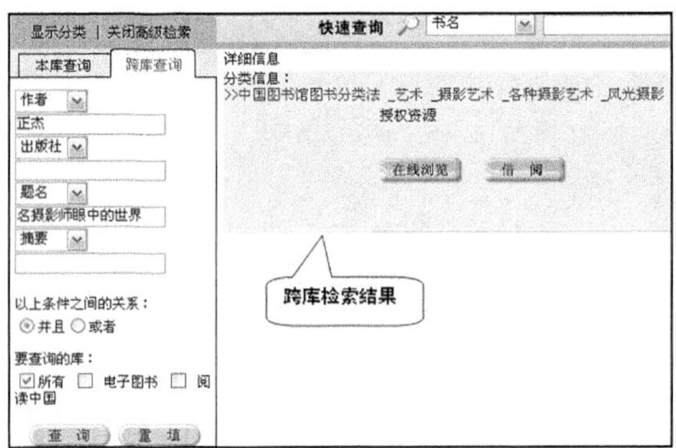

图 8-31　方正 Apabi 数字图书馆跨库查询检索途径

五、方正 Apabi 数字图书馆电子图书的阅读模式

方正 Apabi 数字图书馆电子图书阅读模式有两种：一是在线浏览；二是借阅下载到本地机进行阅读。此外，检索者还可单击“收藏”按钮，将图书链接收藏到阅览器“我的收藏”中，以便下次登录时直接单击查阅。

此外，方正 Apabi 数字图书馆还提供了与传统图书馆的工作流程相似的一个环节，就是提供了电子图书的借阅、续借、归还、清空等传统操作。

六、个性化服务

1. 读书方式

方正 Apabi 数字图书馆根据用户的使用习惯，提供传统的图书阅读模式。选择读书模式，

阅读界面将显示为一本打开的图书，读书模式的默认方式方法为以适合窗口的双页方式显示文件的具体内容，检索者也可以根据自己的需求选择单页显示模式。

从窗口模式转换到读书模式的方法有三种：①按快捷键“F11”；②依次单击“查看”→“读书模式”菜单项；③单击工具栏中读书模式切换按钮📖。

2. 一键阅读方式

针对一些用户觉得显示文字偏小的问题，方正 Apabi 数字图书馆开发出了一键阅读的翻阅模式，即只需使用一个键（如键盘空格键），就可以完成页面放大、移动、翻页的操作。其具体方法是，首先单击“一键阅读”按钮或快捷键启用一键式阅读，然后第一次输入空格键，页面左上部分放大到适合阅读的大小；第二次输入空格键，页面移动到左下部分；第三次输入空格键，页面移动到右上部分；第四次输入空格键，页面移动到右下部分；第五次输入空格键，则翻到下一页，并自动显示左上部分，进入下一循环。

第四节　书生之家数字图书馆

一、书生之家数字图书馆简介

“书生之家数字图书馆”由北京书生数字技术有限公司于 2000 年创办，是集数据库应用平台、信息资源电子商务平台与资源数字化加工服务平台三位于一体的综合性数字图书馆，下设中华图书网、中华期刊网、中华报纸网、中华资讯网等子网。目前可提供 18 万余种图书全文在线阅读。其中大部分为近几年出版的新书，侧重教材教参与考试类、文学艺术类、经济金融与工商管理类图书。

二、书生之家数字图书馆访问方式

书生数字图书馆的访问方式有两种：远程包库方式及本地镜像方式，检索者可根据自身需求和资源拥有状况选择不同方式进行访问。图 8-32 所示为远程包库访问方式的首页。

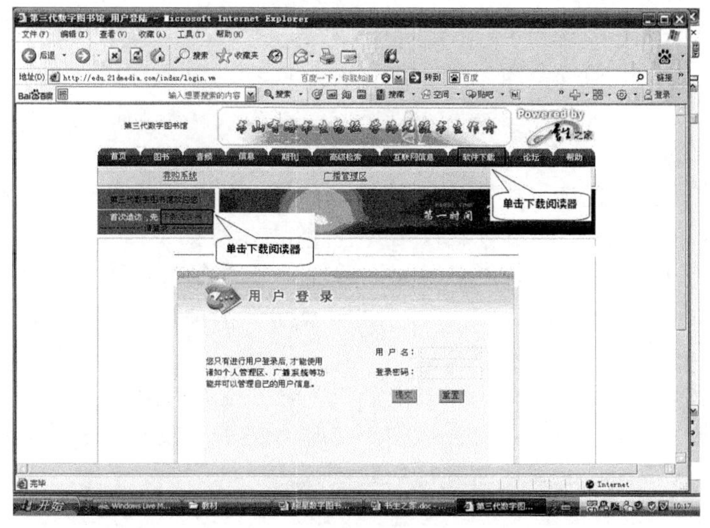

图 8-32　书生之家数字图书馆首页（远程包库）

三、书生阅读器

在线阅读“书生之家”电子图书全文之前需安装阅读器。书生阅读器是书生公司研发的新一代通用电子文档阅读器，可识别多种电子文档格式。使用书生之家数字图书馆电子资源，需下载并安装书生阅读器。书生阅读器技术先进，采用类似微软风格的标准界面，在翻页、缩略图、内容选取、批注等许多方面具有优势。书生阅读器的下载、安装及使用与超星阅读器、方正阅读器类似，在此不再赘述。

四、数据库检索方法

书生之家电子图书提供了分类检索（中图法分类或书生分类）、快速简单（单项）检索、高级（组合）检索和全文检索（图书全文和高级全文）等检索方法，书生之家数字图书馆各种检索入口如图 8-33 所示。检索方法分述如下：

图 8-33　书生之家数字图书馆各种检索入口

1. 分类检索

书生之家主页左方设有分类导航栏，提供有“书生法显示”、“中图法显示”两种分类显示方式，每一大类下细分为一级子类、二级子类等，最多有四级类目。

检索者可根据检索或阅读目的，单击相应分类列表，页面右侧将显示所选类别所有图书信息，检索者可单击图书名称查看具体图书信息。此外，检索者还可配合其他检索方式在本类别中进行检索。

2. 快速简单（单项）检索

进入书生之家主页，任选分类列表中的某一分类，分类列表左上方设有简单检索区（见图 8-33），以检索图书《电子技术入门》为例，检索步骤如下：

1）选择检索信息途径。书生之家为检索者提供了“图书名称”、“出版机构”、“作者”、“丛书名称”、“ISBN”、“主题”和“提要”7 种检索途径，检索者可根据所需图书信息选择其中一种进行检索。

2）在检索框内输入关键词，如图 8-34 中的“电子技术入门”。也可以输入多个关键词，建立组合检索式进行检索。例如，可在检索框内输入“电子技术”等关键词，几个关键词之间以空格隔开，即可快速、准确地达到检索目的。

3）输入“Enter”键或单击“立即检索”按钮，检索结果即可罗列出来。

4）检索结果显示。选择不同的检索信息途径所显示的检索结果是有差别的。选择“图

书书名”检索，即显示检索库中“书名”字段与关键词相符的图书信息。

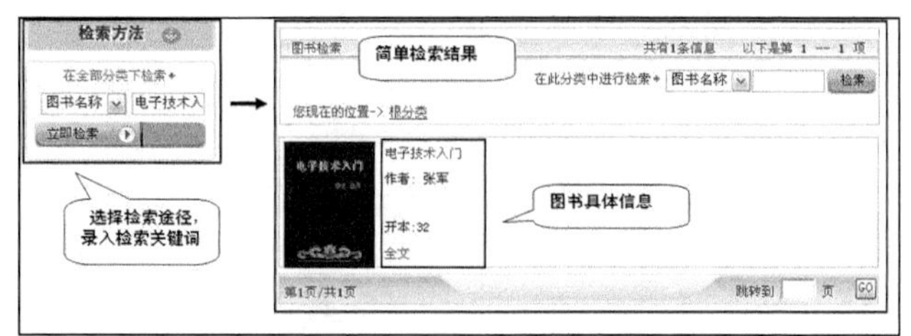

图 8-34　书生之家数字图书馆简单检索结果

5）二次检索。针对第一次检索结果不够精确，可进行二次检索，缩小检索结果范围。

3．高级（组合）检索

高级（组合）检索可以实现图书的多条件检索，它提供了图书名称、作者、丛书名称、主题等不同字段间的逻辑组合检索功能，使用组合检索，可将检索结果精确到某一具体的一本或者某一类图书，这种检索方式适宜对检索目的性要求强的检索者群，检索的步骤为：

1）在主页单击“图书”按钮，打开下拉菜单，单击“组合检索”按钮即可进入高级（组合）检索界面如图 8-35 所示。其中，“逻辑”选项处提供了不同字段间的“并且”和“或者”两种逻辑组配方式。“检索项”提供了图书名称、作者、丛书名称、主题等多个字段的组配检索。

图 8-35　书生之家数字图书馆高级（组合）检索界面

2）检索时，可根据已知检索图书的某些精确信息，在各相应输入框输入或选择检索要求和条件，所输入的条件越多，得到检索结果的准确性就越强。图 8-35 所示为检索张军所著书名为《电子技术入门》一书的检索条件。

3）单击“查询”按钮，即可得检索结果。

4）选择不同的逻辑关系所显示的检索结果是有差别的。追求查准率可选择逻辑“与”运算，想要查全率可选择“或”运算。图 8-36 为两种运算方式的结果比较。

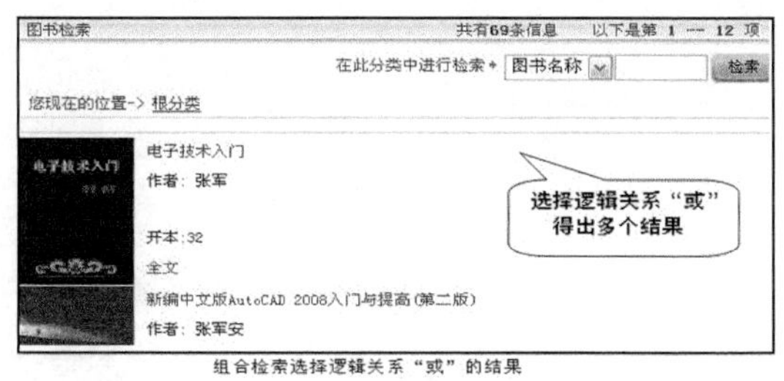

a）

b）

图 8-36　书生之家数字图书馆高级（组合）检索结果

4．全文检索

书生之家提供了“图书全文检索”和“高级全文检索”两种全文检索方式，高级全文检索方式可以实现图书的多条件检索，它提供了单词、多词、位置、范围检索等不同检索途径及逻辑组合检索功能，增加了分类、全文、目录等检索控制项，用于精确地搜索所需要图书具体的某段或者某一部分内容。这种检索方式适宜对检索目的要求非常细化的检索者群。

（1）图书全文检索的步骤

1）在主页单击“图书”按钮，打开下拉菜单，单击“图书全文检索”按钮即可进入图书全文检索界面，如图 8-37 所示。

2）书生之家图书馆全文检索可选择按图书内容和按图书目录两种途径进行查找，检索者根据已知图书信息进行选择，在相应录入框中输入检索关键词。

3）选择检索分类，可在书生之家数字资源的所有分类中查找，也可选择某一具体分类。图 8-37 所示为在所有分类中查找内容带“电子技术入门”的图书页面。

4）单击“提交”按钮，即可得检索结果，如图 8-38 所示。

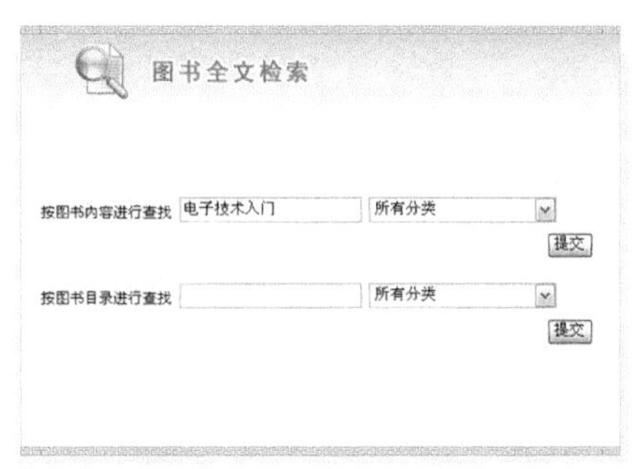

图 8-37　书生之家数字图书馆图书全文检索界面

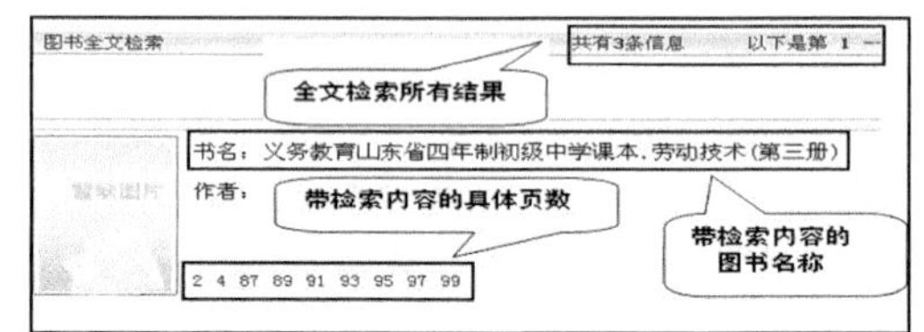

图 8-38　书生之家数字图书馆图书全文检索结果

（2）高级全文检索的步骤

1）在主页单击“图书”按钮，打开下拉菜单，单击“高级全文检索”按钮即可进入图书全文检索界面如图 8-39 所示。

2）书生之家图书高级全文检索提供了单词检索、多词检索、位置检索、范围检索等四种同检索途径及各种逻辑组合检索功能。

3）选择分类，检索者可选择所有分类或者某一具体分类。

4）设定全文或者目录及主题词中的字母、数字是否转换等检索控制项。

5）单击“提交”按钮，检索结果即可罗列出来；选择“重置”按钮，即可重新设定检索条件。

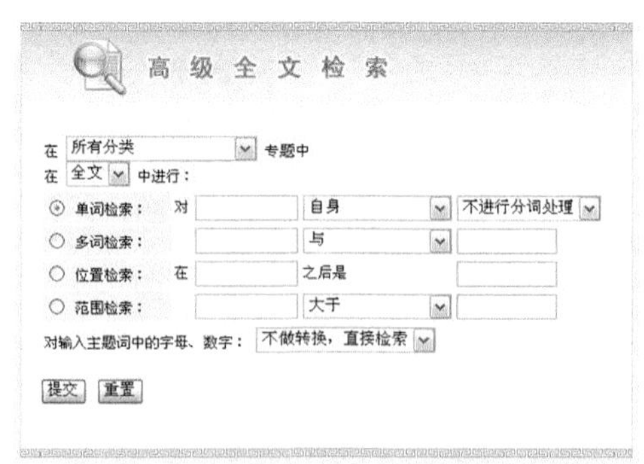

图 8-39　书生之家数字图书馆图书全文检索界面

第五节 Springer 电子图书

一、Springer 电子图书简介

（一）Springer 概况

德国施普林格（Springer-Verlag）是世界上著名的科技出版集团，它成立于 1842 年，是世界领先的学术出版公司，现在为全球三大科学、技术和医学出版社。Springer 每年出版超过 2 000 种学术期刊、超过 6 500 种学术图书以及其他学术产品，是世界上最大的科技图书出版商。Springer 通过 Springer Link 系统提供学术期刊及电子图书的在线服务，其主站网的网址为：http://link.springer.de/ol/index.htm。

（二）Springer 电子图书概况

Springer 电子图书产品于 2005 年推出，是 Springer 高品质的纸本图书的电子版。Springer 的图书作者来自全世界有影响力的科研人士，包括历年的诺贝尔奖获得者以及菲尔兹奖和图灵奖的获得者。通过推出电子图书，使得研究人员和教学人员，学校的师生可以方便快捷的以可以接受的成本收藏更多学术图书，阅读到国外先进的学术成果。

1. Springer 电子图书特征

1）电子图书与 Springer 电子资源，包括在线期刊、在线参考工具书都整合于同一个平台 SpringerLink，充分实现链接功能。并且可以提供 OPEN URL，进而和图书馆的自由馆藏进行链接。

2）Springer 在线丛书属于电子书范畴，用户一旦订购，就享有永久使用权。

3）融合数字图书馆的概念，提供到章节层面的 DOI，其主要的浏览方式为 PDF 全文下载以及 HTML 在线浏览。

4）提供 MARC 21 编目格式和完整的使用统计数据。

5）经由 IP 控制，没有并发用户限制。

6）检索者可对 Springer 电子书进行个性化设置，保存检索结果、数目和关键词等，还可以记录购买历史、设置电子邮件提醒等。

7）检索者可以设置书签，方便找到自己感兴趣的部分。

2. Springer 的电子书出版类型

Springer 的电子书出版计划包括四大类型：①教材、专著和图谱。②科技百科全书、手册和参考书；③大型参考工具书；④丛书系列（LNCS，LNM，LNP etc.）等。而且出版物主要集中在研究生教材、专业图书以及科技类图书等方面。

3. 检索平台的访问方式

Springer 电子书使用 IP 地址控制访问权限，没有并发用户数限制，不需要其他客户端软件和硬件的花费，使用方便灵活。

二、Springer 电子图书检索方法

（一）浏览方式

浏览时，首先进入 Springer Link 网站：http://www.springerlink.com，如图 8-40 所示。把

鼠标移到“Browse”处选择“book”，即进入图书浏览的页面。对于镜像用户则按照图 8-41 所示的方式直接单击图书浏览。Springer 电子图书的浏览方式有三种：内容类型浏览、按照学科浏览和按照关键词检索浏览。

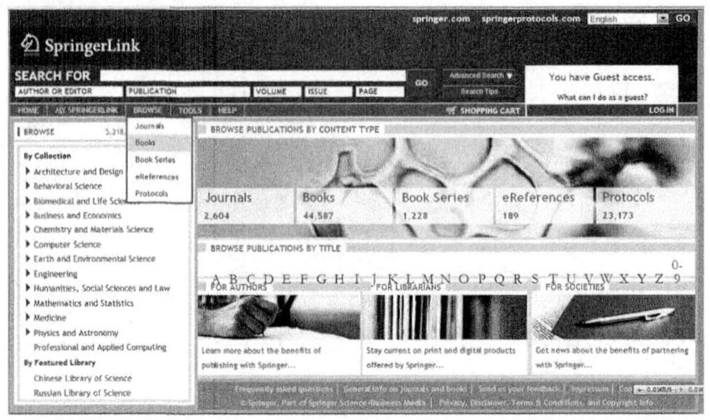

图 8-40　Springer Link 首页

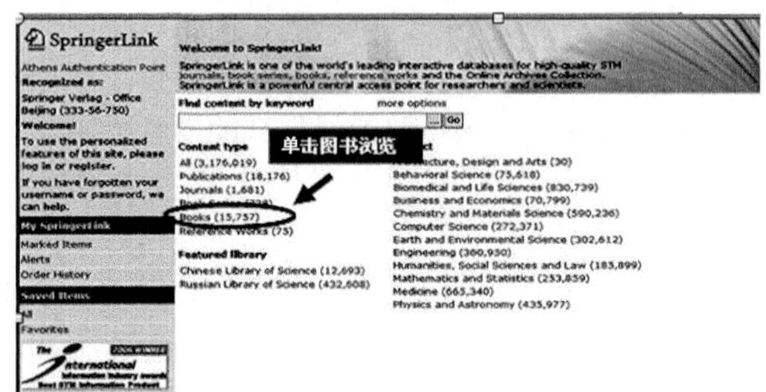

图 8-41　Springer 电子图书（镜像）按照内容类型方式浏览

（二）检索方式

Springer 电子书检索支持简单关键词检索和高级检索两种方式。

1. 简单关键词检索

简单检索时，直接在如图 8-42 所示的检索框中输入关键词，单击“Go”按钮即可获得如图 8-43 所示的相关图书信息，若对检索结果不满意还可以实施二次检索。

图 8-42　简单检索结果页面

2. 高级检索

单击基本检索页面中的“高级检索”按钮，可显示出如图 8-43 所示的高级检索界面。在相应的输入框中输入检索词即可实现对检索结果的限定，以达到精确检索的目的。检索范围的限定有 8 项，其中限定文章最早出版时间和最晚出版时间都必须填写。其格式为：月/日/年。例如，“12/01/2011”或“6/1/11”等。也可以选择“Entire Range of Publication Dates”选项，取消出版时间段的限定。

高级检索还可以对检索结果排列顺序进行限定，限定方式有两种：按出版时间和相关度对检索结果排序。

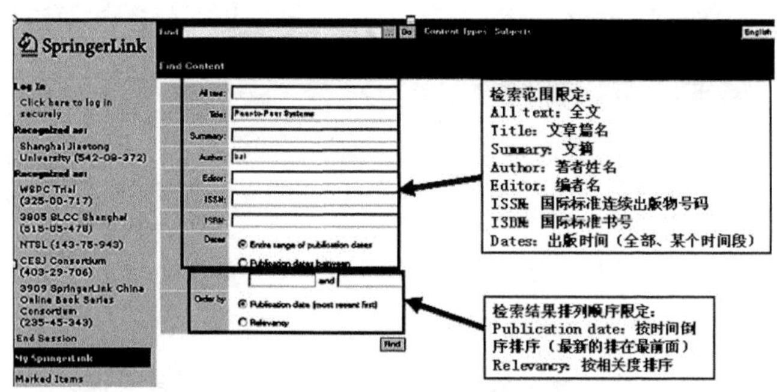

图 8-43　高级检索界面

若有多个检索条件时，系统默认的逻辑关系为“与（and）”，输入“and”表示逻辑“与”、输入“or”表示逻辑“或”、输入“not”表示逻辑“非”。

若使用词组检索则需构建检索式，如图 8-44 所示。SpringerLink 检索式的构建和 google（谷歌）搜索引擎基本一致。但需要注意以下几点：

1）系统中使用英文双引号作为词组检索算符，在检索时将英文双引号内的几个词当做一个词组来看待。例如，检索“system manager”，只检索到 system manager 这个词组，检索不到 system self-control manager 这个短语

2）词组检索内不得有通配符。

3）词组与布尔逻辑符同时使用时，词组至少要使用括号。

4）“*”截词符，用于关键词的末尾，以代替多个字符。

5）优先级运算符“（”、“）”，可使系统按照检索者要求的运算次序，而不是默认的逻辑运算优先级次序进行检索。

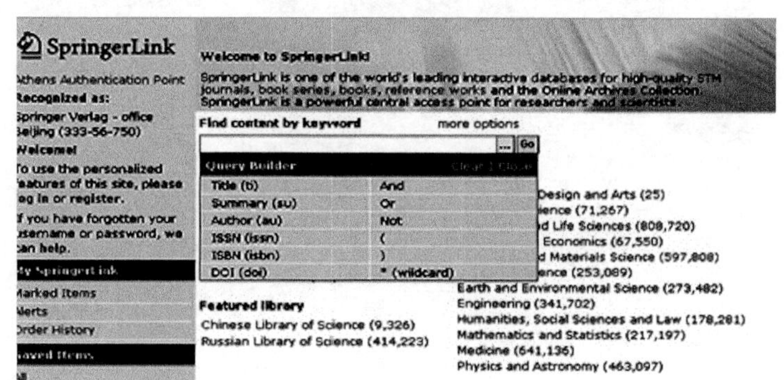

图 8-44　构建检索式

（三）检索结果处理及功能项说明

无论是通过浏览方式还是检索方式，只要检索到我们想要查看的图书，直接单击题名或者图书彩图即可进入该书的主页（图 8-45），选择所需阅读的章节进入（见图 8-46）。

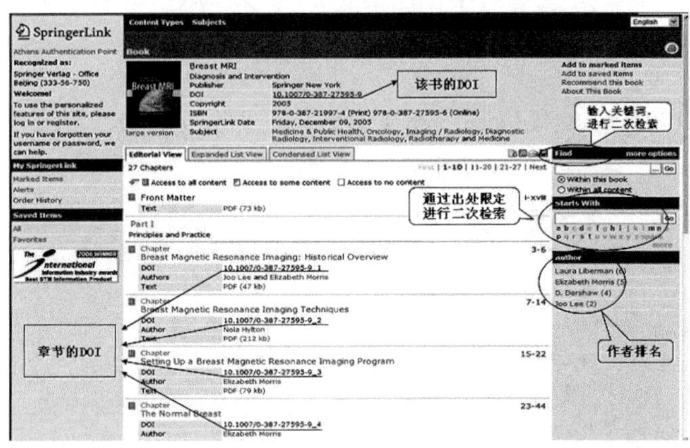

图 8-45　第一步进入图书主页

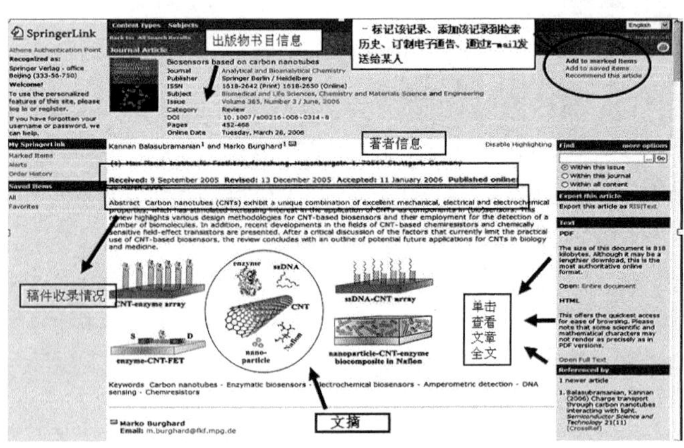

图 8-46　第二步查看图书章节信息

单击图书的某一章节，就可以看到该章节的相关信息和内容，如图 8-47 所示。

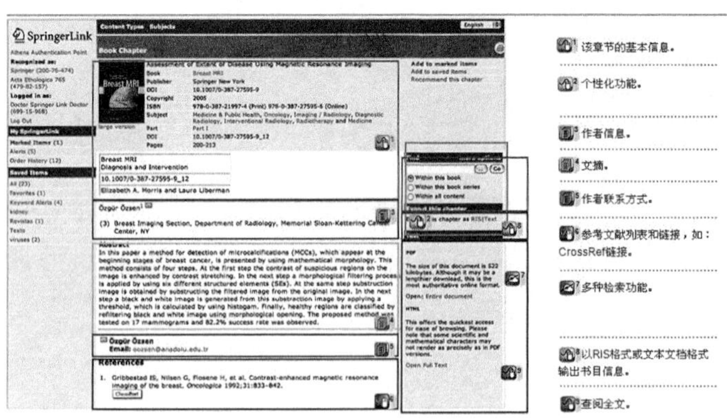

图 8-47　第三步查看章节内容

单击“整篇文献（Entire Document）”/“打开全文（Open Full Text）”链接，即可查阅PDF或HTML格式的图书全文。第四步查看图书全文如图8-48所示。

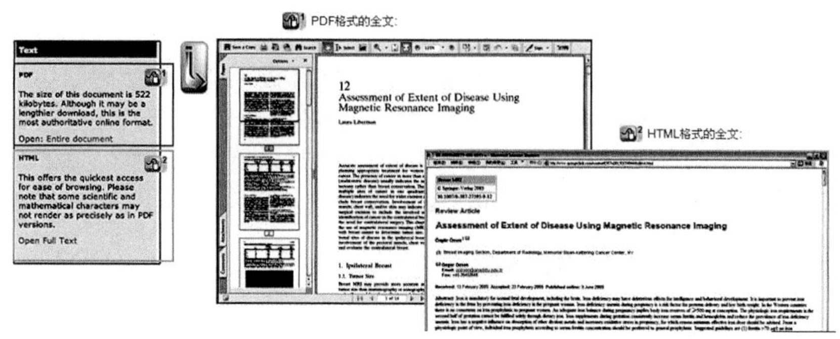

图8-48　第四步查看图书全文

除此之外，检索者还可以对Springer电子书进行个性化设置，保存检索结果、数目和关键词等，记录购买历史，设置电子邮件提醒等，甚至还可以E-mail发送、以CSV格式导出以及RSS推送等。同时，Springer还为检索者提供了书签设置功能，以方便检索者找到自己感兴趣的部分。

第六节　NetLibrary外文电子图书数据库

一、NetLibrary基本情况

（一）NetLibrary简介

NetLibrary于1999年成立，是世界上最早的电子图书生产商，也是世界上最大、最主要的电子图书提供商。NetLibrary于2002年1月25日成为OCLC联机计算机图书馆中心的下属部门。NetLibrary的电子图书内容新颖，近90%的电子图书是1990年后出版的，并以每年20 000多种的速度递增。目前，世界上7 000多家图书馆通过NetLibrary存取电子图书。

（二）OCLC NetLibrary主要特点

OCLC NetLibrary电子图书的特点与优势主要有以下几点：

1）OCLC NetLibrary提供全球最多的英文电子图书，共16万多种，每月新增约2 500种，除英文外，还提供其他文种的电子图书。除提供全文的电子书外，还提供全文电子期刊和完整版的有声电子图书。

2）OCLC NetLibrary拥有全球最多的图书馆用户，目前世界上15 000多家图书馆都在使用OCLC NetLibrary电子图书。

3）OCLC NetLibrary拥有全球最多出版社（775家）参与。图书馆只需使用同一个界面，同一个使用权协议即可进行统一使用和管理。

4）OCLC NetLibrary提供多种检索界面，有英文、法文、德文、西班牙文、日文、韩文、泰文和中文（简、繁体）。

5）OCLC NetLibrary 可以直接进行检索，不需要安装任何阅读软件即可以阅读、保存和打印。

6）用户可以在图书馆的计算机上创建自己的用户名和密码，这样该用户可以随时从世界上任何地方访问该馆从 OCLC NetLibrary 购买的电子图书。

7）OCLC 为参加购买 NetLibrary 电子图书的高校图书馆提供免费国际通信。

8）OCLC NetLibrary 提供世界上独一无二的 TitleSelect 选书系统，这是一项免费服务，也是一份 NetLibrary 电子图书联机目录，可先从中查阅，然后建立图书馆的订购书单，最后递交。

9）OCLC NetLibrary 免费提供全球最完整、准确、权威、规范的 MARC 数据。

二、OCLC NetLibrary 数据库检索方法

1. NetLibrary 的检索字段

OCLC NetLibrary 提供了十种检索字段即检索途径供使用者选择。

（1）关键词字段　关键词字段是在书名、作者、美国国会图书馆主题标目、出版商和 ISBN 字段中查寻要找的词语。可以输入一条或多条检索词，然后在相同的或不同的字段中进行查寻。

（2）书名字段　书名字段在所有的书名中查寻所输入的检索词。可以输入确切的书名，也可以不考虑顺序而输入书名中的任何部分。不必输入书名开头的冠词。

（3）作者字段　作者字段在所有的作者中查寻所输入的名字。可以按任何顺序输入名字，不用区别大小写和有没有标点符号。

（4）全文字段　全文字段是从各电子书中逐字查寻所输入的检索词，目的是查看所要的词语是否出现在电子书的文本中，但是全文字段并不查寻书名或者其他的字段。OCLC NetLibrary 也可以使用引号来查寻全文中的词组。

（5）主题字段　主题字段是在美国国会图书馆主题标目中查寻所输入的检索词。可以输入一个或多个检索词。

（6）ISBN 字段　ISBN 字段是在印刷版和电子版的书中查寻所输入的 ISBN。

（7）出版年份字段　出版年份字段是查寻所输入的出版日期或者日期范围。输入的日期必须是整年。例如，1998 是指 1998 年出版的，1955—1995 指 1955～1995 年之间出版的，—1960 指 1960 年或者 1960 年之前出版的。

（8）出版商字段　该字段是查寻所输入的出版商名字。

（9）语种字段　该字段是查寻所选择的语种。

（10）主题中心与数据库的选项　该选项是查寻所选择的特定的“主题中心”或数据库。只有对特殊“主题中心”或数据库提供检索的图书馆才有这种限制选项。

（11）格式字段　格式字段是查寻所选择的格式。如果图书馆有使用 Adobe Content Server 的许可，可以只检索“脱机电子书”。

2. NetLibrary 的检索方式

NetLibrary 外文电子图书数据库为检索者提供了“Basic Search（基本检索）”、“Advanced Search（高级检索）”两种检索方式。

（1）基本检索　NetLibrary 外文电子图书基本检索提供了 5 种检索途径：图书全文、关键词、书名、作者和主题，检索者可根据已知图书信息进行选择。其基本检索方法如下：

1）进入 NetLibrary 外文电子图书数据库检索首页，如图 8-49 所示，选择检索界面显示

语言的种类。

2）选择检索界面显示语言“中文”按钮，进入中文基本检索页面（见图 8-50）。选择检索途径，选择检索语种，使用逻辑算符或位置算符组配，输入关键词。

3）单击“检索”按钮，即可得到书名包含“economy”的结果。检索者可在结果中选择自己需要阅读的图书。如图 8-51 所示，单击“阅读本电子书”按钮可进行在线阅读，单击“显示详细书目”按钮，可查看本书的详细书目。

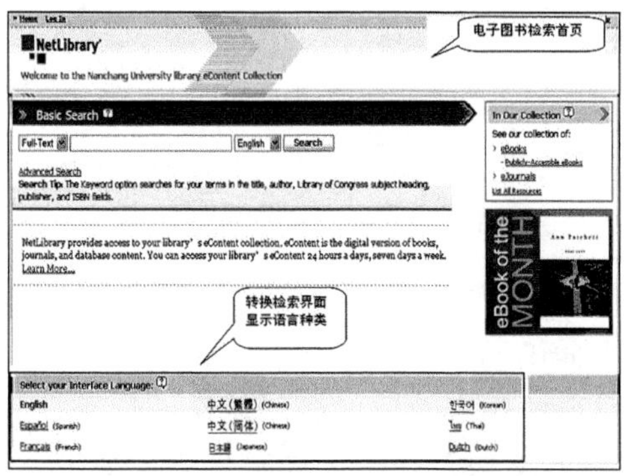

图 8-49　NetLibrary 外文电子图书数据库检索首页

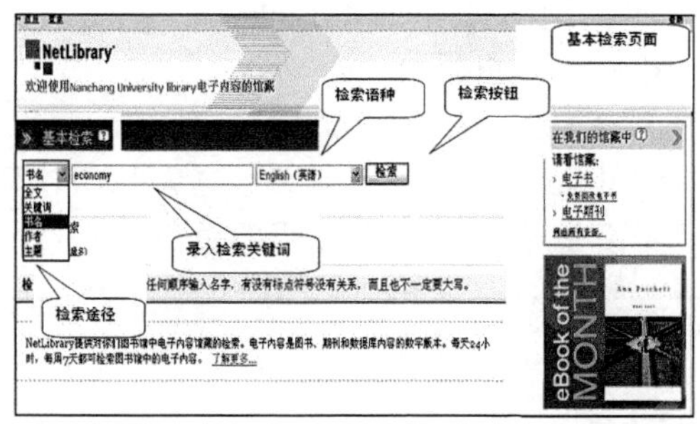

图 8-50　NetLibrary 外文电子图书数据库基本检索页面

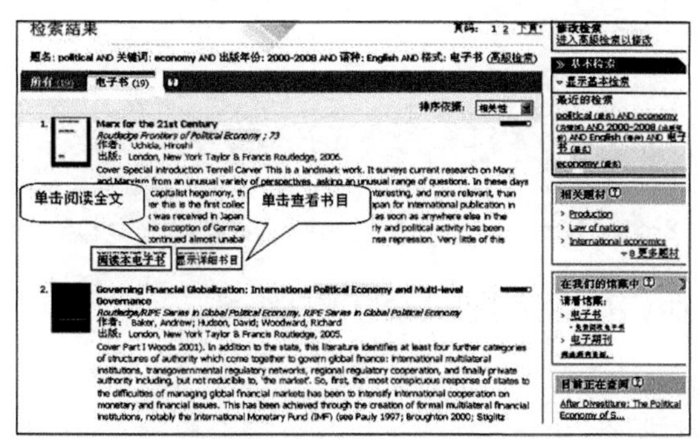

图 8-51　NetLibrary 外文电子图书数据库基本检索结果

（2）高级检索　高级检索可提供组合检索、限定所检索图书年份、格式和语种，输入检索词、检索字段和逻辑关系等精确检索条件，帮助我们快速、准确锁定图书资源，方法如下：

1）在 NetLibrary 外文电子图书数据库首页，选择高级检索界面。

2）进入高级检索界面，NetLibrary 外文电子图书数据库高级检索界面如图 8-52 所示。

检索途径有 Title（书名）、Author（作者）、Subject（主题）、keywords（关键词）、Full Text（全文）和 ISBN（国际书号）。检索时，可以在一个或多个检索字段中输入检索词，字段之间的逻辑使用布尔运算符（与、或、非）以及限制（年份、出版商、语种、排序）等方法来建立较为复杂的检索手段。

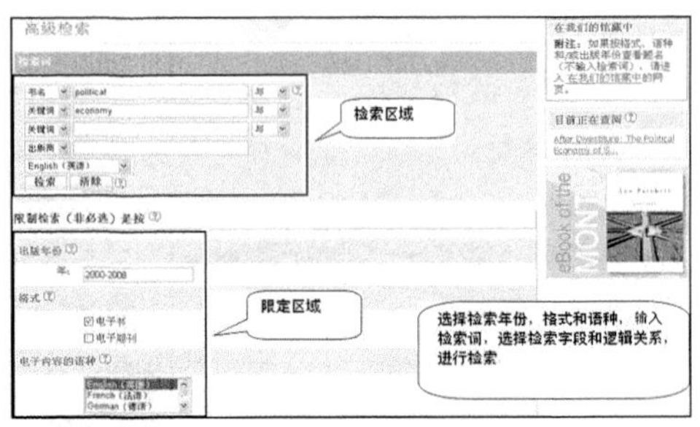

图 8-52　NetLibrary 外文电子图书数据库高级检索界面

3）检索语法。在检索中使用布尔逻辑运算符。

①“和（and）”：所取得的结果会同时包括两个检索词。

②“或（or）”：所取得的结果是在检索词中只选一个。

③“非（not）”：所取得的结果会包括第一个而不是第二个检索词。

④ 双引号：可以用来表示词组（如“civil rights”）。

⑤ 单星号（*）：可以用来表示通配。

⑥ 双星号（**）：可以用来检索某个字的所有形式。

4）图 8-53 所示即为 NetLibrary 外文电子图书数据库高级检索结果页面，其中显示出满足检索条件的图书，单击“阅读本电子图书”按钮即可进行在线阅读。

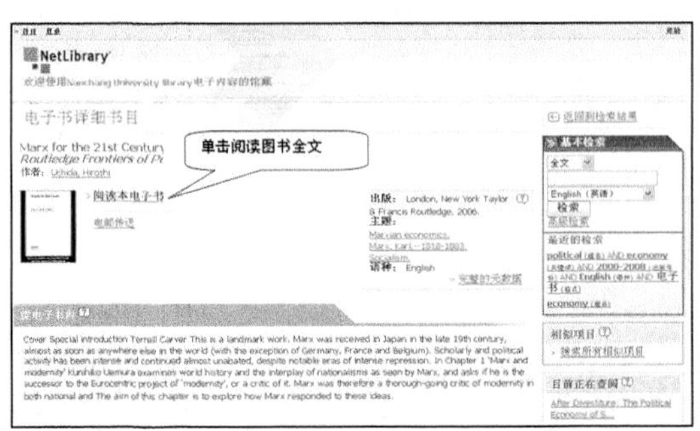

图 8-53　NetLibrary 外文电子图书数据库高级检索结果

三、OCLC NetLibrary 的结果显示及个性服务

1．检索结果的处理

检索结果是一份经过排序后的列表，上面既有符合检索标准的结果，又有好几种功能和选项。在检索结果显示页面，可选择排序方式。如果检索结果太多，可单击“Revise Search”进行二次检索。

2．阅读及阅读限制

（1）图书阅读　图 8-54 所示为 NetLibrary 外文电子图书阅读界面。NetLibrary 电子图书采用通用的 HTML 格式，在检索结果页面单击“show details”即可显示该书的题录信息，单

击“view this e-Book”可以浏览该书，且无须登录或者建立账号。

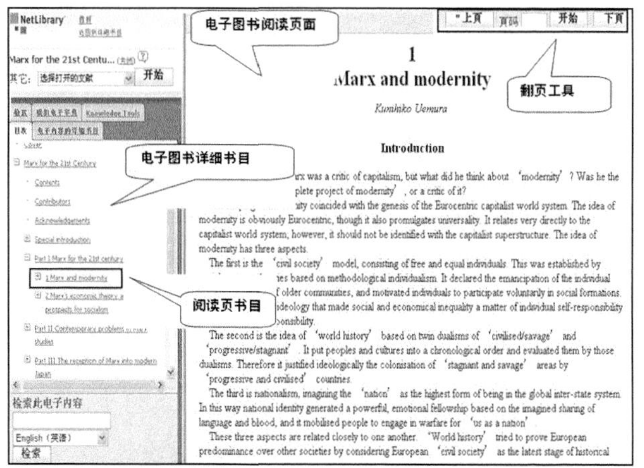

图 8-54　NetLibrary 外文电子图书阅读界面

（2）阅读限制　NetLibrary 模仿传统图书的借阅流通方式提供电子图书的浏览和外借功能，规定一册书同时只能一个检索者阅读。目前中国集团采购的图书只有一本复本，NetLibrary 对每种电子图书提供 15 分钟的浏览时间。

3. 电子字典功能

图 8-55 所示为 NetLibrary 外文电子图书在线阅读界面，为检索者提供了联机电子字典的功能，该电子字典提供在线翻译的功能，共有美语词典（所有电子图书都内嵌了 American Heritage Dictionary of the English Language-4th Edition）、英西（西班牙）词典、西英词典等词典，可方便检索者随时查询外文图书中所不理解的单词或者句子以及读音。

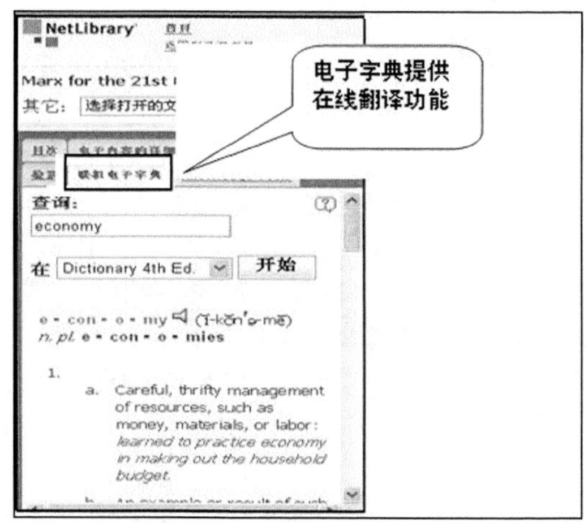

图 8-55　NetLibrary 外文电子图书数据库电子字典功能

4. “Bookmarks”书签和“Notes”注释功能

使用这两项功能首先需要注册个人账号，并登录。“Bookmarks”书签以树形机构组织节点或一个书签或者一个文件夹（可以包含多个书签）。利用“Bookmarks”书签，可以创建书签列表并与其他人分享。“Notes”支持对记录进行注释和整理，可以在网络中利用服务器进行信息数据同步。利用“Notes”可以在需要注释的阅读器条目上方便地给项目加注释。

四、常用外文电子图书概述

（一）EEBO 简介

1. EEBO 简介

Early English Book（简称 EEBO，早期英文图书在线）是由密歇根大学、牛津大学和 ProQuest Information and Learning 公司合作开发并于 1999 年推出的在线全文数据库。

该数据库收录了所有现存的 1473～1700 年之间英语世界出版物的资料，是目前世界上记录从 1473～1700 年的早期英语世界出版物最完整、最准确的全文数据库。EEBO 项目全部完成以后将收录 125 000 种著作，包含 22 500 000 多页纸的信息，其中包括国外著名的 Early English Books I、Early English Books II、Thomason Tracts 和 Early English Books Tract Supplement 等缩微专辑资料的 Web 版。

2. EEBO 检索方法

EEBO 数据库支持布尔逻辑算符 and，or，not，还支持高级检索方式并支持模糊检索。该系统提供了基本检索（Basic）、高级检索（Advanced）和期刊检索（Periodicals）三种检索方式，还提供了四种检索和浏览途径。

（二）WISEBOOK 外文原版电子图书数据库

WISEBOOK 外文原版电子图书数据库是由北京维思博文科技有限公司引进的可以浏览的外文经典电子图书，该数据库的网址为 http://wisebook.ucantv.com。WISEBOOK 电子图书数据库的图书目录分两部分显示：①简要目录信息；②体验中心。由于受版权保护的限制，本数据库的图书只有通过“体验中心”阅读，但是不支持全文下载，“简要目录”部分只显示基础信息，不能直接阅读。WISEBOOK 数据库的检索方式有两种：简单检索和高级检索。

（三）圣典 E-BOOK 数字图书馆简介

圣典 E-BOOK（以下简称圣典）是由中国大学出版社协会与北京时代圣典科技有限公司共同合作推出的电子图书知识库。圣典目前拥有 60 万种电子图书，内容涉及 20 多个类别，涵盖建筑、交通、计算机、经济、管理、社科、文学、艺术、医学等方面，其中教育类图书和最新出版图书最具特色。圣典数字图书馆具有以下特点：

1）圣典 E-BOOK 全部采用文本格式，存储式压缩，占用硬盘空间小。

2）圣典 E-BOOK 将图书方向定位在高校教辅教参类书籍，所有图书解决了版权问题。

3）圣典 E-BOOK 限制少，可在线阅读，支持多人同时在线，无并发用户数限制。

4）阅读效果清晰，具有彩色背景，完全忠实于原始印刷版的出版物，保留原印刷版的全部信息，并在此基础上进行二次加工，增加了各种检索信息以及导读、超文本链接等信息。

5）圣典数据库为检索者提供了三种检索方法：分类检索、简单检索和高级检索。其 E-BOOK 检索方便在于：①检索网站具有 XP 风格界面，读书界面可以个性化设置；②全文检索功能强大，海量数据查询，定位到页；③树形目录导航，直接超链接到对应版面；④拾取文本直接摘录。

6）支持文字复制、图片下载、打印等多种功能。

圣典的访问方式有两种：远程包库方式及本地镜像方式，检索者可根据自身需求和资源拥有状况选择不同方式进行访问。

（四）美星外文数字

1．美星外文数字图书馆简介

美星外文数字图书馆是我国第一家原版引进外文图书的数字图书馆，目的在于改变国内高校原版外文资料馆藏陈旧和匮乏的现状，配合高校双语教学的趋势，提高学生的英文水平。同时，美星外文数字图书馆很好地解决了版权问题，可在第一时间将原版的外文教科图书引进国内高等院校，与世界同步。

美星外文数字图书馆的资源主要为两类：PDF 格式的外文电子图书和 MBA 语音图书。其中，PDF 格式的外文图书又分为英文原版电子图书和日文原版电子图书两大类。美星外文数字图书馆除外文电子图书外，主页上还提供有语音图书、西方文化礼仪等特色资源，其访问方式一般为本地镜像方式。

2．美星外文数字图书馆检索方法

美星外文数字图书馆提供了三种检索方式：分类检索、简单检索和高级检索。

分类检索提供了方便快捷的书内四级目录导航，可充分满足检索者对资源细化的需求。

简单检索又包含四种途径：图书名称、出版机构、作者和提要。

高级检索实为对检索途径和分类检索的组合检索。检索途径有四种：图书名称、出版机构、作者和提要。检索时首先选择检索途径，然后限定检索分类实施检索。

3．语音图书简介

美星外文数字图书馆设有语音图书、西方文化礼仪等特色资源供检索者使用，其中最具特点的是其语音图书。但需要注意的是，阅读语音图书前需要安装 Java 虚拟环境，单击主页“下载阅读器”链接，在打开的页面中下载“Java 虚拟环境”，下载完毕后双击执行安装，安装完毕后即可正常阅读了。

第九章 特种文献信息检索

第一节 标准文献检索

标准文献是社会发展建设中十分重要的一类文献，与其他文献不同的是，它在生产建设中起到维护、规范社会生产秩序的重要作用。标准时刻伴随着社会所有成员的一切经济、建设活动而存在，是科技工作人员必须了解和掌握的一类重要信息资源。

一、标准的定义

国际标准化组织（ISO）的标准化原理委员会（STACO）发布的《标准化与相关活动的基本术语及其定义（1991 年第 6 版）》对标准定义如下："标准是由一个公认机构制定和批准的文件，它对活动或活动的结果规定了规则、导则或特性值，供共同和反复使用，以实现在预期结果领域内最佳秩序的效益"。

我国对标准的定义是：标准是对重复性事物或概念所作的统一规定，它以科学、技术和实践经验的综合成果为基础，经有关方面协商一致，由主管部门批准，以特定形式发布，作为共同遵守的准则和依据。

二、标准的特点

标准具有权威性、强制性、法律性和时效性的特点。

标准的权威性，表现在标准必须由主管机构批准，以特定的形式发布，并要求社会相关行业共同遵守；标准的强制性，表现在标准要求相关行业共同遵守，特别是强制性标准，必须遵守；标准的法律性，表现在标准作为衡量产品和生产活动的尺度和依据，必须以法律的手段保证标准的推行，保障生产质量和社会秩序；标准的时效性，表现在科技的进步、生产技术的发展水平的提高，标准必须作与之相适应的调整。

三、标准的类型

标准类型的划分方法有多种，按照标准化层级、标准作用和有效的范围，可以将标准划分为不同层次和级别的标准，如结构标准、区域标准。国家标准、行业标准、地方标准和企业（公司）标准。按照标准对象的名称，可以将标准分为产品标准、工程建设标准、方法标准、工艺标准、环境保护标准、卫生标准、过程标准和数据标准等。按照标准的性质，可以把标准分为基础标准、技术标准、管理标准和工作标准等。按照实施的强度，可以把标准分为：强制性标准、推荐性标准和试行标准等。

标准的划分方法是从不同的角度对同一个标准集合进行划分，它们之间存在着相互交叉的关系，这就是说，一个标准可以同时按几种方法进行划分。下面介绍几个主要的国际标准。

1. ISO 国际标准化组织

国际标准化组织的全称是“International Organization for Standardization”，简称 ISO。ISO 是世界上最大的非政府性标准化机构，它在国际标准化中占主导地位。

ISO 的主要活动：制定国际标准，协调世界范围内的标准化工作，组织各成员方和技术委员会进行情报交流，以及与其他国际性组织进行合作，共同研究有关标准化问题。

ISO 的目的和宗旨：在世界范围内促进标准化工作的发展，以利于国际物资交流和互助，并扩大在知识、科学、技术和经济方面的合作。

ISO 标准编号形式：ISO——顺序号——年代。

例如，ISO 3648—1994，航空燃料。

2. IEC 国际电工标准化组织标准

国际电工标准化组织的全称为 International Electro technical Commission。它是世界上成立最早的非政府性国际电工标准化机构。目前 IEC 成员方包括了绝大多数的工业发达国家及一部分发展中国家。这些国家拥有世界人口的 80%，其生产和消耗的电能占全世界的 95%，制造和使用的电气、电子产品占全世界产量的 90%。

IEC 的宗旨：促进电工标准的国际统一，电气、电子工程领域中标准化及有关方面的国际合作，增进国际间的相互了解。

IEC 标准编号形式：IEC——顺序号——年代。

例如，IEC 60964—1989，核发电厂控制室的设计。

四、标准文献

标准文献包括各种标准、相关法律法规、标准知识书籍、以标准知识为内容的期刊以及现代载体的标准光盘、标准数据库、标准网站，标准文献是一种重要的科技出版物，一个国家的标准文献可以反映出本国的经济政策、技术政策、生产水平、加工工艺水平、标准化水平、自然条件、资源情况等方面的情况，是全面了解该国工业发展的重要参考资料。

五、中国标准

《中华人民共和国标准化法》规定我国标准分为国家标准、行业标准、地方标准和企业标准共四级标准，国家标准是四级标准中的主体。

（一）中国标准的类型和代码

1. 国家标准

我国于 1978 年成立国家标准局，并参加国际标准化组织。我国的国家标准编号形式为：代号—序号—年代。代号由国标二字的大写汉语拼音字母 GB 表示。国家标准分为强制性标准和推荐性标准，强制性标准代号用代号—序号—年代，推荐性标准加字母 T。“GB/T 15314—1994 精密工程测量规范”表示为国家颁布的 15314 号推荐性标准，实施时间为 1994 年。

2. 行业标准

行业是指对没有国家标准而又需要在全国某个行业范围内统一的技术要求所制定的标准。行业标准编号形式为“行业标准代号—标准顺序号—年代”。行业标准代号由两个汉语拼音字母组成，不同的行业有不同的代号，如铁路标准行业代号为 TB、冶金行业标准代号为 YB 等。例如，JB 619—1975，矿用变压器，意为机械行业 1975 年批准的第 619 号标准。

3．地方标准

地方标准是由省、自治区和直辖市标准化行政主管部门制定，在本行政区域内适用。地方标准同样不得与国家标准和行业标准相抵触。

地方标准的编号形式为“地方标准代号—地方标准顺序号—年代”。地方标准代号由 DB 加省、市、自治区、直辖市行政区划代码前两位数加斜线组成。

例如，“DB33/197.1—1996 常山胡柚”意为：浙江省 1996 年发布的第 197 号强制性标准。

4．企业标准

企业标准是由企业批准发布的标准，仅限企业内部使用。企业标准编号形式为“企业标准代号—标准顺序号—发布年代号”。企业标准代号由“Q”加斜线和企业代号组成。企业代号可用汉语拼音字母或阿拉伯数字或两者兼用组成，按中央所属企业和地方企业分别由国务院有关行政主管部门和省、自治区、直辖市政府标准化行政主管部门会同同级有关行政主管部门规定。

（二）中国标准分类（CCS）

我国标准的分类，采用《中国标准文献分类法》（以下简称中标法，缩写为 CCS）。中标法由国家标准局于 1984 年制定。

中标法的体系结构以专业划分为主，按照人类的基本生产活动排序，以由总到分的原则，进行划分。分类表由一级类目和二级类目组成，一级类目共 24 个，分别用一位字母表示：A：综合，B：农业、林业，C：医药、卫生、劳动保护等。一级类目向下划分出二级类目，二级类目由两位数字表示。例如，A 综合类的二级类目划分见表 9-1。

表 9-1　中国标准分类表 A 综合类的二级类目表

00/09 标准化管理与一般规定	65/74 标准物质
10/19 经济、文化	75/79 测绘
20/39 基础标准	80/89 标志、包装、运输、储存
40/49 基础科学	90/94 社会公共安全
50/64 计量	

（三）综合应用

（1）目前传统的印刷版标准文献已逐步被电子及网络标准文献替代，大多数以光盘形式出版为主，另外，部分标准化组织开通了网上标准销售，如 ISO、IEC、ANSI、ASTM 等。国内常用的标准网站网址如下：

1）标准网，http://www.standardcn.com。

2）中国标准咨询网，http://www.chinastandard.com.cn/index.asp。

3）标准信息网，http://www.stdinfo.org.cn。

4）中国标准服务网，http://www.cssn.net.cn/index.jsp。

除此以外，我国各行各业已建立有各自的标准网站，如机械工业标准服务网 http://www.jb.ac.cn/，中国电力标准网 http://www.dls.org.cn/，中国环境标准网 http://www.es.org.cn/，家建筑标准设计网 http://www.chinabuilding.com.cn/，油工业标准化信息网 http://www.petrostd.com/等。

（2）目前标准检索方式，由于使用互联网上标准网站提供方便、快捷、准确、全面的检索平台，手工检索标准已逐步被网站代替。标准网站很多，各网站提供的检索途径不完全相同，检索方式也不相同，但常用的标准号、标准名称两个途径每个网站都提供的。

（3）使用网站检索标准要注意的是，各网站的数据更新频率不同，个别网站数据更新相当滞后，要注意它的更新情况，同时各网站收集的标准的完整情况不一，对同一主题内容，不同的网站收集的标准数量是有差别的，不可以一个网站的查找结果判定最终结果。

（4）标准检索的最终要求是查找到全文，目前可获取标准全文的有：中国国家标准汇编、标准单行本、各类标准汇编、设计手册、标准网站的全文传递服务、中国国家标准光盘、国家标准化管理委员会网站、万方数据标准全文数据库、中国标准咨询网等。使用时注意它们收集的标准各有侧重，要根据情况选择。

六、标准检索举例

下面以部分网站为例介绍如何查找标准。在例题中，除介绍题目检索过程外，还将所用到的网站功能一并介绍。

【例 9-1】检索课题：查找“环境空气质量标准”的中国国家标准全文。

1）分析题目：环境空气质量，环境保护和环境质量方面的标准应为国家强制性标准。

2）选择网站：题目要求找出标准全文，强制性标准。考虑期间所需求，选择“国家标准化管理委员会 http://www.sac.gov.cn”。

理由：该网站最大特点是提供免费的强制性国标全文。可免费提供查阅。同时提供中、英文字。内容包括标准化专业知识、行业信息及发展动态、新闻等，作为资料检索，主要使用网站提供标准目录，可查找标准题录信息。

3）登录“国家标准化管理委员会 http://www.sac.gov.cn，国家标准化管理委员会中文版首页如图 9-1 所示。

图 9-1 国家标准化管理管理委员会中文版首页

4）阅读软件下载。进行阅读时，必须下载专用阅读软件。下载用户端软件如图 9-2、图 9-3 所示，单击阅读帮助，按照提示下载并安装两个阅读软件即可。

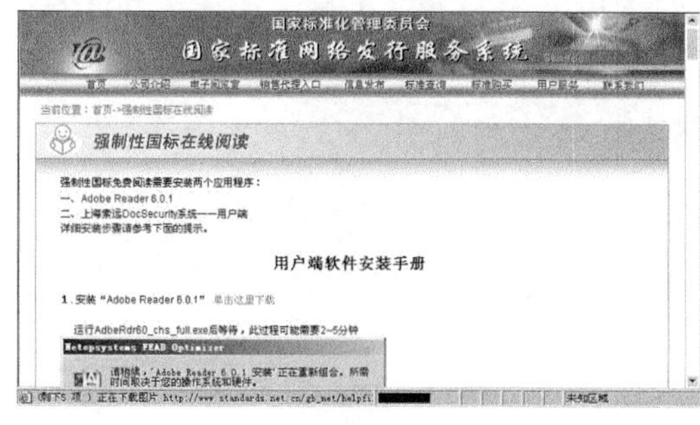

图 9-2 下载用户端软件一

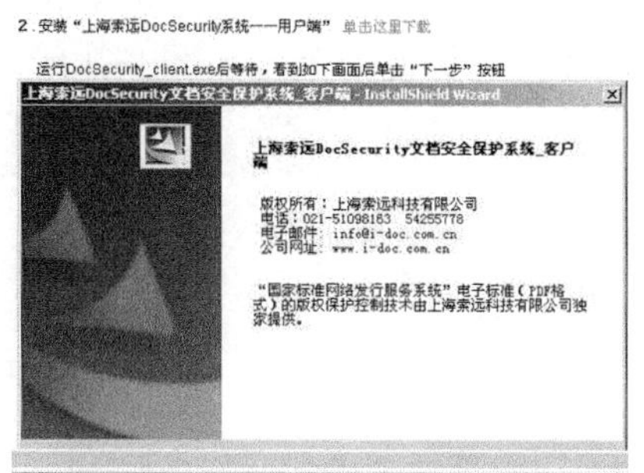

图 9-3 下载用户端软件二

5）在首页，选择“强制性国标在线阅读”，进入“强制性国标在线阅读”页面。

6）输入检索条件，如图 9-4 所示。

网站提供多条检索入口，可以单一检索，也可以组合检索，检索项之间为“与”的关系。在标准号检索项中，可以输入标准号的全部，也可以输入标准号的一部分。

例如，“GB/20000.1—2002”，可以输入全部，也可以输入“20000.1”；“中文名称”检索项是模糊检索，输入需要检索的标准的主题词即可，不必与标准名称完全一致。本题目输入“空气质量”即可得到如图 9-5 所示的检索结果。

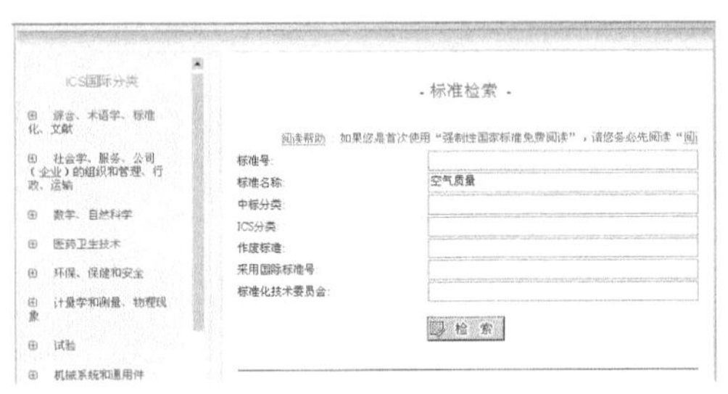

图 9-4　检索页面——输入检索条件

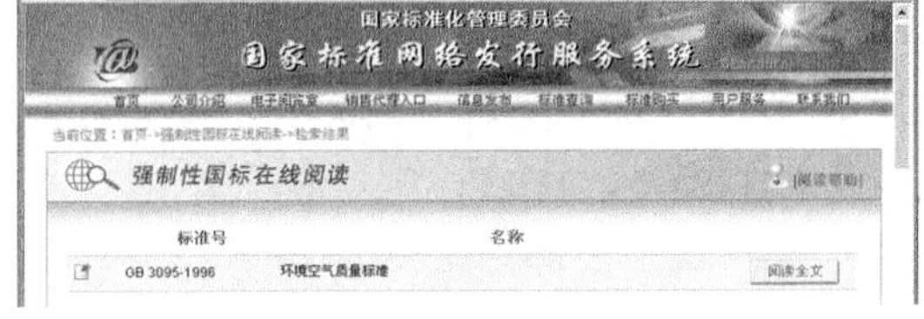

图 9-5　检索结果

7）阅读全文。单击阅读全文，可得到与印刷版完全相同的标准全文（见图 9-6），阅读软件提供强大的阅读功能，可下载、打印、全文检索、区域选择、剪裁等。

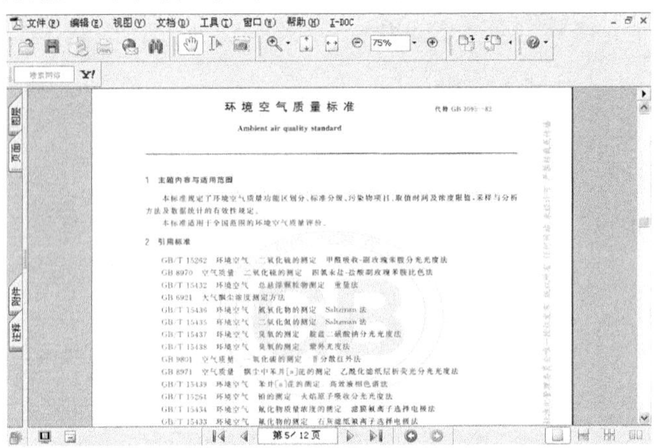

图 9-6　标准全文

8）废止国家标准目录介绍。国家标准化管理委员会网站免费提供废止标准目录，可检索国家强制性标准和推荐性标准的废止情况。废止国家标准目录查询，提供标准号和标准名称两条途径。选择检索范围如图 9-7 所示，得出检索结果如图 9-8 所示。

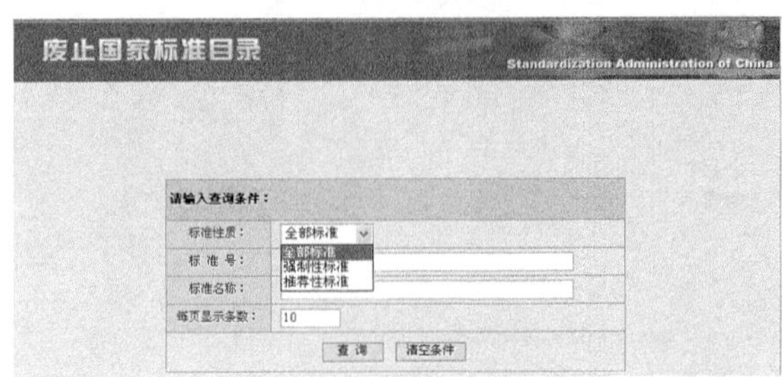

图 9-7　选择检索范围

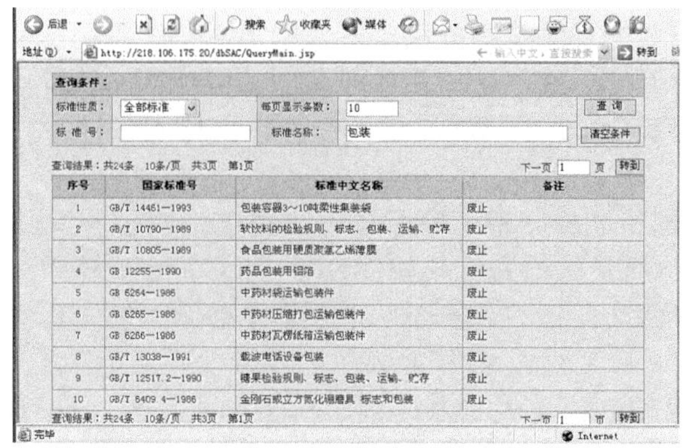

图 9-8　检索结果

【例 9-2】利用万方式数据资源系统检索查找关于“空气质量”的国内标准制定情况及标准具体内容。

（1）登录万方数据　图 9-9 所示是万方数据资源系统主页。

（2）下载专用阅读软件　万方数据同样要求下载专用阅读软件，此处不再作介绍。

（3）检索方式　万方标准提供两种检索方式，一是浏览式检索；二是条件检索。浏览式检索从标准分类表相关类目或标准代码进入，可了解该类目标准全貌。条件检索是按题目已知条件，从标准检索界面的检索框输入检索条件检索。

（4）检索题目　按要求分别用以上两种方式进行检索。

1）浏览方式，了解题目要求标准的全部颁布情况。

① 选择中国行业标准的环境保护，如图 9-10 和图 9-11 所示。

② 查看其中第七条标准“环境空气质量自动监测技术规范”，全文如图 9-12 所示。

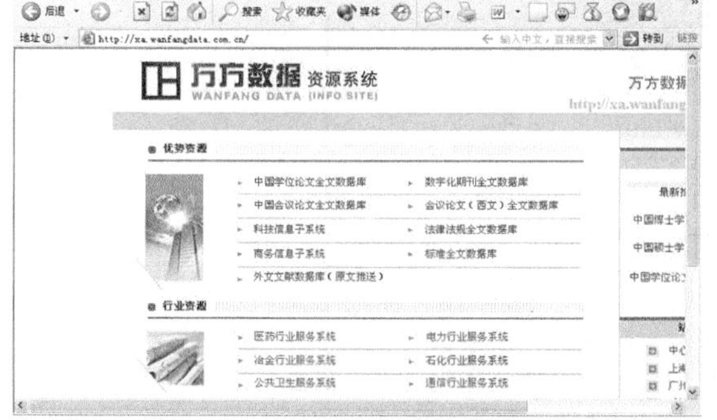

图 9-9　万方数据资源系统主页

图 9-10　万方数据的中国标准代码表

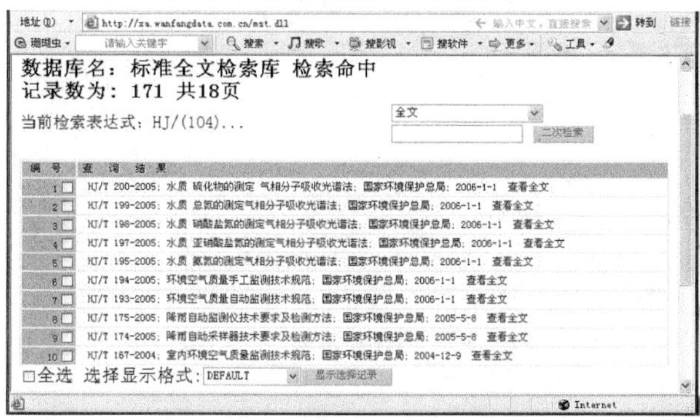

图 9-11　环境行业标准全面题录

图 9-12　万方数据中的标准全文

2）条件检索。万方数据条件检索提供了三条检索入口，可组配检索，检索字段达 11 项，条件检索界面如图 9-13 所示。在一次检索的基础上，可使用二次检索以缩小检索范围。其国家标准和行业标准数据库间可实现跨库检索，一次输入检索条件，同时对中国国家标准和行业标准两个库进行检索。

① 在图 9-13 所示的检索框中输入检索条件“空气”、“质量”，使用组配条件“与”。

② 检索结果。空气*质量的检索结果如图 9-14 所示，一次输入条件，检索出国家标准库和行业标准库中符合条件的结果，符合条件的标准共有 161 条，其中包括国家标准和环境行业标准。

③ 二次检索。如果检索结果太宽，需缩小检索结果，可在此基础上使用二次检索。在图 9-15 所示的检索框中输入新的检索条件，单击“二次检索”按钮即可。例如，输入二次检索条件为“环境”，开始二次检索，检出结果为符合“空气质量”、“环境”条件的 46 项标准被检出，检索结果更精确，如图 9-16 所示。

④ 查看标准全文。通过阅读标准题录信息，选择所需标准，查看标准全文。

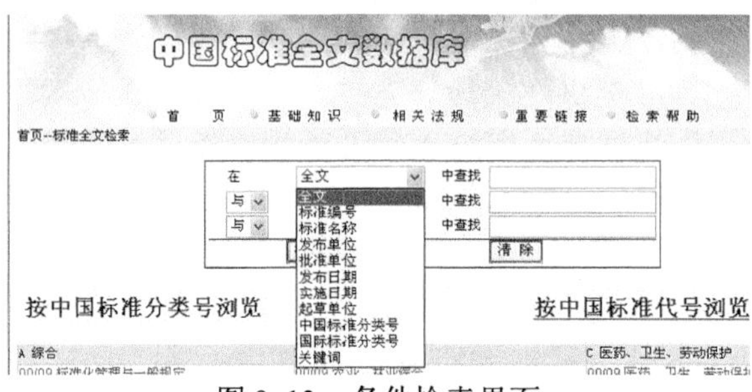

图 9-13　条件检索界面

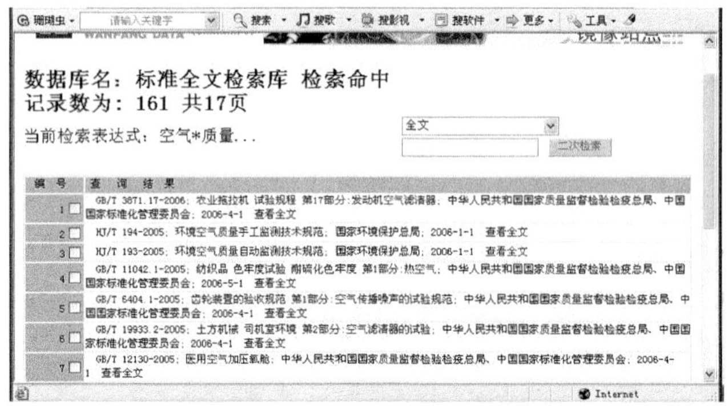

图 9-14　空气*质量的检索结果

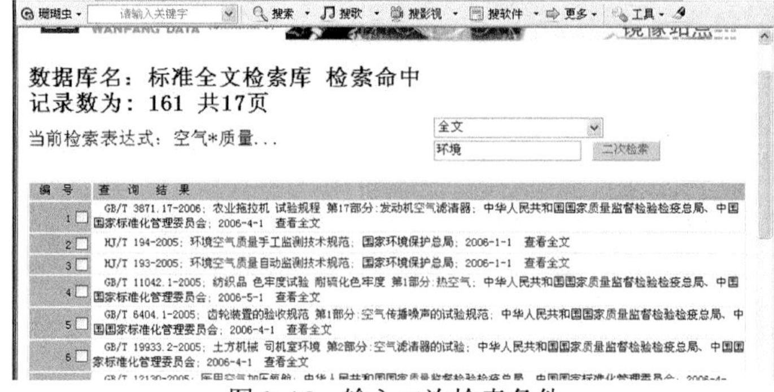

图 9-15　输入二次检索条件

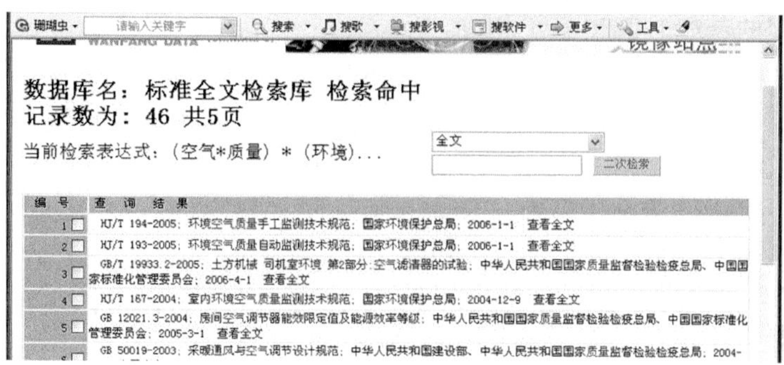

图 9-16　二次检索结果

第二节　专利文献检索

一、专利概述

（一）专利

专利作为反映技术水平的重要指标，它在某种程度上是科技实力的一种度量。专利一词通常有以下三种不同的含义。

第一，严格地说，或从法律角度来说，所谓专利就是指专利权。通常所说的专利从狭义的角度讲也是指专利权。

所谓专利权，是由国家专利主管机关依法授予专利申请人或其继承人在法律规定的期限和法律适用的地域内实施其发明创造的专有权。

第二，专利是指取得专利权的发明创造。例如，“这是一项关于节水方面的专利”，这句话中的“专利”就是指被授予专利权的技术。

第三，专利是指专利文献。它是指各个国家专利局出版发行的专利公报和专利说明书，以及有关部门出版的专利文献，记载着发明的详细内容和受法律保护的技术范围的法律文件。我们所说的“检索专利”，是指查阅专利文献。

（二）专利的特性

专利权作为一种无形财产权，与有形财产权相比，具有专有性、地域性和时效性三大特点。

1. 专有性

专有性也称垄断性或独占性，即知识产权所有人对其权利的客体享有占有、使用、收益和处分的权利。专有性具体体现在两个方面：一是权利人可以依法独占行使其知识产权，他人无权干涉；二是权利人依法有权排斥任何其他人未经其许可而行使其知识产权。

知识产权的独占性并不是绝对的，不允许权利人损害国家安全和社会公共利益。

2. 地域性

知识产权的地域性是指知识产权受地域的限制，各国（或地区）的专利法是独立的，因此专利权只是在批准国管辖的境内有效，对其他国家不发生法律效力。地域性的特点使专利的保护有了国际专利合作条约（PCT）、优先权、边境保护等制度。

3. 时效性

时效性是指专利权具有一定的期限。各国专利法对专利权的有效保护期限都有自己的规定，计算保护期限的起始时间也各不相同。

例如，我国专利法规定自申请日开始计算，发明专利的保护期为20年，实用新型和外观设计的保护期为10年；商标有效期自核准之日起计算为10年。而且这个时间是在不断调整的。

（三）专利的种类

专利的种类因各国（或地区）保护的对象不同而不同：

英国的专利类型有两种，即发明专利和新式样专利。而美国专利包括：实用新型专利（包括了发明专利）、再颁专利（E），植物专利（P），防卫性公告（P），法定发明登记专利（H），改进专利（AI）等。

在我国，专利包括发明专利、实用新型专利和外观设计专利三个种类。

（1）发明专利　发明专利的技术含量最高，发明人所花费的创造性劳动最多。新产品及其制造方法、使用方法都可申请发明专利。

（2）实用新型专利　只要有一些技术改进就可以申请实用新型专利，要注意的是，只有设计产品构造、形状或其结合时，才可申请实用新型专利。

（3）外观设计专利　只要涉及产品的形状、图案或者其结合以及色彩与形状、图案的结合富有美感，并使用与工业上应用的新设计，就可以申请外观设计专利。

二、专利文献概述

（一）专利文献的概念

1. 专利文献的定义

目前，世界上绝大部分国家和地区都建立了专利制度，并且有许多国家和组织用官方文字出版专利文献。据世界知识产权组织统计，世界上90%～95%的发明能在专利文献中查到，并且许多发明只能在专利文献中查到。可以说，专利文献几乎记载了人类取得的每一项新技术成果，是最具权威性的世界技术的百科全书。

所谓专利文献，世界知识产权组织于 1988 年编写的《知识产权教程》中定义为：专利文献是包含已经申请或被确认为发现、发明、实用新型和工业品外观设计的研究、设计、开发和试验成果的有关资料，以及保护发明人、专利所有人及工业品外观设计和实用新型注册证书持有人权利的有关资料的已出版或未出版的文件（或其摘要）的总称。

该教程还进一步指出："专利文献按一般的理解主要是指各国专利局的正式出版物。"因此可以理解为：专利文献从狭义上讲是指由国务院专利行政部门公布的专利说明书和权利要求书；从广义上讲，专利文献还包括说明书摘要、专利公报、专利文摘、专利索引、专利分类表等各种检索工具书、与专利有关的法律文件等。

2. 中国专利文献概况

中国专利文献是中国国家知识产权局受理、审批专利过程中产生的各种官方文件及其出版物的总称。1985 年 4 月 1 日中华人民共和国专利法正式生效并开始受理专利申请。1985 年 9 月 10 日正式向全社会公布第一批专利并出版第一批中国专利文献。

中国国家知识产权局出版的专利文献包括中国专利说明书，中国专利公报及其索引，以及这些文献的电子出版物。

（二）主要专利文献介绍

1. 专利说明书

专利说明书属于一种专利文件，是指含有扉页、权利要求书、说明书等组成部分的，用

以描述发明创造内容和限定专利保护范围的一种官方文件或其出版物。下面以我国专利说明书为例介绍其内容，专利说明书主要包括四部分：扉页（见图 9-17）、权利要求书、说明书、附图（如果有）。

[19]中华人民共和国国家知识产权局

[51] Int. C1.
G02B 15/16 （2006.01）
G02B 15/20 （2006.01）
G02B 13/18 （2006.01）

[12]发明专利申请公开说明书

[21] 申请号 200480008555.5

[43] 公开日 2006年5月3日

[11] 公开号 CN 1768290A

[22] 申请日 2004.12.24
[21] 申请号 200480008555.5
[30] 优先权
[32] 2004. 1.28 [33] JP [31] 019964/2004
[86] 国际申请 PCT/JP2004/019777 2004.12.24
[87] 国际公布 WO2005/073774 日 2005.8.11
[85] 进入国家阶段日期 2005.9.28
[71] 申请人 索尼株式会社
地址 日本东京都
[72] 发明人 黑田大介 岩泽嘉人

[74] 专利代理机构 北京市柳沈律师事务所
代理人 马高平 杨 梧

权利要求书2页 说明书18页 附图13页
按照条约第19条的修改2页

[54] 发明名称
变焦透镜和图像拾取装置
[57] 摘要
一种变焦透镜具有良好的光学性能，结构紧凑且具有大放大率，其适于摄像机、数码相机、移动电话等。一种图像拾取装置使用该变焦透镜。该变焦透镜（1）包括变焦时固定并具有正折射能力的第一透镜组（GR1）；具有负折射能力的第二透镜组（GR2）；具有正折射能力的第三透镜组（GR3）；具有负折射能力的第四透镜组（GR4）；和具有正折射能力的第五透镜组（GR5）；它们按次序从物侧依次设置，至少第二和第四透镜组移动以变焦；所述第一透镜组包括具有负折射能力的第一单透镜（G1）；用于将光路弯曲90°的反光件（G2）；和具有正折射能力的至少一个第二透镜（G3）；它们按次序从物侧依次设置

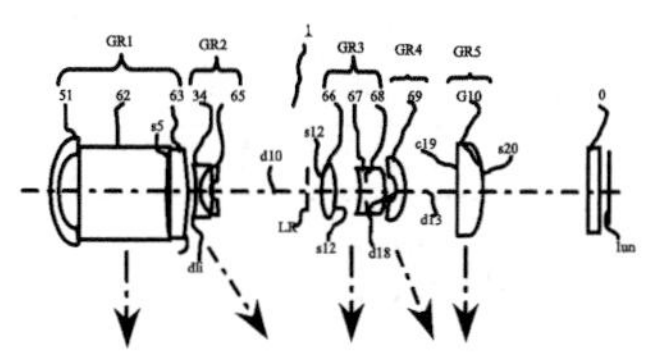

图 9-17 专利说明书扉页

（1）扉页 中国专利说明书扉页包括基本专利文献著录项目、摘要和一幅主要附图（如果有，如机械图、电路图、化学结构式等，）三部分内容。扉页是揭示每项专利的基本信息的文件部分，是指专利说明书的第一页和专利文献著录项目的续页。

（2）权利要求书 权利要求书是专利文件中限定专利保护范围的文件部分，也是判定他人是否侵权的法律依据。中国专利文件将权利要求书放置在专利文件扉页之后。

（3）说明书 说明书是清楚、完整地描述发明创造的技术内容的文件部分，主要包含技术领域，背景技术，发明内容，附图说明（如果有附图），具体实施方式等内容。中国专利文件将说明书置于权利要求之后，附图之前。

（4）附图 附图是用于补充说明书的文字部分，中国专利文件将附图置于整个专利文件的最后，即说明书之后。

2. 专利公报

专利公报是各国专利局报道最新发明创造专利申请的公开、公告和专利授权情况以及专利著录事项变更等信息的定期连续出版物。

中国的专利公报按照专利类型分别出版，即发明专利公报、实用新型专利公报、外观设计专利公报等三种，1985 年 9 月创刊，自 1990 年起，三种公报均改为周刊。三种专利公报均包括三个部分：第一部分，公布专利申请和授权决定；第二部分，专利事务；第三部分，索引。

3. 主要国家的国别代码表

专利文献的国别代码和互联网域名的国别代码有一些细微区别。比如英国的域名代码为 uk，但专利文献的国别代码则为 gb。专利文献国别代码还有很多地区组织的代码，这是互联网域名国别代码所没有的，如 wo。世界主要国家、地区、组织的专利文献代码见表 9-2。

表 9-2　主要国家、地区、组织的专利文献代码

国别代码	国　家	国别代码	国　家	国别代码	国　家
AT	奥地利	GB	英国	SE	瑞典
AU	澳大利亚	HU	匈牙利	SU	苏联（RU，1992 年以后）
BE	比利时	IE	爱尔兰	UA	乌克兰
CA	加拿大	IL	以色列	US	美国
CH	瑞士	IN	印度	WO	世界知识产权组织
CN	中国	IT	意大利	YU	南斯拉夫
DE	德国	JP	日本	ZA	南非
DK	丹麦	KP	韩国	AP	ARIPO（非洲地区工业产权组织）
EP	欧洲专利局	NL	荷兰	AR	阿根廷
ES	西班牙	NO	挪威	SG	新加坡
FI	芬兰	OA	非洲知识产权组织	BR	巴西
FR	法国	RU	俄罗斯联邦	EA	欧洲专利组织

（三）专利文献信息的特点与不足

1. 专利文献的特点

1）专利文献集技术、法律、经济信息于一体，是一种数量巨大、内容广博的战略性信息资源。

2）反映新的科技信息，出版迅速，信息传递速度快。

3）专利文献的格式统一规范，高度标准化，并且具有统一的分类体系，便于检索、阅读和实现信息化。

4）专利文献对发明创造的揭示完整而详尽。

2. 专利文献的不足

1）专利文献的重复性大。

2）并非所有专利文献所记载的发明创造都具备新颖性、创造性和实用性。

3）专利文献文辞冗长、文字晦涩。

在科研课题立项、技术难题的攻关、新产品的开发、最新发明创造申请专利、国外技术的引进、专利侵权纠纷的处理、了解竞争对手的情况之前，人们首先该做的事就是查找专利信息。

（四）专利文献检索的种类

总结我国专利文献与信息领域对专利检索种类认识的演变历史，可以把专利检索分成两大类型：基本检索和高级（专家）检索。基本检索是指根据所使用的检索工具的特点和功能划分的专利检索种类。高级检索则是指按检索者通过检索要达到的目的划分的专利检索种类。基本检索和高级检索方式下又细分为若干类型检索。专利文献检索的种类如图 9-18 所示。

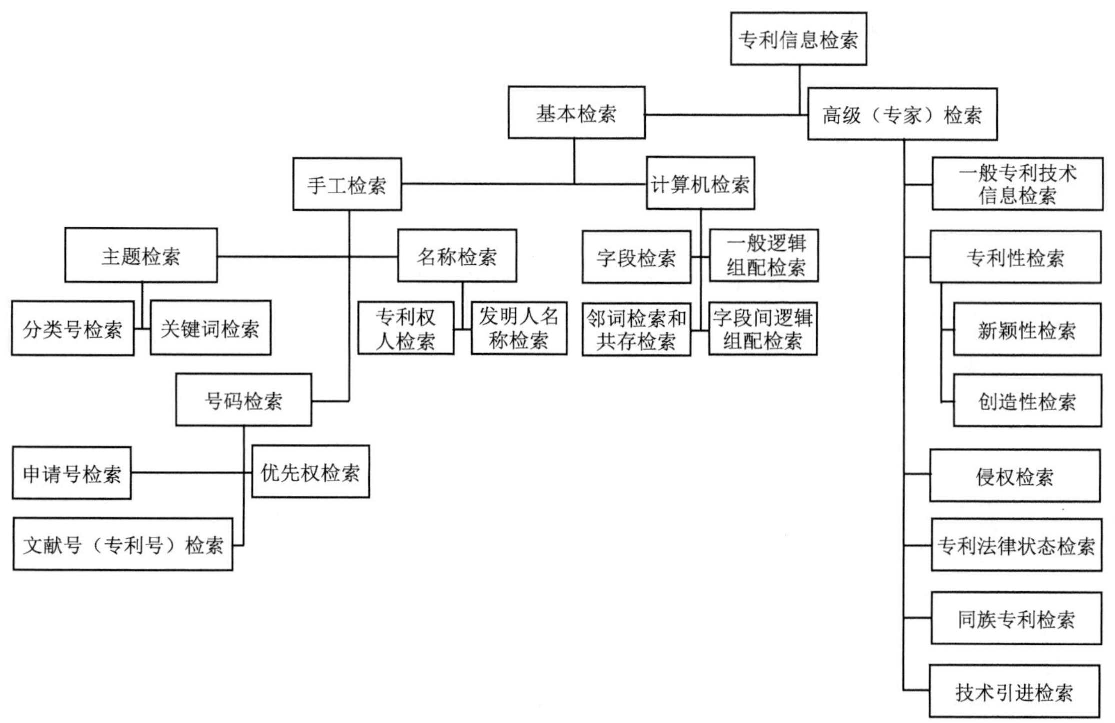

图 9-18　专利文献检索的种类

（五）专利文献检索的途径

专利文献检索是根据某一（些）专利信息特征，从各种专利信息资源中挑选符合某一（些）特定要求的专利文献或信息。检索的一般过程如图 9-19 所示。

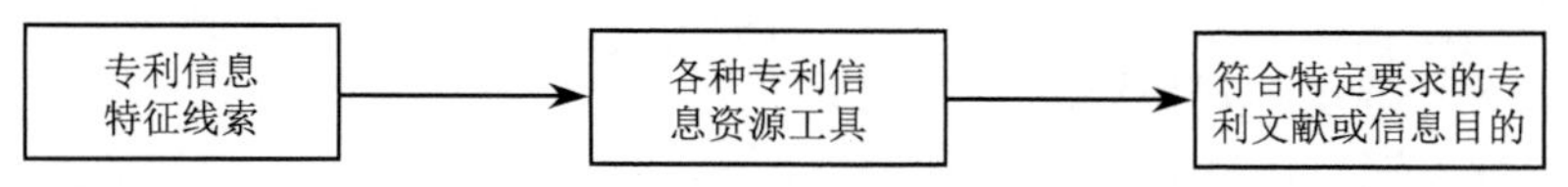

图 9-19　专利文献检索一般过程

其中主要专利信息特征即为专利检索的主要途径，主要包括：申请号（或优先权号）、主题词（题目或摘要）、申请人（专利权人）、发明人（设计人）、专利分类号、文献号（公开、公告号）等。

三、国际专利分类法

国际专利分类法是一种国际统一化、标准化的专利分类方法。由于其具有完整性、科学性、适用性的特点，现在几乎被世界上所有建立专利制度的国家采用。我国自 1985 年 4 月 1

日实行专利制度以来就采用了这种分类方法。

国际专利分类法（International Patent Classification，IPC）是一部专门适用于纯技术文献的分类法，是世界各国专利文献统一分类的国际性标准，也是检索专利文献的有效手段。国际专利分类表是由世界知识产权组织编制，于1968年8月公布第1版，以后每5年修订一次，目前已修订到第7版（2000年1月1日生效使用）。IPC采用功能和应用相结合的分类原则按发明的技术主题设置类目，对统一专利的技术内容，对专利文献进行分类、检索和利用提供了极大的方便，已成为分类和检索专利文献的重要方法和工具。

国际专利分类法共有9个分册，分成部、大类、小类、大组和小组5级。前面的A、B、C、D、E、F、G、H 8个分册代表8个部，第9分册是《使用指南》。《使用指南》是《国际专利分类表》的大类、小类和大组的索引。此外，它对《国际专利分类表》的编排、分类法和分类原则都作了解释和说明，可以帮助使用者正确使用国际专利分类表。

（一）IPC体系结构

IPC 采用功能和应用相结合的分类原则，同时以面向功能为主，将技术内容以等级形式，按部、分部、大类、小类、主组和分组逐级分类，组成一个完整的5级分类系统。IPC体系结构见表9-3。

表9-3 IPC体系结构

阶　层		类　号	编　排	总　数	范　例
一	Section	A～H	部	8个	A
二	Class	二位数	大类	128个	63
三	Subclass	一个大写的英文字母	小类	628个	K
四	Group	1～3位数加/00	主组	69 000个	053
五	Sub group	将“/”后的00改为其他数字	分组		/35

1. 部与分部

IPC共分为8个部，20个分部。部的类号用大写的字母AH表示，分部只有部名无类号，部和分部是IPC的第一级类目。

2. 大类

大类是部和分部的细分类目，是IPC的二级类目。大类类号由部类号加上两位阿拉伯数字所组成。例如：

A63——运动、游戏、娱乐活动。

B60——一般车辆、运输工具。

3. 小类

小类是大类下的细分类目，为第三级。小类号由大类号加上一个大写英文字母（除A、E、I、O、U）组成。例如：

A63H——玩具，如陀螺、玩偶、滚铁环、积木。

B60Q——车辆照明或信号装置。

4. 主组

每个小类下细分为若干主组（又称大组），为 IPC 的第四级。主组类号由小类号后加上13位数的数字（必定是奇数），然后加一斜线“/”，再加上两个零“00”组成。例如：

A63H3/00——玩偶。

B60Q5/00——声响信号装置的布置或配置。

IPC 的主组分类号所使用的数字一般不连续，以备新加类目使用。

5．分组

分组又称小组，为第五级。它是主组下的细分类目。分组类号由小类号后加上 13 位数的数字（必定是奇数），然后加一斜线“/”，斜线之后再加上 24 位阿拉伯数字（/00 除外）所组成。例如：

A63H3/36——零件；附属物。

A63H3/38——玩偶的眼睛。

A63H3/40——会动的。

A63H3/42——眼睛的制作（人用的假眼睛入 A61F2/14）。

（二）《国际专利分类表关键词索引》简介

《国际专利分类表关键词索引》是采用主题途径快速得到 IPC 分类号的工具。该索引第 5 版的中文版已由中国国家知识产权局专利局专利文献部编译出版。它是按关键词汉语拼音顺序排序，通过关键词可查找到部、类以至大类、小类类号。

（三）《国际外观设计专利分类表》

1．《国际外观设计专利分类表》简介

《国际外观设计专利分类表》（International Industrial Design Classification，也称为洛迦诺分类，LOC.CI）用于外观设计专利的分类和检索。1968 年的《国际外观设计专利分类表》通过了《建立工业品外观设计国际分类协定》，迄今已有 43 个成员方。

国际外观设计分类表每 5 年修订一次，第 8 版已于 2004 年 1 月 1 日生效。它由 32 个大类，214 个小类及包括 7 000 多种使用外观分类的工业产品目录表共同组成。

2．《国际外观设计专利分类表》体系结构

国际外观设计分类表由三部分组成：大类表、小类表和使用工业品外观设计的产品按字母顺序排列的产品系列号说明。也就是说，一个产品其外观设计分类号由“大类＋小类＋产品目录”共同构成。例如，12—11—M0261：

大类 12	运输或提升工具
小类 12-11	自行车和摩托车
产品字母 M	摩托车（MOTORCYCLE）
产品系列号 M0261	低座小摩托车（说明）

（四）《国际专利分类表》的使用方法

IPC 主要用于专利分类和检索专利文献之用。使用该分类法确定某项发明主题的分类号的方法一般有三种。

1．直接法

直接使用《国际专利分类法》查找课题专利分类号的方法也可称为“由下而下”的方法，即先确定课题大致所属的部，使用这个部所在的分册，按照目录中给出的大类、小类、主组、小组逐级向下查找。

2．关键词索引法

《关键词索引（Official Catchword Index）》是通过事物名称查找国际专利分类号的一个辅助性索引工具主要是在某个发明主题难以确定时使用，这是一种比较迅速的查找并确定 IPC 分类号的方法。这种索引中的关键词按汉语拼音的字顺排列，其后列出 IPC 类号。例如：

WATER①	
⋮	
sofering-using ion-exchange②	C02f1/42④
treating foul or waster-③	C02F

说明：①为关键词；②为说明语；③中的“-”为关键词代号；④IPC 为分类号（参考类号）。

上例说明：①使用离子交换软化水的专利分类号为 C02F1/42；②处理污物或废水的专利分类号为 C02F。但此类号比较粗略，仅提供参考。若需得到详细、准确的专利分类号，可据此再使用 IPC 分类表进行查找。

3．间接法

通过阅读已有的专利说明书或者查找《化学文摘》、《陶瓷文摘》、《金属文摘》等报道专利的检索工具间接地得到。

四、中国专利检索工具

（一）印刷版中国专利检索工具

1．《中国专利公报》

《中国专利公报》由中国专利局出版发行，以《发明专利公报》、《实用新型专利公报》和《外观设计专利公报》三种形式出版。每周出版一期，每年为 1 卷。中国专利公报内容详见表 9-4。

表 9-4　中国专利公报内容

公报类型	内容编排目录
《发明专利公报》	发明专利申请公开：报道发明的摘要和有关事项，按 IPC 号编排
	国际专利申请公开
	发明专利权授予：报道已经授权的专利，按 IPC 号编排
	发明保密专利
	发明专利事务：报道实审请求已经生效和专利局决定实审的专利申请，以及驳回、撤回等事项
	申请公开索引：包含 IPC 索引、申请号索引、申请人索引和公开号/申请号对照表
	授权公告索引：包含 IPC 索引、专利号索引、专利权人索引和授权公告号、专利号对照表
	更正
《实用新型专利公报》	实用新型专利权授予
	实用新型专利事务
	授权公告索引
	更正
《外观设计专利公报》	实用新型专利权授予
	实用新型专利事务
	授权公告索引

2．中国专利年度索引

《年度索引》是三种公报的辅助索引，分为两个分册：《分类年度索引》和《申请人年度索引》。

《分类年度索引》报道本年度所有公开或公告的、授权的发明专利、实用新型专利和外观设计专利。它按IPC号和外观设计分类号编排，著录项包括：分类号、公开/公告号、申请号或专利号、申请人或专利权人、发明名称和卷期号。《分类年度索引》通过技术主题检索该年的有关专利信息。

《申请人年度索引》按申请人或专利权人的名称或译名的汉语拼音字顺编排，报道内容与前者相同。

3．中国专利分类文摘

《中国专利分类文摘》是专利局文献馆对原有的专利公报重新加工、编辑的二次文献，它集《专利公报》和《年度索引》的优点，同时增加了大量的法律信息，是一种高效的中国专利检索工具。它按IPC号的八个部分为八个分册，分别编有《发明专利分类文摘》和《实用新型分类文摘》。它按IPC号顺序报道专利申请，正文形式同《专利公报》，并有申请号、申请人、公开号等索引。

4．中国专利文献常用代码

A——发明专利申请公布。

B——发明专利授权公告。

C——发明专利权部分无效宣告的公告。

U——实用新型专利授权公告。

Y——实用新型专利权部分无效宣告的公告。

S——外观设计专利授权公告或专利权部分无效宣告的公告。

（二）中国专利光盘数据库

《中国专利数据库》（文摘），由中国专利局出版发行。该光盘数据库光盘收录了1985年以来的全部专利文摘（发明专利公报、实用新型专利公报、外观设计专利公报）。《中国专利数据库》光盘采用的检索系统是《中国专利光盘管理系统》（China Patent Administration System，CPAS），该系统是由中国专利文献出版社北京中献电子技术开发中心研制的。CPAS系统提供多个检索字段：公告日、分类号、公告号、申请号、申请日、颁证日、优先权、申请人、地址、代理人、专利代理机构、设计人、分案原申请号、公开日、公开号、发明人、全文检索词等。

此外，中国专利局还出版发行如下光盘系列：《中国专利数据库》全文、《中国专利数据库》英文文摘、《中国失效专利数据库》、《1998最新外观专利》等。

（三）中国专利联机数据库及网络版

在Dialog数据库中，中国专利数据库（英文版）的Dialog文档号是344，国内外用户可以通过Dialog系统检索到中国专利文献。

此外，用户可以通过以下网址免费检索到中国专利文摘及部分中国专利说明书。

（1）中国专利局（中国专利信息网：http://www.patent.com.cn） 中国专利信息网由中国专利局检索咨询中心与长通飞华信息技术有限公司共同开发创建。它能提供专利文献的检索，并提供有关中国专利的各种信息，包括：中国专利技术转让、中国专利知识问答、中外专利法律法规、中国专利代理机构、世界各国专利机构、国外免费专利检索、中国专利出版信息、专利广告征集信息、专利信息检索论坛、中外专利数据库检索指南等。

（2）易信网　http://home.exin.net/patent。

（3）中国专利文献数据库　http://www.beic.gov.cn。

中国专利文献数据库由北京市经济信息中心和北京市专利管理局共同开发，该数据库包含了中国专利局自 1985 年以来，公布的所有发明专利和实用新型专利的申请，内容有题录、文摘和权限要求等。每一件专利申请有 27 个描述字段，包括：关键词、发明名称、国际专利分类号、范畴分类号、申请人、发明人、申请号、公告号、优先权项、国别省市代码、申请日、公告日、申请人地址、代理机构代码等，提供检索。用户可以选择某一个字段，输入关键词进行单项全文检索，也可以选择两个以上字段进行与（and）、或（or）布尔逻辑检索，用户可对库内所有内容进行全文检索。

五、常用专利文献数据库

（一）联机检索系统

许多大型国际联机检索系统拥有专利数据库，如 Dialog、ORBIT、STN 等。在 Dialog 系统中有若干数据库可提供专利文献检索，如：

350，351 文档（Derwent world Patent Index），是和 WPI 对应的专利数据库。

342 文档（Derwent Patent Citation Index），是德温特专利引文数据库。

340 文档（Claims/U.S. Patents），是美国专利数据库。

344 文档（Chinese Patent Abstracts in English），是中国专利数据库。

347 文档（Japio），是日本专利数据库。

348 文档（European Patents），是欧洲专利数据库。

652～654 文档（U. S. Patent Full text），是美国专利全文数据库。

这些专利数据库提供许多检索点，如 350 和 351 文档的检索点有：申请国、申请日期、申请国代码和号码、作者/发明人、WPI 入藏号、WPI 周号、国际专利分类号、语种、引用专利、指定国家、专利号、专利代理人、专利国代码、专利日期、基本专利、相同专利和一些特定的代码等，这些数据库可通过 WWW 方式访问。

Dialog 的 Web 网址是：http://www.dialogweb.com。

（二）商用专利数据库

1．德温特专利索引（Derwent Innovation Index，DII）

DII 将“世界专利索引（WPI）”和“专利引文索引（PCI）”的内容有机整合在一起，为研究人员提供了世界范围内的、综合全面的专利信息。

DII 覆盖了全世界 1963 年以后的约 1 000 万项基本发明和 2 000 万项专利。每周增加来自全球 40 多个专利机构授权的、经过德温特专利专家深度加工的 20 000 篇专利文献。同时，每周还要增加来自 6 个主要的专利授权机构的被引和施引专利文献，大约有 45 000 条记录。上述 6 个专利授权机构包括：世界专利组织（WO）、美国专利局（US）、欧洲专利局（EP）、德国专利局（DE）、英国专利局（GB）和日本专利局（JP）。

2．Delphion Research（www.delphion.com）

Delphion 是一个功能强大的在线数据库产品，收录了 USPTO、EPO、WO/PCT、DE 等主要专利授权机构的专利文献全文（pdf 格式），日本专利申请英文摘要，并且通过超链接可以链接到

在线的INPADOC（包括专利的法律状态、同族等信息）和DWPI数据库（比EPOQUE中的DWPI数据更全面）。除了如此全面的专利文献，Delphion还收录了大量非专利文献（ISI Web of Scinece、Techstreet、TDBs等），通过进一步链接可以看到具体的期刊、会议、工业标准等的全文（根据不同情况而定）。Delphion的分析、辅助检索、个人化定制功能也十分强大。Delphion基本包括了DWPI数据库中的数据、功能，在数据分析等方面还要优于DWPI数据库。

3．STN Express

STN是德国卡尔斯鲁厄专业信息中心、美国化学文摘社和日本科技情报中心于1983年合作开发的著名国际信息检索系统。该系统收录了全球内约200余个科技类数据库，这些数据库为各领域的权威性数据库，代表了各学科当今的最新发展水平。其内容涉及化学、工程、生命科学、生物技术、专利、数学、物理、商业等各基础学科领域和综合技术应用领域。数据库类型涵盖文献型、事实型和数据型以及全文数据库，数据记录包括论文、期刊、报告、标准、专利、商情等多种类型，是世界著名的国际联机检索系统之一。

（三）互联网上的免费专利数据库

互联网上有许多免费专利数据库。它们彼此在数据覆盖面和内容上都有所不同。例如，欧洲专利局、欧洲专利组织及欧洲委员会成员方共同在互联网上提供的免费专利服务esp@cenet，它提供世界范围的专利数据，并且能检索到数量最多、完整的专利文献。

1．**美国专利数据库**（http://patents.cnidr.org）

美国专利数据库由美国专利和商标局提供，包括专利全文数据库和专利文摘数据库，收录了1976年1月1日至今的美国专利，数据库每周更新一次。全文数据库提供图形。

2．**IBM知识产权信息网**（http://www.patents.ibm.com）

IBM知识产权信息网由美国IBM公司提供，用户可通过该网站检索美国专利数据库、日本专利数据库、欧洲专利数据库和PCT国际专利数据库。

3．**加拿大专利数据库**（http://patents1.ic.gc.ca/intro-e.html）

加拿大专利数据库由加拿大专利局提供，收录了近75年来的130多万项加拿大专利，包括专利全文文本和图形。

4．**PCT国际专利**（http://pctgazette.wipo.int）

PCT国际专利由世界知识产权组织（WIPO）提供，收录了1997年1月1日至今的PCT国际专利，仅提供专利扉页题录，文摘和图形。

5．**世界知识产权组织的IPDL**（http://ipdl.wipo.int）

它是由世界知识产权组织建立的知识产权电子图书馆，提供世界各国专利数据库检索服务，其中包括：PCT国际专利数据库，中国专利英文数据库，印度专利数据库，美国专利数据库，加拿大专利数据库，欧洲专利数据库，法国专利数据库，JOPAL科技期刊数据库，DOPALES专利数据库，MADRID设计数据库等。

6．**欧洲及欧洲各国专利**（http://www.european-patent-office.org/espacenet/info/access.htm）

该网站由欧洲专利局提供，可用于检索欧洲及欧洲各国的专利，包括欧洲专利（EP）、英国专利、德国专利、法国专利、奥地利专利、比利时专利、意大利专利、芬兰、丹麦、西班牙、瑞典、瑞士等15个欧洲国家的专利。

7．**中国台湾专利数据库**（http://www.apipa.org.tw）

由中国台湾亚太智慧财产权基金会提供，使用台湾BIG-5码检索和显示。

六、《世界专利索引》及其使用方法

《世界专利索引》(World Patents Index，WPI)是英国德温特出版公司(Derwent Publication Ltd)编辑出版的一种专门检索世界专利文献的工具，即用一种语言(英文)、一套工具、一种方法可检索世界上28个国家和2个国际专利组织的专利文献，可大大提高检索专利文献的检索效率。

(一)《世界专利索引》出版物体系

《世界专利索引》出版物主要由索引和文摘两大部分组成。索引部分包括《题录周报》和《累积索引》；文摘部分包括《文摘周报》(非化工类专利)、《化学专利索引》(化工类专利)及后来从《文摘周报》中分离出来的《电气专利索引》(电气类专利)。WPI出版物体系示意图如图9-20所示。

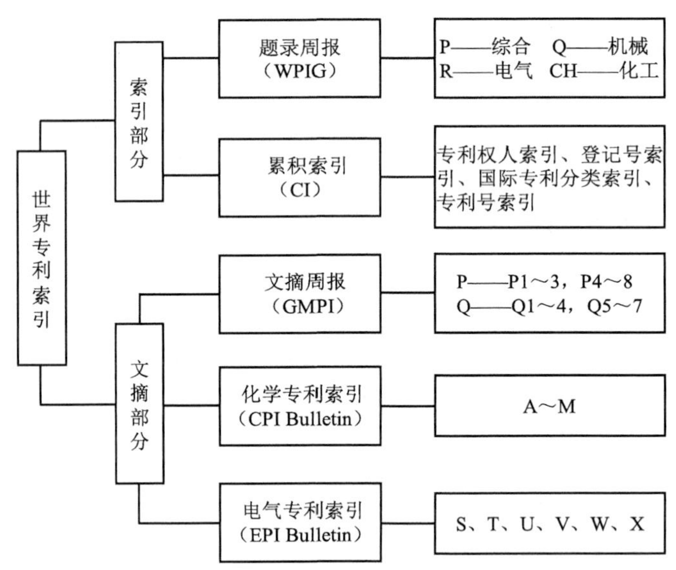

图9-20 WPI出版物体系示意图

1)《题录周报》(WORLD PATENTS INDEX GAZETTE——WPIG)，以题录形式每周报道一次各国专利文献。每周出版四个分册，各分册内容如下：

P——综合分册，包括农业、轻工、医药和一般工业加工工艺和设备。

Q——机械分册，包括运输、包装、建筑、机械原件和动力机械等。

R——电气分册，包括仪器和仪表、光学和声学、计算机和自动控制、电工和电子器件、电力和通信等。

CH——化工分册，包括聚合物、药物、农药、食品、轻化工、化学、纺织、造纸、印刷、涂层、照相、石油、燃料、化学工程、核子工程、爆炸与防护，以及无机材料、冶金等。

《题录周报》的四个分册，每期均包括四种索引：专利权人索引(Patentee Index)、国际专利分类索引(IPC Index)、登记号索引(Accession Number Index)和专利号索引(Patent Number Index)，以供检索者从各个不同途径入手检索专利文献。

2)《累积索引》(Cumulative Index)包括四种索引：专利权人累积索引、国际专利分类累积索引、登记号累积索引和专利号累积索引。各种累积索引分别为《题录周报》中相应索引的累积本。累积期分为季度、年度、三年度、五年度等几种，其主要作用在于增长累积期

限，便于检索，提高检索效率，以弥补《题录周报》的不足。

3)《文摘周报》(原名为 WORLD PATENTS ABSTRACTS JOURNAL，从 1988 年 10 月 week8836 起，一般类和机械类改为 GENERAL & MECHANICAL PATENTS INDEX Alerting Abstracts Bulletin——GMPI)，是《世界专利索引》出版物体系中，报道一般类和机械类专利文献的文摘刊物，按报道内容的专业性质分为两个部分四个分册，《文摘周报》出版体系见表 9-5。

表 9-5　《文摘周报》出版体系

部　类	分 册 号	分 册 名	分 册 内 容
P 综合部分	P1～P3	生活必需品分册	农业、食品、烟草、个人和家庭用品、卫生、娱乐
	P4～P8	加工作业光学分册	分离、混合，金属成型加工和非金属成型加工，冲压、印刷、光学、摄影和其他
Q 机械部分	Q1～Q4	运输建筑分册	运输工具一般、特种运输工具、包装、搬运、储存、建筑及采矿
	Q5～Q7	机械工程分册	发动机和泵、机械元件、照明和加热

《文摘周报》各分册每期均附有专利权人索引和登记号索引。

4)《化学专利索引》(Chemical Patents Index，原名《中心专利索引》(Central Patents Index)，简称 CPI)，它虽名为“索引”，实为《世界专利索引》出版物体系中报导化学化工专利文献的文摘刊物，按报导内容的专业性质分为 12 个分册。

《化学专利索引》各分册每期均附有专利权人索引、登记号索引和专利号索引。

5)《电气专利索引》(Electrical Patents Index，EPI)，它又分两种，一种为 Electrical Patents Index Alerting Abstracts Bulletin Country Order，简称 EPI Bulletin，按国家名称字顺排；一种为 Electrical Patents Index Alerting Abstracts Bulletin Classified，简称 EPI Bulletin，按德温特分类号排。它以文摘的形式报导电气类的专利，按内容分为六个分册：①S 分册（仪表，测量，试验）；②T 分册（计算，控制）；③U 分册（半导体与电子线路）；④V 分册（电子部件）；⑤W 分册（电信）；⑥X 分册（电力工程）。《电气专利索引》各分册均附有专利权人索引、登记号索引和专利号索引可供检索。

（二）出版物之间的相互关系

《世界专利索引》的《题录周报》和《累积索引》可以作为题录性检索工具单独使用，也可配合《文摘周报》、《化学专利索引》和《电气专利索引》检索专利文摘。两者配合使用时，需注意以下几个问题：

1)《题录周报》的各分册与《文摘周报》、《化学专利索引》、《电气专利索引》各分册报道的内容是相互对应的，两者配合使用时需注意核准分册号、年号和期号。

2)《题录周报》报道的专利文献与《文摘周报》、《化学专利索引》、《电气专利索引》报道的专利文献不是完全等同的，前者报道专利数量较多，后者报道专利数量较少。

3)《文摘周报》、《化学专利索引》、《电气专利索引》每期报道的专利文摘是按德温特分册分类号、专利国别及专利号、专利文献类型代码的顺序排列的。因此，必须首先从《题录周报》中掌握有关专利文献的德温特分册分类号、专利国别代码、专利号和专利文献类型代码等，并以此作媒介，才能从《文摘周报》、《化学专利索引》、《电气专利索引》中查到相应的文摘。

（三）《世界专利索引》的索引类型和使用方法

《世界专利索引》的索引有周刊（《题录周报》）和累积（季度、三年、五年度）本。它们分别由“专利权人索引”、“IPC 分类索引”、“登记号索引”和“专利号索引”组成。

除此之外，还单独出版有“优先权对照索引”。《题录周报》的报道速度很快，一般是专利说明书出版后 4～5 周就能与检索者见面。现将《题录周报》的各种索引的著录格式和使用方法介绍如下：

1．专利权人索引（Patentee Index）

专利权人索引也称公司索引，它的主要用途是查找某公司（或个人）的专利在国际上的申请情况。为了便于编制和查检，德温特公司把专利权人名称一律用 4 个英文字母编成代码，“专利权人索引”即按专利权人代码的字顺编排。在同一专利权人代号下，基本专利在前，相同专利在后；基本专利和相同专利又按优先日期的先后顺序；在同一优先日期下再按专利号的顺序排列。

德温特公司编制专利权人代码的规则主要是：取专利权人名称中具有实质意义的前四位字母作为该专利权人的代码。它把拥有专利较多的公司（称标准公司或大公司）约 15 000 个，都编出专用代码，互不相重，并收集在一起，出版了《公司代码手册》（Company Code Manual），供检索者查阅。《公司代码手册》按标准公司代码字母顺序编制，日本、独联体的公司与企业的名称均译成英文，然后按字顺混编在一起。在《公司代码手册》中查不到的公司企业或个人，则可按德温特编制专利权人代码的规则，自行编制代码。值得注意的是，由于众多的非标准公司和个人的名称中，前 4 个字母可能相同，即不同的非标准公司和个人，其代码也可能相同，所以检索者在查找专利时，必须把代码和小公司或个人的名称对照核实，避免差错。

“专利权人索引”检索过程示意图如图 9-21 所示。

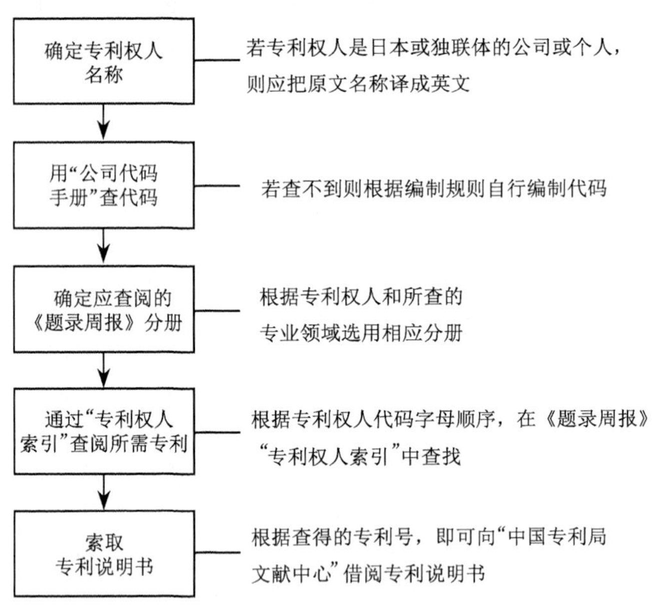

图 9-21 “专利权人索引”检索过程示意图

例如，查找日本松下电器产业公司在各国申请的有关专利。

第一步，确定“松下电器产业公司”的英文名称为：MATSUSHITA DENKI SANGYO KK。

第二步，查《公司代码手册》得代码为：MATU。

第三步，因“松下电器产业公司”的业务领域是电器电子，故选用 WPIG 的电气（S—X）

分册（即 R 分册）。

第四步，用代码 MATU 在 R 分册的“Patentee Index”中查阅。在《WPIG，S—X Electrical》Week9851 中查得：

*MATU① MATSUSHITA DENKI SANGYO KK② X27③ *JP10272299-A④
Control of drum rotation for drying machine - comprises controller
Displaying operating condition and warning of malfunction of hot air
Circulating fan，and air heater to stop them⑤ 98-602269/51⑥
（98.10.13）⑦ 97.03.31 97JP-079406⑧ D06F 58/28,25/00,33/02,39/00,58/02⑨
……

说明：

① 公司代码——代码后空白的表示大公司；代码后加注连字号（-）的表示小公司；代码后加注等号（=）的表示独联体机构；代码后加注斜线（/）的表示该专利属于个人。对多公司的专利，其专利权人代码在每条目最后一行指出交叉参考的代码。公司代码前有“*”号的表示基本专利。

② 专利权人名称——包括公司和个人名称。

③ 德温特分类号。

④ 专利号——专利号是由国家或组织代号加上顺序号组成。专利号中的一条小短横线是德温特公司自加的。

专利号前加注“*”号的表示基本专利，即公司（或个人）在若干国家申请的内容相同的专利中最先公布的一件。实际上，基本专利是指德温特公司最先收到并最先报道的说明书。

专利号前加注“=”或“#”号的，分别表示相同专利或非法定相同专利，即公司（或个人）在若干国家申请的内容相同的专利。实际上是指德温特公司后收到、后报道的说明书。基本专利收到后，在 12 个月之内收到的为法定相同专利；在 12 个月之后收到的为非法定相同专利。

专利号后附的 A、B、C 等表示专利说明书的出版类型，如 A-1st、B-2nd、C-3rd。

⑤ 专利标题——德温特出版物所用的专利标题都不是说明书原来的题目，而是根据说明书另拟订的，一般比原题目更具体明确。标题分为两部分，即横线之前说明发明的是什么，称主要标题，横线之后说明该项发明的主要特点是什么，称说明标题。基本专利标题包括主要标题和说明标题，相同专利只有主要标题。

⑥ 入藏登记号（Accession Number）——德温特公司对每项基本专利给予一个号码称入藏登记号。而以后再收到的相同专利或内容不完全相同的补充专利就不另给号码了，使用与基本专利同一个登记号。

⑦ 该件说明书发表日期。

⑧ 优先项——一件专利最早申请项，它包括申请日期、申请国和申请号。优先日期就是指一项专利在国际上的最早申请日期。

⑨ 国际专利分类号（IPC）。IPC 分类号来自说明书，但由于 IPC 分类号并非各国都采用，对未采用 IPC 分类号的国家的专利，德温特公司另加 IPC 分类号，并在该类号前用“+”号加以区别。一项专利的内容经常涉及几个类别，即有多个 IPC 类号，这种交叉分类，德温特出版物分别在相应分册中重复编排，使检索者从几个方面均能检索到同一项专利。

2．国际专利分类索引（IPC Index）

“国际专利分类索引”是按国际专利分类号顺序进行排检的。它的主要用途是用于查找特定专业或特定课题的专利，对跨类专利均重复反映。

由于该索引是按 IPC 分类顺序编排的，所以检索之前必须先确定所要查找课题的 IPC 分类号；此外，由于 WPIG 有 4 个分册，检索前也必须首先确定所使用的分册本。每期 WPIG 后的附录均附有 WPI 分册分类号与 IPC 对照表（Subject Matter Heading-By IPC），检索者可使用该对照表来确定使用的 WPIG 的分册本。

“国际专利分类索引”检索过程示意图如图 9-22 所示。

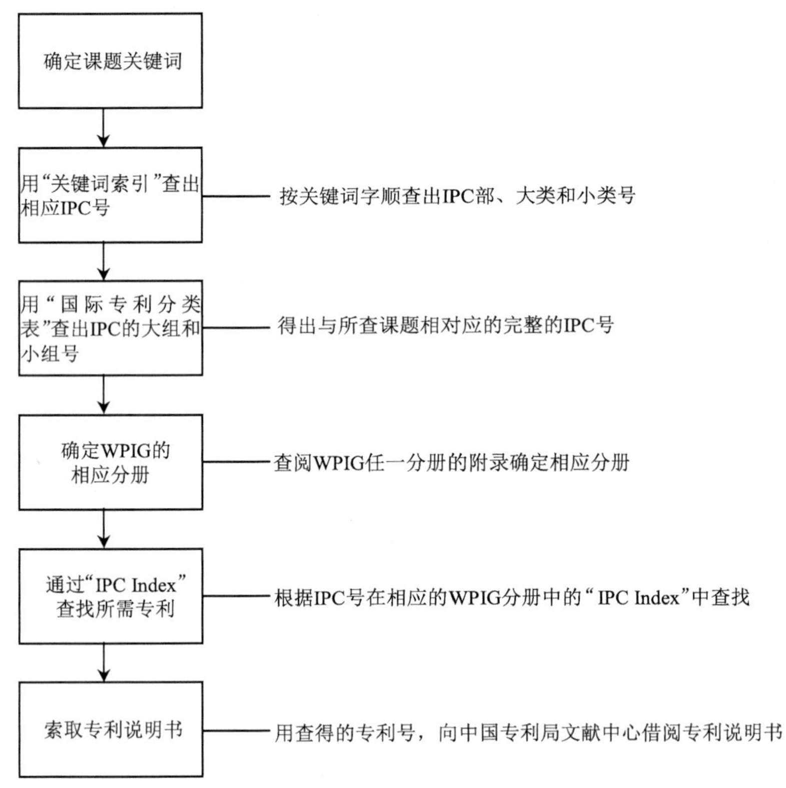

图 9-22 “国际专利分类索引”检索过程示意图

例如，查找有关“电机速度控制装置（用单独的制动器）”方面的专利。

第一步，确定课题关键词：

电机——motor（s）

第二步，查《引导词索引》（Official Catchword Index）得：

motor（s）—controlling electric H02P

第三步，查“国际专利分类表”H 分册，确定与课题有关的完整的 IPC 号为“H02P3/04”。

第四步，确定 WPIG 的相应分册：查阅 WPIG 任一分册后面的附录得：

H02P　　Control systems　　V06，X13

即 IPC 号“H02P”对应的 WPI 分册分类号为 V06、X13，故应选用 WPIG 的 S—X 分册。

第五步，查阅《WPIG，S—X Electrical》week 9851 中的“IPC Index”得：

H02P 3①
*Electric motor, esp. for electrically powered furniture - has slip jaw whichcan engage braking body, can be moved into release and slip position:

in slip position brake jaws contact brake body with damping force allowing
damped rotation of rotor② VX③
DEWERT ANTRIEBS & SYSTEMTECHNIK GMBH④ 98-596374/51⑤*DE 29712404-U1⑥04⑦

说明：

① IPC 分类号（前四级类号）。

② 专利标题——基本专利条目的标题既有主要标题，又有说明标题，相同专利仅指出主要标题。

③ 德温特分册分类号。

④ 专利权人名称。

⑤ 德温特入藏登记号。

⑥ 专利号。

⑦ IPC 的第五级分类号，即小组类号。

3．入藏登记号索引（Accession Number Index）

该索引的主要用途为：一是利用同一入藏登记号查出同族的其他专利，以便选择最熟悉的语种的专利来查阅；二是了解该项专利在国际上申请的范围及该专利的价值如何（申请的国家越多，说明该项专利越有价值）；三是通过该索引查出德温特分册代号、年号和期号，以便进一步查找相应的《文摘周报》的分册，以了解该专利的主要内容；四是解决专利收藏单位馆藏短缺问题。

例如，在 WPIG，Section S—X 分册 Week 9851 的“IPC Index”中查得所需相同专利号为“=BR 9701449—A”系巴西的专利，欲查其他国家的同族专利，以便选择合适语种。

首先查出此相同专利的德温特登记号为：98—021048，然后在同一期的“Accession Number Index”中查找 98—021048，得：

98-021048① SX②
EP 811829-A2③ 9803⑥
NO 9702518-A ④ 9808⑥
FI 9702211-A ④ 9810⑥
BR 9701449-A ⑤ 9851⑥

说明：

① 入藏登记号。

② 德温特分册代号。

③ 入藏登记号下的第一行表示基本专利的专利号。

④ 相同专利的专利号。

⑤ 入藏登记号下的最后一行表示最近一期所发表的相同专利。

⑥ 刊载该专利的德温特的年号和周号。

4．专利号索引（Patent Number Index）

该索引的主要用途是以它所提供的线索来转查其他索引，即通过它所提供的公司代码，可以转查专利权人索引，查得某一公司的专利；通过它所提供的登记号还可以在登记号索引中查到其同族专利。

本索引按国别和专利号码顺序编排，每个专利号后都标有登记号和公司代码。对基本专利、相同专利和非法定相同专利分别有“*”、“=”和“#”号加以区别。其著录格式如下：

例如，已知专利号 JP10267116-A，可在 WPIG 的 S-X 分册 Week9851 中的“Patent Number Index”中查得：

JP 10267（A）
* 108① 98-597652② NAGA-③
* 116① 98-597660② MAZD ③
= 146① 98-459559② SMCS-③
= 147① 98-497971② SMCS-③
* 151① 98-597692② FUGI-③
……

说明：

① 专利号。

② 德温特入藏登记号。

③ 专利权人代码。

5．优先案对照索引（Priority Index）

前面已提到专利的优先项（包括优先申请日期、优先申请国家和优先申请号）是鉴别同族专利的最可靠的依据。由于国外文献在引证专利文献时，往往只提供专利的国别和申请号，而不一定提供专利号。但查找专利资料时，则需要了解有关的专利号或同族专利。为了满足这一需要，德温特公司单独出版并发行了该索引。

“优先案对照索引”有周刊、季刊、年刊和多年累积索引（除了周刊为书本式外，其余均为缩微版），它把机械、电气、化工、一般综合在一起。它的编排顺序是：国家—申请年—申请号。现以周刊为例说明其著录格式：

WO①
91WO-②
EP02048③　　91.10.29④
*E 90EP-202864*⑤
WO 9207904-A 9222⑥
AU 9187656-A 9235+⑦
BR 9206688-A 9551⑧
*92-183588-AE*⑨

说明：

① 申请国。

② 申请年份和申请国。

③ 最晚优先申请项（申请国及申请号）。

④ 优先申请日期。

⑤ 最早优先申请项（申请国及申请号）。

⑥ 基本专利号及报道专利的年期号。

⑦ 相同专利号及报道专利的年期号。

⑧ 最近一期报道的相同专利。

⑨ 德温特登记号及分册分类号。

从上述著录格式可以看出，已知申请号，可使用该索引查出该申请号的专利号或同族专利。利用所提供的同族专利，从中挑选自己所熟悉的语种查找。也可从同族专利来了解该件专利申请的世界范围和它的价值如何。

如果一项发明在其发展过程中曾经有过一次以上的申请，则注明最早的申请案（用字母“E”代表）或最晚的申请案（用字母“L”代表）。故优先案索引还可以帮助检索者去了解一件专利的发展过程，以便找出最晚的优先日期即最新技术。

（四）《文摘周报（一般和机械分册）》（General & Mechanical Patents Index，Alerting Abstracts Bulletin，GMPI）

GMPI 的出版时间比 WPIG 的报道大约晚一周左右。它的著录项目除了包括题录周报所报道的内容外，还包括专利的摘要（指出用途和优点）和附图。GMPI 的编排自创刊以来曾作过多次改变，目前每期的编排层次是德温特分册号—国家代码—专利号（按专利国别和专利顺序号排列），后附“专利权人索引”和“登记号索引”，所以可以作为检索工具独立使用，也可与 WPIG 配合使用，即从 WPIG 中查到所需的专利题录，然后再查相对应的 GMPI，可查到该专利的摘要。

“GMPI”检索方法及检索步骤示意图如图 9-23 所示。

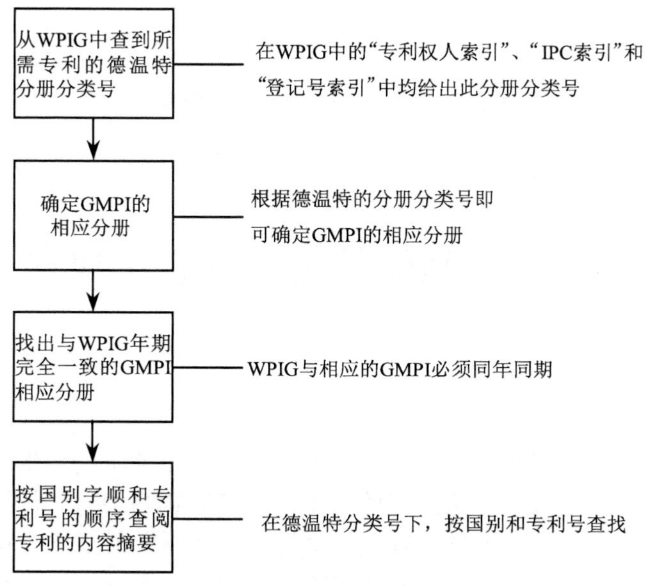

图 9-23　“GMPI”检索方法及检索步骤示意图

例如，接前面“IPC Index”的例题，查阅专利的内容摘要。

已知：该专利刊载在《WPIG，S-X Electrical》Week 9851 期上，该专利的 IPC 号“H02P”对应的德温特分册分类号为 V06，X13，专利号为：*DE 29712404-U1。故选用 EPI 的 V 分册 Week9851 期来查找专利文摘。根据德温特分册分类号 V06 及专利号顺序查得：

*DEWE-①	V06②	98-596374/51③	*DE 29712404-U1④
Electric motor，esp.for electrically powered furniture - has slip jaw which can engage briking body, can be moved into release and slip position:in slip position brake jaws are released and slip jaws contact brake body with damping			

force allowing damped rotation of rotor⑤
DEWERT ANTRIEBS & SYSTEMTECHNIK GMBH⑥ 97.05.09 97FR-005800⑦
*X11 X13 （98.11.12） H02P 3/04, H02K 7/02*⑧
97 07 14 97DE-U2012404⑨
the motor has a stator,…
USE - esp.for electrically powered furniture
ADVANTAGE - enables a furniture lelment to …（12pp Dwg.No.1/6）
N98-464097 ⑩

说明：

① 专利权人代码（前加注“*”表示基本专利）。
② 德温特分类号。
③ 德温物特入藏登记号。
④ 专利号。
⑤ 专利标题。
⑥ 专利权人名称。
⑦ 最早优先项。
⑧ 德温特参考分类号、专利说明书的发表日期、国际专利分类号。
⑨ 最晚优先项。
⑩ 专利摘要、说明书的页数、插图数、第二次入藏登记号。

GMPI、CPI、EPI 每期后附的专利权人索引、入藏登记号索引及专利号索引的使用方法与题录周报类似，在此不再赘述。

第三节 其他特种文献信息检索

一、科技报告

（一）科技报告的概念

科技报告是指某项科研成果的立项报告、中试报告、中期阶段性报告、结题报告或鉴定报告，是对某一项科研课题最快、最直接的阐述，具有比较高的科研价值，但一般不是正式出版物。它是情报源中一种很重要的文献，注重详细记录科研进展的全过程，反映了科技上最敏感领域的新动态，是科技人员交流其研究活动及成果的重要手段。

科技报告常常有保密性要求。目前，美国、日本等发达国家每年都发表大量科技报告。很多大型综合性检索系统都将科技报告作为重要的文献类型加以收录，如 EI、INSPEC 等，通过这些数据库可以检索到部分科技报告。此外，还有一些科技报告专用检索工具。通常，我们所说的“科技报告检索”一般是指美国四大科技报告的检索。美国四大科技报告见表 9-6。

表 9-6 美国四大科技报告

报 告 名 称	主要收录文献范围	编辑出版单位
PB 报告	战败国资料/民用资料	出版局
AD 报告	国防与军事技术	国防部
NASA 报告	航空与航天技术	航空与宇航局
DOE 报告	原子能/综合技术	能源部

（二）检索途径

检索科技报告主要有两种途径，一是利用图书馆的本地数据库获馆际互借实施检索；二是通过国际 IP 在网络上获取免费资源。

1．国外网络科技报告检索

（1）美国国防技术文献中心（http://www.dtic.mil/stinet） 可查获 1974 年以来的科技文献及部分参考文献的全文，用户通过在线登记可免费订阅公开性报告，订阅保护性的报告则需具备一定资格。

（2）NASA STI 科技信息服务网（http://www.sti.nasa.gov/STI-homepage.html） 它提供了 300 多万篇有关航空航天及其相关的文献信息，对外公开的资料中有一些是关于化学、材料、生命科学等方面的研究报告，这些报告可用匿名 ftp（ftp.sti.nasa.gov）或 gopher（gopher.sti.nasa.gov）获取。

（3）美国北卡罗米纳农业消费部（http://www.ncagr.com/agronomi） 它提供了土壤、植物、废弃物和线虫学的研究报告。

（4）澳洲农业资源中心（http://www.comu.net.au/gipsmirror/agri/） 通过该网站主页可链接到有关的农业研究、田间报道的网站、政府网站及其他研究的相关站点。

（5）GrayLIT NetWork　可以检索并浏览 DTIC、NASA、DOE、EPA 等美国政府报告，有全文。

（6）FedWorld　可免费检索美国政府科技报告（NTIS）的文摘题录，全文需订购。

（7）DOE Information Bridge　可以检索并获得美国能源部（Department of Energy）提供的研究与发展报告全文，内容涉及物理、化学、材料、生物、环境、能源等领域。

（8）Scientific and Technical Report Collection　美国国防部（Department of Defense）提供的科技报告，涉及国防及其相关领域，多数可以看到摘要，有些只能得到题录，个别能看到全文。

（9）STINET　美国国防技术情报中心报告数据库，可检索和浏览文摘信息，可下载全文。

（10）Networked Computer Science Technical Reports Library（NCSTRL） 汇集了世界上许多大学以及研究实验室有关计算机学科的科技报告，既可以浏览或检索，也可免费得到全文。

（11）The Congressional Research Service Reports　这是 Committee for the National Institute for the Environment 的站点，提供了许多环境方面的报告全文。

（12）Search for California Environmental Documents　美国加州大学环境科学方面的科技报告全文。

（13）NBER Working Paper　这是美国国家经济研究局（National Bureau of Economic Research）的研究报告文摘。

（14）Documents & Reports of the WorldBank Group　世界银行组织的文件与报告库，可以免费浏览全文。

（15）Economics WPA　它是由华盛顿大学经济系提供的经济学科的报告，其中包括许多大学的研究成果，多数可以免费得到全文。

（16）WoPEc Electronic working papers in Economics　它是由华盛顿大学搜集整理的互联网上经济类报告，可以下载全文。

（17）Russian Prospects－Political and Economic Scenarios　这是俄罗斯当前政治经济状况与发展趋势的研究报告。

2．国内网络科技报告检索

1）中国科学技术信息研究所（万方数据集团公司）信息服务中心。该中心提供学位论

文、科技会议、科技报告、科技期刊、产品样本、经营信息资料、科技部统计资料、检索与参考工具书以及标准专利等，接受国内国际文献代查，各种课题及专题资料代查以及剪报等服务项目。

2）中国国防科技信息中心收藏有美国四大报告（AD、PB、NASA、DOE）全文。

3）北京航空航天大学图书馆收藏有 NASA 报告全文。

4）电子科学技术情报研究所收藏有日本电子情报通信学会技术研究报告（《信学技报》）。

（三）美国四大科技报告光盘检索工具（NTIS）

NTIS 是检索国外科技报告的一个最重要的数据库，其对应的印刷版检索工具便是《政府报告通报及索引》（GRA&I），为 NTIS 光盘的网络版，由美国商务部国家技术情报服务局（NTIS）编辑出版。由此可见，目前，美国商务部国家技术情报服务局对印刷版的《GRA&I》出版了多种机读版本，包括 CD-ROM 光盘版、磁带版、缩微胶片、联机数据库、网络数据库等，名称都叫做 NTIS。

NTIS 光盘由美国国家技术情报局出版，共收录了 40 余种报告，主要为美国四大报告、环境保护局的 MIC 报告、德国技术文献中心的 TIB 报告和教育信息资料中心的 ED 报告等，其余 30 多种报告所占数量仅有数千篇。

《政府报告通报及索引》的光盘系统与美国《工程索引》光盘系统一样，是由 Knighte-Ridder 信息公司和 NTIS 共同开发的。因此，与 EI 光盘的检索界面、检索方法完全相同，只是系统所设的检索字段、数据不同。

图 9-24 所示是光盘检索的主界面。系统提供两种检索方式：命令式检索和菜单检索。命令式检索与 DOS 界面下的检索基本相同，但只能用检索命令 S，其他命令无效。菜单检索（Search/Modify——检索与修改）又分为关键词检索（Word/Phrase Index）、主题检索、作者姓名检索（Author Name）、题名检索（Title Words）、项目承担单位名称检索（Performing Organization）、项目资助单位名称检索（Sponsoring Organization）、报告号/合同号检索（Report/Contract Number Options）、其他检索选择（Additional Search Options）以及用已存的检索式进行检索（Use Saved Search）、从检索结果中选词检索（from Selected Display Text）等。

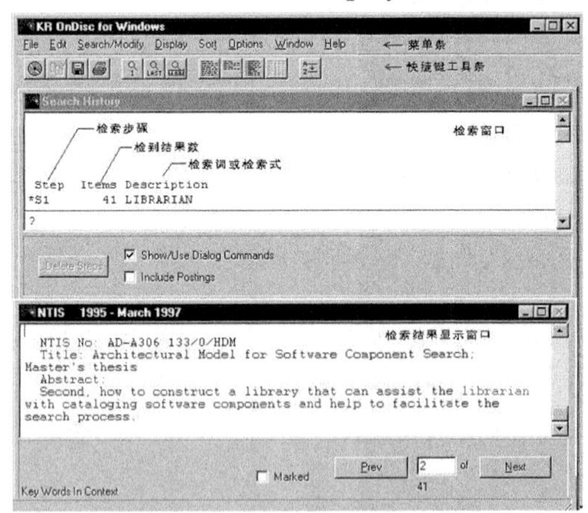

图 9-24　光盘检索的主界面

1）关键词检索。图 9-25 所示为关键词检索界面，其中：Newsearch 表示重新开始一个新的检索进程；Add Set 表示重新开始新一步（Step）的检索；Modify Search 在前一个检索式的基础上，进行 and、or、not 等限制条件组配检索。另外，还可以限制该步检索在与前一

个检索式相同的文件类型（document）、相同字段（field），或相同子字段（subfield）内进行。

2）主题词检索（NTIS Susssbject Headings）。主题词检索是在 NTIS 自定的主题范围内进行检索。系统也有预设词库，检索步骤与关键词检索完全相同。规范的主题词比关键词要少，但某一个主题涵概的内容，也即文献数一般比关键词要多。

3）系统“其他检索选择”方式提供关键词、NTIS 主题词的组配检索。

4）“从检索结果中选词检索”方式是在检索结果中，选择一个词，然后单击该菜单条，选择限制检索为 OR 方式，再单击“Modify Search”按钮，系统则以这个选中的词为检索词进行检索。

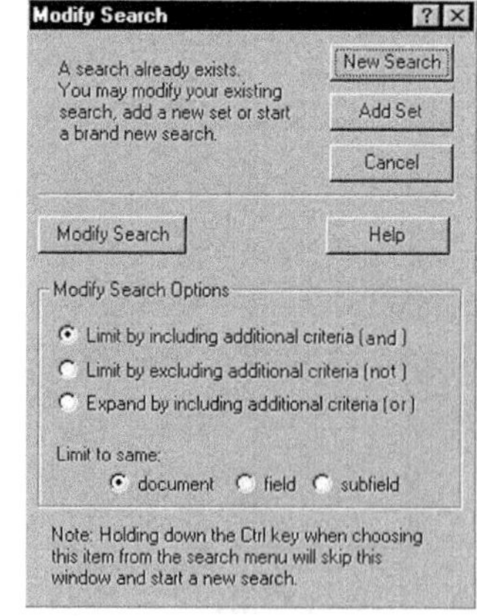

图 9-25 关键词检索界面

（四）国内科技报告检索的主要网站

目前，检索科技报告的国内数据库主要有《万方数据资源系统》的中国科技成果类数据库、《中国知网》的国家科技成果数据库、《中经网》、《国研报告》、《中国商业报告库》（中国资讯行）等。

二、会议文献

（一）概述

1．定义

所谓会议文献，是指各类科技会议的资料和出版物，包括会议前参加会议者预先提交的论文文摘、在会议上宣读或散发的论文、会上讨论的问题、交流的经验和情况等经整理编辑加工而成的正式出版物。广义的会议文献包括会议论文、会议期间的有关文件、讨论稿、报告、征求意见稿等，而狭义的会议文献仅指在会议录上发表的文献。

会议文献具有专深性、新颖性和连续性的特点，而且数量庞大，出版类型多种多样，有会议录、期刊、科技报告、预印本等。

2．会议文献的分类

会议文献按照组织规模分为国际性会议、地区性会议、全国性会议、学会或协会会议、同行业联合会议；按出版顺序分为会前文献、会中文献和会后文献等三种。其中：①会前文献包括征文启事、会议通知书、会议日程表、预印本和会前论文摘要等；②会议期间的会中文献有开幕词、讲话或报告、讨论记录、会议决议和闭幕词等；③会后文献有会议录、汇编、论文集、报告、学术讨论会报告、会议专刊等。

3．会议文献的几种称呼

会议文献因类型的不同所以称呼很多，主要有 Conference（会议）、Congress（大会）、Symposium（学术讨论会）、Seminar（研讨会）、Meeting（会议）、Workshop（专题讨论会）、Colloquium（讨论会）、Assembly（全体大会）、Teach-ins（宣讲会）、Convention（大会）、Discussion（讨论会）和 proceeding（会议录）等。

（二）会议文献的获取途径

1．获取会议文献的主要需求类型

会议文献的检索需要概括起来主要包括以下四种：

1）查找会议论文摘要/题录信息。

2）查找某本会议录。

3）查找单篇会议论文。

4）查找相关的会议日程信息。

2．获取国内会议文献的方法

（1）通过查图书馆图书印本馆藏　例如，国科图、国图、北大等图书馆。

（2）CALIS 学术会议论文库

（3）《中国知网》的中国重要会议论文全文数据库

1）收录我国 2000 年以来国家二级以上学会、协会、高等院校、科研院所、学术机构等单位的论文集，年更新约 10 万篇论文。至 2006 年 12 月 31 日，累积会议论文全文文献近 58 万篇。

2）产品分为十大专辑：理工 A、理工 B、理工 C、农业、医药卫生、文史哲、政治军事与法律、教育与社会科学综合、电子技术与信息科学、经济与管理。十大专辑下分为 168 个专题和近 3 600 个子栏目。

3）文献来源：国家二级以上学会、协会、研究会、科研院所及政府举办的重要学术会议、高校重要学术会议、在国内召开的国际会议上发表的文献。

4）产品形式：Web 版（网上包库）、镜像站版、光盘版、流量计费。

5）收录年限：2000 年至今（部分社科类会议论文回溯至 2000 年前）。

（4）《万方数字资源系统》会议论文数据库　万方数据库《中国学术会议论文全文数据库》是国内唯一的学术会议文献全文数据库，主要收录 1998 年以来国家级学会、协会、研究会组织召开的全国性学术会议。

（5）国家科技图书文献中心（NSTL）的中国会议论文数据库

（6）向相关学会、组办方或作者直接索取

3．获取国外会议文献的方法

（1）利用学协会全文数据库获取会议电子全文

1）SPIE 会议录：国际光学工程会会议录，其网址为：http://www.spiedl.org。

2）AIP 会议录：AIP 收录的会议录不只美国物理联合会本身的会议，还收录世界上物理学领域享有崇高声誉的专业会议的最新研究成果。其网址为：http://proceedings.aip.org。

3）ACM 会议录：美国计算机学会会议录。其网址为：http://portal.acm.org。

4）ASEE 会议录：提供了美国工程师教育学会 1996～2004 年的会议文献。其网址为：http://www.asee.org。

5）IEL 全文库：收录了美国电气与电子工程师（IEEE）学会和英国电气工程师学会（IEE）自 1988 年以来出版的约 6 000 多种会议录全文。其网址为：http://ieeexplore.ieee.org。

（2）大型文摘数据库　几乎所有国际大型文摘数据库都有会议文献的检索，如英国科学文摘 INSPEC、美国工程索引 EI、剑桥科学文摘 CSA 数据库等，多数都收录和报道会议文献，利用这些数据库，也可以查找到许多专业领域的会议论文信息。

1）《科学技术会议录索引》（ISI Proceedings）：该数据库是报道会议论文的重要工具，是

检索国际著名会议、座谈会、研讨会及其他各种会议录论文的综合性多学科的权威数据库。

2）《世界会议》（World Meetings）：预报两年内将召开的国际会议和重要会议消息，是一种消息性检索工具书。

（3）图书馆馆藏和综合性网站

1）国科图、国图西文会议录馆藏。

2）NSTL 国家科技文献中心西文会议文献数据库。

4．查询会议文献的方法

1）通过搜索引擎如 Yahoo 等获取一些会议预报信息。

2）通过各相关学会网站、专业网站获得。

例如，中国学术会议在线 http://www.meeting.edu.cn，该网站为用户提供学术会议信息预报、会议分类搜索、会议在线报名、会议论文征集、会议资料发布、会议视频点播、会议同步直播等服务。

3）通过专业期刊和新闻组获取。

4）读秀学术搜索（文献传递）。

5）All Conferences.Com 该网站提供各种会议信息的目录型网站，用户也可以通过搜索目录来获得特定的会议信息。同时该网站提供在线注册、支付程序等服务。网站提供的会议范围包括人文与社会科学、商业、计算机和互联网、教育等各学科领域的学术会议。

（三）《科技会议录索引》检索指南

1．ISTP 概况

《科技会议录索引》（Index to Scientific & Technical Proceedings）简称 ISTP，创刊于 1978 年，登录网址为：http://www.isinet.com。它是美国科学情报研究所出版的一部世界著名的、综合性的科技会议文献检索工具。它收录了包括世界科技各领域内用各种文字出版的会议录文献，内容涵盖生命科学、物理、化学、农业、环境科学、临床医学、工程技术和应用科学等各个领域，而且，会议论文资料丰富，有会议信息（主题、日期、地点、赞助商）、论文资料（题目、作者、地址）、出版信息（出版商、地址、ISSN）。其每年报道最新出版的 10 000 多种会议录中逾 17 万篇论文，约占每年全球主要会议论文的 80%～95%。

ISTP 出版形式包括印刷版期刊、光盘版及联机数据库。ISTP 印刷版包括 12 期月刊和一年累计索引，每年索引 4 700 种会议，总计 203 000 篇会议论文。ISTP 光盘版可一次性检索五年来的会议文献资料，每年首期包括过去四年 28 000 次会议 960 000 篇会议论文，每季更新，新增来自 2 500 种最近出版的 53 000 篇会议论文资料。ISTP 联机数据库的 ISTP 检索途径多速度快，提供分类索引、著者/编者索引、会议主办单位索引、会议地点索引、轮排主题索引、著者所在单位索引或团体著者索引。

ISTP 出版时差短，从 ISI 收到材料到索引出版，仅 6～8 周，比任何其他的索引都快。在中国，ISTP 与 SCI、EI 一起，被列入三大文献索引之中，为众多研究人员所使用。

ISTP 的功能概括起来主要有：

1）通过主题、作者、学术机构或组织以及会议信息查找某一领域的研究，在创新的想法和概念正式发表在期刊之前就在会议录中发现它，从而更地好掌握某一学科最新的研究动态和趋势。

2）可以链接到 Web of Science，从而获得引文数据库中的相关信息，进而可以连接全文和其他学术信息资源（对 Web of Science 用户有效）。

3）通过 ISI Web of Knowledge 平台跨库检索其他数据库和免费学术资源，而且可以建立定题跟踪服务。

2. 检索方法

ISTP 网络版数据库主要提供通用检索（General Search）和高级检索（Advanced Search）两种检索界面。

（1）通过检索即全面检索（Full Search） 它通过主题词、作者名、期刊名、会议或作者单位等途径检索，可限定检索结果的语种、文献类型、排序方式，可存储/运行检索策略。检索步骤及数据库特征术语如下：

1）进入 ISI Proceedings 后，先进行选择。

2）选择年代范围：可以选择某年或最近几周上传的数据，默认为 All years（2000 年至今）。

3）单击“General Search”按钮进入检索词输入界面后，根据需要在以下 6 个字段中输入检索词，检索词间可用逻辑算符（AND、OR、NOT、SAME）连接。

4）TOPIC：主题词。在文献篇名、文摘及关键词字段检索，也可选择只在文献篇名（Title）中检索。

5）AUTHOR：作者姓名。标准写法为姓氏全拼+名的缩拼。如检索张小东就输入 zhang xd。

6）GROUP AUTHOR：团体作者。作者所属机构名称。

7）SOURCE TITLE：来源出版物全名。

8）CONFERENCE：会议信息，如，会议名称、地点、日期、主办者，如 AMA and CHICAGO and1994。

9）ADDRESS：作者单位或地址。例如，输入 IBM SAME NY 检索作者地址为 IBM’s New York facilities 的会议文献。

10）输入检索词后，单击“Search”按钮检索，单击“Clear”按钮清除输入框中所有内容。

11）General Search 方式还在输入框下方提供两组限定选项（用 Ctrl-Click 可以进行多项选择）。

12）文献语种选项。默认为所有语种“All Languages”。

13）文献类型选项。默认为所有文献类型“All document types”。

（2）高级检索（Advanced Search） 通过书写复杂检索式进行检索。检索式中可以对检索词指定检索字段，格式为：检索字段标志符=检索词，其中检索字段标志符由两个大写英文字母组成，详见数据库的“Advanced Search”页面。检索式中使用布尔逻辑算符连接检索词以指定检索词之间的逻辑关系。检索式中也可以对已执行检索的命中记录集合号采用逻辑算符连接以实现对检索结果的组合检索。

（3）常用算符

1）布尔逻辑算符：and、or、not。

2）通配符：*、?、$，用在检索词的中间和词尾。“*”代表零个或若干个字符，“?”代表一个字符，“$”代表零个或一个字符。

3）布尔逻辑算符 same：表示检索词出现在一句话中。

3. 检索结果的显示、标记、下载

（1）简要格式的显示与标记 检索后命中记录以简要格式显示，包括题目、作者、会议信息、来源出版物信息。此时可以在记录左侧的小方块中画钩，然后单击“Submit”按钮来

做标记，或者通过单击选项“All records on this page”，然后单击“SUBMIT MARKS”按钮标记当前显示页中的全部记录；也可以通过单击选项“Record_to_”，并在其中输入要标记的记录编号范围给所需的命中结果做标记。

（2）全记录格式的显示与标记 在简要格式下单击文献题目的链接即可看到全记录，包括文摘、作者单位、会议主办者等信息。此时单击屏幕上方的“Mark”按钮可对该记录做标记。单击“Sumary”按钮回到简要格式显示。部分文献的全记录显示中有 View in Web of Science—Citing Articles 及 View record in Web of Science 链接，表示该会议文献由于同时刊登在期刊上而被 SCI 收录，单击该按钮可以直接连到 Web of Science 数据库界面，从而可获得其被引情况。

（3）下载 将需要的记录做标记后，屏幕上方就会有“Marked List”按钮，单击后显示所有标记记录的简要列表，在屏幕下方选择输出字段和排序方式后，再选择“FORMAT FOR PRINT”进行显示，然后利用浏览器的存盘和打印功能下载。也可以选择 E-mail 方式，将检索结果发至电子邮箱。SAVE TO FILE 和 EXPORT 方式用于输出到专门接口软件，一般用户不用。

（四）《中国学术会议论文全文数据库》检索指南

《中国学术会议论文全文数据库》是万方数据资源系统的其中一个组成部分，其数据资源提供商为万方数据股份有限公司，该数据库是国内唯一的学术会议文献全文数据库，主要收录 1998 年以来国家级学会、协会、研究会组织召开的全国性学术会议近 7 000 余个，45 万余篇会议论文全文，数据范围覆盖自然科学、工程技术、农林、医学等领域，是了解国内学术动态必不可少的帮手。

《中国学术会议论文全文数据库》分为两个版本：中文版和英文版。其中，“中文版”所收会议论文内容是中文；“英文版”主要收录在中国召开的国际会议的论文，提供了多种访问全文的途径：会议论文库检索、会议名录检索和按会议分类浏览。下面以万方西文会议论文全文数据库为例介绍该数据库的检索方法。

对于会议论文库，本系统提供了如下检索入口：个性化检索、关联检索、浏览全库和高级检索。

1. 个性化检索

“会议论文库”的个性化检索入口如图 9-26 所示。该数据库个性化检索的特点是为用户提供了直观、方便、易用的组配检索入口，检索时只需通过下拉菜单点选取所要检索的字段，输入相应的检索词，便可组配出比较复杂的检索表达式。

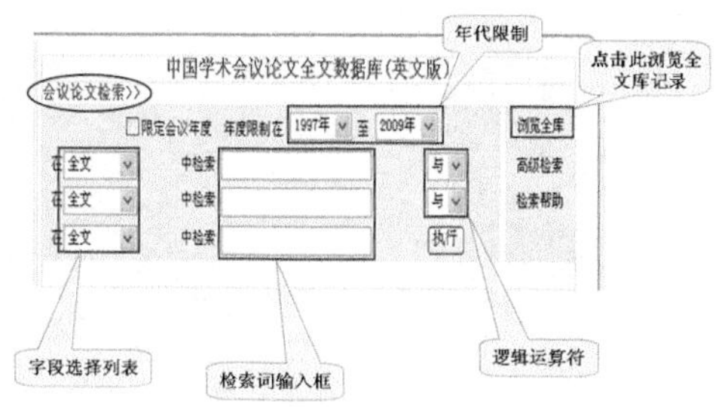

图 9-26 “会议论文库”个性化检索入口

“执行”按钮：用于提交用户的检索要求，以得到相应检索结果。“会议论文库”的检

索结果显示格式页面的上方提供了二次检索入口（见图 9-27），其使用方法与“个性化检索”入口相同。

2．关联检索

在图 9-28 所示论文全部信息中，万方不仅提供了查看论文全文的链接，而且提供了一些“关联检索”入口：

会议名称：单击会议名称，可检索出此“会议论文库”所收录的此会议的所有论文。

关键词：单击一关键词，可检索出此“会议论文库”中“关键词”字段含有这个词的所有论文。

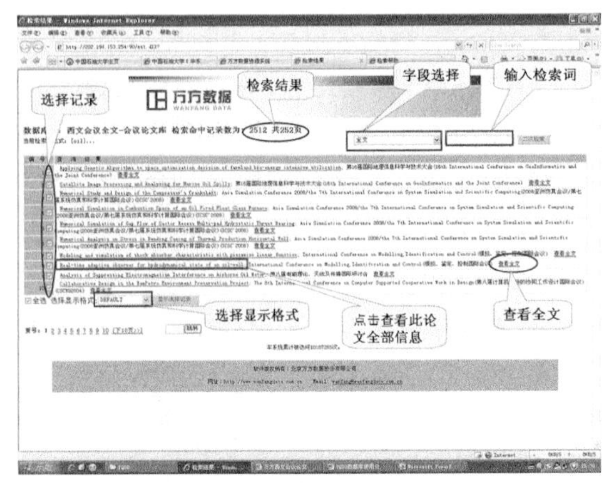

图 9-27　二次检索页面

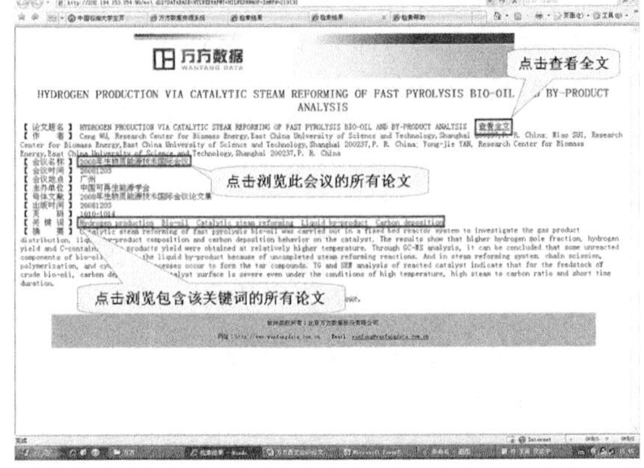

图 9-28　论文文摘信息界面

3．浏览全库

单击会议论文个性化检索入口右侧的“浏览全库”链接（见图 9-29），可直接浏览此库数据。

对会议名录的检索，本系统提供了个性化检索、二次检索、浏览全库、高级检索等检索入口，检索方法和检索步骤与会议论文检索相似，在此不再赘述。

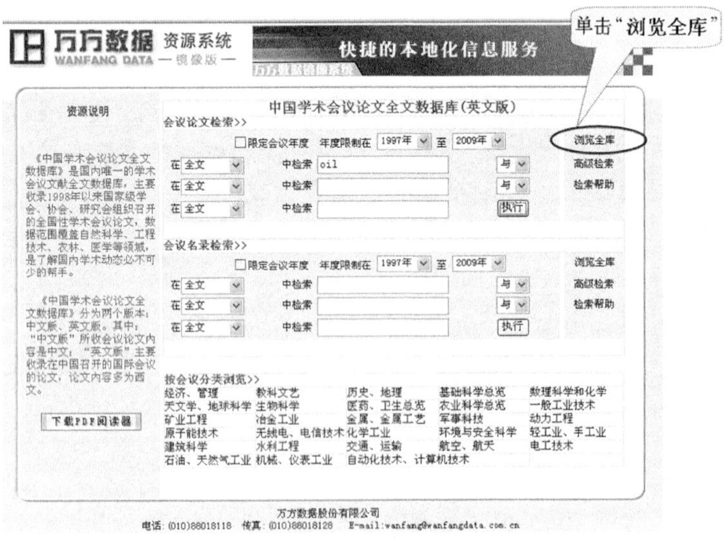

图 9-29　浏览全库

三、学位论文检索

（一）学位论文的定义及特性

学位论文是高等院校或科研单位的毕业生为取得学位而向有关方面呈交的体现其学术研究水平并供审查答辩用的学术性研究论文。学位论文除具有科研论文的科学性、学术性、新颖性等特性外，还具有绝大多数不公开发表或出版等特点。学位论文因其选题一般都是某一学科比较重要且具有前沿性的理论或应用方面的课题，具有较高的学术研究价值和实用价值，是科研人员借以了解当前最新学术动态、掌握科技信息、研究学科前沿问题的有效途径之一。

学位论文一般由论文征文、附录和综述三部分组成，其文后附有大量的参考文献。

目前，国外权威的学位论文检索工具多为美国大学缩微制品公司（University Microfilms International，UMI）的产品。该公司收录欧美 1 000 多所大学的学位论文。产品包括印刷型、缩微型和电子型等。我国的主要收藏单位是中国科技信息研究所和北京图书馆，它们还收藏有一些国外的学位论文。

学位论文的原文获取通常是直接向授予学位的单位索取，或去国内的收藏单位阅读或复制，也可通过馆际互借或直接向 UMI 定购学位论文的复印件。

目前，网络逐渐成为便捷地检索并获取学位论文的主要渠道。一般通过网络可免费检索和下载学位论文的题录或摘要。用户在相关数据库权限范围内，可直接链接到所需论文的全文。下面重点介绍国内外几种主要的学位论文数据库。

（二）国内主要学位论文检索数据库

1. 中国学位论文全文数据库

该数据库是万方数据资源系统之一（http://www.Wanfangdata.com.cn），收录自 1980 年以来我国自然科学领域各高等院校、研究生院和研究所的硕士、博士以及博士后论文共计 136 万余篇，是我国收录数量较多的学位论文全文数据库。该库提供简单检索、高级检索、经典检索、专业检索和按学科专业分类、按学校所在地浏览检索等途径。检索结果显示论文题名、作者、授予学位时间、授予单位、专业、摘要、关键词以及查看全文链接等信息。

2. 中国优秀博硕士学位论文全文数据库

该数据库是中国知网（简称 CNKI，http://www.cnki.net）系列数据库之一，收录 1984 年至今全国 384 家博士授予单位的博士学位论文 12 万余篇和全国 547 家硕士授予单位的优秀硕士学位论文 95 万余篇。CNKI 学位论文库提供快速检索、标准检索、专业检索、科研基金检索、句子检索、学位授予单位导航（地域导航、学科专业导航）等途径，有摘要和列表两种结果显示格式。数据每日更新。

CNKI 学位论文库既可按学科类别、学位授予单位、研究资助基金、导师、学科专业、研究层次、中文关键词等分组浏览检索结果，也可按发表时间、相关度、被引频次、下载频次、浏览频次、学科授予年度排序结果。

3. 国家科技图书文献中心（NSTI）“学位论文库”

该数据库包括中文学位论文数据库和外文学位论文数据库（http://beta.nstl.gov．cn）。该数据库主要收录 1984 年至今我国高等院校、研究生院及研究院所发布的硕士、博士和博士后论文 147 万余篇。学科范围涉及自然科学各专业领域，并兼顾社会科学和人文科学。每年

增加论文6万余篇，数据每季更新。

外文学位论文数据库收录了美国 ProQuest 公司博硕士论文资料库中 2001 年以来的优秀博士论文近 20 万篇。每年递增约 2 万篇最新博士论文。

两个数据库的检索页面及使用方法相同，均提供普通检索、高级检索、分类检索多种途径。每篇论文均提供作者、作者单位、学位授予年、授予学位、授予学位单位、导师姓名、文摘等详细信息。用户可通过系统提供的“代查代借”获得全文。

4. CALIS 高校学位论文数据库

该数据库是由 CALIS 全国工程文献中心（清华大学图书馆）组织建设的，包括清华大学、北京大学等著名大学在内百所高校的博硕士学位论文文摘数据库（http://etd.calis.edu.cn/ipvalidator.do）。该数据库收录 1995～2008 年近 30 万篇学位论文，并提供简单检索、复杂检索、学科浏览、参建馆浏览等多种途径。此外，该库还提供论文前 16 页预览以及 E-mail、打印、下载、馆际互借、通过开放链接方式获取全文等服务。

（三）国外主要学位论文检索数据库

目前，国外权威的学位论文检索工具多为美国大学缩微制品公司（University Microfilms International，UMI）的产品。该公司收录欧美 1 000 多所大学的学位论文。产品包括印刷型、缩微型和电子型等。

1. ProQuest Digital Dissertations

（1）关于 PQDD　ProQuest Digital Dissertations（简称 PQDD）是美国 UMI 公司出版的基于网络环境下的博硕士论文数据库。它收录了 1861 年以来欧美 1 000 余所大学及世界其他国家和地区高等院校的数百万篇学位论文，是目前世界上最大和最广泛使用的学位论文数据库。内容覆盖理工和人文社科等领域的博士、硕士学位论文文摘、索引和引文 240 万余篇，缩微胶卷全文 190 万余篇，PDF 格式全文 100 万余篇。每年新增论文 6 万余篇，数据每周更新。目前，PQDT 已成为世界上最大的、广泛被使用的国际性学位论文资源。

PQDD 提供英国、法国、中国、日本、韩国等 18 种检索界面语言，可与 ProQuest 平台的其他数据库进行跨库检索，提供按学科专业（By subject）、按国家和地区（By Location）进行浏览（Browse）的功能，并提供内容提示（Alert）、建立 RSS（Create RSS Feed）等个性化服务。为满足国内对欧美博士论文全文的需求，自 2002 年起，由教育部 Calis 组织过国内部分高校、学术研究单位以及公共图书馆近 130 个成员馆，联合采购 ProQuest 的部分学位论文全文（PDF 格式），建立了“ProQuest 学位论文全文数据库”。该库目前已收录 21 万余篇全文，包括自然科学和社会科学各领域。成员馆可通过 Calis 全国文理中心（北京大学图书馆）、中国科学技术信息研究所和上海交通大学图书馆三个镜像站，共享各成员馆订购的资源。

（2）PQDD 的检索方法　PQDD 提供两种检索方法：基本检索（basic search）和高级检索（advanced search）。

1）基本检索。

2）高级检索。如果需要进行更为复杂的检索时，可以单击“quot；Advanced”按钮进入高级检索。高级检索界面分为上下两部分（见图 9-30）：检索式输入框和检索式构造辅助表。

3）辅助表包括四种方式：

① Keywords+Fields 提供基本检索界面。

② Search History 选择检索历史的某一步。

③ Subject Tree 选择学科。

④ School Index 选择学校。

简单检索界面如图 9-31 所示。在浏览器中输入 PQDD 网址后，单击“Enter”图标就直接进入基本检索界面。选择字段，输入检索词，选定逻辑算符，确定年代范围后，单击“Search”按钮，开始检索。

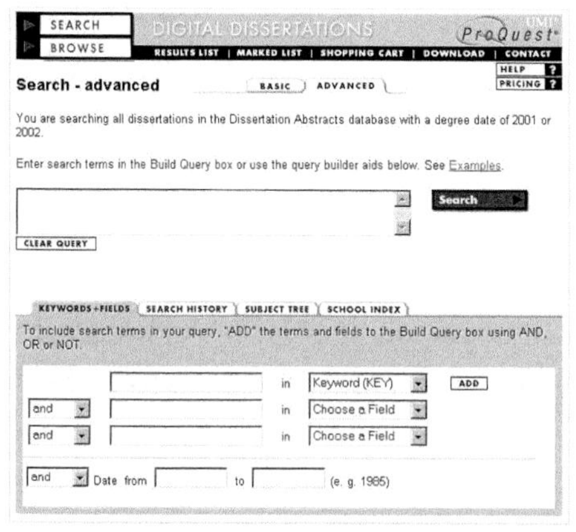

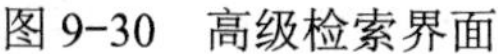
图 9-30　高级检索界面

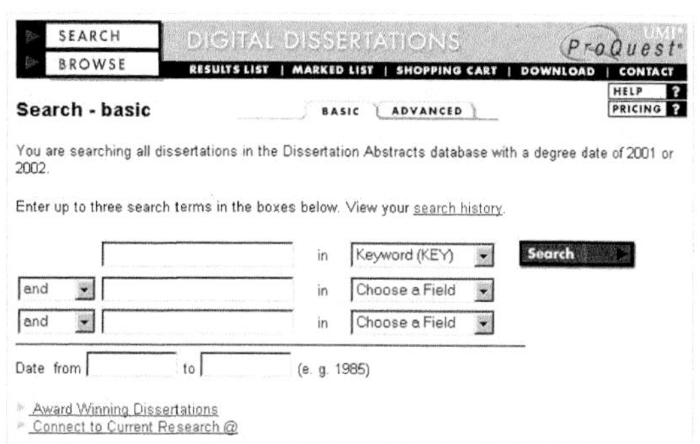

图 9-31　简单检索界面

以上四种方式都是通过单击“ADD”按钮将检索条件加入检索式输入框中来辅助构成检索式。检索式构成可以是单个字段名（检索词），如 title（biology）；也可以进行字段内及不同字段之间的逻辑组配，如 title（chemistry not organic）；title（biology）and school（michigan state university）；还可以用检索结果列表中的步号作为逻辑组配的一部分，如#2and la（french）。

4）常用检索检索字段。PQDD 共提供 14 个字段的检索，常用字段包括：题目（Title）、文摘（abstract）、作者（author）、导师（advisor）、学校（school）、学科（subject）、年代（year）、语种（language）等。PQDD 提供的检索运算符及噪声词主要有：①截词符：?；②布尔逻辑算符：and（与）、or（或）、not，and not（非）；③位置算符：W/*n*（两词间距小于 *n* 个单词，且前后位置任意）Pre/*n*（两词间距小于 *n* 个单词，且前后位置一定）；④噪声词：以下单词作为检索词时，系统将自动忽略并用空格取代进行检索；⑤词组检索：用空格将单词隔开进行精确的词组检索，如 title（cross country skiing）。

5）检索结果的显示、标记、下载。

① 快捷检索方式。在基本检索界面中，递交检索词后，如果命中数目较少则直接显示命中论文的题目列表，包括题目、作者、学校名、年代等简单信息。列表上方可以设置每屏显示篇数及排序方式。论文左“quot; Folder”图标前的小方块用于做标记，列表左上方的“Mark All”按钮用于将某次检索结果全部标记。单击“Citation + Abstract”查看某篇论文的全记录（较详细的文摘索引信息）。如果命中数目较多则单击命中文献数目，进而显示论文的题目列表。屏幕下方提供的基本检索界面可以随时对命中文献进行缩小范围检索，单击“Search History”可以看到检索历史。

凡能够获得前 24 页原文的论文。其下方有“24 Page Preview”字样，单击打开后可以看到前 24 页的缩小扫描图像。选择一页后可以阅读该页原文，单击缩小图左侧的“Print All

Preview Pages”可以将 24 页在一屏中集中显示。一次下载多篇记录，可以先做标记，再用屏幕上方“quot；Marked List”按钮将所有标记过的记录集中显示。这时，检索结果上方有四个按钮：“Clear List”清除标记、“Print List”打印、“Email List”email 传递和“Down Load”存盘。实际上，存盘与打印操作利用的就是浏览器的保存与打印功能。

② 高级检索方式。高级检索方式与基本检索方式的区别仅在于检索式的构造方法上，至于检索结果的显示、标记与下载方法，二者完全相同。

2.《学位论文文摘光盘》（DAO）

《学位论文文摘光盘》（Dissertation Abstracts Ondisc，DAO），数据库由 UMI 公司出版，提供 1861 年以来的博士论文和硕士论文的检索。数据库分为两种，一种是综合型的，包括全部文献记录的 DAO；另一种是按学科分成的两个数据库，为两张光盘：《DAO－A：Humanities and Social Sciences》和《DAO－B：Science and Engineering》，分别对应《DAI》的 A 辑和 B 辑。

3.《联机学位论文文摘》

《联机学位论文文摘》（Dissertation Abstracts Online）由 UMI 提供数据。这些数据来自许多印刷型出版物，包括：DAI（Dissertation Abstracts International），ADD（American Doctoral Dissertations），CDI（Comprehensive Dissertation Index）、MAI（Masters Abstracts）。这个数据库在 Dialog 联机检索系统中是 35 号文档。

4. NDLTD 网络博硕士学位论文数字图书馆

NDLTD（The Networked Digital Library of Theses and Dissertations）由美国弗吉尼亚理工大学（Virginia Tech）创立，是基于 ETD（Electronic Theses and Dissertations）的全球学位论文共建、共享开放式联盟。该联盟得到了美国国家自然科学基金的支持，并获得国际间广泛的认同。目前全球已有 200 多所大学的图书馆、7 个图书馆联盟、29 个研究机构加入，收录美国、加拿大、澳大利亚、德国、中国内地（上海交通大学、厦门大学）以及中国香港、中国台湾等国家和地区的学位论文。

NDLTD 目前为用户免费提供论文文摘以及部分论文全文（分为无限制下载、有限制下载、不能下载几种方式）。NDITD 作为国外学位论文的补充资源，针对不同的用户提供不同的检索入口如为研究者提供学位论文检索（FindETDs），为作者提供论文提交（Submit ETD），为机构提供论文管理（Manage ETDs）等。

第十章　国外常用检索工具

第一节　《工程索引》EI（Engineering Village 2）

一、概述

Engineering Information Village 是美国工程信息公司（Engineering Information Inc）开发的、1995 年推出的综合信息服务工程信息村（简称 EI Village），EI Village2 是 EI Village 的改进版，是功能强大的信息平台。它包括 Compendex、Inspec、USPTO、esp@cenet 等数据库资源。

Compendex 数据库是《工程索引》（EI）的网络版，是 EI Village2 的核心数据库，它是目前全球最全面的工程领域二次文献数据库，收录了 700 多万条数据。这些数据出自 5 000 多种工程类期刊、会议论文集和技术报告，每年增加大约 25 万条新记录，数据每周更新，以确保用户掌握最新信息。系统不支持中文检索，仅限英文检索，用户在网上可检索到 1970 年至今的文献。

Engineering Information Village2 还对文摘录入格式进行了改进，并首次将文后参考文献列入 EI Compendex 数据库。在 EI Village2 新界面中，还可以检索 USPTO 和 Espacenet，以及使用 Scirus，弥补了传统 EI 不能检索专利信息的缺憾。

二、EI Village2 检索指南

EI Village 2 提供了两种检索方式：快速检索和高级检索。

1．快速检索（Quick Search）

快速检索（Quick Search）界面有三个检索框，允许用户将输入不同检索框中的词用布尔逻辑运算符 and、or 和 not 连接起来，进行联合检索。利用 LIMIT BY 进行检索限定。选择检索结果输入“relevance”或按出版时间进行排序。EI Village 2 快速检索界面如图 10-1 所示。

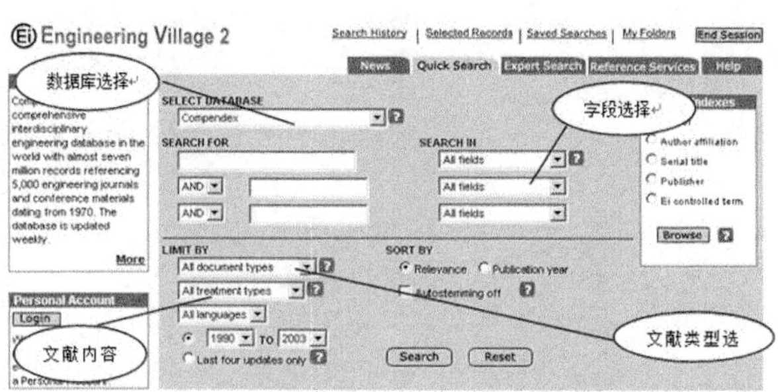

图 10-1　Engineering Village 2 快速检索界面

快速检索界面允许用户从一个下拉式菜单（快速检索菜单说明如图 10-2 所示）中选择要检索的各个项对检索范围进行限制。其具体操作流程为：首先用下拉式菜单“SELECT DATABASE”选择要检索的数据库，然后将要检索的词或短语输入一个或几个“SEARCH FOR 文本框中”，也可从文本框右边的“SEARCH IN”下拉式菜单中选定字段进行检索。检索词应和 SEARCH IN 下

拉式菜单中选定字段相匹配。例如，检索“计算机信息相关资料”，可提取关键词：computer、Information，利用布尔逻辑运算符“与”（and）对两个关键词进行组配，执行检索，快速检索结果界面见图 10-3。

图 10-2　快速检索菜单说明

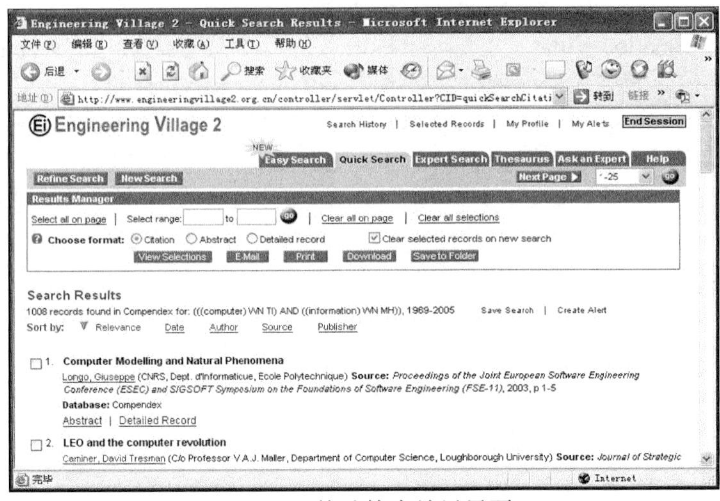

图 10-3　快速检索结果界面

2. Easy Search

图 10-4 所示是 EI Village2 最新开通的 Easy Search 检索平台，界面由检索输入框和检索方式选择区组成，简单明了。用户只需在检索输入框内输入要检索的关键词或表达检索要求的检索式，执行检索即可。

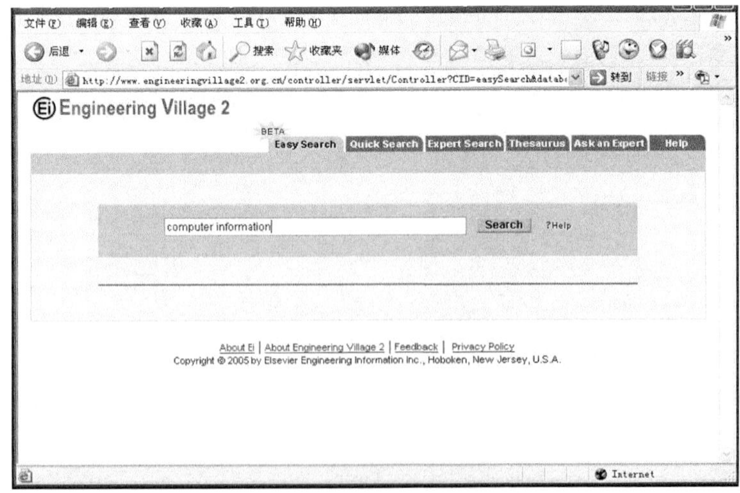

图 10-4　Easy Search 检索平台

3．专家检索（Expert Search）

专家检索（Expert Search）提供更强大而灵活的功能，与快速检索相比，用户可使用更复杂的布尔逻辑运算符，该检索方式包含更多的检索选项。专家检索界面如图 10-5 所示，Expert Search 中有一独立的检索框，用户采用“within”命令（wn）和字段码，可以在特定的字段内进行检索；采用布尔逻辑运算符（and or not）连接检索词；可使用括号指定检索的顺序；也可使用多重括号等检索技术。

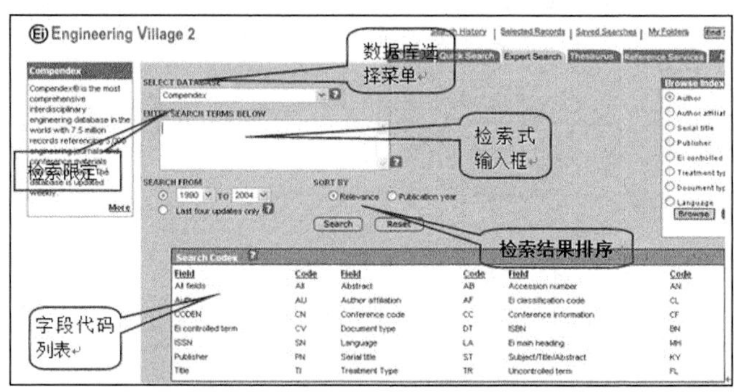

图 10-5　专家检索界面

例如，在检索框里输入：（seatbelts OR seat belts）wn TI，然后用鼠标单击“Search”按钮，即可得出专家检索结果，如图 10-6 所示。

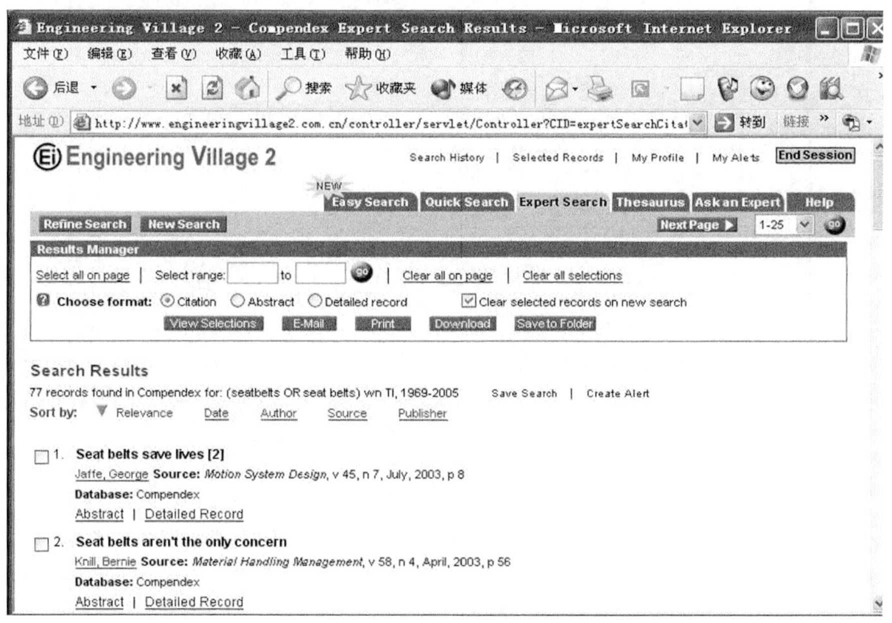

图 10-6　专家检索结果

4．叙词检索（Thesaurus Search）

叙词检索界面如图 10-7 所示，叙词检索有三种方式，即“search”、“Exact term”和“Browse”。

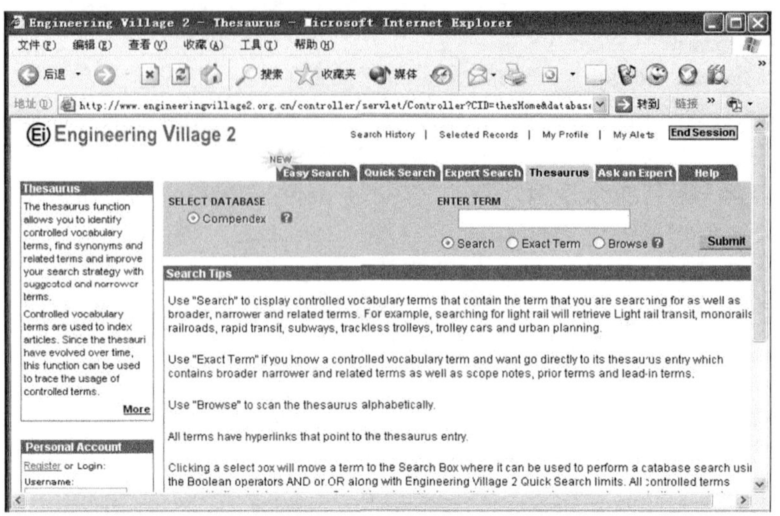

图 10-7 叙词检索界面

（1）Search 在检索框中输入 EI 检索词，然后进行选择 Search，进行提交，显示结果为用户所输入的检索词的在叙词表（受控词表）中的位置，及其上位词、下位词和相关词，叙词的 Search 检索方式如图 10-8 所示。

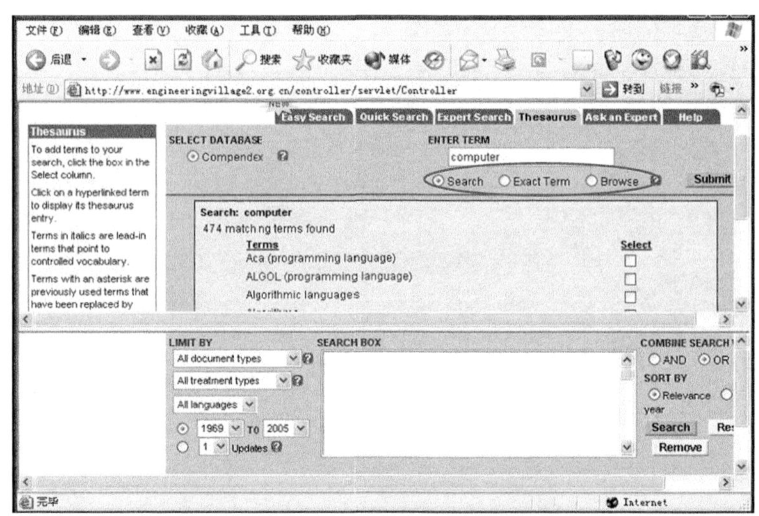

图 10-8 Thesaurus 的 Search 检索方式

（2）Exact term 在检索框中输入用户知道的叙词（受控词），然后进行选择 Exact term，进行提交，显示结果为用户所输入的叙词在叙词表（受控词表）中的位置，及其上位词、下位词和相关词。

（3）Browse 在检索框中输入用户检索词，选择 Browse，然后提交，系统将会按字母顺序扫描叙词表，显示结果为含有检索词的条目。

5. Ask Expert

Ask Expert 是指检索过程中有问题可以进行咨询的途径，有 Ask a Librarian 和 Ask an Engineer 方式。Ask Expert 咨询界面如图 10-9 所示。

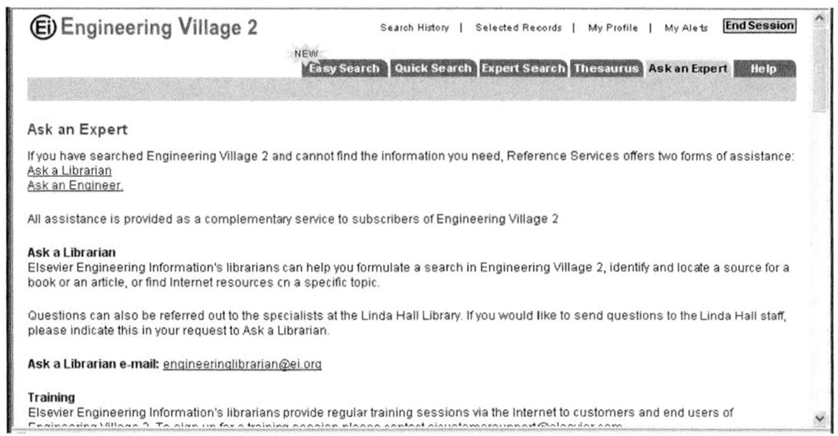

图 10-9　Ask Expert 咨询界面

三、Engineering Village 2 检索技巧与检索基础

1）提高查全率的方法。为了放宽检索条件或检索有不同拼写方法的同一个词，可以用布尔逻辑运算符 or 将词连接起来。

2）缩小检索范围的方法可以用布尔逻辑运算符 and 将词连接起来，同时还可以用布尔逻辑运算符 not 删除包含某些词的检索结果。

3）自动取词根（Autostemming）。此功能将检索以所输入词的词根为基础的所有派生词。快速检索界面将自动取所输入词的词根，在作者栏的检索词除外。

4）截词（Truncation）。截词命令使检索结果控制在以截词符止的前几个字母相同的所有词，符号为“*”为右截词符。

5）精确短语检索（Exact Phrase Searching）。如果输入的短语不带括号或引号，由于系统默认将检索结果按相关性排序，因此可以得到比较理想的检索结果。但是，如果需要做精确匹配检索，就应使用括号或引号。

6）连接词（Stop Words）。如果检索的短语中包含连接词（and、or、not、near），则需将此短语放入括号或引号中。

7）特殊字符（Special Characters）。特殊字符是除 a～z、A～Z、0～9、?、*、#、() 或{ }之外的所有字符，检索时系统将忽略特殊字符。如果检索的短语中含有特殊字符，则需将此短语放入括号或引号中，此时特殊字符将被一个空格所代替。

8）大小写（Case sensitivity）。Engineering Village 2 的界面不区分大小写，所输入的单词可以是大写也可以是小写。

9）排序（Sorting）。Compendex、INSPEC 和 Combined Compendex & INSPEC 数据库的检索结果可以按相关性（Relevance）或按出版时间进行排序。默认的排序为相关性排序。

10）相关性（Relevance）。相关性排序基于以下准则：这些词是作为一个精确的短语检索到的还是该短语中的词在一条记录中被分别检索到的。如果这些词是被分别检索到的，被检到的词越接近，该条排列越靠前。词或短语在检索到的记录中出现的次数。词在文档中的位置（在文档中开始字段中发现的则排在前，靠近末尾的则排在后）。此词是否是在重要的字段中检索到的，例如，标题字段。

11）出版时间（Publication Year）。按记录的出版时间进行排序，如 2002 年、2001 年、

2000 年、1999 年等，新近出版的文献排在前面。

12）复位（Reset）。开始一次新的检索，可单击“reset”按钮，清除前面的检索结果。

第二节 EBSCO host

一、概述

EBSCO 成立于 1984 年，是美国大型文献服务专业公司，该公司在提供传统期刊订购服务的同时，还提供 100 多种各类数据库。这些数据库包括 8 000 多种著名期刊的摘要和 6 000 余种期刊的全文，目前全球有一万多家图书馆在使用该公司提供的服务。EBSCO host 是 EBSCO 公司推出的全文检索系统，有 150 多个在线文献数据库，内容涉及自然科学、社会科学、人文和艺术等多种学术领域。EBSCO host 包含两个数据库。

1．学术期刊数据库（Academic Source Premier）

学术期刊数据库是专门为学术研究机构提供的全文数据库，收录有关社会科学、人文、教育、计算机科学、工程、物理、化学、语言文学、艺术、医学、种族研究等领域的 4 700 多种全文期刊，其中包括 3 600 多种专家评审期刊；同时还收录 8 175 种期刊的索引和文摘。全文和文摘最早可追溯到 1965 年。

2．商业资源数据库（Business Source Premier）

该数据库提供 8 800 多套丛书的全文。提供可追溯至 1965 年的全文及可追溯至 1998 年的可检索参考文献。与商业相关的所有主题范围几乎均包括在内。

二、EBSCO 全文数据库使用指南

EBSCO 提供专线和公网两种连接方式：一种是专线为 EBSCO 与教育科研网的直接连接，免收国际网络流量费；另一种是非专线方式即公网方式。检索的基本步骤如下：

1．选择数据库

数据库选择及功能区如图 10-10 所示。选择数据库可以选择单一数据库，也可以选择多个数据库。选择单个数据库，只需用鼠标单击要检索的数据库，检索窗口即会弹出；或者在选中的数据库前的“□”内打钩，单击“continue”即可进入检索。选择多个数据库，只需在要检索的若干个数据库前的“□”内均打钩，再单击“continue”即可进入检索。

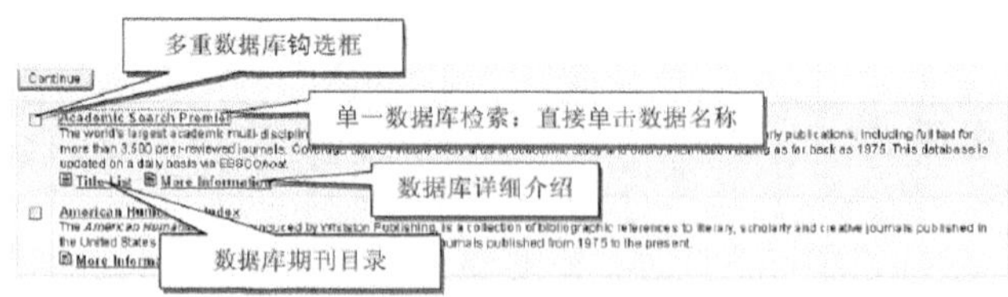

图 10-10 数据库选择及功能区

2．检索

EBSCO host 提供基本检索和高级检索两种检索途径，每种检索途径又分别提供“关键词”（Keyword）、“主题”（Subject Term）、“出版物”（Publications）、“索引”（Indexes）、“参考文献”（References）等多种检索途径。两种检索途径除关键词检索功能不同外，其他检索功能均相同。检索工具栏如图 10-11 所示。

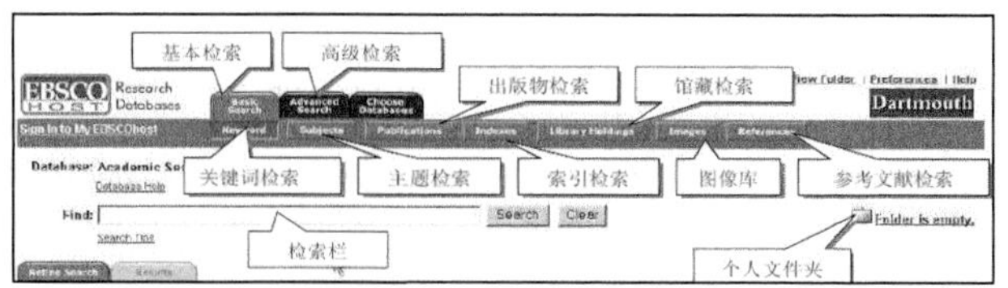

图 10-11　检索工具栏

（1）基本检索（Basic search）　EBSCO host 基本检索界面如图 10-12 所示，可以任意输入词组或句子进行检索，支持布尔逻辑检索，可用布尔逻辑关系符来构造更符合检索要求的检索表达式。检索时还可以使用位置算符和截词算符，该数据库支持的截词检索有两种：通配符“？”表示中截断，只替代一个字符；“*”表示后截断，替代任意字符。位置算符为“N”或者“W”。空格用来分割每一个检索词，词间关系默认为逻辑“或”，引号可用来表示该检索词必须在检索结果中出现。除了可以在检索输入框内直接输入检索式外，基本检索还提供限定条件及扩展条件的检索方式。

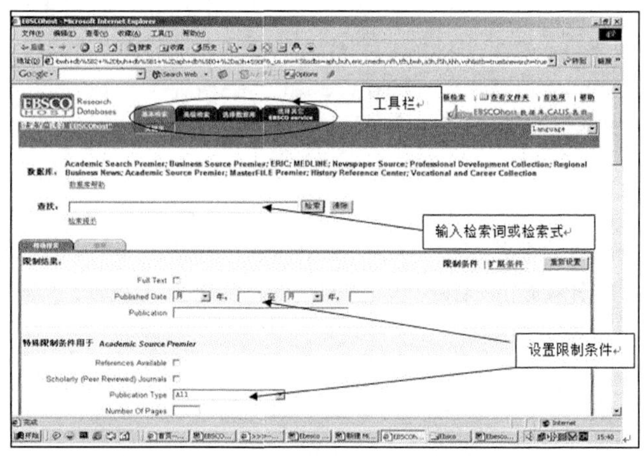

图 10-12　EBSCO host 基本检索界面

（2）高级检索（Aadvanced Search）　EBSCO host 的高级检索与基本检索基本一致，EBSCO 高级检索界面如图 10-13 所示，只是增加了两个检索框，并利用下拉菜单将字段代码和布尔逻辑算符列出来，更直观、更方便。选择不同的检索字段（EBSCO 字段用法说明见表 10-1）算符和条件选项后，输入检索词或词组，单击“检索”开始检索。

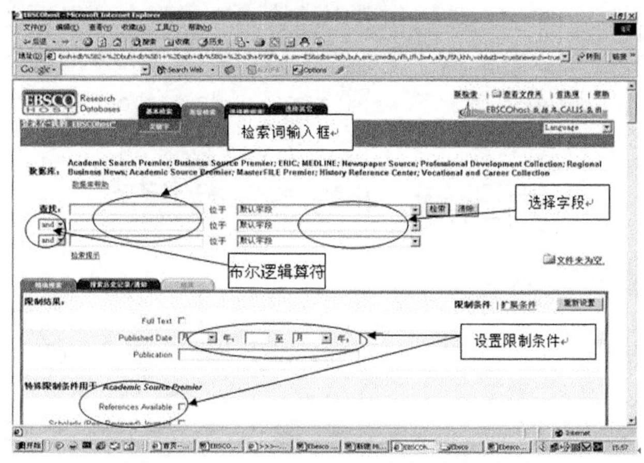

图 10-13　EBSCO host 高级检索界面

表 10-1　EBSCO 字段用法说明

字段名全称	字段名简称	中 文 译 意	用 法 举 例
Author	AU	作者	AU Berry,John N
Article title	TI	题名	TI library
Subject	SU	主题	SU Wall Street
Abstract	AB	文摘	AB education
Accession Number	AN	登录号	
ISSN	IS	国际标准期刊号	IS 0 363-0 277
Journal Name	SO	刊名来源	SO Library Journal
Author supplied abstract	AS	提供文摘的作者	

（3）其他检索功能

1）主题检索。EBSCO host 提供主题检索，用户在“Browse For”检索输入框内输入关键词，选择“字母顺序”（Alphabetical）或“相关性”（Relevancy Ranked）作为排序依据。单击“Browse”按钮开始检索。检索到的主题下方会显示出符合条件的文献类型和数量。例如，报纸类文献、期刊类文献或评论类文献等。有些主题还可以再追踪下一级主题，只需单击该记录进行下一步链接即可。当用户单击任何一类文献记录时，即可连接至检索结果列表，且系统会自动将所使用的检索式放入“Browse for”字段中。

2）出版物检索。出版物检索使检索者可对单个期刊进行检索。出版物检索分为“前方一致”（Publication BeginningWith）、“任意匹配”（Match Any words）和“精确匹配”（Exact Phrase）三种检索模式。

3）索引检索。单击“功能选项区”的“Indexes”按钮，即可进入索引检索功能。

4）参考文献检索。EBSCO host 目前有 Academic Search Premier、Business Source Premier、E-Psych 及 PsycINFO 四个数据库提供此检索功能。

三、检索结果的处理

1. 检索结果的浏览

检索到的文献以题录形式排列。单击题名后可看到文摘或全文，全文格式有两种：HTML 和 PDF 格式，单击“查寻国内馆藏及全文链接”可以知道国内哪些图书馆收藏该文献。

2. 检索结果的标记、下载

可以单击文章右边的“添加”按钮将选中的检索结果保存到指定文件夹中。选中的检索结果可以直接打印、存盘或以电子邮件传递。在每一屏幕的上方都有打印、电邮、保存到磁盘三种功能键可供使用。阅读 PDF 格式，需安装 Adobe Acrobat Reader 软件。

第三节　INSPEC 数据库

一、INSPEC 数据库概述

INSPEC 是理工学科最重要、使用最为频繁的数据库之一，也是全球在理工科领域最权威的二次文献数据库之一。

INSPEC 的英文全称为：Information Service in Physics、Electro-Technology、Computer and Control，即英国 IEE 的物理、电子电气、计算机与控制及信息科学文摘。前身为“科学文摘”

SA，其印刷版创刊于 1898 年，1969 年开始建立数据库，1973 年进入 Dialog 检索系统。INSPEC 以印刷版、光盘版、网络版和联机检索四种方式并行出版，由 IET（前 IEE）出版，目前已成为物理、电子与电气工程、计算机与控制工程、信息技术、生产和制造工程等五大学科领域的权威性英文文摘数据库。

利用 INSPEC 可以开展科研开题时的查新、当前领域发展预测，以及科研进行中的进展跟踪、各种检索结果分析等，还能帮助科研工作者分析作者、源刊、关键词、分类以及当前热点领域等内容个性化检索，并能简化检索、节省大量检索时间。

INSPEC 数据库目前有超过 1 100 万条的文献（自 1969 年来），并以每周 1 万条新文献的速度增加。而全球有 10 多家平台提供商为 INSPEC 数据库提供平台服务：Thomson Scientific – Web of Knowledge、Elsevier –Engineering Village、Ovid，EBSCO、IET 等。下面基于 ISI Web of Knowledge 平台介绍该数据库的检索方法。

二、INSPEC 数据库检索指南

（一）INSPEC 数据库常用算符的运用

INSPEC 数据库除支持布尔逻辑检索外，还支持以下算符的运用。

1．自动取词根（Autostemming）

例如，输入 management，结果为 managing、managed、manager、manage、managers 等。单击“Autostemming off”可禁用此功能。

2．截词（Truncation）

星号（*）为右截词符。截词命令检索到以截词符止的前几个字母相同的所有词：例如，输入 comput*，结果为 computer、computerized、computation、computational、computability 等。

3．精确短语检索（Exact Phrase Searching）

如果输入的短语不带括号或引号，得到的结果将会好一些，因为带有这些符号，系统要做相应的分类。但是，如果需要做作精确匹配检索，就应使用括号或引号。

4．连接词（Stop Words）

如果检索的短语中包含连接词（and、or、not、near），则需将此短语放入括号或引号中。例如：“water craft parts and equipment”

5．特殊符号

特殊符号是指除 a～z、A～Z、0～9、?、*、#、( )、{ }以外的符号，如果检索的短语中含有特殊符号，则需将此短语放入括号或引号中。

6．排序（Sorting）

Compendex，INSPEC 和 Combined Compendex & INSPEC 的检索结果可以按相关性（Relevance）或出版时间进行分类。默认的分类为相关性分类。

7．相关性（Relevance）

词或短语在检索到的记录中出现的频率次数。

8．复位（Reset）

当用户需要在检索过程中开始一次新的检索时，可单击“复位”（reset）按钮，清除前面的检索结果。单击“复位”（reset）按钮可确保前面的检索结果不影响新开始的检索，并且将所有的选项复位到默认值。

（二）INSPEC 数据库的检索字段（Search fields）

1．所有字段（All Fields）

INSPEC 数据库的默认选项为“All Fields”。

2．主题/标题/摘要（Subject/Title/Abstract）

选择“Subject/Title/Abstract”将从下列字段中进行检索：摘要（Abstract）、标题（Title）、控制词（Controlled Terms）或自由词（Uncontrolled terms）。

3．作者（Author）

INSPEC 数据库不用作者的名，而只用名的首字母，此数据库也包含作者姓名后的任何后缀。

4．作者单位（Author affiliation）

作者单位信息包括作者所在的城市、州、国家和单位的名称。有时，也给出作者所在单位的具体部门。因为单位名称可能缩写，并可能发生某些变化，最好使用单位查找索引。

5．出版商（Publisher）

在“Publisher”一栏检索可以确定出版商或搜索某一出版商所出版的期刊。此时，可以参考浏览索引框中的出版商查找索引（Publisher look-up index）。

6．刊名（Serial Title）

如果希望确定出自用户研究领域中的刊名，如期刊、专著或会议论文集，可以用“Serial Title”字段检索。

7．标题（Title）

在快速检索（Quick Search）中，标题词将被自动取词根 Autostemming）。如果已知论文的标题而希望查找其出处，可以用括号或引号将刊名括引起来（这样在检索时就把它当做一个短语），然后在“Title”字段检索，例如，{Unified diode model for circuit simulation}。

8．INSPEC 控制词（INSPEC Controlled Term）

INSPEC 中用于索引记录的 INSPEC 控制词可以从 INSPEC 主词表中查找。

9．查找索引（Look-up Indexes）

查找索引（look-up Indexes）可帮助用户选择用于检索的适宜词语。INSPEC 数据库有作者（Author）、作者单位（Author Affiliation）、刊名（Serial title）、出版商（Publisher）和控制词（Controlled Terms）的索引。

10．检索限定（Search Limits）

检索限定（包括文件类型限定、处理类型限定和语言限定和学科）是一种有效的检索技巧。使用此方法，用户可得到所需的、更为精确的检索结果。

11．文件类型（Document Type）

文件类型是指所检索的文献源自出版物的类型。INSPEC 数据库所用的文件类型有：全部（默认选项）、期刊论文、会议论文、会议论文集、专题论文、专题综述、学位论文、专利等。

12．处理类型（Treatment Type）

处理类型用于说明文献的倾向性、定位或研究方法及所探讨主题的观点。INSPEC 数据库所用的文件处理类型有：全部、应用、传记、经济、实验、一般性综述、新进展、实用、产品评述、理论。

13．学科（Disciplines）

用户利用学科限定可以将检索范围限定在 INSPEC 数据库所涵盖的四个学科中的一个。

14．语言（Language）

在快速检索（Quick Search）中，用户可将检索范围限定在下拉式菜单中所列的任何一种语言。

15．按日期限定（Limit by Date）

用户可将检索范围按日期限定。

16．最近四次更新（Last four updates）

选择此选项将使用户的检索范围限定在最近四次所更新的内容中。

（三）INSPEC 数据库使用方法

INSPEC 数据库基于 ISI Web of Knowledge 平台，INSPEC 数据库检索首页如图 10-14 所示，其检索方法可分为基本检索和高级检索。基本检索有 11 个检索字段和检索框：Topic、Author、Source Title、Address、Controled Index、Classification、Numerical Data、Chemical、Astronomical Object、Meeting Information 和 Identifying Codes，包括三种检索限定，即 Languages、Documents Types 和 Treatment Types。INSPEC 数据库基本检索界面见图 10-15。而高级检索只有一个检索框（图 10-16），需要用户编写检索式，也可进行逻辑组配检索。

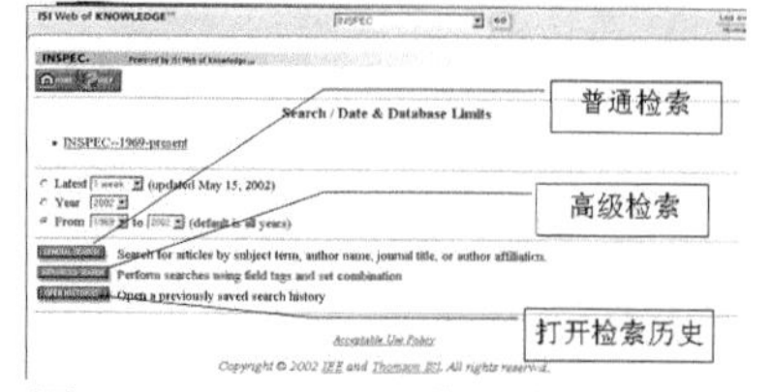

图 10-14　INSPEC 数据库检索首面

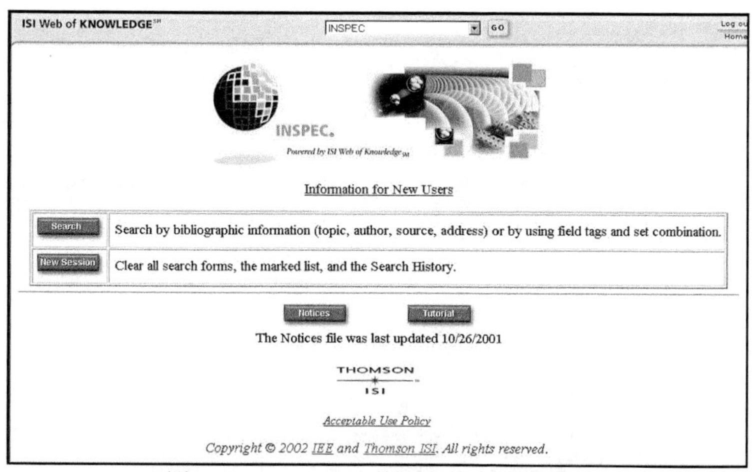

图 10-15　INSPEC 数据库基本检索界面

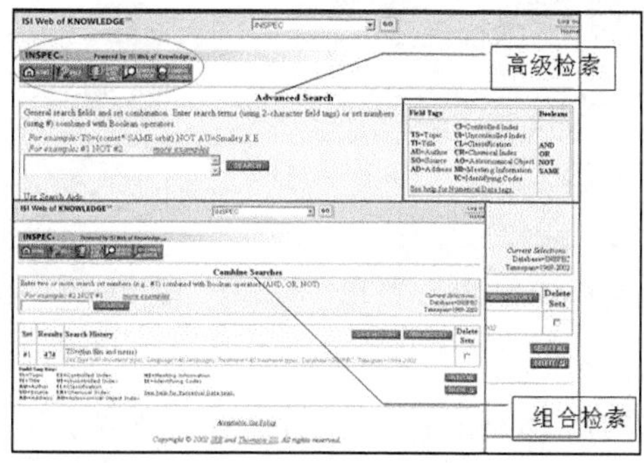

图 10-16　INSPEC 数据库高级本检索界面

1. 基本检索方法

INSPEC 数据库的基本检索方法如图 10-17、图 10-18 所示。其中，检索式可用 and、or、not，same 进行逻辑组配，也可用 * 作截词符。例如，optic* 可以检索到 optic、optics、optical。

2. 高级检索方法

通过高级检索模板可以进行更灵活、更准确地检索。用户可用算符“wn”限定在某一特定字段中检索，可以使用布尔逻辑算符、括号、位置算符、截词符和词根符。系统严格地按输入的检索式进行检索，不自动进行词根运算。图 10-19、图 10-20 演示了 INSPEC 数据库高级检索的检索方法步骤。构建检索式时，可以进行逻辑组配。

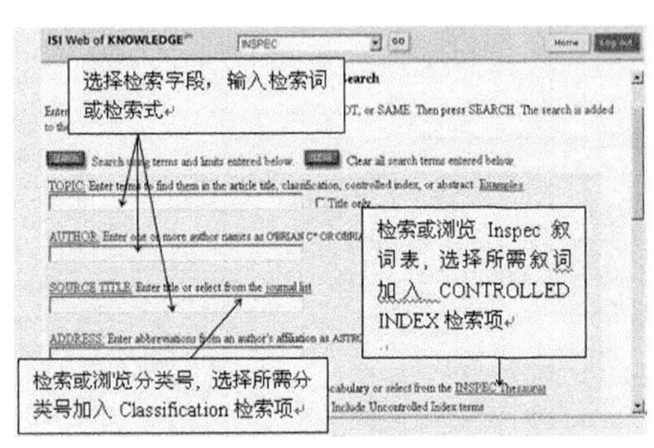

图 10-17　INSPEC 数据库检索步骤

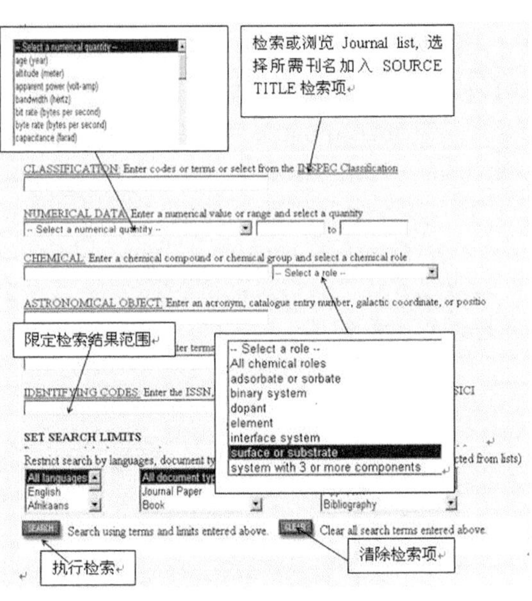

图 10-18　INSPEC 数据库基本检索步骤

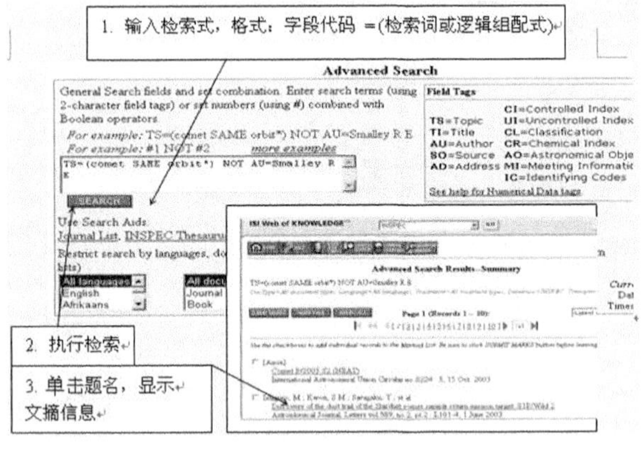

图 10-19　INSPEC 数据库高级检索示意图

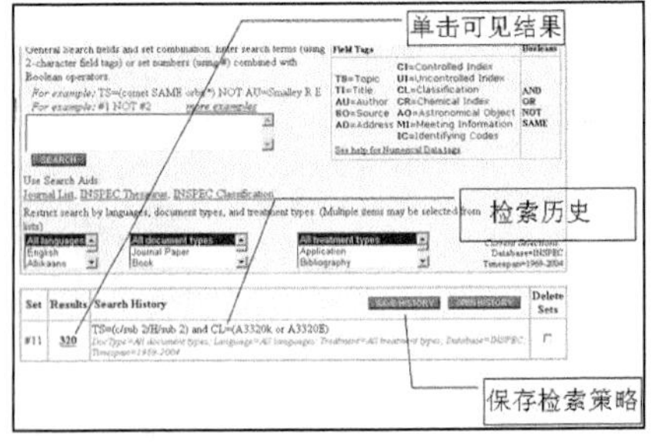

图 10-20　INSPEC 数据库高级检索示意图

3. 保存和调用检索策略

INSPEC 数据库保存的方法如图 10-21、图 10-22 所示，调用检索策略的方法如图 10-22 所示。

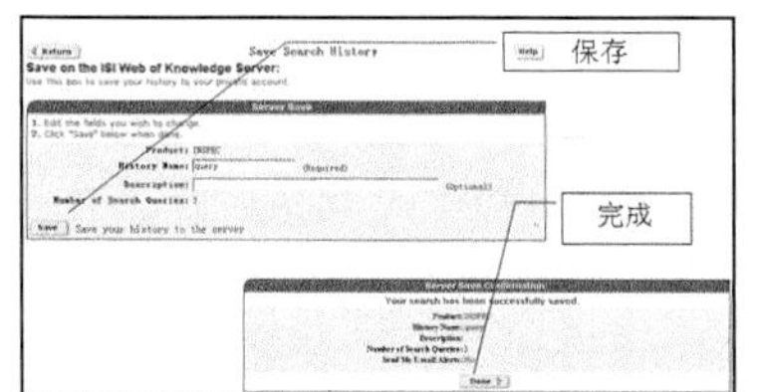

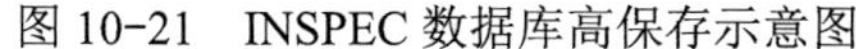

图 10-21　INSPEC 数据库高保存示意图

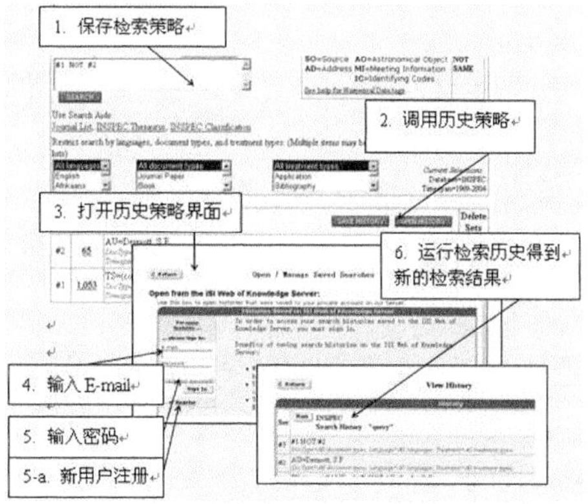

图 10-22　INSPEC 数据库保存和调用历史策略示意图

4．检索结果处理

图 10-23 所示为 INSPEC 数据库检索结果的处理方法。检索结果出来后，选定所需要的记录以后，用户根据需要选择所要浏览的格式：citation（引文）、abstract（摘要）或 detailed（全文），然后就可选择选定内容的输出方式。

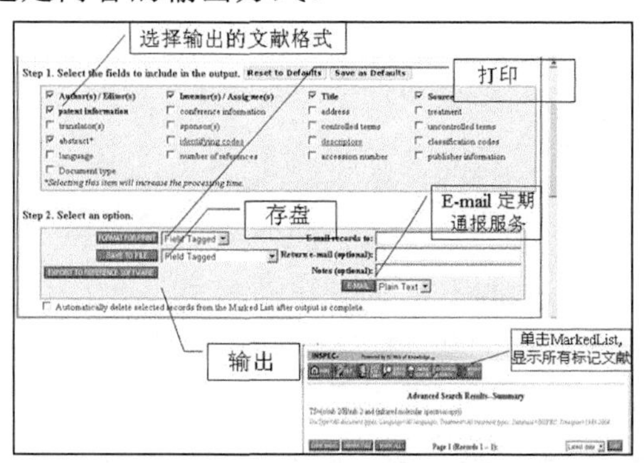

图 10-23　INSPEC 数据库检索结果的处理示意图

（1）查看选定的记录（View Selected Records）　在输出选择项中选定浏览选项（View Selections），允许用户直接以所选定的格式浏览选定的记录：citation（引文）、abstract（摘要）或 detailed（全文）。

（2）E-mail 选定的记录（E-mail Selected Records）　单击 E-mail（电子邮件）出选项，用户可将其检索结果用 E-mail（电子邮件）发给自己或他人，此时将弹出 E-mail（电子邮件）编辑框，用户可以输入邮件接收者的 E-mail（电子邮件）地址以及用户想发送的任何信息。

（3）打印选定的记录（Print Selected Records）　单击“打印”（print）按钮将对选定记录（Selected Records）页面重新排版，使其变为适合打印的格式。单击新窗口中的“打印”（Print）图标，开始打印。

（4）下载选定的记录（Download Selected Records）　选择下载（download）后，用户可选择以 RIS 或 ASCII 格式下载所选的记录。弹出对话框，让用户选择所希望的下载格式。有两种格式可供选择（RIS 和 ASCII）。

（5）保存选定的记录（Save Selected Records）　启用个人账户功能，可以创建一个文件夹保存用户的检索结果。如果单击“Save to Folder”按钮，将弹出一个对话框，要求用户输入其账号和密码。如果用户无个人账户，可创建一个，详细操作请参考注册个人账户“Registering for a Personal Account”。

第四节 《化学文摘》(Chemical Abstracts)

一、《化学文摘》概述

(一)《化学文摘》的基本情况

美国《化学文摘》(Chemical Abstracts,CA),是世界上最大的化学文摘库。也是目前世界上应用最广泛、最重要的化学、化工及相关学科的检索工具。创刊于1907年,由美国化学文摘服务社(CAS)编辑出版的育种化学化工专业的文献刊物。CA 是目前查找化学化工文献最权威、最重要的一部世界性检索工具,被誉为"打开世界化学化工文献的钥匙"。

(二)CA 出版类型

CA 收录文献范围遍布150多个国家、56种文字出版的16 000种科技期刊、科技报告、会议论文、学位论文、资料汇编、技术报告、新书及视听资料,还报道30个国家和2个国际组织的专利文献。《CA》虽以收录化学化工文献为主,但在不同程度上涉及生物、医学、轻工、冶金和物理。

CA 产品主要以以下五种形式出版:

1)印刷版《CA》期刊、卷累积索引和多年累积索引。

2)磁带版数据库 CA File。

3)缩微版。

4)光盘版 CA on CD-ROM 和 CA Surrey 数据库。

5)数据库 CA- SciFinder Scholar,每两周更新一次,该数据库目前在 Dialog(覆盖时间从1967年到现在)、STN(覆盖时间从1907年到现在)等国际联机检索系统中运行。

(三)特点

1)收藏信息量大。CA 年报道量最大,物质信息也最为丰富。

2)收录范围广。期刊收录多达9 000余种,另外还包括来自47个国家和三个国际性专利组织的专利说明书、评论、技术报告、专题论文、会议录、讨论会文集等,涉及世界200多个国家和地区60多种文字的文献。到目前为止,CA 已收文献量占全世界化工化学总文献量的98%。

3)索引完备、检索途径多。CA 的检索途径非常多,共有十多种索引内容,用户可根据手头线索,利用这些索引查到所需资料。

4)报道迅速。自1975年第83卷起,CA 的全部文摘和索引采用计算机编排,报道时差从11个月缩短到3个月,美国国内的期刊及多数英文书刊在 CA 中当月就能报道。网络版 SciFinder 更使用户可以查询到当天的最新记录。CA 的联机数据库可为读者提供机检手段进行检索,大大提高了检索效率。

二、SciFinder Scholar 数据库基本情况

(一)SciFinder Scholar 简介

SciFinder Scholar 数据库为 CA(《化学文摘》)的网络版数据库,收录内容比 CA 更广泛,功能更强大。利用现代机检技术,进一步提高了化学化工文献的可检性和速检性,更整合了 Medline 医学数据库、欧洲和美国等50几家专利机构的全文专利资料以及《化学文摘》1907年至今的所有内容。

SciFinder Scholar 可检索数据库有 6 个，SciFinder Scholar 可检数据库情况见表 10-2。

表 10-2 SciFinder Scholar 可检数据库

数 据 库	内 容
Reference Databases（文献数据库）	
CAPLUS	它包含来自 150 多个国家、9 000 多种期刊的文献，覆盖 1907 年到现在的所有文献以及部分 1907 年以前的文献，包括有期刊、专利、会议录、论文、技术报告、书等，涵盖化学、生化、化学工程以及相关学科，还有尚未完全编目收录的最新文献（目前 2 430 多万条参考书目记录，每天更新 3 000 条以上）
MEDLINE	为美国国家医学图书馆出品的生命科学医学相关数据库。它包含来自 70 多个国家、4 800 多种期刊的生物医学文献，覆盖 1951 到现在的所有文献以及尚未完全编目收录的最新文献
Structure Database（结构数据库）	
REGISTRY	该数据库为全球最大的物质数据库。它涵盖从 1957 年到现在的特定的化学物质。REGISTRY 包括了在 CASM 中引用的物质以及特定的注册
Reaction Database（反应数据库）	
CAS REACT	它包括从 1907 年到现在的单步或多步反应信息。CASREACT 中的反应包括 CAS 编目的反应以及下列来源：ZIC/VINITI 数据库、INPI1986 年以前的数据以及由教授 Klaus Kieslich 博士指导编辑的生物转化数据库
Commercial Sources Database（商业来源数据库）	
CHEM CATS	化学品的来源信息，包括化学品目录手册以及图书馆等内的供应商的地址、价格等信息
Regulatory Database（管制数据库）	
CHEMLIST	1979 年到现在的管制化学品的信息，包括物质的特征、详细目录、来源以及许可信息等

（二）SciFinder Scholar 检索理念及功能

利用 SciFinder Scholar 数据库主要能解决三大问题，一是可以确定在科学文献和专利中的概念和物质的关系；二是能帮助我们找到生产和合成化学物质的加工程序——连接数百家的化学制品厂商；三是该数据库比任何其他科学资源有更多的期刊和专利链接。SciFinder Scholar 这样做的目的是：科研人员希望获得他们不知道的信息，然而，如果科研人员通过具体的问题进行检索，他们可能遗漏一些未知的重要信息。所以只有通过 SciFinder，才能让科研工作者实现最为广泛的检索，并运用 Analysis/Refine 功能进行分析、提炼，是获取知识的一条捷径，图 10-24 所示就是其检索理念。

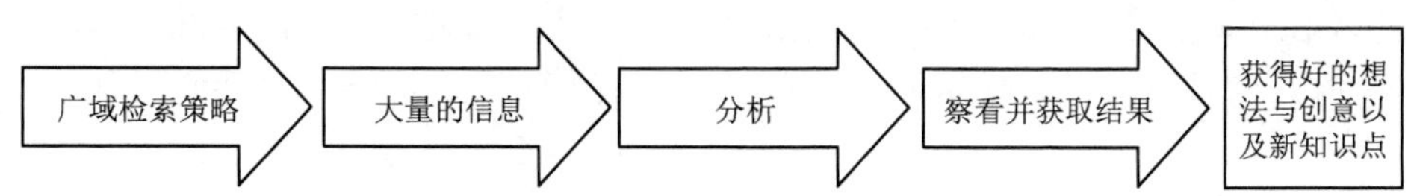

图 10-24 SciFinder Scholar 检索理念

SciFinder Scholar 数据库的具有检索查询(Explore)和目次浏览(Browse Table of Contents)两种检索功能。检索功能可分别从 Chemical Substance or Reaction、Research Topic、Author Name、Document Identifier、Company Name / Organization 等不同角度获取文献信息、物质信息、反应信息；目次浏览可以帮助用户浏览所选定的期刊目次。

（三）SciFinder Scholar 检索类型

SciFinder Scholar 数据库提供了三种检索方式：文献检索、物质检索和反应检索。SciFinder

Scholar 文献检索的方法归纳起来主要有三种：①通过文献标示符去找文献；②浏览核心期刊；③通过主题、作者名、机构名去查找文献。物质检索的方法主要通过物质标示符以及结构和分子式找物质。

SciFinder Scholar 文献检索的检索技巧主要有以下几点：①可以通过 SciFinder Scholar 的 Analyze/Refine 功能可不断修正检索思路；②通过 SciFinder Scholar 的 Analyze/Refine 功能可缩小检索的范围；③可以通过 SciFinder Scholar 的 Analyze/Refine 功能可获取新的知识点和灵感；④使用 Categorize 可以让系统可实现自动分类；⑤通过 Get Related 可获得更多的信息，可以实现从文献到物质，反应，引文的链接；⑥还可以尝试将不同的 Analyze/Refine 功能组合起来使用，提高检索效率。

利用 SciFinder Scholar 物质检索，需要注意以下几点：①精确结构检索，获得物质的盐，聚合物，混合物，配合物等。②亚结构检索，所画的结构必须存在。③相似结构检索，获得相似度在 60 分以上的结构。④分子式输入规则：CH 写在前面，其他按照字母顺序写；盐、酸成分写在前面，且须写全；聚合物用括号和 X 表示；一定要区分字母大小写。

三、SciFinder Scholar 数据库检索指南

（一）SciFinder Scholar 使用前准备

1．首先下载三个打包文件，单击下载

1）SciFinder Scholar 的安装软件 SFS2007.exe。

2）连接 CAS 的配置文件 site.prf 文件或文件名为 site 的文件，不同操作系统图标会不同。

3）ViewerLite 安装程序（用于查看 3D 结构，可装可不装）。

2．SciFinder Scholar 客户端安装步骤简述

1）双击 SFS2007.exe 文件，则开始安装，然后单击“Setup”按钮，多数步骤都默认即可，单击“Next”按钮。

2）注意在安装过程中，会弹出一个窗口询问：“Do you have a disk labled Custom Site Files?”，这时应选择“No”。

3）安装完毕后，需要进行设置，设置方法很简单，只需要将上述的 site.prf 复制、粘贴（在文件上单击右键选择）到 C:\SFSCHLR 目录（默认目录或其他安装路径，但须保证在 SFSCHLR 主目录下）下。

4）此时 SciFinder Scholar 已经可以正常使用了，可以双击 ViewerLite50_4cas.exe 文件安装 ViewerLite（用来查看 3D 模型）。此程序安装较简单，只要单击“Next”、“Continue”按钮即可。

（二）SciFinder Scholar 检索方法

1．进入数据库

如前所述，在所有程序全部安装配置完毕后，可以单击“开始”→“程序”→“SciFinder Scholar 2007”→“SciFinder Scholar”，或者双击 SciFinder Scholar 图标，在 License Agreement 的弹出窗口中，选择“Accept”按钮，关掉 Message of day 的弹出窗口，就进入了 Science Finder Scholar 的 Explore 主检索界面，如图 10-25 所示。单击工具条的第一个图标“New task”，也可以进入 Explore 界面，如图 10-26 所示。工具条包括常用的一些功能，工具条各按钮的含义及作用见表 10-3。

表 10-3 SciFinder Scholar 工具条按钮

名 称	功 能	名 称	功 能
New Task	开始一个新任务	Prefs	打开 Preference Editor，个性化设置使用 SciFinder Scholar
Back	显示上一屏	Database	打开 Preference Editor 中的“Databases”栏，对执行任务时需要检索的数据库进行选择
Forward	显示下一屏	History	显示您当前进程所执行过的操作
Print	依据打印设定进行打印	Internet	显示 SciFinder Scholar 的网上资源
Full Text	通过 ChemPort ConnectionSM 索取全文	Help	帮助
Save As	按不同格式进行保存（如 Rich Text Format）	Exit	退出

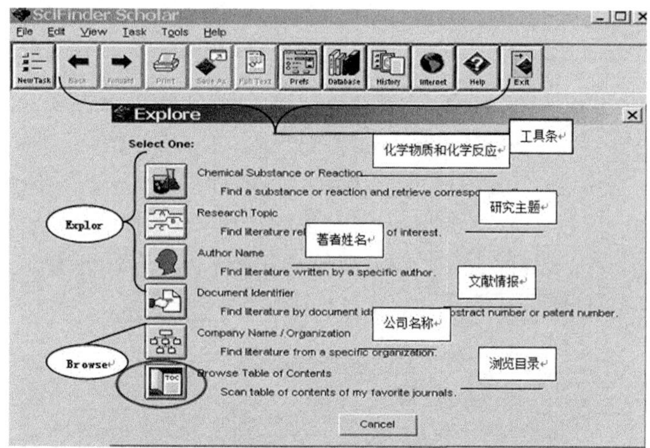

图 10-25 SciFinder Scholar 的 Explore 主检索界面

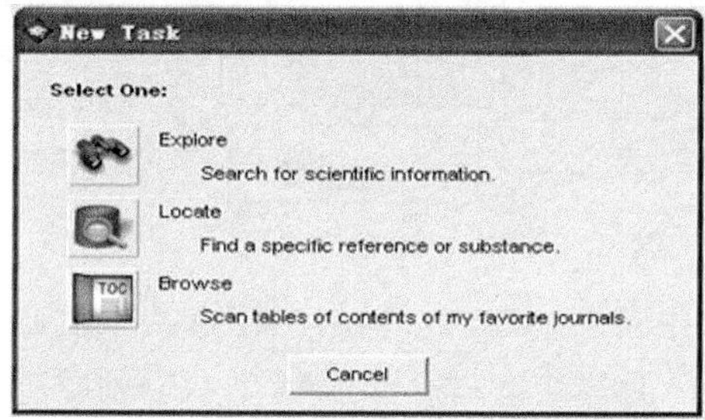

图 10-26 SciFinder Scholar 主检索界面

2. Explore 检索

如图 10-26 所示，视图中的“Explore”方式主要针对不确定的信息需求；“Locate”则针对确定信息的需求；“Browse”提供浏览功能，可以让检索者浏览核心期刊的内容。

（1）检索文献（Explore Literature） SciFinder Scholar 文献检索的方法归纳起来主要有三种：①通过文献标示符去找文献；②浏览核心期刊；③通过主题、作者名、机构名去查找文献，如图 10-27 所示。

1）Research Topic（按研究主题搜索）。单击图 10-27 中的“Research Topic”，在“Describe your topic using a phrase”检索框中输入关键词、短语或句子搜索研究领域，运用关键词之间的关系迅速检索相关的结果。下面以“获得关于纳米结构材料方面的参考文献”为例介绍其使用方法。

首先在检索框中输入“nano structure with material”，单击“OK”按钮，结果显示有多少篇文献相匹配，图 10-28 中的“Closely associated with one another”表示在同一个句子中出现。选中前面的选择框，单击“Get References”获取文献信息。

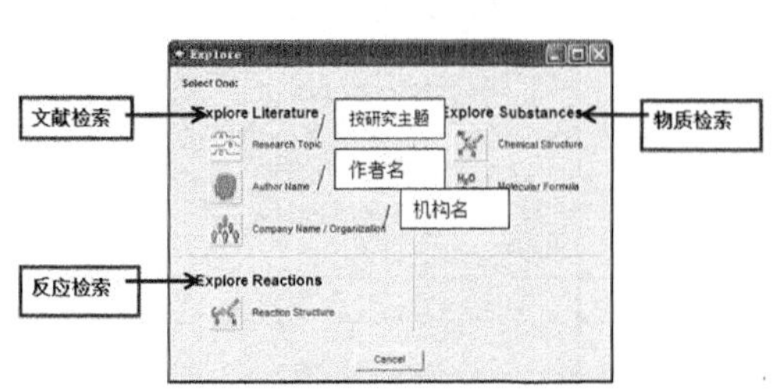

图 10-27　SciFinder Scholar 中的检索方法

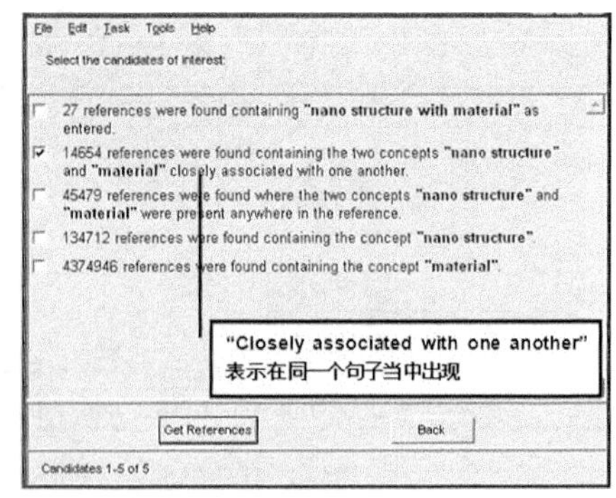

图 10-28　SciFinder Scholar 主题检索结果

从图 10-28 中，可看到所列文献中出现了 nano – structured、nanosized structure、nanoscale。这些词是 SciFinder 能够自动识别同义词、近义词、缩写，并有截词、断词等功能。选定文献，单击“Analyze/Refine”，出现如图 10-29 所示窗口，选择“Analyze”。SciFinder Scholar 的分析手段有 11 种，如图 10-29 所示。下面以基于内容的“Index Term”分析为例，单击“OK”，则可以根据内容将文献分类，选择自己关心的文献，单击“Get References”即可获得文献信息。

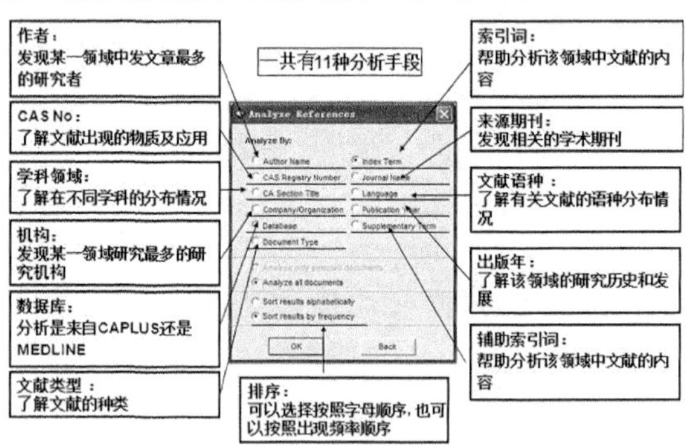

图 10-29　SciFinder Scholar 的分析手段

如果用户对防火方面的内容感兴趣，可以用主题再次限定，选择“Refine”，则会出现如图 10-30 所示界面，一共有 7 种限定手段：主题限定、机构限定、作者限定、出版年限定、文献类型限定、文献语种限定和数据库限定。选择“Research Topic”，输入“Fire resisitant”，单击“OK”按钮，即可获得想要的文献。单击文献后面的按钮，可以获取文献信息，如图 10-31 所示。

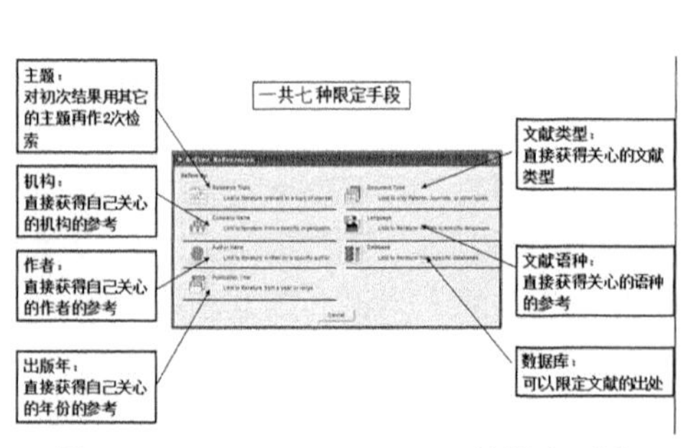

图 10-30　SciFinder Scholar 的限定手段

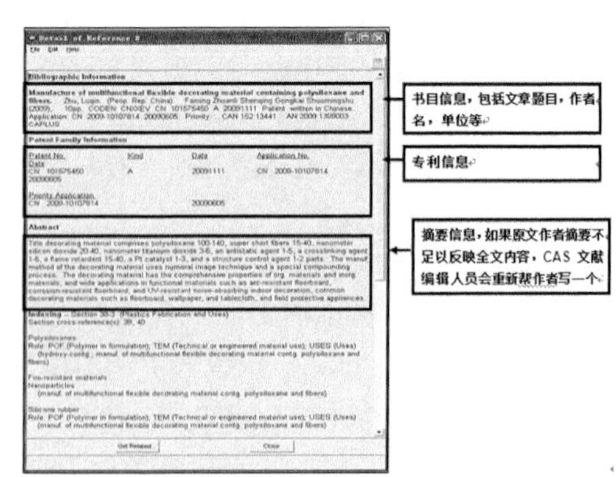

图 10-31　SciFinder Scholar 的文献检索结果之文献信息

但是，Index Term 分析的结果有近 200 个索引词，Categorize 功能可以提供系统分类方法。单击“Analyze/Refine”，选择“Categorize”，则进行系统分类，分类结果中包含技术大类以及对应的小类，同时还显示文献数目。选择关心的类别，单击“Get References”获取文献信息。

综上，Index Term 分析和 Categorize 分析的区别在于通过 Index Term 的分析，可以看到被检索到的文献的内容分布情况。通过 Categorize 的分析，根据各自的研究领域去找寻关心的参考文献。

2）根据科学家或研究员姓名来查找科技信息（Author Name）。该检索方法与主题检索的步骤基本相同，在此不再赘述。在输入检索词时注意以下几点：

① 输入有关此姓名尽可能多的信息，如姓、名（或缩写）、中间名等。

② 请根据需要输入空格、连字符和省略符。

③ 使用相当的字符来代替特殊字符，如使用 a 或 ae 来替代 ?。

④ 选择“查找”以了解姓氏的其他拼写方式，从而应对姓名的变更及印刷上的区别。

⑤ 对于复杂的姓名，请使用多种搜寻方法并选择可提供最佳结果的方法。

3）按公司名称/组织搜索（Company Name/Organization）。查找与特定公司、学术机构或政府组织相关的信息，在输入检索词时注意以下几点：

① 一次仅输入一个组织。

② 通常情况下，要扩大答案集，请使用较少的短语。要缩小答案集，请使用较多的短语。输入的短语越多，查询越详细。

③ SciFinder 在检索结果时，会考虑各种拼写方式、简写、缩写及相关短语，但不会涉及合并与收购。

④ SciFinder 自动搜索相关短语组。例如，输入“company”和“co.”将返回相同的结果。

在检索框中输入检索词可获取文献目录，其余操作同上。

（2）物质检索

1）化学结构检索（Chemical Structure）。化学结构检索通过 SciFinder Scholar 的检索结构绘图工具（见图 10-32），可绘制化学结构，然后找出与此结构相匹配的特殊物质或物质组。实际搜索结果可能包括：①已绘制的结构；②带电荷化合物；③立体异构术；④自由基或基离子；⑤互变体（包括酮烯醇）；⑥同位素；⑦配位化合物；⑧聚合体、混合物和盐。

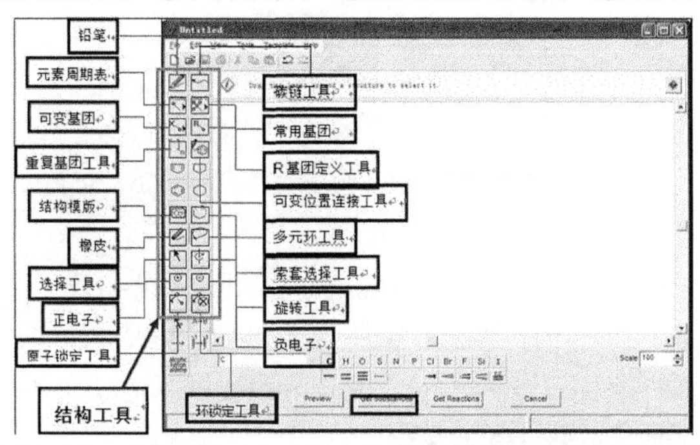

图 10-32　SciFinder Scholar 化学结构检索结构绘图工具

在“结构绘图”窗口中，使用工具从左下边至底部绘制的结构。单击“Get Substances”（获取物质），可以得到以下结果：①得到该物质的盐，或者其混合物，聚合物；②通过修饰物质的部分结构，来获得更多的物质信息；③检索存在类似的但是尚不知道结构的物质；④检索到所画结构物质的其他相似结构，进而扩展用户的研究方向。

化学结构检索中又包含三种检索方式，即精确结构检索、亚结构检索和形似结构检索。

① 精确结构检索时，在结构绘图工具中绘出要检索的分子结构图，单击“Get Substances”（获取物质），选择“Exact search”，单击“OK”，在弹出框内选择自己想要的文献资源，之后单击“Get Substance”，则可以进行文献查看、分析提炼等操作。操作步骤同上。

② 亚结构检索时，在结构绘图工具中绘出要检索的分子结构图，单击“Get Substances”（获取物质），选择“Substance search”，单击“OK”，即可得到符合题意的修饰信息。也可以根据自己的需要进行分析提炼等操作，操作方法同上。实际上，用户有时更多关注的是结构上面的信息修饰信息—— 后处理功能的运用，修饰某一特定原子后该原子的二次修饰信息。

③ 形似结构检索。在结构绘图工具中绘出要检索的分子结构图，单击“Get Substances”（获取物质），选择“Similarity search”，单击“OK”，出现相似文献书目统计的对话框，选择后单击“Get Substances”即可获取文献信息，其他操作同上。

2）分子式检索（Molecular Formular）。输入栏中输入分子式，单击“OK”即可检索相匹配的文献和物质信息。分子式输入规则：①CH 写在前面，其他按照字母顺序写；②盐、酸成分写在前面，且写全；③聚合物用括号和 X 表示；④字母区分大小写。

（3）反应检索（Explore Reactions） 通过 SciFinder Scholar 的结构绘图工具绘制化学反应式，检索操作步骤为：绘出化学反应式，单击“Get Recations”，选择后单击“OK”，弹出对话框后再次单击“OK”，即可得到与此反应相关的文献和物质信息。检索所获得的文献资料即可进行查看和分析提炼。反应检索的分析手段共有 10 种，如图 10-33 所示，其限定手段主要机构限定、产率限定、反应步数限定以及反映类型限定等。分析时，单击“Analyze/Refine”，将结果进行分析提炼。

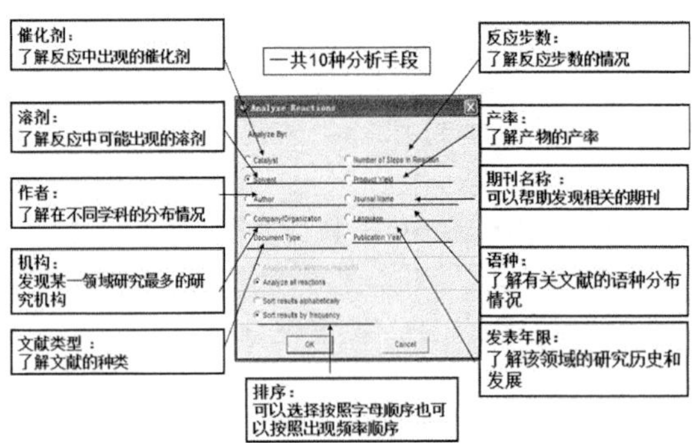

图 10-33 Explore Reactions 分析手段

通常利用 SciFinder Scholar 反应检索可以做一些对我们科研有参考意义的反应常会用到的情况：①官能团之间的反应；②亚结构反应检索；③对反应位置和原子有特定要求的反应。

3．**查找**

查找分为查找特定参考文献（Locate Literature）和查找物质（Locate Substance）两大部分。其中 Locate Literature 有包含两种：根据书目信息查找文献和根据文献标志符查找文献。

（1）根据书目信息查找文献（Bibliographic Information） 通过输入所需的书目信息，SciFinder Scholar 可帮助查找特定的期刊或专利参考文献。

查找期刊文献时，选择“Journal Reference”，输入相关的期刊参考文献信息，单击“确定”按钮。

查找专利参考文献时，选择“Patent Reference”，输入相关的专利参考文献信息如专利号、专利应用号、优先顺序应用号等，还可选择高级选项输入发明家或专利权人，单击“确定”按钮。

（2）根据文献标志符查找文献（Document Identifier） 输入专利号或 CAS 物质登记号进

行查找。每行输入一个标志符，一次可搜索 25 个标志符。或者单击“从文件中读取”可以导入标志符列表。

（3）查找物质（Locate Substances） 使用“物质标志符”及化学名称或 CAS 登记号查找特定物质或物质组。通过 Locate Substances，可以获取以下几种信息：①查找和验证化学名称、CAS 登记号、分子式和其他物质信息；②获取计算和实验属性数据；③识别商业来源；④检索法规遵循信息；⑤获取讨论物质的文章和专利。

输入化学名称、商标名称或 CAS 登记号进行查找。每行输入一个标志符，一次可搜索 25 个标志符。或者单击“从文件中读取”可以导入标志符列表，单击“确定”按钮。要查看答案中的属性数据，可单击显微镜图标以显示物质详情。如果属性信息可用，则提供链接。属性值来源显示于右侧列和脚注区域中。

4．浏览（Browse）

浏览功能，可以让科研工作者浏览核心期刊的内容。单击“Browse”即可看到期刊列表，选择关注的期刊，单击“View”后可以看到该期刊的信息，单击“Select Issue”即可看到期刊卷期信息，单击可浏览该期信息。浏览流程图如图 10-34 所示。

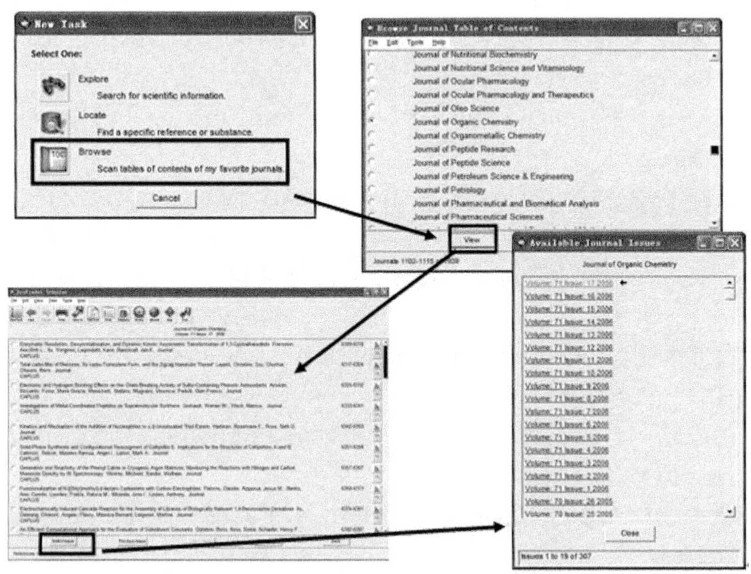

图 10-34 SciFinder Scholar 的浏览流程图

5．打印和保存结果

SciFinder Scholar 允许打印参考文献、物质和反应的结果，以及把结果保存至计算机上的文件中。

（1）打印 选择想要打印的结果，选中对应条目前的方框。然后选择“文件”（File），“打印”（Print）。如未选择特定的答案，SciFinder Scholar 将打印所有的答案。选择打印格式，指明是否包含任务历史。还可以输入打印标题。然后单击“确定”按钮进行打印。

（2）保存答案 选择想要保存的答案，然后选择“文件”（File），“另存为”（Save As）。如未选择特定的答案，SciFinder Scholar 将保存所有的答案。

选择或创建一个文件夹，并输入文件名。单击“选项”按钮，能够访问可选择的文件类型的所有选项。用 RTF 或 TXT 格式至多可保存 500 个答案。单击“保存”按钮，可把结果保存至计算机上的文件中。

参考文献

[1] Luineb. google 教程系列一[EB/OL]. 92011-03-14[2011-12-12]. http://www.lusin.cn/sitejs/sousuo/2006-7-1/11194.htm.

[2] 上海财经大学图书馆. Intnet 信息检索工具[EB/OL]. 2003-07-01[2011-11-10]. http://www.lib.shufe.edu.cn/doc/6-1.pdf.

[3] 萧钰. 出版业信息化迈入快车道[EB/OL]. 2001-12-19[2012-03-15]. http://www.booktide.com/news/20011219/200112190019.html.

[4] 江向东. 互联网环境下的信息处理与图书管理系统解决方案[J/OL]. 情报学报，1999，18(2):4[2011-01-18]. http://218.17.222.243/was40/detail?record=216&channelid=51954.

[5] Sowatch. 搜索的最后一步：信息的评价[EB/OL]. 2007-10-21[2011-10-07]. http://www.sowang.com/ZHUANJIA/sowatch/20071021.htm

[6] 猫女_mao. 一些快速准确搜素资料的技巧[EB/OL]. 2007-11-06[2011-10-07]. http://www.sowang.com/SOUSUO/20071106.htm.

[7] 邢志宇. 搜索工具的选择[EB/OL]. 2006-07-30. [2012-01-01]. http://www.sowang.com/zhuanjia/XZHY/20060730.htm.

[8] StoneWang. 如何寻找杂志的电子版本[EB/OL]. 2006-05-16[2011-10-26]. http://www.sowang.com/ZHUANJIA/StoneWang/20060516.htm.

[9] Sowang. Google 技巧的终极收集[EB/OL]. 2008-09-14[2011-09-15]. http://bbs.sowang.com/viewthread.php?tid=29124&extra=page%3D1.

[10] 邢志宇. 检索式的构建[EB/OL]. 2006-07-30[2012-01-01]. http://www.sowang.com/zhuanjia/XZHY/20060730-1.htm.

[11] Sowath. 搜索的最后一步：对信息的评价[EB/OL]. 2007-10-21[2012-03-01]. http://www.sowang.com/ZHUANJIA/sowatch/20071021.htm.

[12] Sowatch. 搜索策略之分析搜索需求[EB/OL]. 2007-10-22[2011-07-06]. http://www.sowang.com/ZHUANJIA/sowatch/20071022.htm.

[13] 我若成风. 数字图书馆检索[DB/OL]. 2011-03-03[2011-03-25]. http://wenku.baidu.com/view/5a671c81d4d8d15abe234e62.html.

[14] 于婷. 外文电子图书数据库检索与利用[DB/OL]. 2009-11-03[2011-3-25]. http://www.docin.com/p-35133692.html.

[15] Cldm289. 信息检索与利用课件[DB/OL]. 2011-01-02[2011-12-02]. http://wenku.baidu.com/view/5e5763b665ce05087632132a.html.

[16] 张秋. 外文电子图书数据库检索与利用[DB/OL]. 2011-02-22[2012-03-12]. http://www.docin.com/p-35136453.html.

[17] 刘惠敏. SpringerLink 和 NetLibrary 电子图书使用方法和注意事项介绍[DB/OL]. 2010-12-6[2011-12-26]. http://wenku.baidu.com/view/ef6858ff04a1b0717fd5dd80.html.

[18] 吴廷照. 数字资源常见访问故障[EB/OL]. 2011-02-28[2011-10-18]. http://wenku.baidu.com/view/47c730ea172ded630b1cb607.html.

[19] 陈英，等. 科技文献信息检索[M]. 成都：成都科技大学出版社，1996.

[20] 王梦丽，等. 信息检索与网络应用[M]. 北京：北京航空航天大学出版社，2001.

[21] 陆建平. 信息检索：从手工到联机、光盘、因特网[M]. 上海：华东师范大学出版社，2001.

[22] 陈柏暖. 国外科技信息及文献检索[M]. 北京：机械工业出版社，2003.

[23] 中国知网. 用户使用手册[EB/OL]. 北京：中国学术期刊（光盘版）电子杂志社，2009-10-22[2012-01-16]. http://epub.cnki.net/grid2008/Help/shipin.htm.

[24] 超星公司. 超星电子图书简介[DB/OL]. 2011-08-09. [2012-03-20]. http://wenku.baidu.com/view/693d88d076eeaeaad1f330c6.html?from=related&hasrec=1.

[25] 夏知平. 万方数字化期刊全文数据库[DB/OL]. 2010-06-04[2011-05-08]. http://wenku.baidu.com/view/013a477f5acfa1c7aa00cc71.html?from=related&hasrec=1.